Soziale Bedingungen — Individuelles Handeln — Soziale Konsequenzen

Beiträge zur Gesellschaftsforschung

Herausgegeben von Günter Büschges und Hansjürgen Daheim

Band 3

Verlag Peter Lang

Frankfurt am Main · Bern · New York

Günter Büschges
Werner Raub
(Hrsg.)

Soziale Bedingungen –
Individuelles Handeln –
Soziale Konsequenzen

Verlag Peter Lang
Frankfurt am Main · Bern · New York

CIP-Kurztitelaufnahme der Deutschen Bibliothek

**Soziale Bedingungen - individuelles Handeln -
soziale Konsequenzen** / Günter Büschges ; Werner
Raub (Hrsg.). - Frankfurt am Main ; Bern ; New
York : Lang, 1985.
   (Beiträge zur Gesellschaftsforschung ; Bd. 3)
   ISBN 3-8204-8966-5
NE: Büschges, Günter [Hrsg.]; GT

ISSN 0175-8098
ISBN 3-8204-8966-5
© Verlag Peter Lang GmbH, Frankfurt am Main 1985
Druck und Bindung: Weihert-Druck GmbH, Darmstadt

VORWORT

Sozialen Bedingungen und sozialen Folgen individuellen Handelns gilt das
Interesse einer erklärenden Soziologie auf strukturell-individualistischer
Grundlage, einer theoretischen Orientierung, der die Autoren dieses Bandes
nahestehen. Soziale Bedingungen und soziale Folgen individuellen Handelns
sind auch Thema dieses dritten Bandes der "Beiträge zur Gesellschaftsforschung". Seine Konzeption geht auf ein deutsch-niederländisches Symposion
zurück, welches die Autoren im Winter 1981 an der Fernuniversität Hagen
zusammenführte.

Ziel des vorliegenden Bandes ist es, Grundlagen, Voraussetzungen, Möglichkeiten und Reichweite einer so ausgerichteten empirischen Sozialwissenschaft systematisch zu erörtern und exemplarisch vorzustellen: Einführend
werden die Prinzipien des methodologischen Individualismus skizziert und ihre
Konsequenzen für die Konzeption soziologischer Forschungsprogramme sowie für
die empirische Sozialforschung umrissen. Analysen sozialer Bedingungen und
sozialer Konsequenzen individuellen Handelns, denen Theorien rationalen Handelns zugrunde liegen, folgen im Teil I. Teil II ist Analysen sozialer Bedingungen und sozialer Konsequenzen individuellen Handelns gewidmet, die von
Gleichgewichtstheorien ausgehen. Im abschließenden Teil III werden am Beispiel des Befragtenverhaltens methodische Probleme und entlang der Frage nach
der Möglichkeit "individualistischer" Erklärung kollektiver Tatbestände und
Prozesse methodologische Probleme diskutiert.

Die in diesem Band zusammengefaßten Beiträge sind Ergebnisse eines mehrjähri-
gen Diskussionsprozesses, an dem Freunde, Kollegen und Mitarbeiter der Autoren beteiligt waren. Ihnen sei für ihre kritischen Anregungen und Hinweise
gedankt. Zu danken haben wir ferner Herrn Oberlander für die Anfertigung von
Abbildungen und Tabellen, Frau Edith Frank für die Vorbereitung des Manuskripts
für den Druck sowie den Herren Braun, Kaiser und Willner für die Korrektur und
für die Erstellung der Register.

Für einen Druckkostenzuschuß haben wir dem Sonderfonds der Friedrich-Alexander-
Universität Erlangen-Nürnberg und dem IPSEF (Münster) zu danken.

Nürnberg, im August 1985   Günter Büschges   Werner Raub

INHALT

VIII

Teil III
Methodische und methodologische Probleme

EINFÜHRUNG

METHODOLOGISCHER INDIVIDUALISMUS UND EMPIRISCHE SOZIOLOGIE

Günter Büschges

Soziale Bedingungen und soziale Folgen individuellen Handelns gehören zu jenen Problemen, die für die Soziologie als empirische Sozialwissenschaft von zentraler Bedeutung sind. Versuche, mit Hilfe geeigneter theoretischer Entwürfe, angemessener methodischer Verfahrensweisen und zweckmäßiger mathematisch-statistischer Analysemodelle, systematisch verbunden in entsprechenden Forschungsdesigns, ihrer Lösung näher zu kommen, lassen in der Regel jene Verschränkungen von Theorie, Methode und Empirie besonders deutlich hervortreten, die für einen empirisch orientierten, Soziologie als Erfahrungswissenschaft begreifenden Sozialwissenschaftler charakteristisch sind.

Dieser Vorstellung folgend wird, dem einleitenden und grundlegenden Charakter dieses Aufsatzes entsprechend, zunächst eine Skizze der für den gesamten Band zentralen Fragestellung und ihrer Stellung im Diskussionszusammenhang der Sozialwissenschaften gegeben. Eine exemplarische, auf umfassende wissenschaftstheoretische Argumente und methodologische Erörterungen verzichtende Darstellung der Prinzipien des "methodologischen Individualismus" schließt sich an. Es folgen Hinweise auf ihre Konsequenzen für soziologische Forschungsprogramme und Überlegungen zu ihrer Bedeutung für Theorie und Praxis empirischer Sozialforschung.

1. Fragestellung

Ziel der Sozialwissenschaften, zumal der Soziologie, ist es u.a., soziales Handeln in seinen verschiedenen Erscheinungsformen zu beschreiben, die für solches Handeln charakteristischen Regelmäßigkeiten zu erfassen, seine institutionellen Bedingtheiten aufzudecken und es schließlich in all seiner Mannigfaltigkeit vermittels möglichst einfacher und allgemeiner Gesetze zu erklären. Dabei geht es durchweg um zwei verschiedene Aspekte, die gleichsam die zwei Seiten der Münze "soziale Tatsachen" ausmachen und die im Zeitablauf wechselseitig miteinander verknüpft sind: Zum einen geht es um die sozialen (gesellschaftlichen oder kollektiven) Folgen individuellen Handelns, d.h. um jene Konsequenzen, die sich aus dem Handeln von Individuen für andere Individuen oder Gruppen von Individuen ergeben, die mit ihnen in so-

zialen Beziehungen stehen, die mit ihnen die soziale Ordnung teilen und die
mit ihnen mittelbar oder unmittelbar über Handlungsketten verknüpft sind
und in einem Handlungszusammenhang stehen (sogenannte kollektive Effekte).
Zum anderen geht es um die sozialen (gesellschaftlichen oder kollektiven)
Bedingtheiten individuellen Handelns, d.h. um jene Bedingungen, die sich
aus dem sozialen Umfeld, den sozialstrukturellen Gegebenheiten und hier insbesondere den Interdependenzen sowie den institutionellen Regelungen für
die Handlungsentscheidungen und die Handlungen von Individuen ergeben (sogenannte individuelle Effekte). Wegen der wechselseitigen Verschränkung
kollektiver und individueller Effekte ist bei den hier versammelten Beiträgen durchweg eine eindeutige Zuordnung nicht möglich. Zwar stehen die individuellen Effekte im Vordergrund der Beiträge von SCHÜTTE zur Management-
Theorie der Bürokratie, von TAZELAAR und WIPPLER zur Theorie mentaler Inkongruenz, von TAZELAAR und SPRENGERS zum Zusammenhang von Arbeitslosigkeit und
sozialer Isolation sowie von ESSER zur Theorie des Interviews, doch werden
hier in der Regel auch kollektive Effekte angesprochen. Kollektive Effekte
dominieren in den Beiträgen von WIPPLER zum Oligarchieproblem, von LINDENBERG
über die Verteilung gemeinsamer Güter und von HUMMELL und SODEUR über den Zusammenhang zwischen interpersonellen Beziehungen und makrostrukturellen Konsequenzen sowie von RAUB über "individualistische" und "spezifisch soziologische" Analysen kollektiver Tatbestände und Prozesse, doch werden darin auch
- unvermeidlich - individuelle Effekte behandelt.

Für den Sozialwissenschaftler von besonderem Interesse sind in diesem Zusammenhang die indirekten (in der Regel unbeabsichtigten und oftmals uner-
wünschten) Folgen (einschließlich Nebenfolgen und Rückwirkungen) absichtsgeleiteter individueller Handlungen. Hierbei handelt es sich um jene Effekte individuellen Handelns, die zwar durch die Handlungsentscheidungen von
Individuen verursacht sind, aber nicht Teil der Pläne und Handlungsentwürfe
der Individuen selbst waren (s. FERGUSON 1767: 169ff, HAYEK 1967: 97ff).
Diese Folgen, von BOUDON (1977) "paradoxe Effekte" oder "Widersprüche sozialen Handelns" genannt, können sowohl positiver wie negativer Art sein: Sie
können die Erreichung der individuellen Ziele verstärken, sie können sie
aber auch behindern und möglicherweise dazu führen, daß Folgen eintreten,
welche die Individuen gerade vermeiden wollen. Beispiele hierfür erörtern
WIPPLER und SCHÜTTE in ihren Beiträgen.

Besonders bedeutsam sind die unintendierten Konsequenzen intentionalen individuellen Handelns für den Soziologen nicht zuletzt deswegen, weil die
für menschliches Handeln wichtigen und die menschliche Existenz beeinflus-
senden sozialen Institutionen, kulturellen Schöpfungen und technischen Artefakte oft das unbeabsichtigte Beiprodukt absichtsgeleiteter individueller
Handlungen sind (s. POPPER 1945: 118). Solche Produkte menschlichen Handelns, aber nicht menschlichen Planens (s. FERGUSON 1767: 170f) nähren
stets aufs neue in Wissenschaft und Alltag die Vorstellung, soziale Gebilde
und soziale Systeme und ebenso soziale Institutionen seien überindividuelle
Wesenheiten, repräsentierten eine eigene Seinssphäre als Entitäten höherer
Ordnung, ausgestattet mit eigenem Willen und eigenen Zielen. Solche Vorstellungen verstellen den Blick dafür, daß wir es auch hier mit Produkten
menschlicher Interaktionen zu tun haben, die durch menschliches Handeln
wiederum veränderbar sind. Die damit angerissene Problematik hat im Verlauf
der Geschichte der Soziologie mehr oder minder heftige Kontroversen zwischen den Vertretern gegensätzlicher methodologischer Standpunkte ausgelöst
(s. HUTH 1907, VANBERG 1975): zwischen "Individualisten" und "Kollekti-
visten", zwischen "Holisten" und "Anti-Holisten".

Die für die Sozialwissenschaften besonders wichtigen Effekte individuellen
Handelns aber nicht individuellen Wollens, die unbeabsichtigten sozialen
Folgen verbundener individueller Handlungen (vgl. SCHNEIDER 1967: XXXV),
können aus Unkenntnis, Irrtum, Interessenfixierung, Dogmatismus, mangel-
hafter oder falscher Definition der Handlungssituation, unzureichender oder
vernachlässigter Handlungskontrolle resultieren. Dies sind jedoch nicht die
einzigen und häufig auch nicht die für den Sozialwissenschaftler besonders
interessanten Typen von Ursachen (s. WIPPLER 1981). Hierauf hat bereits
MERTON in seinem grundlegenden Beitrag zur Entstehung unvorhergesehener
Folgen zielbewußter sozialer Handlungen hingewiesen (s. MERTON 1936). Was
häufig übersehen oder nicht bedacht wird, ist jener - MANDEVILLE (vgl.
1705: 59ff), FERGUSON (vgl. 1767: 170ff), Adam SMITH (vgl. 1759: 231ff,
1776: 16ff), MENGER (vgl. 1883: 145f), MARX (vgl. 1852: 306ff) und
ENGELS (vgl. 1895/96: 76f) gleichermaßen bewußte - Sachverhalt, daß sich
solche unbeabsichtigten Handlungsfolgen in aller Regel selbst bei umfassender und zutreffender Information der handelnden Individuen nicht ver-

meiden lassen. Dies liegt darin begründet, daß sie aus dem Aufeinandertreffen der Handlungsketten mehrerer Personen herrühren, die miteinander in sozialen Beziehungen stehen und einen Handlungszusammenhang bilden. Als individuelle Akteure müssen diese Personen nicht unbedingt alle den gleichen Intentionen folgen, sondern können - und werden in der Regel - verschiedene Intentionen mit ihrem Handeln verbinden. Sie können ferner, selbst bei gleichen Zielen, zu verschiedenen Mitteln greifen, um ihre Handlungsziele zu erreichen. Wegen des bestehenden sozialen Zusammenhanges können die Akteure darüber hinaus noch wechselseitig aufeinander Einfluß nehmen. Somit sind die unbeabsichtigten Folgen absichtsgeleiteter individueller Handlungen ein wichtiger sozialer Tatbestand: Sie sind Produkt der Verknüpfung mehrerer individueller Verhaltenssequenzen und Handlungsketten. Sie bewirken, daß sich soziales Handeln nicht allein durch Bezugnahme auf die Beweggründe des oder der Handelnden erklären läßt. Vielmehr sind für eine Erklärung sozialen Handelns ebenso wie seiner Folgen das jeweilige soziale Umfeld der individuellen Akteure, insbesondere die sozialen Institutionen und ihre Funktionen, oder, mit anderen Worten, die Struktur des jeweiligen Interaktionssystems und ihre Interpretation durch die jeweils Handelnden mit heranzuziehen. Hiervon hängen die Handlungseffekte ebenso ab wie von den Absichten der einzelnen Akteure und den von ihnen gewählten Mitteln.

2. Prinzipien des methodologischen Individualismus

Für den Entwurf theoretischer Modelle zur Analyse sozialer Phänomene gibt es, vereinfacht ausgedrückt, für Soziologen zwei konträre Grundannahmen, die zu verschiedenen theoretischen Entwürfen, forschungsleitenden Kategorien und Forschungsprogrammen führen. Der Soziologe kann von jener empirischen Erfahrung ausgehen, daß Menschen in existierende soziale Verbände oder Gruppierungen, Gesellschaften genannt, hineingeboren werden. Er kann diese Erfahrung zum Anlaß nehmen, die "Gesellschaft" als eine vorgegebene Wirklichkeit zu betrachten, die unabhängig von jenen Individuen existiert, die ihr angehören. Er kann daraus die Schlußfolgerung ziehen, daß er bei seinen Forschungen von "eigenständigen", ohne Rückgriff auf Individuen als vermittelnde Instanzen formulierten Annahmen über soziale Phänomene und das Funktionieren sozialer Gebilde auszugehen hat. Der Soziologe kann aber auch

von der anderen empirischen Erfahrung ausgehen, daß es sich bei jenen Erscheinungen, die wir gemeinhin meinen, wenn wir von "Gesellschaft" sprechen,
nicht um eindeutig begrenz- und bestimmbare Phänomene handelt. Er kann feststellen, daß wir es hier nicht mit "Gesellschaften" zu tun haben, sondern -
in der Terminologie WEBERs - mit "Vergesellschaftungen" von Individuen, mit
Individuen, die handelnd miteinander verbunden sind und als solche soziale
Aggregate oder Gruppierungen bilden. Der Soziologe kann diese Erfahrung zum
Anlaß nehmen, jenen Erscheinungen, die wir meinen, wenn wir "Gesellschaft"
sagen, jede selbständige, von den sie konstituierenden Individuen unabhängi-
ge Existenz abzusprechen. Er kann daraus folgern, daß er nicht nur bei der
Analyse sozialen Handelns, sondern auch bei der Analyse sozialer Gebilde
allein von Annahmen über individuelles Verhalten und Handeln jener Personen
auszugehen hat, die das soziale System, Gesellschaft genannt, bilden. Beide
Positionen führen zu unrealistischen Grundannahmen und problematischen theoretischen Modellen: Im ersten Fall zur Vorstellung von einer Gesellschaft
ohne Personen als den eigentlichen Akteuren. Im zweiten Fall zur Vorstellung
von einer Gesellschaft bestehend aus einer Ansammlung autonomer und atomisierter Individuen ohne jede institutionelle oder sonstige soziale Verknüpfung.

Beides versuchen dem Prinzip des methodologischen Individualismus verpflich-
tete Sozialwissenschaftler wie BOUDON, COLEMAN, HAYEK, MENGER, v. MISES,
POPPER, SCHUMPETER und WEBER zu vermeiden. Letzterer macht dies in seinem
grundlegenden Aufsatz "Über einige Kategorien der verstehenden Soziologie"
deutlich, indem er darlegt,
"weshalb die verstehende Soziologie (in unserem Sinne) das Einzelindividuum
und sein Handeln als unterste Einheit, als ihr 'Atom' - wenn der an sich be-
denkliche Vergleich hier einmal erlaubt ist - behandelt" (WEBER 1913: 415).

In diesem Zusammenhang weist er nachdrücklich darauf hin, daß:
"der Einzelne auch nach oben zu die Grenze und der einzige Träger sinnhaf-
ten Sichverhaltens (ist). Keine scheinbar abweichende Ausdrucksform darf
dies verschleiern. Es liegt in der Eigenart nicht nur der Sprache, sondern
auch unseres Denkens, daß die Begriffe, in denen Handeln erfaßt wird, dieses
im Gewande eines beharrenden Seins, eines dinghaften oder ein Eigenleben
führenden 'personenhaften' Gebildes, erscheinen lassen. So auch und ganz
besonders in der Soziologie. Begriffe wie 'Staat', 'Genossenschaft', 'Feu-
dalismus' und ähnliche bezeichnen für die Soziologie, allgemein gesagt, Kategorien für bestimmte Arten menschlichen Zusammenhandelns und es ist also

ihre Aufgabe, sie auf 'verständliches' Handeln und das heißt ausnahmslos: auf
Handeln der beteiligten Einzelmenschen, zu reduzieren" (1913: 415).

Auch POPPER begreift den methodologischen Individualismus als:
"die wichtige Lehre, daß alle sozialen Phänomene, insbesondere das Funktionieren der sozialen Institutionen, immer als das Resultat der Entscheidungen,
Handlungen, Einstellungen usf. menschlicher Individuen verstanden werden sollten und daß wir nie mit einer Erklärung auf Grund sogenannter 'Kollektive'
(Staaten, Nationen, Rassen usf.) zufrieden sein dürfen" (1945: 124).

Daß die Prinzipien des methodologischen Individualismus nicht zwangsläufig
Modelle atomisierter und isolierter Individuen und damit, wie ihm oft vorge-
worfen wird, den Verlust zentraler soziologischer Explananda nach sich ziehen, haben RAUB und VOSS in ihrer Studie "Individuelles Handeln und gesellschaftliche Folgen" nachgewiesen. Explizites Ziel individualistischer Ansätze ist:
"die Erklärung sozialer Ereignisse, Strukturen und Prozesse derart, daß
(a) Hypothesen und Theorien über individuelles Verhalten und Handeln und
seine kognitiven, motivationalen u.a. Grundlagen explizit verwendet und
(b) die sozialen Bedingungen individueller Handlungen und kollektiver Folgen dieser Handlungen berücksichtigt werden" (1981: 9).

Zum Kern des individualistischen Programms gehören zwei Erklärungsthesen
und eine Rekonstruktionsthese. Die beiden Erklärungsthesen lauten (1981: 16):
"Singuläre sozialwissenschaftliche Explananda können unter Rückgriff auf
Hypothesen über individuelles Verhalten erklärt werden."
und:
"Sozialwissenschaftliche Generalisierungen können unter Rückgriff auf Hypothesen über individuelles Verhalten erklärt oder modifiziert werden."

Die Rekonstruktionsthese lautet:
"Kollektivbegriffe sind durch Individualbegriffe rekonstruierbar" (1981: 18),
wobei unter "Rekonstruktion" sowohl Bedeutungsanalysen als auch Explikationen
verstanden werden.
Für die methodologische Diskussion wie für die Entwicklung von Forschungsprogrammen, die den Prinzipien des methodologischen Individualismus verpflichtet sind, folgt aus diesen Überlegungen, daß mit der Übernahme einer
solchen methodologischen Orientierung nicht zwangsläufig bereits ein Verstoß
gegen DURKHEIMs Regel verbunden ist:

"Die bestimmte Ursache eines soziologischen Tatbestands muß in den sozialen Phänomenen, die ihm zeitlich vorangehen, und nicht in den Zuständen des individuellen Bewußtseins gesucht werden" (1895: 193);

vorausgesetzt, man nimmt auch DURKHEIMs Hinweis ernst, den er im Vorwort zur zweiten Auflage seiner "Regeln der soziologischen Methode" gibt, daß die Individuen die einzigen aktiven Elemente der Gesellschaft sind (vgl. DURKHEIM 1895: 93, Anmerkung).

3. Folgen des methodologischen Individualismus für die Konzeption soziologischer Forschungsprogramme

Für die Theorieentwicklung und für die Forschungspraxis einer empirisch orientierten Soziologie folgt aus einem so verstandenen individualistischen Programm in den Sozialwissenschaften, daß es in erster Linie darauf ankommt, durchgängig vier heuristische Regeln zu beachten (vgl. RAUB & VOSS 1981: 22-33), wenn individuelle Effekte erklärt und mit kollektiven Phänomenen verknüpft werden sollen: Zunächst ist auszugehen "von der Annahme einer konstanten menschlichen Natur" im Sinne der Geltung bestimmter Verhaltensregelmäßigkeiten für (tendenziell) alle Individuen. Zum zweiten sollten Interdependenzen sozialer Akteure vorausgesetzt und unterschiedliche Formen der Strukturierung solcher Interdependenzen berücksichtigt werden. Zum dritten wären unintendierte Konsequenzen intentionaler individueller Handlungen mit in Rechnung zu stellen. Viertens müßten Institutionen als für den sozialen Kontext relevante Randbedingungen in die Erklärungen mit eingehen. Genese und Entwicklung solcher Institutionen wären im weiteren Verlauf der Erklärungsbemühungen dann ihrerseits als zu erklärende Sachverhalte zu behandeln. Wird auf diese Weise im Rahmen von Forschungsprogrammen verfahren, die dem methodologischen Individualismus in der hier umrissenen Weise verpflichtet sind und die sich zugleich als soziologische verstehen, so ist für sie charakteristisch, daß sie den "theoretischen Primat individualistischer Hypothesen" verknüpfen mit dem "analytischen Primat des sozialen Kontextes" (RAUB & VOSS 1981: 32 im Anschluß an LINDENBERG 1976: 9). Zentrales Ziel solcher Forschungsprogramme wäre es,

"unter Rückgriff auf Hypothesen über individuelles Verhalten zu zeigen, wie der soziale Kontext individuelle Handlungen beeinflußt, die ihrerseits Rückwirkungen auf diesen Kontext haben" (RAUB & VOSS 1981: 32).

Dieses Ziel verfolgen alle Autoren dieses Bandes, wenn auch auf je verschiedene Weise und unter divergierenden Annahmen betreffend die Konstanz menschlicher Natur, die Strukturierung der sozialen Interdependenzen, die unbeabsichtigten Konsequenzen intentionalen Handelns sowie die für den Kontext relevanten Institutionen. Sie verdeutlichen damit exemplarisch, welche Möglichkeiten die vorgestellte methodologische Orientierung eröffnet und welcher Erklärungswert ihr zukommt, wenn sie im Rahmen eines strukturell-individualistischen Ansatzes Anwendung findet (s. WIPPLER 1978, RAUB 1982).

Bei allen nachfolgenden Studien stehen im Zentrum des theoretischen Modells, das der Erklärung der jeweils betrachteten sozialen Phänomene zugrunde liegt, Annahmen über die handelnden Individuen und über die für sie geltenden Regelmäßigkeiten des Handelns. Diese Annahmen werden verbunden mit Annahmen über die sozialen Situationen, in denen sich die handelnden Personen befinden. Auf diese Weise tragen die Autoren bei ihrer Analyse in dem für ihre jeweilige Fragestellung erforderlichen Ausmaß den institutionellen Bedingungen ebenso Rechnung wie anderen Zwängen und Chancen sozialer Natur. Die sozialen Bedingungen bilden in Verbindung mit den Verhaltensannahmen die Basis der Schlüsse, welche die einzelnen Autoren für das Handeln der Individuen und für die Effekte ziehen, die dieses Handeln bewirkt. Da die sozialen Bedingungen individuellen Handelns und seiner Folgen als verhaltens- und ergebnissteuernde Faktoren bei der Erklärung der sozialen Phänomene explizit berücksichtigt werden müssen, erfordert die von den Autoren gewählte theoretische Perspektive, daß die theoretischen Modelle erstens Aussagen darüber enthalten, wie die jeweiligen sozialen Bedingungen die Handlungsziele und die Handlungsmöglichkeiten der Individuen beeinflussen, und zweitens darüber, wie die sozialen Bedingungen in Verbindung mit den Handlungen der Individuen zu kollektiven Folgen führen (vgl. LINDENBERG 1977, RAUB & VOSS 1981: 3.Kap.).

Gemäß der ersten der oben genannten heuristischen Regeln ist für den strukturell-individualistischen Ansatz die Annahme einer konstanten menschlichen Natur zentral (vgl. RAUB 1984: 22ff), wobei allerdings offen bleibt, von welchen Verhaltensregelmäßigkeiten ausgegangen wird. Aus einer solchen Konstanzannahme folgt jedoch keineswegs zwangsläufig, wie manchmal vermutet wird, daß z.B. alle Menschen im Hinblick auf bestimmte individuelle Merkmale gleich sind oder daß sie sich z.B. in ihren Reaktionen und Aktionen in gleichen sozialen Situationen gleichen. Die Annahme erfordert lediglich, wie bereits mehrfach betont, Gleichheit mit Bezug auf bestimmte Verhaltens- regelmäßigkeiten. Unterstellt man, daß Eigenschaften, Charaktere oder Ver- haltensdispositionen von Personen Produkt der für den individuellen Lebens- lauf charakteristischen Interaktion von Erbeigenschaften und Umweltbedingun- gen sind, so folgt aus der Annahme einer konstanten menschlichen Natur gera- dezu eine erhebliche Variation der Eigenschaften wie des Handelns von Per- sonen in Abhängigkeit von den jeweiligen Situationen und den besonderen in- dividuellen Lern- und Lebensgeschichten. Diese Variationen sind Indikatoren ungleich verteilter biographischer und aktueller sozialer Lagerungen und Handlungsmöglichkeiten. Deswegen ist im Rahmen des strukturell-individuali- stischen Ansatzes auch Raum für die Berücksichtigung sozialisations- und lagebedingter, gruppen-, schicht- und klassenspezifischer Unterschiede und soziokultureller Differenzen in den Verhaltensdispositionen von Individuen. Das Ausmaß solcher Unterschiede und ihrer Berücksichtigung in den theoreti- schen Modellen hängt davon ab, von welcher Konstanzannahme der Forscher aus- geht (vgl. BÖSCHGES 1983: 172-176, LINDENBERG 1981, WIPPLER & LINDENBERG 1984). Dies zeigen auch die Studien dieses Bandes, die bei WIPPLER, SCHÜTTE, LINDENBERG und ESSER auf Theorien rationalen Handelns beruhen, während TAZELAAR und WIPPLER, TAZELAAR und SPRENGERS sowie HUMMELL und SODEUR Gleichgewichtstheorien zugrunde legen.

Für die soziologische Anleitung sozialer Praxis bedeutsame Erklärungen dürf- ten am ehesten solche Modelle liefern, die Theorien rationalen Handelns verwenden. Sie gehen vom Menschen als einem intentional handelnden Wesen aus, das versucht, mit Hilfe ihm geeignet erscheinender Mittel auf der Grundlage seiner jeweiligen Möglichkeiten wie der gegebenen Umstände seine Ziele zu realisieren. Ergänzt wird diese Annahme durch die weitere Annahme, daß die handelnden Menschen einerseits die Folgen ihrer Handlungen nicht sicher voraussehen können, also unter Risiko handeln, und zum anderen die Suche nach Handlungsalternativen abbrechen, sobald ihnen die Suche nach weiteren Informationen aus zeitlichen und anderen Gründen zu aufwendig wird. Für die Erklärung sozialer Phänomene sind bei diesen Annahmen unter den so- zialen Bedingungen die Interaktionsbeziehungen der handelnden Personen von besonderem Gewicht, welche die Menschen direkt oder indirekt miteinander verknüpfen. Ordnung und Struktur dieser Interaktionsbeziehungen bestimmen

die Handlungsspielräume, d.h. sie setzen Handlungszwänge, bieten Handlungsmöglichkeiten und beeinflussen auf diesem Wege die individuellen wie die
kollektiven Effekte. Zumal die für die Gestaltung der Interaktionsbeziehungen wichtigen institutionellen Regeln in Form von Sitten, Brauchtum, Ver-
haltenskodices, Verträgen und Rechtsregeln beeinflussen das individuelle
Verhalten und Handeln wie seine Folgen. Beispiele hierfür geben insbesondere
die Beiträge von WIPPLER und SCHÜTTE, aber auch von TAZELAAR und WIPPLER
sowie TAZELAAR und SPRENGERS.

Für Zwecke soziologischer Analysen im Lichte eines strukturell-individualistischen Ansatzes lassen sich soziale Situationen im Hinblick auf die den
handelnden Personen zukommenden oder möglich erscheinenden Spielräume, die
Vorhersehbarkeit der Handlungsfolgen und die Möglichkeiten zur Kontrolle unbeabsichtigter Nebeneffekte ordnen, und zwar danach, in welchem Ausmaß die
Interaktionsbeziehungen institutionellen Regeln unterliegen, welche Kanali-
sierung der Handlungsmöglichkeiten dadurch erfolgt oder erfolgen kann, ob,
inwieweit und unter welchen Bedingungen sie eine Vorhersehbarkeit individueller wie kollektiver Handlungsfolgen hinreichend sicher zulassen sowie ob
und in welchem Ausmaß eine Kontrolle abschätzbarer unbeabsichtigter Effekte
möglich ist. Entgegen einer verbreiteten Vorstellung besteht allerdings keine generelle und direkte Beziehung zwischen dem Ausmaß und der Strenge der
institutionellen Regelung von Interaktionsbeziehungen, der Vorhersehbarkeit
der Handlungsfolgen und der Kontrolle abschätzbarer unbeabsichtigter Effekte. Für institutionell wenig geregelte und stark spontanen Charakter tra-
gende Interaktionsbeziehungen ist eine genügend große Zahl von Fällen bekannt, in denen eine solche relativ geringe institutionelle Regelung verbunden ist mit einem hohen Maß an Vorhersehbarkeit der Handlungseffekte als
Folge stark kanalisierend wirkender Rahmenbedingungen. Ein Beispiel hierfür
ist der "perfekte Markt", der den Individuen nur die Chance läßt, zu den gegebenen Bedingungen zu kaufen oder zu verkaufen oder am Marktgeschehen nicht
teilzunehmen.

Auf der anderen Seite gilt für institutionell in hohem Maße geregelte und
mit hinreichend wirksamen Sanktionen ausgestattete, individuelle Handlungs-
dispositionen stark determinierende und die individuellen Handlungsspielräume beschränkende Interaktionsbeziehungen keineswegs in jedem Falle, daß

damit ein hohes Maß an Vorhersehbarkeit der Handlungsergebnisse und an Kontrolle abschätzbarer unbeabsichtigter Effekte gegeben ist. Ein gutes Beispiel hierfür sind "Organisationen". Die in Organisationen handelnden Personen sind zwar gebunden an den institutionellen Rahmen und an das Regel-
system, das die jeweilige Organisation wie die sie umgebende Gesellschaft
und deren Ordnung vorgeben (vgl. BÜSCHGES 1983: 5. und 6.Kap.). Diese institutionellen Regeln begrenzen jedoch lediglich die Handlungsmöglichkeiten,
schränken aber die Handlungsspielräume nicht immer und in jedem Falle völlig ein. Auch in Organisationen zusammengeschlossene Individuen handeln
nicht nur aufgrund der organisatorischen Regeln, sondern zugleich unter Berücksichtigung ihrer je eigenen Handlungsziele und geleitet von ihrer eigenen, "begrenzten Rationalität" (vgl. BOUDON 1984: 26-33). Dies hat zur Folge, daß selbst bei umfassenden institutionellen Regeln und dem Versuch möglichst weitgehender Bestimmung der Interaktionsbeziehungen das Handlungs-
ergebnis nicht zwangsläufig und nicht in jedem Falle den Intentionen der
Leitungsinstanzen entspricht, welche die Organisationsstruktur bestimmen,
und auch nicht unbedingt den Intentionen der handelnd miteinander verbundenen Individuen (vgl. BÜSCHGES 1983: 145-154). Die Diskussion des Oligarchie-
problems in Organisationen und Verbänden (s. MICHELS 1911), die WIPPLER mit
seinem Beitrag wieder aufgreift, und des "bürokratischen Dilemmas" (s.
CROZIER 1963), die mit SCHÜTTEs Studie zur "Management-Theorie der Bürokratie" in diesem Bande weitergeführt wird, sind Beispiele für den genannten
Sachverhalt. Auch - oder gerade - in sozialen Gebilden vom Typus "Organisation" können die Handlungsergebnisse durchaus unerwartet, widersprüchlich,
unbeabsichtigt oder sogar unerwünscht sein. Ob und in welchem Ausmaß dies
der Fall ist, hängt ab von der spezifischen Struktur des Interaktionssystems
der jeweiligen Organisation und den institutionellen Regelungen, aber ebenso von den spezifischen Verhaltensdispositionen, Handlungsmöglichkeiten
und Handlungsspielräumen jener Personen, die der Organisation angehören, die
auf sie Einfluß nehmen können oder die auf andere Weise zu ihr in Beziehung
stehen.

4. Methodologischer Individualismus und empirische Sozialforschung

Empirische Untersuchungen im Rahmen erkundender, beschreibender oder er-
klärender Forschungsprojekte erfordern eine möglichst exakte Festlegung und
empirisch anwendbare Bestimmung der jeweils zu erfassenden sozialen Phänomene, insbesondere auch der jeweils zu wählenden Analyseebene sowie jener
Einheiten, die als letzte und elementare Einheiten die Grundlage der Untersuchung bilden sollen. Gleichgültig, welche Analyseebene ein Wissenschaftler wählt und welche sozialen Kollektive er in seine Untersuchung einbe-
zieht und wie hoch er das Abstraktionsniveau ansetzt: er kommt aus methodo-
logisch-individualistischer Sicht an der Tatsache nicht vorbei, daß die Basis seiner Untersuchung in jedem Falle aus Daten bestehen wird, die von Individuen - allein oder in Interaktion mit anderen Individuen - produziert
wurden oder werden.

Die empirische Basis der Daten bilden entweder beobachtbare, der Manipulation von Personen, Organismen, Sachen oder Symbolen dienende Handlungen jener Personen, die dem jeweils analysierten sozialen Kollektiv angehören oder
zu ihm in Interaktionsbeziehungen stehen und die vermittels der Methode der
Beobachtung erfaßt werden. Zum anderen bilden die empirische Basis manifeste,
in Dokumenten oder anderen Artefakten festgehaltene und überlieferte Resultate solchen Handelns, die durch die Methode der Dokumentenanalyse erfaßt
werden. Und schließlich können eigens ausgewählte, dem sozialen Kollektiv
angehörende, zu ihm in Beziehung stehende oder von ihm wissende und an ihm
interessierte Informanten zu Aussagen über solches Handeln, seine Resultate
und die daran beteiligten Individuen oder sozialen Kollektive herangezogen
werden, erfaßt durch die Methode der Befragung (vgl. BÜSCHGES & LÜTKE-BORNE-
FELD 1977: 119ff).

Alle Daten sind das komplexe Resultat der Interaktion zwischen erkennendem
Subjekt, hier jeweils dem Forscher und seinen Mitarbeitern, dem untersuchten Objektbereich und dem Forschungsinstrumentarium, was bei der Analyse
und Interpretation der Daten zu berücksichtigen ist. Aus der Sicht des methodologischen Individualismus ist dabei zugleich dem Umstande Rechnung zu
tragen, daß der Objektbereich empirisch-soziologischer Forschung aus intentional handelnden Individuen oder Aggregaten von Individuen besteht, deren

Handeln und deren Handlungsresultate komplexes Produkt institutioneller, situationsbezogener und persönlichkeitsspezifischer Faktoren sind. Dabei ist es ein Kunstfehler zu übersehen, daß dieser Zusammenhang auch für Forschungskontakte der verschiedenen Art gilt und daß er bei der Analyse der Daten theoretisch mit zu berücksichtigen ist. Personen, die befragt, und Personen, die beobachtet werden, um Daten für wissenschaftliche Zwecke zu gewinnen, geben in der Forschungsinteraktion die intentionale Bestimmung ihres Handelns auf der Grundlage von Situationsdefinitionen und unter Berücksichtigung der institutionellen Vorgegebenheiten nicht auf, sondern handeln auch hier gemäß ihren Intentionen und Interessen. Was dies für die Daten bedeutet, ist in der recht umfangreichen Literatur zum Problem der Forschungsartefakte sowie zum Interview als sozialer Interaktion, zur teilnehmenden und nicht-teilnehmenden Beobachtung diskutiert worden (Vgl. ESSER 1984, IRLE 1983, SCHANZ & SCHMIDT 1984, SCHMIDT & WOLF 1984). In diesem Band befaßt sich der Beitrag von ESSER mit diesem Problem.

Solange die Forscher selbst noch in hinreichender Nähe zur Datengewinnung und deren Problemen standen, ließ sich diesem Umstande durch gezielte Berücksichtigung möglicher Einflüsse durch den Forscher selbst Rechnung tragen. In dem Maße aber, in dem sich, zumal im Rahmen der Umfrageforschung, der Forscher vom Felde entfernte und die mathematisch-statistische Manipulation umfangreicher Datenmengen Computerprogrammen anvertraute, wurde die systematische Berücksichtigung von Theorien über individuelles Verhalten in Forschungsinteraktionen durch die Verwendung von höchst problematischen ad hoc-Individualhypothesen ersetzt, deren Angemessenheit nicht zuletzt dadurch zusätzlich beeinträchtigt wurde, daß die zu befragenden Individuen oft losgelöst von ihrem sozialen Kontext ausgewählt und lediglich atomisierte Individualmerkmale erhoben wurden (vgl. COLEMAN 1958/59). Eine Berücksichtigung der Prinzipien des methodologischen Individualismus setzt aber gerade die systematische Verwendung expliziter Theorien über individuelles Verhalten in der jeweiligen Forschungssituation voraus. Möglichkeiten, diesem Umstande auch bei der Datenanalyse vermittels mathematisch-statistischer Modelle zu entsprechen, sind durch die Entwicklung entsprechender Verfahren inzwischen gegeben (s.z.B. KRAUTH & PORST 1984, SCHMIDT & WOLF 1984).

Nicht nur für die Sozialpsychologie und die Artefaktforschung, sondern für die empirische Sozialforschung schlechthin gilt jenes Resümee, welches BUN-GARD am Ende seiner umfangreichen Habilitationsschrift über "Sozialpsychologische Forschung im Labor" zieht:

"Der wiederholte Nachweis von zunächst als Störvariable aufgefaßten Reaktivitätseffekten verweist ... in erster Linie darauf, daß im Zuge empirischer Untersuchungen sehr oft ein restringiertes Menschenbild mit fraglichen anthropologischen Vorannahmen unterstellt wird, nur weil methodologische Idealvorstellungen dies angeblich notwendig erscheinen lassen. Dadurch ergibt sich vielfach die paradoxe Situation, daß Sozialpsychologen während ihrer Datenerhebung wichtige sozialpsychologische Prozesse, die ihnen aus ihrem eigenen Forschungsbereich bekannt sein müßten, als vorübergehend nicht wirksam betrachten bzw. deren Existenz kurzerhand ignorieren" (1980: 567).

Dies gerade nicht zu tun und den heuristischen Regeln zu folgen, welche das individualistische Programm enthält, fällt uns vielleicht leichter, wenn wir folgenden Hinweis von OSSOWSKI befolgen und ernst nehmen:

"Die Tragfähigkeit einer Brücke, von deren Pfeilern vier aus Stahl sind und einer aus Holz, bemißt sich nicht nach der durchschnittlichen Tragfähigkeit aller Pfeiler, sondern nach der des schwächsten. Das gilt auch für den Wert von Forschungsresultaten: hochgradige statistische Verläßlichkeit und korrekte sowie exakte mathematische Berechnungen verlieren ihre Bedeutung, wenn beispielsweise der Wert der Interpretation des Ausgangsmaterials und der auf der intuitiven Skalierung beruhenden Indizes in Frage gestellt wird. Die Entscheidung aber, welche der Annahmen gültig sind, ist eine Frage, die sich einfachen standardisierten Methoden entzieht" (1961: 192).

Anmerkung

Vorstehende Überlegungen beruhen in Teilen auf Vorträgen zum Thema "Methodologischer Individualismus und empirische Sozialforschung", gehalten im Dezember 1981 im Rahmen eines Seminars der Fachgruppe "Theorie und Methoden der empirischen Sozialforschung" an der Universität Essen und im Januar 1982 vor der Wirtschafts- und Sozialwissenschaftlichen Fakultät der Universität Erlangen-Nürnberg. Werner RAUB, Reinhard WITTENBERG sowie den Kolleginnen und Kollegen aus Essen und Hagen bin ich für zahlreiche Anregungen und kritische Hinweise dankbar.

Literatur

BOUDON, R.
.1977   Paradoxe Effekte sozialer Institutionen, in: Widersprüche
             sozialen Handelns, Darmstadt: Luchterhand 1979, 57-170

1979   Die Logik des gesellschaftlichen Handelns, Darmstadt: Luch-
             terhand 1980

BOUDON, R.
1984   The individualistic tradition in sociology, Ms, Symposion:
               "Relating Micro and Macro Levels in Sociological Theory",
               Schloß Rauischholzhausen b. Giessen,Juni 1984

BÜSCHGES, G.
1983   Einführung in die Organisationssoziologie, Stuttgart:
               Teubner

BÜSCHGES, G. & P. LÜTKE-BORNEFELD
1977   Praktische Organisationsforschung, Reinbek: Rowohlt

BUNGARD, W.
1980   Sozialpsychologische Forschung im Labor: Ergebnisse, Kon-
               zeptualisierungen und Konsequenzen der sogenannten Artefakt-
               forschung, Köln: Habilitationsschrift

COLEMAN, J.S.
1958/59   Relational analysis, Human Organization 17: 28-36

1984   Micro foundations and macrosocial behavior, Ms, Symposion:
               "Relating Micro and Macro Levels in Sociological Theory",
               Schloß Rauischholzhausen b. Giessen,Juni 1984

CROZIER, M.
1963   The Bureaucratic Phenomenon, Chicago: UP 1964

DURKHEIM, E.
1895   Regeln der soziologischen Methode, Neuwied: 1961

ENGELS, F.
1895/96   Anteil der Arbeit an der Menschwerdung des Affen, in:
               K. Marx & F. Engels: Ausgewählte Schriften in zwei Bänden,
               Band II, Berlin: Dietz 1966, 68-77

ESSER, H.
1984   Determinanten des Interviewer- und Befragtenverhaltens:
               Probleme der theoretischen Erklärung und empirischen Unter-
               suchung von Interviewereffekten, in: K.U. Mayer & P. Schmidt
               (eds.): Allgemeine Bevölkerungsumfrage der Sozialwissen-
               schaften, Frankfurt a.M.: Campus, 26-71

FERGUSON, A.
1767   Abhandlungen über die Geschichte der bürgerlichen Gesell-
               schaft, 2.Aufl., Jena: Fischer 1923

HAYEK, F.A.
1967   Die Ergebnisse menschlichen Handelns, aber nicht menschlichen
               Entwurfs, in: Freiburger Studien, Tübingen: Mohr 1969,
               97-107

HUTH, H.
1907   Soziale und individualistische Auffassung im 18. Jahrhundert,
               vornehmlich bei Adam Smith und Adam Ferguson, Leipzig:
               Duncker & Humblot

IRLE, M.
1983   Umfrageforschung - auch in Zukunft der "Königsweg" der empi-
               rischen Sozialforschung?, in: M. Kaase et al. (eds.): Empiri-
               sche Sozialforschung in der modernen Gesellschaft, Frankfurt
               a.M.: Campus, 55-68

KRAUTH, C. & R. PORST
1984   Sozioökonomische Determinanten von Einstellungen zu Gast-
              arbeitern, in: K.U. Mayer & P. Schmidt (eds.): Allgemeine
              Bevölkerungsumfrage der Sozialwissenschaften, Frankfurt a.M.:
              Campus, 267-314

LINDENBERG, S.
1976   De struktuur van theorieen van kollektieve verschijnselen.
              in: W. Arts, S. Lindenberg & R. Wippler (eds.): Gedrag en
              struktuur, Rotterdam: Universitaire Pers, 1-20

1977   Individuelle Effekte, kollektive Phänomene und das Problem
              der Transformation, in: K. Eichner & W. Habermehl (eds.):
              Probleme der Erklärung sozialen Verhaltens, Meisenheim a.G.:
              Hain, 46-84

1981   Erklärung als Modellbau, in: W. Schulte (ed.): Soziologie in
              der Gesellschaft, Bremen: Zentraldruckerei der Universität,
              20-35

MANDEVILLE, B.
1705   Die Bienenfabel oder Private Laster, öffentliche Vorteile,
              Frankfurt a.M.: Suhrkamp 1980

MARX, K.
1852   Der achtzehnte Brumaire des Louis Bonaparte, in: K. Marx
              & F. Engels: Ausgewählte Werke in zwei Bänden, Band I,
              Berlin: Dietz 1966, 226-316

MENGER, C.
1883   Untersuchungen über die Methode der Sozialwissenschaften und
              der Politischen Ökonomie insbesondere, in: Gesammelte Werke,
              Band II, 2.Aufl., Tübingen: Mohr 1969

MERTON, R.K.
1936   The unanticipated consequences of purposive social action,
              American Sociological Review I: 894-904

MICHELS, R.
1911   Zur Soziologie des Parteiwesens, 2.Aufl., Stuttgart: Kröner
              1970

OSSOWSKI. St.
1961   Naturwissenschaftliche Vorbilder in der empirischen Soziolo-
              gie, in: Die Besonderheiten der Sozialwissenschaften, Frank-
              furt a.M.: Suhrkamp 1973, 143-192

POPPER, K.R.
1945   Die offene Gesellschaft und ihre Feinde II: Falsche Propheten,
              4.Aufl., München: Francke 1975

RAUB, W.
1982   The structural-individualistic approach towards an explanato-
              ry sociology, in: W. Raub (ed.): Theoretical Models and
              Empirical Analyses, Utrecht: E.S.-Publications, 3-40

1984   Rationale Akteure, institutionelle Regelungen und Interdepen-
              denzen, Frankfurt a.M.: Lang

RAUB, W. & T. VOSS
1981   Individuelles Handeln und gesellschaftliche Folgen,
            Darmstadt: Luchterhand

SCHANZ, V. & P. SCHMIDT
1984   Interviewsituation, Interviewermerkmale und Reaktionen von
            Befragten im Interview: eine multivariate Analyse, in:
            K.U. Mayer & P. Schmidt (eds.): Allgemeine Bevölkerungsum-
            frage der Sozialwissenschaften, Frankfurt a.M.: Campus,
            72-113

SCHMIDT, P. & G. WOLF
1984   Sozialstrukturelle und individuelle Determinanten von sub-
            jektiver Schichtidentifikation und politischen Einstellun-
            gen, in: K.U. Mayer & P. Schmidt (eds.) Allgemeine Bevölke-
            rungsumfrage der Sozialwissenschaften, Frankfurt a.M.:
            Campus, 267-314

SCHNEIDER, L. (ed.)
1967   The Scottish Moralists on Human Nature and Society, Chicago:
            Phoenix

SCHUMPETER, J. A.
1908   Das Wesen und der Hauptinhalt der theoretischen National-
            ökonomie, 2.Aufl., Berlin: Duncker & Humblot 1970

SMITH, A.
1759   Theorie der ethischen Gefühle, Frankfurt a.M.: Schauer 1949

1776   Der Wohlstand der Nationen, 2.Aufl., München: DTV 1982

VANBERG, V.
1975   Die zwei Soziologien, Tübingen: Mohr

1982   Markt und Organisation, Tübingen: Mohr

WEBER, M.
1913   Über einige Kategorien der verstehenden Soziologie, in:
            Gesammelte Aufsätze zur Wissenschaftslehre, Tübingen:
            Mohr 1922, 403-450

WIPPLER, R.
1978   The structural-individualistic approach in Dutch sociology,
            Netherlands Journal of Sociology 14: 135-155

1981   Erklärungen unbeabsichtigter Handlungsfolgen: Ziel oder Mei-
            lenstein soziologischer Theoriebildung?, in: J. Matthes (ed.):
            Lebenswelt und soziale Probleme, Frankfurt a.M.: Campus,
            246-261

WIPPLER, R. & S. LINDENBERG
1984   Collective phenomena and rational choice, Ms, Symposion:
            "Relating Micro and Macro Levels in Sociological Theory",
            Schloß Rauischholzhausen b. Giessen, Juni 1984

TEIL I

ANALYSEN SOZIALER BEDINGUNGEN UND SOZIALER
KONSEQUENZEN INDIVIDUELLEN HANDELNS AUF DER
GRUNDLAGE VON THEORIEN RATIONALEN HANDELNS

DIE ENTSTEHUNG OLIGARCHISCHER STRUKTUREN IN DEMOKRATISCH VERFASSTEN ORGANISATIONEN[1]

Reinhard Wippler

Ein klassisches Problem der Soziologie beschreibt die folgende, von MICHELS (1909: 231) zu Beginn dieses Jahrhunderts gestellte Frage:

"Wenn nun aber die sozialrevolutionären und demokratischen Parteien theoretisch ihren wesentlichsten Lebenszweck in der Bekämpfung der Oligarchie in allen ihren Formen erblicken, wie ist es dann zu erklären, daß sie in sich dieselben befehdeten Tendenzen entwickeln?"

Obwohl MICHELS viele Jahre seines Lebens damit verbrachte, eine Antwort auf diese Frage auszuarbeiten, hat das Problem nicht viel von seiner Herausforderung verloren.

Die Entstehung oligarchischer Tendenzen in formal demokratischen Organisationen erforderte in MICHELS' Sicht eine Erklärung, weil er die Alltagstheorie, nach der Gruppenmitglieder immer in Übereinstimmung mit ihrer gemeinsamen Ideologie handeln, verwarf. Die komplementäre Alltagstheorie, gemäß der böswillige Führungspersonen Schuld an dem Mißerfolg sind, demokratische Prinzipien zu beachten, erschien ihm gleichfalls nicht akzeptabel, da er große Bewunderung für viele führende Sozialdemokraten seiner Zeit hegte.

Für die Erklärung von oligarchischen Tendenzen bezog sich MICHELS nicht so sehr auf individuelle Unzulänglichkeiten, sondern vielmehr auf strukturelle Bedingungen innerhalb von Organisationen. Das Ergebnis seiner Studien kommt zusammengefaßt in dem berühmt gewordenen "ehernen Gesetz der Oligarchie" zum Ausdruck:

"Die Organisation ist die Mutter der Herrschaft der Gewählten über die Wähler, der Beauftragten über die Auftraggeber, der Delegierten über die Delegierenden. Die Bildung von Oligarchien im Schoße der mannigfaltigen Formen der Demokratien ist eine organische, also eine Tendenz der jede Organisation, auch die sozialistische, selbst die libertäre, notwendigerweise unterliegt." (MICHELS 1911: 370-371)

MICHELS' lebendige und farbig präsentierte Analyse erfordert eine systematische Rekonstruktion (CASINELLI 1953, MAY 1965, HANDS 1971, WIPPLER 1979, GRUNWALD 1980). Der Kern seiner Oligarchietheorie besteht aus Hypothesen über strukturelle Effekte, d.h. aus Hypothesen über Effekte der strukturellen

Charakteristika einer Organisation für das Ausmaß, in dem das Funktionieren der Organisation von ihren Mitgliedern wirksam kontrolliert wird. Von sekundärer Wichtigkeit im Sinn einer bloßen Verstärkung oder Abschwächung der strukturellen Effekte sind nach MICHELS demgegenüber psychologische Faktoren[2]. Diese Konzentration auf strukturelle Effekte ist für die meisten soziologischen Untersuchungen über Demokratie in Organisationen charakteristisch, von denen die Studie über Gewerkschaftsdemokratie von LIPSET et al. (1956) die bekannteste ist.

Die Annahme des Wirkens struktureller Effekte ist von einer Spezifikation der Mechanismen zu unterscheiden, die die Einflüsse struktureller Bedingungen auf die Funktionsweise von Organisationen vermitteln. Die Angabe struktureller Bedingungen, unter denen formal demokratische Organisationen oligarchische Tendenzen entwickeln, erklärt diese Tendenzen noch nicht, solange der Nachweis eines diese Tendenzen erzeugenden Mechanismus fehlt. Dieser Aufsatz versucht, die Mechanismen zu spezifizieren, die die von MICHELS und anderen Soziologen beschriebenen Oligarchisierungstendenzen erzeugen. Die Strategie, nach der ich vorgehe - die Strategie der "generating models" - ist von BOUDON (1979) übernommen. Das hier präsentierte Modell wird eine stark vereinfachte Abbildung realer sozialer Prozesse wiedergeben. Enthalten wird es sowohl explizite Verhaltensannahmen, als auch Annahmen über strukturelle Bedingungen, die ihrerseits die individuellen Handlungsmöglichkeiten beschränken.

Innerhalb eines strukturell-individualistischen Ansatzes[3] werden Prozesse in Organisationen als - oft unintendiertes - Ergebnis individueller Handlungen und ihrer gegenseitigen Abhängigkeiten betrachtet, wobei die individuellen Handlungen als durch die strukturellen Charakteristika der fraglichen Organisation begrenzt angesehen werden. Dementsprechend müssen bei der Ausarbeitung eines Modells für die Entstehung und Entwicklung oligarchischer Strukturen in demokratischen Organisationen zwei Fragen behandelt werden. Zunächst die Frage, inwiefern der Kontext einer Organisation und deren Struktur das Verhalten ihrer Mitglieder beeinflußt, und anschließend die Frage, in welcher Weise das Verhalten und die Interaktion verschiedener Typen von Organisationsmitgliedern ein bestimmtes Funktionieren der Organisation erzeugt.

Derjenige Teil des Modells, der das Verhalten der Mitglieder von Organisationen betrifft, beruht auf der Nutzentheorie. Diese Theorie nimmt an, daß aus den in einer bestimmten Situation möglichen Handlungsalternativen diejenige mit dem höchsten erwarteten Nutzen gewählt wird. Der erwartete Nutzen einer Handlung ist eine Funktion des subjektiven Nutzens und der Kosten der Handlungskonsequenzen für den Akteur und der subjektiven Wahrscheinlichkeiten für das Auftreten dieser Handlungskonsequenzen.

Für das hier präsentierte Modell wird das von BOUDON (1979: 148, 153) für die Analyse des sozialen Wandels entwickelte allgemeine heuristische Schema verwendet. Seine drei Komponenten sind ein Interaktionssystem, die Umwelt dieses Interaktionssystems und die Resultate, welche durch dieses System erzeugt werden. Die drei Komponenten sind miteinander kausal verbunden, manchmal - je nach Typ des Prozesses - unter Einschluß von Rückkopplungsbeziehungen.

Ich werde das Modell in mehreren Schritten einführen, wobei ich mit der Modellierung einiger struktureller Bedingungen beginne, die im Zentrum von MICHELS' Oligarchietheorie stehen. Danach werden diejenigen Konsequenzen dieser Bedingungen abgeleitet, die den Kern des ehernen Gesetzes der Oligarchie bilden. Abschließend werden Bedingungen kombiniert, die oligarchische Tendenzen verstärken und verhindern, um die Möglichkeiten organisationsinterner Demokratie zu erforschen.

Meine Analyse oligarchischer Tendenzen konzentriert sich auf solche Organisationstypen, die eine zentrale Stellung in den klassischen Studien zu diesem Objektbereich einnehmen: politische Parteien und Gewerkschaften. Eines ihrer gemeinsamen Charakteristika ist die freiwillige Mitgliedschaft. Dies hat mindestens zwei theoretisch relevante Folgen. Erstens stehen die Mitglieder vor einem Entscheidungsproblem: sie haben die Kosten der Mitgliedschaft (d.h. z.B. Geld, Zeit und das Risiko, Ressourcenkontrolle an einen korporativen Akteur zu übertragen) gegen den erwarteten Nutzen der Mitgliedschaft (die gemeinsame Verwendung von Ressourcen liefert höhere Erträge als die individuelle Ressourcenallokation) abzuwägen. Außerdem haben die Mitglieder zwei Möglichkeiten, ihre Zufriedenheit oder Unzufriedenheit mit den Leistungen einer Organisation auszudrücken. Sie können entweder ihre Meinung

artikulieren oder die Organisation verlassen (HIRSCHMAN 1970). Eine weitere
Gemeinsamkeit der hier behandelten Organisationen besteht in ihrer demokratischen Verfassung. Dies hat (a) zur Folge, daß Entscheidungsrechte an Führungspersonen delegiert werden und daß (b) diese Führer von den Organisationsmitgliedern durch interne Wahlen bestimmt werden.

1. Bedingungen zur Verstärkung oligarchischer Tendenzen

Für unseren Zweck werden wir uns auf zwei Typen von Akteuren beschränken,
nämlich auf Mitglieder und auf Führungspersonen der Organisation. Den Akteuren beider Kategorien stehen jeweils zwei Verhaltensalternativen offen.
Die Mitglieder können ihre Organisation aktiv kontrollieren und ihre Meinung
zum Ausdruck bringen, d.h. sie protestieren im Fall schlechter Leistungen
der Organisation und sie unterstützen gute Leistungen. In Anlehnung an
HIRSCHMAN (1970) wird diese Verhaltensweise "Widerspruch" ("voice"; V) genannt. "Widerspruch" kann verschiedene Formen annehmen, die sich hinsichtlich Wirksamkeit und Kosten unterscheiden. Die schwächste und billigste Variante ist die Teilnahme an internen Wahlen, gefolgt von mündlicher und
schriftlicher Kritik bzw. Unterstützung, während das Organisieren einer op-
positionellen oder konformen Gruppe als stärkste Form von Widerspruch betrachtet werden kann. Die zweite Verhaltensalternative ist "Inaktivität"
(IN), d.h. der Akteur bleibt Mitglied der Organisation, wobei er jedoch auf
jede aktive Kontrolle verzichtet.

Die erste Verhaltensalternative von Führungspersonen der Organisation entspricht einer Alltagstheorie über demokratische Führung: bei Entscheidungen
der Organisation kommt der "Förderung der Mitgliederinteressen" (MI) höchste
Priorität zu. In der klassischen Demokratietheorie ist der hauptsächliche
Wesenszug des Verhaltens von Führungspersonen darin zu sehen, dem Interesse
der Mitglieder zu dienen. Neuere ökonomische Theorien haben jedoch das Augen-
merk auf andere Verhaltensweisen von Führungspersonen gelenkt, nämlich auf
solche, die der Realisierung ihrer privaten Ziele dienen (HERDER-DORNEICH
1973: 15-16). Als zweite Verhaltensweise von Führungspersonen wird dementsprechend die berücksichtigt, bei der solchen privaten Zielen Priorität ein-
geräumt wird. Diese Verhaltensweise wird im folgenden als "Förderung privater Ziele" ("promotion of private goals"; PG) bezeichnet.

Die Bestimmung des subjektiv erwarteten Nutzens der vier beschriebenen Handlungsalternativen erfordert die Spezifizierung der relevanten Nutzen und Kosten (U) und subjektiven Wahrscheinlichkeiten (P). Das Kernmodell des Mitgliederverhaltens in freiwilligen und formal demokratischen Organisationen wird in den folgenden Gleichungen zusammengefaßt.

$$(1) \quad SEU_V = U_{cg} (P_{wc} + P_c) + U_i - U_m - U_v$$

$$(2) \quad SEU_{IN} = U_{cg} P_{wc} - U_i - U_m$$

wobei:

SEU_V : erwarteter Nutzen der Handlungsalternative "Widerspruch"

SEU_{IN}: erwarteter Nutzen der Handlungsalternative "Inaktivität"

U_{cg} : Nutzen einer Situation, in der das Interesse der Mitglieder (also ein kollektives Gut) realisiert wird

U_i : Nutzen einer ideologischen Gratifikation, die man erhält, falls man gemäß den demokratischen Prinzipien handelt bzw. Kosten einer Verletzung dieser Prinzipien

$-U_m$: Kosten der Mitgliedschaft (Mitgliedsbeiträge etc.)

$-U_v$: Kosten von "Widerspruch" (Informationskosten, Zeitkosten für Wahlversammlungen oder Beratungen)

P_{wc} : Wahrscheinlichkeit, daß das Interesse von Mitgliedern ohne eigene Beteiligung realisiert wird

P_c : Änderung der Wahrscheinlichkeit P_{wc}, die durch eigene Beteiligung erwartet wird

Vereinfachende Annahmen im Kernmodell des Mitgliederverhaltens sind: Ideologische Gratifikationen, Kosten der Mitgliedschaft und Kosten, die im Zusammenhang mit "Widerspruch" entstehen, werden mit Sicherheit (also mit der subjektiven Wahrscheinlichkeit 1) erwartet.

Das Kernmodell des Verhaltens von Führungspersonen wird ebenfalls in zwei Gleichungen zusammengefaßt:

$$(3) \quad SEU_{MI} = U_{gv} P_{cv} + U_i - U_{mc} - U_{pp}$$

$$(4) \quad SEU_{PG} = U_{pp} - U_{lv} P_{cv} - U_i$$

wobei:

SEU_{MI} : erwarteter Nutzen der Handlungsalternative "Förderung der Mitgliederinteressen"

SEU_{PG} : erwarteter Nutzen der Handlungsalternative "Förderung privater Ziele"

U_{gv} : Nutzen der erhaltenen Stimmen in internen Wahlen

U_{pp} : Nutzen gegenwärtiger oder zukünftiger persönlicher Privilegien, die mit der Führungsposition verbunden sind (finanzieller Nutzen, Karriereaussichten etc.)

$-U_{lv}$: Kosten von Stimmenverlusten

$-U_{mc}$: Kosten intensiven Kontaktes mit Mitgliedern (Informationsbeschaffung über Änderungen der Mitgliederinteressen, Information der Mitglieder über Strategien der Organisation etc.)

P_{cv} : Wahrscheinlichkeit, daß Entscheidungen zu einer Änderung des Stimmverhaltens der Mitglieder in internen Wahlen (d.h. zu Stimmengewinnen oder Stimmenverlusten) führen

Wie zuvor wird die vereinfachende Annahme eingeführt, daß bei jeder Handlungsalternative das Eintreffen einiger Handlungskonsequenzen mit Sicherheit erwartet wird, nämlich ideologische Gratifikation wie auch der Erhalt oder Verlust persönlicher Privilegien und die Kosten intensiven Mitgliederkontaktes (Transaktionskosten). Eine weitere vereinfachende Annahme, die später aufgegeben wird, ist die, daß die Förderung der Mitgliederinteressen die Führungspersonen zu einem Verzicht auf persönliche Privilegien zwingt.

Im Rahmen der hier verwendeten Terminologie entspricht Oligarchie in demokratischen Organisationen einer Situation, in der die Mitglieder die Handlungsalternative "Inaktivität" und Führungspersonen die Alternative "Förderung privater Ziele" wählen. Da das eherne Gesetz der Oligarchie vorhersagt, daß sich in jeder formal demokratischen Organisation im Zeitablauf oligarchische Tendenzen entwickeln, kann aus MICHELS' Theorie abgeleitet werden, daß schließlich ein Zustand erreicht wird, in dem gilt $SEU_{IN} > SEU_V$ und $SEU_{PG} > SEU_{MI}$.

In MICHELS' Theorie wird angenommen, daß sich die Entwicklung oligarchischer Strukturen unweigerlich aus einer besonderen Konstellation struktureller Bedingungen ergibt. Um diesen Prozeß in einem Modell darzustellen, benötigen wir Annahmen, die die Gleichungen des Verhaltensmodells mit den strukturellen Charakteristika der Organisationen verbinden (LINDENBERG 1981). Zunächst werden nur drei dieser Charakteristika eingeführt. "Größe" bezieht sich auf die Anzahl der Mitglieder einer Organisation, "Netzwerkdichte" gibt die Anzahl informeller Beziehungen zwischen den Mitgliedern einer Organisation relativ zur Mitgliederzahl an und "Homogenität" bezieht sich auf die Ähnlichkeit bzw. Verschiedenheit der Fähigkeiten und Neigungen (Energie, kognitive und soziale Fertigkeiten usw.) der Organisationsmitglieder. In welcher Weise beeinflussen diese drei strukturellen Variablen die Funktionsweise der Organisation? Die von MICHELS betrachteten Organisationen waren typische Massenorganisationen, d.h. sie waren durch große Mitgliederzahlen und geringe Netzwerkdichte gekennzeichnet. Außerdem nahm MICHELS große Unterschiede zwischen den Mitgliedern hinsichtlich ihrer Fähigkeiten (also eine geringe Homogenität) an.

Eine Kombination großer Mitgliederzahlen und geringer Netzwerkdichte ist für jene Gruppen charakteristisch, die OLSON (1965) als "latente Gruppen" bezeichnet. In latenten Gruppen werden rationale Akteure keine Beiträge zur Realisierung eines gemeinsamen Interesses (d.h. der Produktion eines kollektiven Gutes) leisten, da sie von den Leistungen anderer Gruppenmitglieder profitieren können ("Trittbrettfahrerphänomen"). Außerdem ist die Wahrscheinlichkeit, einen entscheidenden Einfluß auf die Produktion des Kollektivguts auszuüben, extrem niedrig, falls die Kollektivgutproduktion von den Beiträgen sehr vieler Mitglieder abhängt. Die Anwendung von OLSONs Theorie auf unser Handlungsmodell und auf die hier berücksichtigten strukturellen Bedingungen bedeutet, daß in großen Organisationen mit wenig informellen Beziehungen die von den eigenen Bemühungen erwartete Änderung der Wahrscheinlichkeit einer Verwirklichung der Mitgliederinteressen (P_c) gegen Null geht. Als Konsequenz erwarten die Mitglieder gleiche Chancen für die Realisierung ihrer Interessen, unabhängig davon, ob sie nun "Widerspruch" oder "Inaktivität" wählen. "Widerspruch" wird nur im Fall einer starken ideologischen Verpflichtung gewählt. Diese Alternative wird genauer gesagt dann gewählt, wenn die

Kosten einer Vernachlässigung ideologischer Verpflichtungen höher sind als die halben Kosten der Handlungsalternative "Widerspruch". Da die Kosten von "Widerspruch" im Durchschnitt eher hoch sind, wird ein solches Kostenverhältnis relativ selten sein. Darüber hinaus war es gerade die Schwäche der ideologischen Motivation sogar in sozialdemokratischen Parteien, die MICHELS zu seiner Suche nach strukturellen Bedingungen von Oligarchie veranlaßte[4].

Organisationsgröße und Netzwerkdichte haben noch einen weiteren Einfluß auf den erwarteten Nutzen der Handlungsalternativen für Mitglieder und Führer. Je größer die Organisation und je geringer ihre Netzwerkdichte ist, desto höher sind die Kosten von "Widerspruch" ($-U_v$) : Mit wachsender Größe und nur wenigen informellen Beziehungen wird es für die Mitglieder schwieriger, Informationen über das Funktionieren der Organisation zu beschaffen (Informationskosten) sowie andere Mitglieder zu konsultieren und Aktivitäten mit ihnen zu koordinieren (Transaktionskosten). Für die Handlungsalternativen der Führungspersonen gilt demgegenüber, daß mit geringerer Netzwerkdichte auch die Wahrscheinlichkeit abnimmt, daß sich ihre organisatorischen Entscheidungen in Gewinnen oder Verlusten in internen Wahlen niederschlagen (P_{cv}). In Organisationen mit wenig informellen Beziehungen können sich Mitglieder nur schwer ein klares Bild über die getroffenen Entscheidungen machen, da Kommunikationen zwischen Mitgliedern und Führern nicht über persönliche Kommunikationskanäle verlaufen und deshalb ziemlich ineffektiv sind. Wenn aber organisatorische Entscheidungen nur mit sehr geringer Wahrscheinlichkeit zu Stimmverhaltensänderungen in internen Wahlen führen, wird die Attraktivität der "demokratischen" Handlungsalternative abgeschwächt, da den mit dieser Alternative verbundenen Kosten mehr Gewicht beigemessen wird ($-U_{mc}$).

Geringe Homogenität der Akteure in einer Organisation ist mit beiden demokratischen Handlungsalternativen des Modells verbunden. "Widerspruch" wie auch "Förderung der Mitgliederinteressen" erfordern kognitive und soziale Fähigkeiten. Ein Mangel an Homogenität bedeutet, daß diese Fähigkeiten unter den Akteuren ungleichmäßig verteilt sind. Da die Kosten von "Widerspruch" ($-U_v$) und die Kosten intensiven Kontaktes von Führern mit Mitgliedern ($-U_{mc}$) für befähigte Mitglieder und Führer weniger hoch sind als für Akteure mit geringen kognitiven und sozialen Fertigkeiten, unterscheidet sich die relative Attraktivität der "demokratischen" Handlungsalternative für befähigte Personen von der relativen Attraktivität dieser Alternative für andere Personen. Wenn MICHELS' Annahme zutrifft, daß Führungspersonen von Organisationen im Durchschnitt größere kognitive und soziale Fähigkeiten besitzen als Organisationsmitglieder[5], dann gilt auch, daß mit abnehmender Homogenität einer Organisation die Differenzen zwischen den Kosten der Wahl der "demokratischen" Alternative für die Führer der Organisation einerseits und für die Mitglieder andererseits immer größer werden.

Zusammengefaßt: Die Effekte der drei strukturellen Variablen für die Handlungsalternativen von Mitgliedern und Führern zeigen alle in die gleiche Richtung. Unter den von MICHELS beschriebenen Bedingungen ist der erwartete Nutzen der "demokratischen" Alternativen geringer als der erwartete Nutzen der "oligarchischen" Alternativen: $SEU_V < SEU_{IN}$ und $SEU_{MI} < SEU_{PG}$.

2. Veränderungen in der Zeit

Bis jetzt sind lediglich zwei Komponenten von BOUDONs heuristischem Schema für die Analyse sozialen Wandels in Betracht gezogen worden. Die Kernmodelle für Mitglieder- und Führungspersonenverhalten, die strukturellen Variablen und die Annahmen, die Verhaltensmodelle und strukturelle Bedingungen verknüpfen, beschreiben das Interaktionssystem, während die gewählten Verhaltensweisen die durch dieses System erzeugten Resultate repräsentieren. Einige Bedingungen hinsichtlich der Umwelt des Interaktionssystems sind jedoch noch implizit geblieben. Zwei dieser Randbedingungen seien kurz behandelt.

Erstens könnte man bei der Einführung von nur zwei Handlungsalternativen für die Mitglieder und bei der Vernachlässigung von Veränderungen in der Umwelt von Organisationen den Eindruck gewinnen, daß Mitglieder gezwungen sind, ihre Mitgliedschaft auch dann aufrechtzuerhalten, wenn die Leistungen der Organisation für sie völlig nachteilig sind. Eine solche Situation würde gegen das Prinzip der freiwilligen Mitgliedschaft verstoßen. Im Modell wird daher zunächst stillschweigend angenommen,
(a) daß die Umwelt keine Alternativen zur Realisierung der Mitgliederinteressen durch die Organisation anbietet und

(b) daß der Nutzen der Mitgliedschaft nicht niedriger wird als die Kosten der Mitgliedschaft.

Später werden diese Annahmen fallengelassen.

Zweitens sind die Umweltbedingungen noch nicht ausdrücklich in Betracht gezogen worden, die den Spielraum abstecken, innerhalb dessen die Realisierung von Mitgliederinteressen möglich ist. Offenbar ist es für die Akteure von Bedeutung, ob eine Organisation unter ungünstigen oder günstigen Umständen operiert. Bisher wurde stillschweigend ein mittleres Niveau der diesbezüglichen Umweltrestriktionen angenommen. Auch diese Annahme soll später fallengelassen werden.

Die Frage, welche Handlungsalternativen unter den gegebenen strukturellen Bedingungen und Umwelteinflüssen gewählt werden, kann in einem statischen Analysemodell beantwortet werden. In MICHELS' Theorie der Oligarchie spielt jedoch die Variable "Zeit" eine wichtige Rolle. Oligarchische Tendenzen - so die Annahme - werden ausgehend von einer zunächst demokratischen Situation durch einen nicht umkehrbaren kumulativen Prozeß erzeugt. Diesen Prozeß in einem Modell darzustellen, erfordert, daß die Konsequenzen der Resultate zum Zeitpunkt t_1 für das Interaktionssystem zum Zeitpunkt t_2 spezifiziert werden. Es muß also eine dynamische Analyse durchgeführt werden. Das allgemeine heuristische Schema für die Analyse kumulativer Prozesse enthält eine Rückkopplungs-Beziehung vom Resultat zum Interaktionssystem (BOUDON 1979: 153).

Abbildung 1: Schema eines kumulativen Prozesses

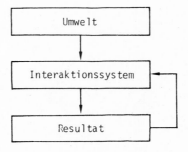

Ich werde nun einen solchen kumulativen Prozeß für mehrere aufeinanderfol-
gende Zeitperioden beschreiben. Zum Zeitpunkt t_1 ist die Organisation durch
eine geringe Mitgliederzahl, ein mittleres Niveau hinsichtlich der Netzwerkdichte und eine geringe Homogenität gekennzeichnet. Außerdem wird angenommen, daß für die Mitglieder $SEU_V > SEU_{IN}$ und für die Führungspersonen
$SEU_{MI} > SEU_{PG}$ gilt. Daraus ergibt sich, daß in der Anfangsphase die Organisation demokratisch funktioniert.

Wenn nun angenommen wird, daß neue Mitglieder angelockt werden, sofern die
Organisation den Interessen der Mitglieder dient, dann führt das Resultat
des Interaktionssystems zum Zeitpunkt t_1 (d.h. eine hohe Wahrscheinlichkeit
für die Wahl der "demokratischen" Handlungsalternativen) zu einer Änderung
hinsichtlich der Zahl der Organisationsmitglieder (wachsende Mitgliederzahl).
Dieses Anwachsen der Organisationsgröße wird erstens die Netzwerkdichte reduzieren und zweitens das Kosten-Nutzen-Verhältnis der Handlungsalternativen
verändern. Aufgrund der größeren Mitgliederzahl und der kleineren Netzwerkdichte sinkt die Wahrscheinlichkeit der Effektivität von "Widerspruch" (P_c),
während die Kosten von "Widerspruch" ($-U_V$) wachsen. Die Beziehung zwischen
den Attraktivitäten der Handlungsalternativen der Mitglieder kehrt sich daher um, so daß die Wahrscheinlichkeit der Wahl von "Inaktivität" die Wahrscheinlichkeit von "Widerspruch" geringfügig überschreitet ($SEU_{IN} > SEU_V$). Im
Hinblick auf die Verhaltensalternativen der Führer reduzieren größere Mitgliederzahl und kleinere Netzwerkdichte der Organisation zum Zeitpunkt t_2
die Wahrscheinlichkeit, daß sich Entscheidungen in Stimmengewinnen oder
-verlusten niederschlagen (P_{cv}). Der Unterschied in der relativen Attraktivität der Handlungsalternativen wird daher kleiner, d.h. die Wahrscheinlichkeit, daß "demokratisches" Verhalten gewählt wird, übersteigt die Wahrscheinlichkeit der anderen Wahl zum Zeitpunkt t_2 weniger als zu t_1. Die anderen
Modellvariablen bleiben demgegenüber zwischen t_1 und t_2 konstant.

Das Resultat der Änderung des Interaktionssystems in t_2 ist eine Situation,
in der Organisationsmitglieder geringfügig geneigt sein werden, "Inaktivität"
zu wählen, während die Führungspersonen der Organisation noch immer - aber
nicht sehr überzeugend - die Mitgliederinteressen fördern.

Wenn angenommen wird, daß Organisationsmitglieder durch "Widerspruch" Fähigkeiten erwerben (da "Widerspruch" Informationsbeschaffung und -verarbeitung
über Organisationspolitik, Opportunitäten etc. erfordert), dann führt das
Resultat des Interaktionssystems in t_2 zu neuen Änderungen in diesem System
in t_3, nämlich zu einem Anwachsen der Differenz zwischen den durchschnittlichen kognitiven und sozialen Fähigkeiten der Mitglieder und der Führer[6].
Dementsprechend ändern sich die Kosten-Nutzen-Relationen der Handlungsalternativen. Für jene, die sich aufgrund geringer kognitiver und sozialer Fähigkeiten zurückhalten, steigen wegen ihrer Inaktivität die Kosten des "Wider-
spruchs" ($-U_v$) relativ zu der Situation in t_1. Daher nimmt die relative Attraktivität von "Widerspruch" weiter ab. Zwischen t_2 und t_3 wächst die Mitgliederzahl erneut, da die Wahrscheinlichkeit, daß organisatorische Entscheidungen den Interessen der Mitglieder dienen, immer noch höher ist als
die Wahrscheinlichkeit, daß diese Entscheidungen den privaten Zielen der
Führer dienen. Dies verstärkt die früher erwähnten Effekte wachsender Mitgliederzahlen und sinkender Netzwerkdichte auf die Kosten-Nutzen-Relationen
der Handlungsalternativen. Die Wahrscheinlichkeit, daß Mitglieder "Inaktivität" statt "Widerspruch" wählen, nimmt mithin weiter zu. Für die Führer der
Organisation ergibt sich für den Zeitpunkt t_3 aus der Inaktivität der Mitglieder zum Zeitpunkt t_2 eine geringere subjektive Wahrscheinlichkeit P_{cv},
daß die Resultate interner Wahlen durch ihre Entscheidungen beeinflußt werden. Daher kehrt sich nunmehr auch für die Führer die Beziehung zwischen den
Attraktivitäten ihrer beiden Handlungsalternativen um, so daß die Wahrscheinlichkeit der Wahl der Alternative "Förderung der privaten Ziele" die Wahrscheinlichkeit der Wahl der Alternative "Förderung der Mitgliederinteressen"
geringfügig übersteigt ($SEU_{PG} > SEU_{MI}$).

Das Resultat der Änderung des Interaktionssystems in t_3 ist ein Zustand, in
dem Organisationsmitglieder stark dazu neigen, "Inaktivität" zu wählen,
während die Führungspersonen der Organisation der Förderung privater Ziele
gegenüber der Realisierung der Mitgliederinteressen Priorität einräumen,
wenn sie Entscheidungen treffen.

Dieses Resultat führt erneut zu Änderungen im Interaktionssystem zum Zeitpunkt t_4. Die mit der Mitgliedschaft in der Organisation verbundenen Vorteile

(die Kollektivgutaspekte der Mitgliedschaft; U_{cg}) werden wegen der Leistungen der Organisation, die den Mitgliederinteressen weniger gerecht wird als den persönlichen Zielen der Führungspersonen, reduziert. Dies verstärkt die Bedeutung ideologischer Motive (U_i) für die Wahl von "Widerspruch". Aufgrund der weiter verbreiteten Inaktivität unter den Mitgliedern nehmen deren kognitive und soziale Fähigkeiten weiter ab. Dies führt für eine wachsende Zahl von Personen zu weiter steigenden Kosten von "Widerspruch" ($-U_v$). Die Wahrscheinlichkeit, daß die Mitglieder "Widerspruch" wählen, bleibt daher niedrig. Für die Führungspersonen ändert das Resultat des Interaktionssystems in t_3 die relative Attraktivität der Handlungsalternativen in t_4 nicht.

Hinsichtlich der Verhaltenswahlen der Akteure ist das Resultat des Interaktionssystems in t_4 eine oligarchische Situation, d.h. die Organisationsmitglieder bleiben untätig, während die Führer der Organisation der Realisierung persönlicher Ziele Priorität gegenüber den Mitgliederinteressen einräumen. Wenn man annimmt, daß für die Mitglieder der kumulative Prozeß der Abnahme kognitiver und sozialer Fähigkeiten periodisch durch die Tatsache kompensiert wird, daß erfahrene und geschickte Führer durch junge und weniger geschickte Nachfolger ersetzt werden, kann das Funktionieren der Organisation in t_4 als ein stabiler Zustand der Oligarchie aufgefaßt werden. Dies ist gerade das, was MICHELS meinte, als er seine Oligarchietheorie entwickelte.

Die kumulativen Rückkopplungseffekte und ihre Resultate, die eine Ausgangssituation interner Demokratie in einen stabilen Zustand der Oligarchie überführen, werden schematisch in Abbildung 2 zusammengefaßt.

Zum besseren Verständnis des Modells, das den kumulativen Prozeß repräsentiert, seien zwei Punkte betont. Erstens zeigt das Modell lediglich, wie aus einer ursprünglich demokratischen Situation unter bestimmten strukturellen Bedingungen ein Zustand der Oligarchie hervorgehen kann. Oligarchie kann aber natürlich auch das Ergebnis einer anderen Konstellation von Bedingungen sein. Zweitens ist der beschriebene kumulative Prozeß im Gegensatz zu der von MICHELS vertretenen Position weder unvermeidbar noch unumkehrbar, da mehrere Bedingungen angegeben werden können, die oligarchischen Tendenzen entgegenwirken. Solche Bedingungen sollen nun genauer untersucht werden.

Abbildung 2: Überblick über die kumulativen Rückkopplungseffekte

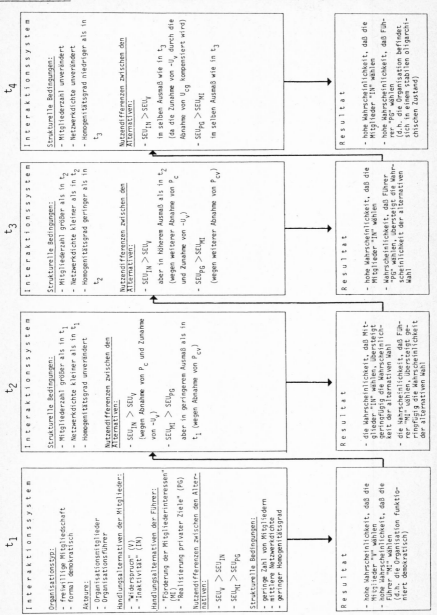

3. Bedingungen für die Verhinderung oligarchischer Tendenzen

Bislang wurde angenommen, daß Organisationsmitglieder lediglich zwischen
den Alternativen "Widerspruch" und "Inaktivität" wählen können. Freiwillige Mitgliedschaft bezieht sich jedoch nicht nur auf die Möglichkeit des Ein-
tritts in eine Organisation, sondern beinhaltet auch, daß sich Mitglieder
für einen Austritt entscheiden können[7]. Diese dritte Handlungsalternative
für die Mitglieder wird mit HIRSCHMAN (1970) als "Abwanderung" bezeichnet.
Das Kernmodell des Mitgliederverhaltens kann durch das Hinzufügen dieser Alternative erweitert werden. Ich werde mich auf eine Skizze der Konsequenzen
dieser Erweiterung beschränken.

Die Kosten von "Widerspruch" sind im allgemeinen größer als die von "Abwanderung". "Widerspruch" erfordert Investitionen von Zeit und Energie, um über
die Leistungen der Organisation informiert zu sein und an Versammlungen und
internen Wahlen teilzunehmen, während die Aufkündigung der Mitgliedschaft in
den meisten Fällen keine Kosten mit sich bringt. Nur in Organisationen eines
bestimmten Typs, nämlich im Fall ideologischer Verpflichtung oder starker
Loyalitäten gegenüber den anderen Mitgliedern, können die Austrittskosten
erheblich sein. In politischen Parteien mit einer starken ideologischen
Orientierung sehen sich z.B. "Abtrünnige" heftigen negativen Sanktionen gegenüber.

Bei niedrigen durchschnittlichen Kosten der "Abwanderung" hängt die relative
Attraktivität dieser Alternative erstens vom Nutzen des kollektiven Gutes
ab, welches durch die Organisation erstellt wird (d.h. je höher der Nutzen
ist, desto weniger attraktiv ist der Austritt) und zweitens von der Verfügbarkeit von Alternativen in der Organisationsumwelt, durch die diese Güter
ebenfalls erstellt werden könnten (d.h. je weniger konkurrierende Organisationen es für die Erstellung eines bestimmten kollektiven Gutes gibt, desto
weniger attraktiv ist die Alternative des Austritts)[8]. Wenn das durch die
Organisation erstellte Gut jedoch hoch bewertet wird und keine Alternativ-
organisation verfügbar ist, dann wächst die Wahrscheinlichkeit der Wahl von
"Widerspruch". Der Mangel von externen Alternativen fördert interne Demokratie.

Wenn die Handlungsalternative "Abwanderung" in Betracht gezogen wird, dann
hat dies auch Folgen für die Handlungsalternativen der Führer. Wenn angenommen wird, daß eine hohe Zahl abwandernder Mitglieder von den Führungspersonen als eine Bedrohung für den Fortbestand der Organisation und als eine
Schwächung ihrer eigenen Position betrachtet wird, liegt es nahe, ein neues
Nutzenargument im Kernmodell des Führerverhaltens zu berücksichtigen, nämlich den erwarteten Verlust von Mitgliedern als Kosten, wenn "Förderung
privater Ziele" als Alternative gewählt wird und den erwarteten Zugang von
Mitgliedern als Nutzen, falls die Alternative "Förderung der Mitgliederinteressen" gewählt wird. Die Möglichkeit fühlbarer "Abwanderung" als eine
Folge getroffener organisatorischer Entscheidungen verstärkt für die leitenden Personen die relative Attraktivität der "demokratischen" Alternative[9].

In der Rekonstruktion von MICHELS' Oligarchietheorie wurde zunächst ein
mäßiger Homogenitätsgrad in der "demokratischen" Anfangsphase t_1 angenommen.
Wenn man diese Annahme fallen läßt, kann man nach den Konsequenzen geringer
Homogenität auf der einen und nach den Konsequenzen einer großen Homogenität
auf der anderen Seite fragen. Nach der Theorie der Machtdistanzreduktion
(MULDER 1977, GRUNWALD 1980: 278-285) würden die Effekte einer großen Differenz zwischen den durchschnittlichen kognitiven und sozialen Fähigkeiten
der Mitglieder und denen der Führer sogar schlimmer sein, als MICHELS vorhergesagt hatte. Unter diesen Umständen führt die Mitgliederteilnahme sogar zu
einem Wachsen der Machtdistanz zwischen Mitgliedern und leitenden Personen.
Auf der anderen Seite gilt, daß in sehr homogenen Organisationen (z.B. Be-
rufsverbänden) der kumulative Prozeß, der zur Oligarchie führt, drastisch
verlangsamt wird[10].

In der Studie über "Union Democracy" (LIPSET et al. 1956) werden weitere Bedingungen analysiert, die oligarchische Tendenzen verhindern. Zwei von ihnen
seien hier erwähnt[11]. Weiter oben wurde behauptet, daß die Wahrscheinlichkeit von "Widerspruch" extrem niedrig ist, wenn große Mitgliederzahlen mit
geringer Netzwerkdichte verbunden sind (analog zum "Trittbrettfahrer"-Pro-
blem in latenten Gruppen). Die International Typographical Union (ITU) jedoch
war eine Organisation, in der eine hohe Mitgliederzahl gerade mit großer
Netzwerkdichte verbunden war. Die Netzwerkdichte in der ITU (d.h. die
Existenz einer "occupational community") war Folge der besonderen Arbeits-

organisation und Aufgabenstruktur innerhalb der Druckindustrie. Netzwerkdichte verstärkt die Wahrscheinlichkeit organisationsinterner Demokratie. Erstens sehen sich passive Mitglieder mit dem Risiko negativer Sanktionen konfrontiert, zweitens werden Kontakte zwischen Führern und Mitgliedern erleichtert und deshalb sinken die Kosten, welche mit der Wahl der "demokratischen" Alternative verbunden sind.

Eine zweite, oligarchischen Tendenzen zuwiderlaufende Bedingung bezieht sich auf die Existenz eines Zweiparteiensystems in der International Typographical Union. Ob solch eine organisierte interne Opposition entsteht und von Dauer ist, hängt von Umweltfaktoren ab. Im Fall der ITU gilt erstens, daß die Gewerkschaft als ein Verband bereits existierender, unabhängiger Ortsverbände gegründet wurde, statt "von oben nach unten" organisiert worden zu sein, und zweitens, daß interne Spaltungen mehr eine Folge ideologischer Differenzen als Folge von Interessensunterschieden waren (vgl. WIPPLER 1979: 23). Die Existenz einer organisierten internen Opposition verändert die relative Attraktivität der Verhaltensmöglichkeiten zugunsten der "demokratischen" Alternativen. Die für "Widerspruch" erforderlichen Informationskosten der Mitglieder werden reduziert, da die Führer nicht länger die Kommunikationskanäle in der Organisation monopolisieren. Für die Führungspersonen wächst die Wahrscheinlichkeit, daß ihre Entscheidungen über organisatorische Probleme Konsequenzen für das Ergebnis interner Wahlen haben werden. Eine Änderung dieser Wahrscheinlichkeiten ist zu erwarten, weil die Führer mit Opponenten, d.h. ihren potentiellen Nachfolgern, um Stimmen konkurrieren müssen. Auf diese Weise wirkt die Existenz einer organisierten Opposition als Gegengewicht zu oligarchischen Tendenzen in demokratischen Organisationen[12].

4. Handlungsalternativen und Funktionieren der Organisation

Die bislang vorgenommene Analyse konzentriert sich auf die Frage, wie Unterschiede in der Organisationsstruktur und der Umwelt die Wahl der Handlungsalternativen beeinflussen. Dies mag der Vorstellung Vorschub leisten, daß die Art, wie eine Organisation funktioniert, ausschließlich durch die Wahl der Handlungsalternativen ihrer Mitglieder und Führer bestimmt wird. Dieser Eindruck ist falsch, weil es mehrere Randbedingungen gibt, unter denen entweder "demokratisches" Verhalten aller Akteure ein unintendiertes Ergebnis produziert, das von den Akteuren als ein Zustand der Oligarchie erfahren wird, oder aber "oligarchisches" Verhalten aller Akteure zu einem Zustand führt, der interner Demokratie nicht zuwiderläuft. Ich werde nur zwei dieser Bedingungen skizzieren.

Bisher wurde angenommen, daß Organisationen in einer Umwelt operieren, die die Realisierung der Mitgliederinteressen nur mäßig beschränkt. Wenn diese Annahme fallengelassen wird, stellt sich die Frage, wie ungünstige oder günstige externe Umstände hinsichtlich der Realisierung von Mitgliederinteressen interne Demokratie beeinflussen. Unter günstigen äußeren Umständen (z.B. für Gewerkschaften eine Periode ökonomischen Wachstums oder für politische Parteien eine Periode starker Wählerunterstützung) können die Mitgliederinteressen sogar dann erfüllt werden, wenn die Mitglieder untätig sind und die Führungspersonen private Ziele verfolgen. In solchen Situationen haben die Führer einen Spielraum, der groß genug ist, den Mitgliederinteressen zu dienen, ohne gezwungen zu sein, viele persönliche Privilegien zu opfern. Hinsichtlich der dritten Verhaltensgleichung bedeutet dies, daß das Vorzeichen des Nutzenargumentes U_{pp} sogar positiv werden kann. Das bedeutet aber, daß die Mitglieder unter günstigen äußeren Umständen die Resultate "oligarchischer" Verhaltensweisen womöglich nicht als eine Verletzung demokratischer Prinzipien erfahren. Wenn andererseits externe Umstände die Realisierung der Mitgliederinteressen stark behindern, wird auch massiver Einsatz von "Widerspruch" ineffektiv sein, und zwar selbst dann, wenn Führer im Mitgliederinteresse handeln. In einer solchen Situation wird die Organisation von den Mitgliedern wegen der Ineffektivität "demokratischen" Verhaltens als oligarchisch funktionierend erlebt.

Bei der Einführung von Stimmengewinnen und -verlusten in internen Wahlen als Nutzenargument in der Verhaltensgleichung der Führer wurden unterschiedliche Wahlsysteme nicht berücksichtigt. Die Effekte von Wahlergebnissen für das Ausmaß interner Demokratie können sich aber beträchtlich unterscheiden, wobei dies von der Zahl der Wahlstufen abhängt, welche zwischen den gewöhnlichen Mitgliedern und der Organisationsführung existieren (HERDER-DORNEICH 1973: 168-177). In einem vielstufigen Wahlsystem wählen diejenigen, die auf der ersten Stufe gewählt wurden, das Wahlmännergremium der zweiten Stufe usw.; die Führung wird dann von denen gewählt, die auf der letzten Stufe gewählt

wurden. Solche Wahlketten bieten auf jeder Stufe die Möglichkeit der Koalitionsbildung. Der Wahlausgang der letzten Stufe kann dann im Vergleich zum
Ergebnis der ersten Stufe völlig verschieden sein, wenn die Wahlketten lang
und die Koalitionsbildungsmöglichkeiten zahlreich sind. Die von der Organisationsführung getroffenen Entscheidungen werden in einem solchen Fall sogar dann den Interessen der Mehrheit gewöhnlicher Mitglieder widersprechen,
wenn diese Entscheidungen mit dem Ziel getroffen werden, die Interessen der
Wähler der Organisationsführung zu erfüllen (vgl. WIPPLER 1981a). "Demokratisches" Verhalten kann auf diese Weise durch vielstufige Wahlsysteme unin-
tendiert in ein von der Mehrheit der Organisationsmitglieder als oligarchisch
empfundenes Funktionieren der Organisation überführt werden[13].

5. Schluß

In diesem Aufsatz habe ich ein Modell von MICHELS' Oligarchietheorie beschrieben und Annahmen über das Verhalten, über die strukturellen Gegebenheiten und über die Umwelt hinzugefügt. Meine Argumentation wird in Abbildung 3 zusammengefaßt, wobei BOUDONs allgemeines heuristisches Schema für
die Analyse sozialen Wandels benutzt wird. Verglichen mit Abbildung 1 sind
zwei Rückkopplungsbeziehungen hinzugekommen, nämlich eine vom Interaktionssystem zur Umwelt und eine vom Resultat zur Umwelt. Aufgrund dieser neuen
Beziehungen bezieht sich das Schema auf das, was BOUDON (1979: 188-196)
einen "Transformationsprozeß" nennt. Wie werden diese Rückkopplungsbeziehungen interpretiert?

Beide Beziehungen zeigen an, daß Charakteristika der Organisationsumwelt
(die Randbedingungen 1 und 5 in Abbildung 3) durch Initiativen der Akteure
des Interaktionssystems geändert werden können. Hinsichtlich Alternativen
in der Umwelt der Organisation, die das Interesse ihrer Mitglieder gleich
gut erfüllen könnten, gilt, daß die Mitglieder im Prinzip ihre Organisation
verlassen und eine neue konkurrierende Organisation gründen können. Mitglieder werden diese Rolle eines "politischen Unternehmers" aber nur übernehmen,
soweit die erwarteten Vorteile einer zukünftigen Führungsposition die aktuellen Kosten der Organisationsgründung übersteigen. Wenn solche Initiativen
erfolgreich sind, wird die Umwelt der ursprünglichen Organisation so verändert, daß die Wahrscheinlichkeit "demokratischen" Mitgliederverhaltens sinkt

Abbildung 3: Übersicht über die Modellvariablen

U m w e l t

Randbedingungen für die Funktionsweise des Interaktionssystems

(1) Existenz/Fehlen konkurrierender Organisationen (relevant für die relative Attraktivität von "Widerspruch")

(2) Existenz/Fehlen von Interaktionsmöglichkeiten (relevant für die Netzwerkdichte innerhalb der Organisationen)

(3) Existenz/Fehlen ideologischer Spaltungen (relevant für organisierte interne Opposition)

(4) Günstige/ungünstige Umstände hinsichtlich der Realisierbarkeit der Mitgliederinteressen

(5) Rechtliche Grundlage der Wahlsysteme innerhalb der Organisationen

---

I n t e r a k t i o n s s y s t e m

Kernmodelle des Mitglieder- und Führerverhaltens

(a) Annahmen der Nutzentheorie

(b) Mitgliederverhalten: Verhaltensgleichungen (1) und (2), sowie die informelle Skizze der Handlungsalternative "Abwanderung"

(c) Führerverhalten: Verhaltensgleichungen (3) und (4)

Strukturelle und institutionelle Bedingungen in Organisationen

(1) Anzahl der Organisationsmitglieder ("Größe")

(2) Netzwerkdichte der (informellen) sozialen Beziehungen

(3) Homogenitätsgrad hinsichtlich kognitiver und sozialer Fähigkeiten

(4) Existenz/Fehlen organisierter interner Opposition

(5) Art des Wahlsystems (Länge der Wahlkette und Möglichkeit der Koalitionsbildung)

R e s u l t a t

Ausmaß oligarchischen/demokratischen Funktionierens einer Organisation

(d.h. alle möglichen Kombinationen der drei Verhaltensalternativen von Mitgliedern mit den zwei Verhaltensalternativen der Führer; jedoch kann eine Kombination "demokratischer" Verhaltensalternativen als oligarchisches Funktionieren der Organisation empfunden werden und umgekehrt) und die Wahrscheinlichkeit "demokratischen" Führerverhaltens wächst.

Hinsichtlich der rechtlichen Grundlagen der Wahlsysteme innerhalb der Organisationen können Mitglieder bzw. Führungspersonen versuchen, Veränderungen herbeizuführen, die die Wahrscheinlichkeit von Wahlergebnissen verringern, die allein Folge eines vielstufigen Wahlsystems statt einer Spiegelung der Mitgliederpräferenzen sind. Solche Änderungen müssen auf eine Beschränkung möglicher Koalitionen wie auch auf eine Verkürzung der Wahlketten abzielen. Wenn diese Veränderungen in der Organisationsumwelt durch Aktionen seitens der Organisationsmitglieder oder -führer realisiert werden, dann sinkt die Wahrscheinlichkeit unintendierter oligarchischer Tendenzen.

Man kann die Frage aufwerfen, was durch die Modellierung einiger klassischer soziologischer Ideen über Oligarchie in demokratischen Organisationen gewonnen worden ist. Ich glaube, daß wenigstens zwei Dinge erreicht wurden.

Erstens wird durch die explizite Verbindung struktureller und institutioneller Bedingungen mit Annahmen über das Verhalten der Mechanismus beleuchtet, durch den der Einfluß sozialer Umstände auf das Funktionieren von Organisationen vermittelt wird. Dies fördert die Feststellung "störender Faktoren", die in Betracht gezogen werden müssen, wenn empirische Verallgemeinerungen auf einem aggregierten Niveau getestet und die Testergebnisse interpretiert werden (vgl. LINDENBERG 1982).

Zweitens erleichtert die Modellierung oligarchischer Tendenzen die Bestimmung der Grenzen wie auch der Möglichkeiten von Maßnahmen, die auf die Ausweitung interner Demokratie abzielen. Diejenigen strukturellen und institutionellen Bedingungen, die oligarchische Tendenzen verhindern, können mit Hilfe unseres Modells leicht erkannt werden. Relevante Bedingungen sind auf der einen Seite die Umstände, die die Mitglieder zu aktiven Beiträgen für ihr gemeinsames Interesse anregen (d.h. Umstände, die die Attraktivität des "Trittbrettfahrer"-Verhaltens vermindern) und auf der anderen Seite solche Umstände, die die Effektivität von Stimmen- und Mitgliederfluktuationen als ein Mittel zur Steuerung von Führerverhalten stärken (d.h. Umstände, die die Attraktivität der Vernachlässigung von Mitgliederinteressen verringern).

Die Kenntnis der Bedingungen, durch die oligarchische Tendenzen abgeschwächt werden, bedeutet jedoch noch nicht, daß diese Bedingungen leicht realisiert werden können. Die Aussichten für die Realisierung interner Demokratie sind vielmehr auch mit diesem Wissen eher schlecht, da nur wenige der relevanten organisationsinternen und -externen Bedingungen durch politische Maßnahmen beeinflußbar sind.

Anmerkungen

(1) Der vorliegende Beitrag ist unter dem Titel "The generation of oligarchic structures in constitutionally democratic organizations" erstmals erschienen in W. RAUB (ed.), Theoretical Models and Empirical Analyses, Utrecht: ESP 1982, 43-62. Die Übersetzung besorgte Norman BRAUN.

(2) Diese allgemeine Idee ist in dem Satz zusammengefaßt: "Was die Bedürfnisse der Organisation, Administration und Strategie begonnen, wird vollendet durch die Bedürfnisse der Psychologie" (MICHELS 1911: 200); vgl. auch WIPPLER 1981b: 4-7.

(3) Der strukturell-individualistische Ansatz in der Soziologie wird z.B. bei ARTS et al. (1976), WIPPLER (1978), BOUDON (1979) und RAUB und VOSS (1981) beschrieben.

(4) Nichtsdestoweniger scheint MICHELS zuzugestehen, daß oligarchische Tendenzen in Ausnahmefällen durch Akteure verhindert werden, die ideologisch stark motiviert sind, besonders dann, wenn "ausgeprägtester Idealismus" und "fanatisch politischer Dogmatismus" (1908: 114) vorliegen.

(5) MICHELS diskutiert diese Unterschiede unter der Überschrift "Akzessorische Eigenschaften der Führer" (1911: 65).

(6) GROSER (1979: 106) nennt dies eine "Selbstverstärkung des Informationsgefälles. Sind die Entscheidungskompetenzen erst ungleich verteilt, so reduziert sich der Nutzen, den das einfache Mitglied aus der Aufnahme von Informationen zieht, noch weiter. Selbst ein gut informiertes Mitglied wird es unter Umständen schwer haben, seine Meinung zum Tragen zu bringen". Die Bezeichnungen, die MICHELS für dieses Phänomen benützt, sind "psychologische Metamorphose" und "psychische Transmutation" (1911: 200, 204, vgl. WIPPLER 1979: 10-13).

(7) Eine detaillierte und vergleichende Analyse der Alternativen "Abwanderung" und "Widerspruch" wird von HIRSCHMAN (1970) gegeben.

(8) HIRSCHMAN (1970: 84) führt die Hypothese ein, daß die Relevanz von MICHELS' Oligarchietheorie auf Mehrparteiensysteme eingeschränkt ist, also auf solche, die für das kontinentale Europa zu Beginn dieses Jahrhunderts charakteristisch waren. Jedoch mag dies nicht für solche Mehrparteiensysteme gelten, die durch das gekennzeichnet sind, was die Niederländer "verzuiling" nennen (vgl. WIPPLER 1979: 57).

(9) HERDER-DORNEICH (1973: 13-25) präsentiert eine Analyse des homo organisatoricus, dessen Verhalten darauf gerichtet ist, finanzielle Mittel, Mitglieder und Wahlstimmen in internen Wahlen zu maximieren.

(10) Eine ähnliche Hypothese über die Konsequenzen der Homogenität für die interne Demokratie wurde von LIPSET et al. (1956: 65) vorgeschlagen.

(11) Eine detailliertere Rekonstruktion der Hypothesen aus Union Democracy wird in WIPPLER (1979: 17-28) gegeben.

(12) COLEMAN (1981: 13-17) diskutiert diese beiden Bedingungen, die Oligarchie verhindern, im Zusammenhang mit seiner Handlungstheorie. Das zentrale Problem jeder "verbundenen" Struktur ist das Trittbrettfahrerproblem. Die Netzwerkdichte in der ITU wirkt als Gegengewicht zur Attraktivität des Trittbrettfahrerverhaltens. Das fundamentale Problem jeder "unverbundenen" Struktur ist, daß der Vorgesetzte seine eigenen Interessen auf Kosten des Untergebenen verfolgt. Die Existenz einer internen Opposition kann dieser Tendenz entgegenwirken.

(13) Das Problem unintendierter Konsequenzen zweckgerichteter Handlungen und die Analyse von Kompositionseffekten werden in WIPPLER (1981a) und in den dort erwähnten Studien diskutiert.

Literatur

ARTS, W., S. LINDENBERG & R. WIPPLER (eds.)
1976   Gedrag en Structuur, Rotterdam: Universitaire Pers

BARRY, B.M.
1974   Review article: Exit, Voice and Loyalty, British Journal of Political Science 4: 79-107

BOUDON, R.
1979   Generating models as a research strategy, in: R.K. Merton, J.S. Coleman & P.H. Rossi (eds.), Qualitative and Quantitative Social Research, New York: Free Press, 51-64

1979   La Logique du Social, Paris: Hachette

CASINELLI, C.W.
1973   The law of oligarchy, American Political Science Review 77: 773-784

COLEMAN, J.S.
1981   A theoretical framework for social indicators for organizational change, Washington D.C., Social Science Research Council, Paper prepared for conference on indicators of organizational change

GROSER, M.
1979   Grundlagen der Tauschtheorie des Verbandes, Berlin: Duncker & Humblot

GRUNWALD, W.
1981   Das "eherne Gesetz der Oligarchie": Ein Grundproblem demokratischer Führung in Organisationen, in: W. Grunwald & H.G. Lilge (eds.), Partizipative Führung, Bern: Paul Haupt, 245-285

HANDS, G.
1971   Roberto Michels and the study of political parties, British
               Journal of Political Science 1: 155-172

HERDER-DORNEICH, Ph.
1973   Zur Verbandsökonomik, Berlin: Duncker & Humblot

HIRSCHMAN, A.O.
1970   Exit, Voice and Loyalty, Cambridge (Mass.): Harvard UP

LINDENBERG, S.
1981   Erklärung als Modellbau: Zur soziologischen Nutzung der Nutzen-
               theorie, in: W. Schulte (ed.), Soziologie in der Gesellschaft,
               Bremen: Zentraldruckerei der Universität, 20-35

1982   De onvolledigheid van algemene hypothesen: een pleidooi voor
               verklarende modellen, Mens en Maatschappij 57: 373-391

LIPSET, S.M., M. TROW & J.S. COLEMAN
1956   Union Democracy, Garden City (N.Y.): Doubleday

MAY, J.D.
1965   Democracy, organization, Michels, American Political Science
               Review 59: 417-429

MICHELS, R.
1908   Die oligarchischen Tendenzen der Gesellschaft. Ein Beitrag
               zum Problem der Demokratie, Archiv für Sozialwissenschaft und
               Sozialpolitik 27: 73-135

1909   Der konservative Grundzug der Partei-Organisation, Monats-
               schrift für Soziologie 1: 228-236

1911   Zur Soziologie des Parteiwesens in der modernen Demokratie,
               2. Aufl., Stuttgart: Kröner 1925

MULDER, M.
1977   The Daily Power Game, Leiden: Stenfert Kroese

OLSON, M.
1965   The Logic of Collective Action, New York: Schocken

RAUB, W. & T. VOSS
1981   Individuelles Handeln und gesellschaftliche Folgen, Darmstadt:
               Luchterhand

WIPPLER, R.
1978   The structural-individualistic approach in Dutch sociology,
               Netherlands Journal of Sociology 14: 135-155

1979   Zum Problem verbandsinterner Demokratie: Rekonstruktion und Ver-
               gleich verschiedener Lösungsvorschläge, Bad Homburg: Deutsche
               Gesellschaft für Soziologie, Beitrag Arbeitstagung "Theorien-
               vergleich in den Sozialwissenschaften"

WIPPLER, R.
1981a   Erklärung unbeabsichtigter Handlungsfolgen: Ziel oder Meilen-
             stein soziologischer Theorienbildung?, in: J. Matthes (ed.),
             Lebenswelt und soziale Probleme, Frankfurt a.M.: Campus,
             246-261

1981b   Zur Theorie der Oligarchie in Organisationen und Verbänden,
             Hagen: Fernuniversität, Beitrag Symposium "Soziale Bedingungen
             und soziale Konsequenzen individuellen Handelns"

MANAGEMENTFREIRÄUME IN BÜROKRATIEN, PROFESSIONELLE NORMEN UND QUALITÄTSKONKURRENZ

Hans Gerd Schütte

1. Freiräume und Restriktionen

In Erörterungen zum Thema bürokratischer Organisationen werden gewöhnlich
bestimmte Fragen nicht gestellt, nämlich die nach dem Produkt von Bürokratien, dessen Kosten und seinem sozialen Nutzen. Stattdessen pflegt man sich
auf die innere Struktur des bürokratischen Phänomens und die dort auftauchen-
den Probleme zu konzentrieren.

Die soziale Effizienz aller Organisationen bestimmt sich im Verhältnis von
Produktion und Gebrauch von Gütern und Dienstleistungen. Das gilt auch dann,
wenn der Mechanismus von Angebot und Nachfrage nicht wirksam werden kann. Bürokratien bieten ihre Produkte nicht auf dem Markt an. Das bedeutet nicht,
daß die Frage nach ihrem sozialen Nutzen mit dem Hinweis auf ihre Existenz
und Notwendigkeit beantwortet werden könnte. Auch die Kritik an der bürokratischen Produktion, wie sie scharfsinnige Beobachter wie PARKINSON geliefert
haben, beantwortet nicht die Frage nach dem Nutzen, den bürokratische Leistungen stiften. Es erscheint daher wünschenswert, den Akzent auf das Verhältnis
zwischen bürokratischer Produktion und öffentlichem Interesse zu legen. In
dieser Perspektive erhalten Probleme der internen Organisation, der Rekrutie-
rung, des Laufbahnrechts oder von Kommunikationskreisläufen Relief.

Die Koordination von Personal und Kapitalgütern wird in allen Organisationen
mit dem Blick auf die Leistungserstellung vorgenommen, und zwar an Hand von
- variablen - Erfolgskriterien. Die Entscheidungen über den Produktionsablauf
werden vom Management getroffen. In dessen Entscheidungen gehen Annahmen über
die Präferenzen der Auftraggeber ein. Bei gewinn- oder absatzorientierten Unternehmungen sind die Konsumentenwünsche Daten für den Entscheidungsprozeß.
Bei Kapitalgesellschaften pflegen die Präferenzen der Aktionäre ins Kalkül
einbezogen zu werden. Die Verhältnisse auf den Faktormärkten sind für Unternehmungen wie für Bürokratien Daten, mit denen man zu rechnen hat.

Bei Bürokratien wird Umfang, Preis und Qualität des Produkts nicht auf dem
Absatzmarkt bestimmt. Die Analogie zu marktorientierten Unternehmungen greift
dann nicht, wenn Produkte nicht "quid-pro-quo" getauscht werden können. Daher können Marktpreise auch nicht die Basis von Produktionsentscheidungen bilden. Das, was man öffentliches Interesse nennt, artikuliert sich durchaus in
individuellen Präferenzen. Sie werden jedoch nicht unmittelbar verhaltensrelevant.

Unter diesen Bedingungen ist nicht ohne weiteres auszumachen, wessen Präferenzen in die Entscheidungen des Managements eingehen: die des Publikums, des
politischen Auftraggebers, des Steuerzahlers oder ein allgemeines Interesse,
das nach Interpretation verlangt. Mit einiger Sicherheit kann man dagegen
unterstellen, daß die eigenen Interessen der Bürokratie deutlich umrissen
sind. Wir werden denn auch im folgenden davon ausgehen, daß Entscheidungen
über die bürokratische Leistungserstellung nicht erklärt werden können, wenn
man die Interessenlage der Bürokratie nicht berücksichtigt. Diese Interessen
werden dominant, wenn die Aktivitäten der Verwaltung unzureichend kontrolliert
werden oder nicht kontrolliert werden können, also dann, wenn Managementfreiräume entstehen. Sie entstehen, allgemeiner formuliert dann, wenn Transaktionsund Informationskosten so groß werden, daß die Kontrollmotivation versagt,
wenn die Ausarbeitung von Verträgen, die Aufträge spezifizieren, unmöglich
wird, wenn präzise Informationen über Produktionsabläufe dem Auftraggeber unzugänglich sind und wenn die Einhaltung von Verträgen nicht kontrolliert werden kann (WILLIAMSON 1981). Dann kann auch von der Ausführung eines politischen
Auftrags nicht mehr die Rede sein, weil der Auftrag nicht spezifiziert ist
und seine Einhaltung nicht einklagbar ist. Die instrumentalistische Deutung
der Bürokratie als Exekutive setzt voraus, daß entweder Aufträge spezifiziert
oder Verträge über die Ausführung bestimmter Aktivitäten abgeschlossen werden
können. Wenn dies auf Grund hoher Transaktionskosten nicht möglich ist, tritt
an die Stelle des Kontraktrechtes das Prinzip der Steuerung durch das Budget,
ergänzt durch politische Richtlinien. Das Budget steht zur Verfügung des Managements, d.h. es entstehen Managementfreiräume, die durch institutionelle
Regeln umschrieben sind.

In gewisser Hinsicht ergibt sich dieselbe Problemsituation auch bei der neoklassischen Unternehmung. Der Anteilseigner stellt der Organisation ein Budget zur Verfügung, ohne die Ausführung seiner Intentionen kontrollieren zu können. Ein funktionierender Kapitalmarkt ermöglicht ihm jedoch eine indirekte Kontrolle, die sich am tatsächlichen oder erwarteten Gewinn der Unternehmung orientiert. Bürokratien sind demgegenüber nicht gewinnorientiert und lassen sich nicht über den Kapitalmarkt kontrollieren. Der wesentliche Unterschied zur Unternehmung liegt darin, daß sie öffentliche Güter produzieren, die durch Unteilbarkeit gekennzeichnet sind. Das Prinzip der Gleichbehandlung aller Bürger verlangt, daß öffentliche Leistungen allen gleichermaßen zur Verfügung gestellt werden: Verkehrssysteme, Rechtssicherheit, Ausbildung, Gesundheitsfürsorge. Es handelt sich also um Güter, die jedem zur Verfügung stehen, wenn sie einem zur Verfügung stehen.

Für den Konsumenten bürokratischer Leistungen stellt sich die Situation daher so dar, daß er als "Trittbrettfahrer" auftreten kann. Er kann öffentliche Leistungen konsumieren, ohne dafür eine direkte Gegenleistung zu erbringen. Andererseits hat er keinerlei Chance, durch den Entzug von Kaufkraft Kontrolle auszuüben. Er mag seine Wünsche als Wähler oder in der öffentlichen Diskussion artikulieren. Bekanntlich hat dann der "median voter" die größten Chancen, politischen Einfluß auszuüben, d.h. derjenige repräsentative Wähler, um den sich die politischen Parteien gemäß der Logik des demokratischen Systems in besonderem Maße bemühen (zusammenfassend HERDER-DORNEICH & GROSER 1977). Die Artikulierung von individuellen Präferenzen im politischen System ändert jedoch nichts an der Tatsache, daß bürokratische Aktivitäten durch das Budget, bzw. Umverteilungen des Budgets, gesteuert werden.

Dieser Charakterisierung der Problemsituation steht nicht entgegen, daß Bürokratien manchmal Güter anbieten, wie Flugreisen oder Briefmarken, deren Produktion man sich auch im Kontext von Unternehmungen vorstellen kann. Generell ist die Produktion bürokratischer Leistungen dadurch gekennzeichnet, daß Auftraggeber wie Publikum gleichzeitig mit hohen Transaktionskosten und mit Unteilbarkeiten konfrontiert werden. Beide Sachverhalte konstituieren Ermessensspielräume, die individuellen Interessenlagen Möglichkeiten zur Entfaltung bieten.

Bürokratien sehen sich daher erheblichen Schwierigkeiten der Entscheidungsfindung gegenüber, wenn es um die Bestimmung des Produktionsumfangs geht.

Das gilt umso mehr, als auch keine operationalen Erfolgsmaßstäbe verfügbar
sind, wie Gewinn in Unternehmungen, die sowohl eine Steuerung der Produktion
ermöglichen, als auch dementsprechende Eingriffe in die interne Organisation.

Man kann gegen diese Skizzierung der Problemsituation einwenden, daß es auch
nicht der Sinn des Steuersystems ist, auf die Wünsche der Steuerzahler einzugehen oder daß der Ankauf einer Privatbibliothek aus Landesmitteln auch
dann legitim ist, wenn die Anzahl der Benutzer voraussichtlich minimal bleiben wird. Die Tätigkeit von Bürokratien läßt sich regelmäßig legitimieren,
indem man auf die öffentliche Meinung verweist oder auf gesellschaftliche
Notwendigkeiten oder indem man kulturelle Bezüge herstellt. Auf der Ebene
"guter Gründe" läßt sich sicherlich ein weitgehender Konsens herstellen. Hier
geht es jedoch um die Besonderheiten der bürokratischen Leistungserstellung
unter dem Gesichtspunkt der sozialen Effizienz.

Produktionsentscheidungen werden nun in vielfältiger Weise auch durch die interne
Struktur von Bürokratien mitbestimmt. Soziale Beziehungen oder Koalitions-
bildungen können dazu führen, daß über institutionelle Regelungen hinaus interne Normen und Vereinbarungen Restriktionen hierarchischer Steuerung bilden. Man kann diese Aspekte des bürokratischen Phänomens vernachlässigen,
wie in der "theory of the firm", und die Organisation durch eine Produktionsfunktion repräsentieren. Oder aber man nimmt, wie im M. WEBERschen Bürokratie-
modell an, daß im "gesatzten Recht" auch die Rollenvorschriften so festgelegt
sind, daß persönliche Interessen nicht zum Tragen kommen können. In diesem
Fall würden wir Bürokratien in den Rahmen der klassischen Theorie der Gewaltenteilung stellen und als ausführende Macht charakterisieren. Es genügt dann,
das Recht beziehungsweise den Willen des Auftraggebers zu kennen, um zu
brauchbaren Prognosen über die bürokratische Leistungserstellung zu kommen.
Sowohl die Ergebnisse der soziologischen Forschung als auch die ökonomische
Diskussion über "agency costs" oder Transaktionskosten und die Besonderheiten
der Produktion öffentlicher Güter stehen dieser Interpretation im Wege. Wir
werden daher davon auszugehen haben, daß Restriktionen hierarchischer Steuerung sowohl in der Gesetzgebung sowie der gesellschaftlichen Umgebung von
Bürokratien vorliegen, als auch in der Sozialstruktur der bürokratischen Organisation selbst. In beiden Fällen wird der Spielraum für zentralisierte
Entscheidungen eingeengt, und zwar so, daß bestimmte Ergebnisse von Entscheidungen wahrscheinlich werden. Er bleibt jedoch in jedem Falle erhalten.

Die Sozialstruktur von Bürokratien werden wir zunächst vernachlässigen und annehmen, daß sie durch eine Produktionsfunktion repräsentiert werden können. Dann ergibt sich das Bild eines zentral gesteuerten sozialen Gebildes, in dem das Management das Recht "to hire and fire" hat, den Einsatz von Mitteln koordiniert und optimiert, nicht Eigentümer der Produktionsmittel ist und bindende Verträge abschließen kann. Es entscheidet ferner über den Produktionsumfang. Im Verhältnis zum Auftraggeber dominiert die Kontrolle durch das Budget. Bürokratische Aktivitäten werden nicht kontrolliert, dagegen in gewissem Umfang ihr Resultat. Außerdem gehen wir von der Existenz von Managementfreiräumen aus. Die Spitze der Hierarchie bildet in diesem Modell gewissermaßen ein Scharnier, das Organisationsstruktur und sozio-ökonomische Umgebung verbindet.

Produktionsentscheidungen kann man von der Innenseite der Organisation her betrachten oder unter dem Gesichtspunkt der sozialen Effizienz. Daß wir hier den zweiten Aspekt in den Vordergrund stellen, hängt auch mit gewissen Eigentümlichkeiten der soziologischen Forschungstradition zusammen. Dieser Ansatz diskriminiert nicht zwischen Unternehmungen und Bürokratien. Der Arbeitsablauf in der Hypothekenabteilung einer privaten Großbank unterscheidet sich nicht von dem in einer staatlichen Bank, und auch hinsichtlich der Fachkenntnisse des Personals wird man keine signifikanten Unterschiede konstatieren können. Das Prinzip der Gewinnerzielung einerseits, der Versorgung mit öffentlichen Leistungen andererseits läßt sich nicht an der Arbeitsorganisation, an der Funktionsweise von sozialen Netzwerken oder dem Sachverhalt informeller Autorität ablesen. Diese Unterschiede werden erst dann deutlich, wenn man sich den institutionellen Restriktionen hierarchischer Steuerung zuwendet.

2. Eigentum und Kontrolle

Weil das bürokratische Management nicht Eigentümer der Produktionsmittel ist, hat es kein Recht auf den Gewinn beziehungsweise den fiskalen Überschuß. Dieses Recht hat der Steuerzahler als Eigentümer der Bürokratie. Er kann jedoch dieses Recht nicht geltend machen, entweder weil dem die Gesetzgebung im Wege steht oder weil die Kosten der Kontrolle ihren möglichen Nutzen überwiegen.

Demokratische Kontrolle setzt nicht nur Partizipationsmöglichkeiten voraus, sondern auch Teilbarkeit von Gütern. Öffentliche Güter dagegen eröffnen für den Konsumenten oder Wähler die Möglichkeit des "Trittbrettfahrens". Sie können z.B. den Nutzen einer gut ausgebauten Infrastruktur konsumieren, ohne dafür individuell zu bezahlen. Auch eine hohe Partizipationsrate ändert nichts an diesem Sachverhalt. Andererseits eröffnen sich für Bürokratien in diesem Zusammenhang Möglichkeiten strategischen Verhaltens.

Vor dem Hintergrund dieser Überlegungen stellt sich die Frage nach der sozialen Effizienz von Bürokratien in abgewandelter Form: Wie werden Entscheidungen über Preis, Menge und Qualität von Produkten getroffen, wenn das Management wie der Empfänger bürokratischer Leistungen sich strategisch verhalten kann?

Die Antwort auf diese Frage hängt einerseits von der Möglichkeit der Lokalisierung von Instanzen ab, die Entscheidungen treffen sowie von der Formulierung einer Theorie, die solche Entscheidungen erklärt.

Was die Lokalisierung von Entscheidungen betrifft, gehen wir zunächst von einem Modell zentraler Steuerung aus. Entscheidungsverhalten kann im Rahmen der Nutzentheorie erklärt werden. Man kann davon ausgehen, daß Manager sich rational verhalten, über geordnete Präferenzen verfügen und mehr Güter weniger Gütern vorziehen. Sie maximieren ihren Nutzen unter gegebenen Bedingungen. Realistischerweise wird man jedoch davon auszugehen haben, daß institutionelle und normative Restriktionen wie auch das Budget in der Zielfunktion des Managements auftauchen können. Für alle praktischen Zwecke bedeutet das, daß eine hypothetische Beziehung zwischen dem individuellen Nutzenkalkül und den Eigenschaften einer Organisation berücksichtigt werden muß.

Für die neo-klassische Unternehmung, deren Management ebenfalls nicht im Besitz der Produktionsmittel ist, ist Gewinn entweder eine Überlebensbedingung oder aber wir können annehmen, daß das Prinzip der Gewinnmaximierung zutrifft. Dann ergibt sich die Frage, wie das individuelle Nutzenkalkül sich zum Gewinn verhält, der ja zunächst der Unternehmung zukommt und dann den Eigentümern zugeteilt wird. Die Beziehung wird im allgemeinen durch eine Regel hergestellt, die das Einkommen des Managements an den Unternehmenserfolg bindet, z.B. durch eine Tantiemeregelung. Diese Regel wirkt als Anreiz und verbindet den individuellen Nutzen mit einem Ergebnis, das zunächst einem "korporativen Akteur" oder einer Rechtsperson zugerechnet wird. Gewinn behält auf diese Weise eine Steuerungsfunktion für die Organisation, und zwar als Anreiz wie als Maßstab von Erfolg und Mißerfolg.

Dieser Maßstab fehlt bei Bürokratien. Deshalb stellt sich die Frage nach einem vergleichbaren Kriterium, das die Interessenlage des Managements mit dem Erfolg der Organisation verbindet und in dieser Hinsicht eine ähnliche Steuerungsfunktion erfüllt wie Gewinn für die Unternehmung.

3. Budgetmaximierung

Eine zunächst einleuchtende Hypothese ist die der individuellen Einkommensmaximierung. Das Einkommen des bürokratischen Managements ist jedoch nicht nur kontraktuell, sondern häufig auch gesetzlich festgelegt. Einkommenserhöhungen erfolgen teilweise nach einem Senioritätsprinzip, teilweise durch Beförderung in bessere Positionen. Der Spielraum für individuelle Verhandlungen über die Höhe des Einkommens ist stark eingeschränkt. Die Gesetzgebung zielt zudem darauf, Funktionen vergleichbar zu machen, mit dem Ergebnis, daß der externe Arbeitsmarkt neutralisiert und Mobilität zwischen Organisationen eingeschränkt wird. Das Einkommen richtet sich, wie regelmäßig in großen Organisationen, nach den Beförderungsmöglichkeiten, die wiederum abhängig vom Wachstum und der Kontrollspanne sind. In diesem Sinne determiniert der Eintritt in bestimmte bürokratische Organisationen die weitere Einkommensentwicklung. Das Nutzeneinkommen umfaßt neben monetären auch nicht-monetäre Komponenten wie Status, Macht, soziale Sicherheit, professionelles Prestige, eine angenehme Umgebung, Entfaltung der eigenen Fähigkeiten und Kreativität. In jedem organisatorischen Kontext wird man damit zu rechnen haben, daß mehr Status oder ein Mehr an Autorität attraktive Ziele darstellen. Die monetären und die nicht-monetären Komponenten des Nutzeneinkommens sind jedoch regelmäßig verbunden. Das liegt daran, daß das positionale Gefüge nicht nur von Bürokratien diese Belohnungen aneinanderkoppelt. Die interne Konkurrenz richtet sich daher auf Positionen, die die verschiedenen Nutzenkomponenten bündeln.

Die Sozialstruktur von Unternehmungen und Bürokratien legt das Maß erwart-
barer Belohnungen fest und kanalisiert individuelle Strategien der Nutzenmaximierung so, daß Konkurrenz um Positionen entsteht. Es handelt sich also
nicht um Annahmen, die spezifisch für den bürokratischen Sektor sind. Das
Problem besteht darin, einen Maximanden für die Nutzenfunktion des bürokratischen Managements zu finden, der ähnliche Erklärungskraft besitzt, wie Gewinn für die Figur des klassischen Unternehmers.

Die Gewinnmaximierungshypothese hat nun eine besondere logische Struktur.
Eigentlich handelt es sich hier um ein "Brückenprinzip", das eine Beziehung
zwischen Eigenschaften der Unternehmung als Rechtsperson und dem rationalen
Handeln des Unternehmers als natürlicher Person herstellt. Gewinn wird in einem
positionalen Gefüge erzielt und dann auf der Basis geltenden Rechts natürlichen Personen zugerechnet. Bei näherer Analyse zeigt sich dann, daß die erwähnten Komponenten des Nutzeneinkommens eine monoton zunehmende Funktion des Gewinns sind. Das monetäre und nicht-monetäre Einkommen von Unternehmern, Mana-
gern und Arbeitnehmern ist in diesem Kontext an den Gewinn gekoppelt. Es ist
daher eine rationale Strategie, nach Gewinn zu streben, während seine Verteilung unterschiedlichen Regelungen unterliegen kann. Gewinn wirkt verhaltens-
steuernd, was Unternehmer und Manager betrifft, und ergebnissteuernd, was das
Marktverhalten der Unternehmung betrifft.

Versucht man ein analoges Prinzip für Bürokratien zu formulieren, so bietet
sich das Prinzip der Budgetmaximierung an (vgl. NISKANEN 1971). Wir wollen annehmen, daß das monetäre und nicht-monetäre Einkommen von Bürokraten eine monoton zunehmende Funktion des Budgets ist, und daß daher Verhandlungen über
den Umfang des Budgets im Rahmen von Managementfreiräumen die geeignetste
Strategie der individuellen Nutzenmaximierung darstellen. Diese Deutung kann
sich außerdem auf den Sachverhalt stützen, daß sowohl der Auftraggeber wie der
Abnehmer bürokratischer Leistungen nicht bestimmte Aktivitäten, sondern die
Resultate der bürokratischen Leistungserstellung präsentiert bekommt. Diese
Resultate werden mit dem Aufwand verglichen, der sich im Budget konkretisiert.

Im Gegensatz zu Marktsystemen, die den Grenznutzen des Konsumenten, beziehungsweise die Grenzproduktivität des Produzenten "messen", kommen in bürokratischen

Systemen weder die Grenzkosten des individuellen Steuerbeitrages noch der marginale Nutzen der bürokratischen Produktion zum Ausdruck. Daher sind sowohl die Wünsche wie die Kaufkraft des individuellen Konsumenten für die Bürokratie schlicht irrelevant.

Das Problem verlagert sich in die Verhandlungen zwischen Bürokratie und Auftraggeber, der ein Budget für ein Bündel von erwarteten Leistungen bereitstellt. Die Verhandlungssituation entspricht der eines bilateralen Monopols. In einem solchen Fall ist der Ausgang von Verhandlungen unbestimmt, es sei denn, man wäre in der Lage, die Verhandlungsmacht der beteiligten Parteien zu spezifizieren. Wir können nun davon ausgehen, daß Bürokratien regelmäßig einen Informationsvorsprung bezüglich der Eigentümlichkeiten ihrer Produktion besitzen, und daß sie den Umfang ihrer Tätigkeiten gegenüber dem Auftraggeber legitimieren können. Die Produktionsfunktion von Bürokratien ist, wenn überhaupt, den ausführenden Organen besser bekannt als dem Auftraggeber. Dieser Informationsvorsprung stärkt die Verhandlungsmacht der Verwaltungs- und Leistungsbürokratie. Außerdem pflegen im bürokratischen Kontext auch Probleme definiert zu werden, wie etwa in der Medizin- und Waffentechnologie; auch der Umfang von Deicharbeiten, Hafenanlagen oder Industrieansiedlungen unterliegt häufig der Definitionsmacht nachgeordneter Verwaltungen (vgl. LENK 1985).

Wenn die Kontrolle solcher Tätigkeiten durch parlamentarische Kommissionen ausgeübt wird, so werden deren Mitglieder regelmäßig Spezialisten sein, die nicht nur über Fachkenntnisse verfügen, sondern auch die Legitimität zum Beispiel des sozialen Wohnungsbaus oder der Gesundheitsfürsorge nicht grundsätzlich in Zweifel ziehen. Im Grenzfall werden solche Gremien durch Angehörige der Bürokratie besetzt. Aber auch, wenn man von solchen Abweichungen vom Prinzip der Gewaltenteilung absieht, wird man davon ausgehen können, daß Kommissionen nicht nur Informationsprobleme haben, sondern auch Mühe haben, sich legitimen Wünschen zu entziehen. Hinzu kommt, daß Bürokratien wie Unternehmungen regional verteilt sind. Die Schließung örtlicher Krankenhäuser unter dem Gesichtspunkt der Kostenersparnis kann zu beträchtlichen lokalen Auseinandersetzungen führen, die das Berufsrisiko von Politikern vergrößern.

Sowohl unter dem Gesichtspunkt von Transaktionskosten als auch der Legitimationsbasis bürokratischer Aktivitäten kann man also damit rechnen, daß die

Verhandlungs- und Definitionsmacht von Bürokratien stärker ist, als es ihre
Stellung in der Gesetzgebung vermuten läßt.

Das bedeutet unter anderem, daß die Prinzipien des Vertragsrechts nur eingeschränkt angewendet werden können. Die Ausführung des Auftrages zum Beispiel
auf wissenschaftliche Ausbildung oder Stadtplanung ist nicht einklagbar. Weder können Aufträge exakt präzisiert werden, noch ist die Vertragseinhaltung
kontrollierbar. Das juristische Modell, das dem Verhältnis zwischen Bürokratie
und Politik immernoch zugrunde liegt, ist im Zeitablauf ausgehöhlt worden,
wenn es denn je zugetroffen hat. Wenn ein Vertragsinhalt nicht vorliegt, kann
man wohl kaum von einem Auftrag sprechen. Infolgedessen haben wir es im wesentlichen mit dem Prozeß der Budgetierung und der Vorgabe administrativer Richtlinien zu tun.

Die Analogie zum bilateralen Monopol ist also zutreffend, insofern man sie auf
den Verhandlungsprozeß bezieht. Sie muß modifiziert werden, soweit die Komplexität der Produktion und die Unteilbarkeit von Gütern hier mitspielt. Die
klassische Bürokratie entspricht gerade aus diesen Gründen eher dem Modell
der Befehlshierarchie beziehungsweise des Vertragsrechts. Der Ertrag von Salz-
bergwerken, einer Einnahmequelle des prämodernen Staates, ist einfacher zu
kontrollieren als der Ertrag von Institutionen der Gesundheitsfürsorge. Das
Prinzip von Leistung und Gegenleistung, das in Verträgen spezifiziert werden
kann, ist für die gegenwärtige Bürokratie nicht verhaltensleitend. Und selbst
Verhandlungen auf der Basis von politischen Richtlinien sind nicht geeignet,
die "terms of trade" eindeutig festzulegen.

Daher resultieren Ermessensspielräume sowohl aus hohen Informationskosten,
der Aushöhlung des Vertragsrechts, aus dem Versagen von Befehlshierarchien
und der generell hohen Legitimität bürokratischer Aktivitäten. Hinzu kommt,
daß der Gegenstand von Verhandlungen selbst nicht eindeutig spezifiziert
werden kann; er liegt vielmehr im Ermessensspielraum des bürokratischen Managements, das sich gemäß der Logik der Situation veranlaßt sieht, das Budget
zu maximieren.

Die Hypothese der Budgetmaximierung verbirgt komplexe Sachverhalte. Das individuelle Nutzeneinkommen in seiner Gesamtheit ist an den Budgetumfang

gekoppelt. Weil es jedoch konvertierbare und nicht-konvertierbare Elemente
gleichermaßen umfaßt, haben wir es auch hier mit Quasi-Unteilbarkeiten zu tun.
Geldeinkommen ist in hohem Maße konvertierbar, das Recht auf den Gebrauch von
Hubschraubern oder Dienstwagen dagegen nicht. Professionelles Prestige kann
in bestimmten Kontexten in Einkommen umgesetzt werden. Macht in einem Mini-
sterium, das Subventionen an die Schiffsbauindustrie vergibt, kann ebenfalls
in Einkommen konvertiert werden oder in einen "goldenen Händedruck", der Risiken in soziale Sicherheit umsetzt. Es ist natürlich auch möglich, daß soziale Sicherheit mit einem niedrigeren Einkommen erkauft werden muß oder daß
die Anerkennung professioneller Fähigkeiten einen reinen Gebrauchswert darstellt. Die individuellen Präferenzen werden in dieser Hinsicht über einen
großen Bereich streuen. Will man erklären, welche Kombination von Einkommen
und sozialen Belohnungen gewählt wird, so wird man auf die Analyse der Per-
sönlichkeit von Mitgliedern bürokratischer Organisationen verwiesen, zum Beispiel unter dem Gesichtspunkt der persönlichen Risikoaversion. Eine derartige
Interpretation liefert jedoch keinerlei Aufschlüsse über die Entscheidungen,
die individuelle Präferenzen mit den Merkmalen von Organisationen verbinden.
Daher betrachten wir die individuelle Wahl zwischen Alternativen unter dem
Gesichtspunkt, daß sie in Bürokratien an den Budgetumfang gekoppelt sind.

Der Budgetumfang bestimmt sich im Rahmen von Verhandlungen mit dem Auftraggeber, der entweder das gesamte Budget zur Verfügung stellt oder einen Teil
davon. Es ist nicht ausgeschlossen, daß öffentliche Dienste in variablem Umfang durch Tarife finanziert werden. In keinem Falle allerdings sind die Tarife Marktpreise.

Unter diesen Bedingungen wird die Produktion der Bürokratie größer sein als
unter den Bedingungen des Tauschverkehrs.

Abbildung 1: Bürokratische Produktion und Produktion unter Konkurrenz-
bedingungen

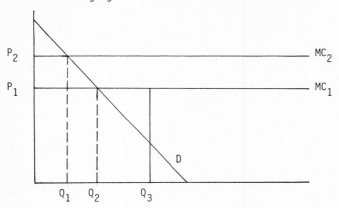

Bei gegebener Nachfrage D, gegebenen Grenzkosten MC_1 und unter Konkurrenz-
bedingungen würde der Produktionsumfang gleich Q_2 sein; das Budget würde
identisch mit den Gesamtkosten sein. Bei bürokratischer Produktion wird jedoch die Entscheidung für einen Produktionsumfang fallen, der bei Q_3 liegt,
d.h. die Produktion wird soweit ausgeweitet, bis die Konsumentenrente auf-
gezehrt ist. Die Kosten für die Produktionsausweitung trägt die Öffentlichkeit. Das Nutzeneinkommen des Managements ist höher als unter Marktbedingungen. Das gilt selbst unter der Annahme, daß zu minimalen Personal- und Kapitalkosten (MC_1) produziert wird. Im Rahmen dieser Annahmen kommen wir zu der
Schlußfolgerung, daß eventuelle Möglichkeiten der Kostenersparnis dazu gebraucht werden, den Produktionsumfang auszubreiten. Der Punkt Q_1 bezeichnet
den output bei monopolistischen Praktiken und bei Kosteninflation. Die
Grenzkostenkurve wird dann dem Auftraggeber gegenüber durch MC_2 repräsentiert (vgl. S. 63ff).

4. Herrschaft und Budget

Im Rahmen der klassischen Staatstheorie geht man davon aus, daß Bürokratien
Mittel der Herrschaft sind. In Demokratien gibt es jedoch nicht nur eine
Nachfrage nach den Leistungen von Bürokratien, sondern auch die Möglichkeit

ihrer Artikulierung im politischen System. Das gilt nicht nur für die Ange-
bote des Wohlfahrtsstaates, sondern auch für rechtsstaatliche Leistungen wie
Polizei, Gerichts- und Steuerwesen, Verteidigung, Gesetzgebung und Lotsen-
wesen. Man kann ferner damit rechnen, daß die Aggregatnachfrage für bestimmte
Leistungen wie Gesundheitsfürsorge oder das Ausbildungssystem zunimmt. Da jedoch bei öffentlichen Gütern die Kaufkraft bzw. der Steuerbeitrag unabhängig
von den Präferenzen variieren kann, kann auch das individuelle Anspruchs-
niveau schneller steigen als die Kaufkraft.

Die Kristallisierung der öffentlichen Meinung vollzieht sich infolgedessen
eher auf einem höheren Erwartungsniveau als auf einem niedrigeren. Auf diese Weise kann in das politische System eine höhere Nachfrage induziert werden. Selbst ohne die Tendenz zur Budgetmaximierung würde man daher bürokratisches Wachstum vorhersagen, das von der Bereitschaft, Steuern zu zahlen,
losgekoppelt wäre. In dieselbe Richtung wirken "free-rider-Effekte", in
denen die individuellen Wünsche zum Ausdruck kommen, jedoch nicht die Zah-
lungsbereitschaft. Außerdem führt das System der progressiven Einkommens-
steuer bei wirtschaftlichem Wachstum zu einer Zunahme der budgetär verfügbaren Mittel, die legitim ausgegeben werden können.

Daher wäre es verfehlt, hier von einem Modell bürokratischer Herrschaft auszugehen. Macht entsteht allein in demjenigen Bereich, in dem der Produktionsumfang über die Nachfrage zu Marktbedingungen ausgebreitet wird, d.h. zwischen
Q_2 - Q_3. Es handelt sich hier allerdings nicht um persönliche Macht. Die Besonderheiten des Problems werden deutlich, wenn man sich an die Definition
M. WEBERs erinnert, wonach Macht darin besteht, seinen Willen gegen den Willen anderer durchsetzen zu können. Diese Charakterisierung von Macht verall-
gemeinert eine Situation, in der natürliche Personen und individuelle Güter
dominieren. Die Beziehung der modernen Bürokratie zum Publikum ist dagegen
dadurch gekennzeichnet, daß sich natürliche Personen Rechtspersonen gegen-
übersehen sowie einem Angebot unteilbarer Leistungen. Macht kann unter diesen Umständen nicht bestimmten Personen zugerechnet werden.

Die "Herrschaft der Büros" entzieht sich einer individualisierenden Betrachtungsweise. Was zur Debatte steht, ist ein sozialer Mechanismus, der unter
bestimmten Restriktionen und unter der Annahme der Budgetmaximierung so

arbeitet, daß der Produktionsumfang größer ist als unter Marktbedingungen.

Eine Rationalisierung des Arbeitsablaufes, Veränderungen der Motivationslage, ein größeres Maß von Orientierung am allgemeinen Interesse oder die Steigerung der internen Effizienz zum Beispiel durch moderne Verfahren der Datenverarbeitung ändern nichts an dieser Situation. Die soziale Effizienz der bürokratischen Produktion kann dagegen gesteigert werden durch Änderungen in der Höhe der Transaktionskosten, weniger Komplexität und Einführung von Elementen der Teilbarkeit und der Konkurrenz.

So, wie die Ausübung persönlicher Herrschaft nicht das dominierende Problem der gegenwärtigen Bürokratie ist, so ist auch die individuelle Einkommenshöhe kein Thema, das besondere Aufmerksamkeit erfordert. Sowohl die Gesetzgebung wie interne Verteilungsmechanismen sorgen dafür, daß die Einkommen Grenzen nicht überschreiten, die vergleichsweise niedrig sind. Das Problem steckt im Gesamtumfang der Personalkosten und den sozialen Mechanismen, die ihn beeinflussen.

5. Minimumkosten, professionelle Normen und Überschußverteilung

Bisher wurde davon ausgegangen, daß die bürokratische Produktion nach dem Minimumkostenprinzip abläuft. In der weiteren Erörterung werden wir uns den Bestimmungsgründen des individuellen Einkommens und der Personalkosten zuwenden.

Der mäßig bezahlte, aber gemäß internen Erwartungen effizient arbeitende Beamte ist mehr als eine romantische Reminiszenz, wie sie im sprichwörtlichen "travailler pour le roi de prusse" zum Ausdruck kommt. Andererseits sind Bürokratien personalintensive Betriebe und die Personalkosten machen einen nicht unbeträchtlichen Teil der Staatsausgaben aus. Wie Einkommen in diesem Kontext erzielt werden, ist daher von mehr als kursorischem Interesse.

Auch im Innenverhältnis unterliegen Bürokratien, wie alle großen Organisationen, den Gesetzmäßigkeiten von Komplexität und Unteilbarkeit. Das bedeutet, daß der individuelle Beitrag zur Produktion nicht gemessen werden kann, und daß die Höhe der Entlohnung sich nicht nach diesem Maßstab richten kann. Dafür gibt es verschiedene Gründe (vgl. SCHÜTTE 1984).

Die Einkommenshöhe richtet sich nach Gehaltsklassen und Gehaltseinstufungen; diese Verfahren sind standardisiert. Sie lassen keinen Raum für Verhandlungen. Die Entlohnung richtet sich nach dem geschätzten "input", nicht nach der Grenzproduktivität. Der "input" von Arbeitnehmern wird an Arbeitsplatzbeschreibungen, an betriebsinternen oder durch die Gesetzgebung festgelegten Normen gemessen. Diese Normen können nur schlecht an Hand von übergeordneten Maßstäben korrigiert werden, die sich auf die soziale Effizienz der Produktion beziehen. Unter diesen Umständen verschiebt sich das Problem der Kontrolle individueller Tätigkeiten auf die Messung und Belohnung leicht sichtbarer Merkmale wie Lebensalter, Erfahrung, Ausbildung, Verfügbarkeit und Fleiß. Die Entlohnungsparameter sind an Positionen gebunden, die an eine Produktionsfunktion gekoppelt sind, nicht an Individuen.

Regelungen dieser Art führen zur Neutralisierung der Lohnkonkurrenz am Arbeitsplatz. Wird die Lohnkonkurrenz ausgeschaltet, so bieten sich Quantitätsanpassungen und Qualitätskonkurrenz als alternative Mechanismen der Einkommensmaximierung an. Im ersten Fall wird man an die Ausbreitung des Personalumfangs denken, im zweiten Fall an Beförderungen gemäß bestimmten Laufbahnkriterien, sowie an kollektive Strategien der Einkommensmaximierung. Ein Beispiel dafür bietet die Anhebung des Stellenkegels.

Die Ausschaltung der Lohnkonkurrenz ist keine Besonderheit von Bürokratien. Sie kommt auch in Unternehmungen vor. Es handelt sich hier um ein Entlohnungssystem, das immer dann gewählt wird, wenn die Grenzproduktivität der Arbeit nicht gemessen werden kann. Es ist aber auch dann sinnvoll, wenn die Qualität der Zusammenarbeit auf ungehinderter Weitergabe von Informationen und auf Loyalität beruht. Gegenseitige Informierung wird dann unwahrscheinlich, wenn dadurch die Einkommensposition bedroht wird (vgl. THUROW 1975). Die sofortige Weitermeldung von Fehlern, Ungeschicklichkeiten und Einarbeitungsschwierigkeiten anderer im Interesse des eigenen Einkommens wird nicht nur im Kontext von Arbeitsgruppen sozial sanktioniert; Abweichungen von Normen der Loyalität pflegt man grundsätzlich einen Riegel vorzuschieben, indem man das Eigeninteresse anders kanalisiert, nämlich in die Richtung der Konkurrenz um Positionen. In diesem Sinne haben wir es mit einem engen Zusammenhang zwischen Loyalität, ungehinderter Weitergabe von Informationen und Ausschaltung der Lohnkonkurrenz durch ein formalisiertes System der Positionszuweisung zu tun.

Unter diesen Umständen kann an die Stelle hierarchischer Steuerung von Aktivitäten in gewissem Umfang ein System der Selbstkontrolle treten, das, wie BRETON und WINTROBE (1982) gezeigt haben, auf Vertrauensbeziehungen beruht. Die soziale Kontrolle richtet sich dann auf den Beitrag von Individuen zur Wohlfahrt von Arbeitsgruppen, Abteilungen oder sozialen Netzwerken generell. Dieser Beitrag ist mit geringem Aufwand kontrollierbar. Gemessen wird er an normativen Erwartungen. Für ihre Übereinstimmung mit übergeordneten Zielsetzungen besteht keinerlei Garantie. Überdies richtet sich die Selbstkontrolle in sozialen Netzwerken auf die professionelle Qualität der Arbeit sowie andere Entlohnungsparameter, die prima facie in einem nur lockeren Zusammenhang mit dem Programm der bürokratischen Leistungserstellung stehen. Das Kollegialitätsprinzip arbeitet innerhalb von Grenzen, die durch annähernde Statusgleichheit und Orientierung an qualitativen Maßstäben umrissen werden können.

Qualitätskonkurrenz führt jedoch dann zu einer Belastung sozialer Beziehungen, wenn ihr Resultat Beförderung in bessere Positionen ist. Andererseits ist sie ein unverzichtbares Mittel der Motivation und der Koordination von Aktivitäten. Würde man sie ersatzlos durch reine Senioritätsregeln ersetzen, so würde die technologische Effizienz bürokratischer Systeme beeinträchtigt, so wie die Arbeitsmotivation generell. Insofern besteht zwischen einem reinen Kollegialitätsprinzip und der Konkurrenz um bessere Positionen ein Spannungsverhältnis. Beide Prinzipien stehen in einem prekären Verhältnis zueinander.

Die kollektive Beförderung, wie z.B. die Anhebung des Stellenkegels, bringt beide Prinzipien zur Deckung. Daß es sich hier um eine attraktive Strategie für das Management handelt, ist offensichtlich. Sie vermeidet nicht nur Verteilungskonflikte, sondern entspricht auch dem Prinzip subjektiver Verteilungsgerechtigkeit, das auf dem Vergleich von beruflichen Investitionen und Erträgen beruht. Bei einem allgemeinen Beförderungsschub bleiben die Relationen erhalten, so daß keine relativen Vor- und Nachteile für die Beteiligten sichtbar werden. Gleichzeitig werden jedoch sowohl die Qualitätskonkurrenz ausgeschaltet als auch die individuellen Anreize für die Arbeitsmotivation. Für das Management bedeutet die Anhebung des Stellenkegels die Vermeidung von Konflikten sowie der peinlichen Frage nach der Beurteilung von beruflichen Qualitäten.

Diese Strategie ist nicht kostenneutral und schlägt durch auf die Verhandlungen über den Umfang des Budgets. Sie ist grundsätzlich deshalb möglich, weil der individuelle Beitrag zur Produktion eine unbekannte Größe ist und weil über individuelle Einkommen nicht verhandelt werden kann. Die Personalkosten werden dann mit dem Personalumfang variieren sowie mit der Qualität der Positionen. Ob es dem Parlament gelingt, Strategien dieser Art zu blockieren, ist eine Frage, die nur die Erfahrung beantworten kann.

In bürokratischen Organisationen ist es nur innerhalb eines Ermessensspielraums möglich, notwendige Kosten und Erträge voneinander abzugrenzen. Überschuß- beziehungsweise Budgetanteile können als notwendige Kosten deklariert werden, die dem Einkommen zugeschlagen werden. Privilegien entstehen dort, wo der Markt versagt, und zwar in der Form eines diskretionären Budgets. Es dient der Erhöhung des Einkommens. Wenn die Kosten in Geld ausgedrückt werden können, bezahlt der Steuerzahler die Rechnung. Insofern es sich um Gebrauchswerte handelt, für die kein Markt existiert, entzieht sich diese Komponente des Nutzeneinkommens der Messung. Unter diesen Gesichtspunkten spricht viel dafür, die Annahme der Produktion zu Minimumkosten aus theoretischen Gründen fallenzulassen.

Andererseits wäre es verfehlt, die Logik modelltheoretischer Überlegungen für empirische Münze zu nehmen, und die Funktionsweise von Bürokratien an einem Marktmodell zu messen, das der Wirklichkeit nicht entspricht. Auch die neoklassische Unternehmung, die hier zum Vergleich herangezogen werden muß, ist durch Managementfreiräume und durch Erscheinungen wie die interne Neutralisierung der Lohnkonkurrenz geprägt und auch sie weicht daher vom Ideal der effizienten Allokation ab. Es kann nicht darauf ankommen, den reinen Fall der Produktion zu Marktbedingungen zum Maßstab zu erheben, wenn es ihn nicht gibt. Der empirische Vergleich der Kostenstrukturen von Organisationen im öffentlichen und privaten Sektor, deren Produktionsweise vergleichbar ist, weist allerdings auf Unterschiede hin, die auf Grund modelltheoretischer Überlegungen zu erwarten sind. Die Untersuchungen sprechen dafür, daß die Kosten von privaten Universitäten, Krankenhäusern, Busunternehmen, Fluggesellschaften, Versicherungsgesellschaften, Versorgungsunternehmen, Hafenbetrieben usw. signifikant niedriger sind als im öffentlichen Sektor. Auch die Fakten sprechen also dagegen, die Hypothese der Produktion zu Minimumkosten beizubehalten.

Die Grenzen zwischen Budgetmaximierung und "organizational slack" sind undeutlich. Beide Phänomene führen zur Minderung sozialer Effizienz. Bei empirischer Betrachtungsweise ergibt sich jedoch eine mehrdeutige Situation. Geht man vom Wachstum öffentlicher Haushalte aus, so kann man diese Daten sowohl zur Bestätigung der Budgetmaximierungshypothese als auch zur Kritik der Minimumkostenhypothese heranziehen. Zudem kann man sich mit guten Gründen auf den Standpunkt stellen, daß die Nachfrage nach bürokratischen Leistungen im Zeitablauf zugenommen hat. In diesem Fall hätte man es mit einer Anpassung an eine gestiegene Nachfrage zu tun, die die Frage aufwirft, in welchem Umfang bürokratisches Wachstum auf Budgetmaximierung, hohen Kosten oder Reaktionen auf Nachfrageänderungen beruht, die in der Bereitschaft, höhere Steuern zu zahlen, zum Ausdruck kommen. Auf dem Niveau aggregierter Daten ist es nicht möglich, eine der genannten Modellimplikationen zu verwerfen. Die empirischen Daten sprechen für Abweichungen vom Minimumkostenprinzip. Die vorliegenden Forschungen berücksichtigen jedoch nicht, daß gerade in den Fällen, in denen vergleichbare Produktionsstrukturen vorliegen, auch Interdependenzeffekte auftreten, die zum Beispiel auf der Arbeitsteilung oder der Konkurrenz von öffentlichen und privaten Krankenhäusern oder Universitäten beruhen.

Eine Lösung des Problems kann darin bestehen, die Daten zu desaggregieren, beziehungsweise alternative Modelle auf einem Niveau zu formulieren, das die empirische Mehrdeutigkeit von aggregierten Daten vermeidet, auf der anderen Seite die theoretische Irrelevanz von Untersuchungen über Arbeitsabläufe oder Arbeitszufriedenheit berücksichtigt.

Das bedeutet nun, daß die Annahme hierarchischer Steuerung in gewissem Umfang relativiert werden muß. Statt von einem homogenen sozialen Gebilde

auszugehen, das zentral durch Verträge und Kontrolle von Aktivitäten gesteuert wird, gehen wir davon aus, daß Koalitionen im internen System von
Bürokratien möglich sind. Diese Koalitionen formulieren Erwartungen und Ansprüche, die das Managementverhalten beeinflussen. Neben die Regelungen, die
für das Verhältnis von Auftraggeber und Bürokratie gelten, treten mehr oder
weniger explizite Regeln, die subinstitutionellen Charakter tragen, gleichwohl aber die soziale Effizienz von Bürokratien mitbestimmen. Das gilt nicht
nur für den Fall, daß neben der offiziellen Hierarchie konkurrierende Hierarchien bestehen, sondern auch für den Fall, daß sich verschiedene soziale
Mechanismen ergänzen. Die Anhebung des Stellenkegels ist ein Beispiel dieser
Art. Andere Formen kollektiver Einkommensmaximierung hängen mit der Existenz
professioneller Qualitätsnormen und den Chancen ihrer Durchsetzung zusammen.

6. Kooptation und Qualität

Bürokratien bezahlen nach Rang. Daher richtet sich das individuelle Streben
auf den Erwerb höherer Positionen. Fertigkeiten und Aktivitäten werden an
organisationsspezifischen Normen und Erwartungen gemessen. Dieser Mechanismus wird wirksam in der Selektion des Personals, in Trainingsprozessen und
im eventuellen individuellen Aufstieg. Auf diesen verschiedenen Stufen individueller Mobilität spielen nicht allein berufliche Fertigkeiten im engeren
Sinne eine Rolle, sondern auch zugeschriebene Eigenschaften wie Lebensalter,
Geschlecht oder soziale Herkunft sowie Eigenschaften, die Zusammenarbeit
und Kommunikation erleichtern. Bei der Besetzung entscheidender Positionen
spielt die Stabilität des Verhaltens, die antizipierte Loyalität und die
Verfügbarkeit für ein Spektrum von Aufgaben eine Rolle (vgl. HOHN & WINDOLF
1982).

Die Positionen in der organisatorischen Pyramide sind in einer bestimmten
Weise aneinander gebunden. Ausführende und übergeordnete Positionen stehen
in einer zahlenmäßigen Beziehung zueinander, die die Aufstiegschancen wider-
spiegeln. Die individuelle Mobilität ist daher von zwei Sachverhalten abhängig, nämlich der Kontrollspanne einerseits, dem Wachstum der Bürokratie
andererseits. Sowohl eine Verringerung der Kontrollspanne als auch Wachstum
schaffen Promotionsmöglichkeiten. Unter diesen Umständen wird eine Budget-
maximierungsstrategie nicht auf Widerstand stoßen. Zwischen Management und

Personal entsteht eine große Koalition. Daher ist es auch gerechtfertigt, die interne Struktur von Bürokratien zu vernachlässigen, solange diese Bedingungen gegeben sind, und sie als soziale Einheiten zu behandeln. Weder Wachstum noch Veränderungen der Kontrollspanne, die zum Beispiel auf technologischem Wandel beruhen, müssen jedoch gleichmäßig verteilt sein.

Das Modell zentraler Befehlsgebung wird problematisch, sobald die Verteilung von Mobilitätschancen asymmetrisch wird, d.h. wenn interne Verteilungskonflikte zur Bevorzugung beziehungsweise Benachteiligung bestimmter Gruppierungen oder Abteilungen führen. Auch in diesem Falle bleibt das Kollegialitätsprinzip in Kraft; nun allerdings auf der Ebene kleinerer Einheiten. Beispiele für die interne Differenzierung der Organisation lassen sich leicht finden. Sie konkretisieren sich in Auseinandersetzungen über die Verteilung des Budgets. Was für die Beziehung zwischen Bürokratie und Auftraggeber gilt, trifft auch auf das Innenverhältnis von Organisationen zu.

Für das Management von Unternehmungen eröffnen sich hier zusätzliche Möglichkeiten der Steuerung, indem zum Beispiel wachsenden Abteilungen ein größeres Budget zugeteilt wird. Man kann Unternehmungen hier mit Kapitalmärkten vergleichen. Die Leistung der Einheiten wird am Beitrag zum Gewinn gemessen und durch die Zuteilung von Kapital belohnt. Gerade die Durchbrechung des Prinzips der Hierarchie ermöglicht eine flexible Strategie. Bei Bürokratien kommt es ebenfalls zu einer internen Reallokation von Mitteln. Die Umverteilung kann sich jedoch, aus den genannten Gründen, nicht auf die Nachfrage der Konsumenten bürokratischer Leistungen als Maßstab stützen. In wesentlichem Umfange stützen sich Forderungen an die entscheidenden Instanzen auf Auffassungen über die Qualität der erbrachten Leistungen. Die Beurteilungskompetenz ist in diesem Sinne dezentralisiert. Sie wird unter anderem in Stabsabteilungen ausgeübt, durch Musiker in Symphonieorchestern, durch Wissenschaftler und generell durch Experten, ungeachtet ihres sozialen Ranges. Schließlich finden sich an der Spitze von Bürokratien häufig Regelungen, die sich kaum noch von expliziten Kooptationsrechten unterscheiden, zum Beispiel dann, wenn politische Loyalitäten den Ausschlag geben.

Die Beurteilungskompetenz von Experten richtet sich auf berufliche Fähigkeiten und Loyalität, aber auch auf die Eigenschaften von Instrumenten und

Apparaturen. Diese Kompetenz wird in die interne Auseinandersetzung über die
Höhe des Budgets eingebracht.

Die Durchsetzungsfähigkeit dieser Interessen richtet sich nach der Kohäsion
von Gruppen. Sie garantiert die Vorteile der "inneren Linie", d.h. der rapi-
den Abstimmung von individuellen Interessen und ist eine Bedingung ihrer
Durchsetzungsfähigkeit. Wenn Kohäsion und professionelle Qualitätsnormen zu-
sammentreffen, ergibt sich die Möglichkeit der kollektiven Einkommensmaximierung bzw. von "profit-sharing".

In der ökonomischen Theorie der Bürokratie pflegt man sich auf den Standpunkt zu stellen, daß die Berücksichtigung der Qualitätsdimension von Gütern
sowie von sozialen Normen überflüssig ist, weil die relevanten Daten in der
Kostenrechnung zum Ausdruck kommen oder aber in den Preisen. Das gilt jedoch
nur im Kontext von Märkten, d.h. wenn der Tausch von Gütern ihren Grenznutzen oder
ihren Grenzbeitrag zur Produktion widerspiegelt. Wir hatten jedoch gesehen,
daß der interne Arbeitsmarkt von Unternehmungen und Bürokratien nicht auf diese Weise charakterisiert werden kann. Man würde sich den Zugang zu wichtigen
Aspekten des bürokratischen Phänomens verbauen, wenn man die Diskussion gemäß
dem Marktmodell auf Preise und Mengen einengen würde. Außerdem ist die Pro-
fessionalisierung von Organisationen an sich ein Vorgang, der Aufmerksamkeit
verlangt.

Die Leistungserstellung von Bürokratien unterliegt nun bestimmten, typischen
Restriktionen. Das Management von Krankenhäusern, Fuhrparks, Sozialgerichten
oder Armeen wird bei der Beschaffung von Material oder der Einstellung von
Personal auch interne Informationen einholen. Diese Informationen bringen
Qualitätsforderungen zum Ausdruck, aber auch mögliche Widerstände und Protest, d.h. die Verhandlungs- und Definitionsmacht bestimmter latenter oder
aktueller Gruppen. Muß sich die verantwortliche Leitung einer Verwaltung bei
gegebenem Budget für mehr Qualität oder Quantität entscheiden, so sieht sie
sich den Grenzen ihrer Entscheidungsfreiheit gegenüber. Der Stand der professionellen Diskussion legt Schwellenwerte der Qualität fest, die nicht unter-
schritten werden sollten. Geraten sie in Gefahr, so sind interne Auseinandersetzungen die Folge.

Der Zwang, mit einem gegebenen Budget auszukommen, wird daher zu einem Entscheidungsproblem besonders dann, wenn Qualitätsforderungen im Zeitablauf zunehmen.

Wer die Verantwortung für Entscheidungen trägt, wird von seinen eigenen Präferenzen, seinen Informationen und seinen Qualitätsauffassungen ausgehen wollen. Diese Situation läßt sich als "trade-off"-Problem darstellen:

Abbildung 2: Bürokratische Produktion und Qualitätsnormen

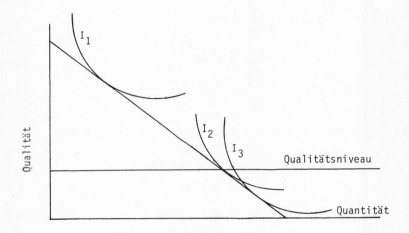

Die Verwaltung zum Beispiel eines Krankenhauses wird sich gemäß den eigenen
Präferenzen für eine bestimmte Kombination zwischen Anzahl und Qualität der
Betten entscheiden wollen. Zur Qualität gehören die technische Ausrüstung
wie auch die Eigenschaften und die Zusammenstellung des Personals. Wenn die
Indifferenzkurve durch I_1 wiedergegeben werden kann, entstehen keinerlei in-
terne Managementprobleme. Wenn I_2 gegeben ist, d.h. wenn sich die Intentionen
mit den professionellen Qualitätsansprüchen decken, ergibt sich das Bild der
Übereinstimmung von Norm und Absicht. Im Fall von I_3 sind interne Auseinandersetzungen programmiert. Was dann zur Diskussion steht, ist die Effizienz von
Normen und damit letzlich die Verhandlungsmacht von verschiedenen Gruppen.

Die Lösung des Problems kann auf verschiedene Weise geschehen, nämlich durch
Verständigung und Übereinkunft einerseits, durch Konflikt andererseits. Qualitätsforderungen werden legitimiert, solange die Kosten höherer
Qualität abgewälzt werden können. Man muß davon ausgehen, daß die Vermeidung
von internen Konflikten zu den Überlebensbedingungen aller hierarchisch gesteuerten sozialen Gebilde gehört. Das bedeutet, daß sich das Management entweder im Sinne eines Kompromisses überzeugen läßt oder gegen seine Überzeugung
auf Qualitätsforderungen eingeht. Den Schwellenwert von Qualitätsnormen dagegen unter das bereits erreichte Niveau zurückzubringen würde auf der einen
Seite bedeuten, auf technologische Möglichkeiten bewußt zu verzichten oder
eine große Koalition mit dem Finanzministerium einzugehen. Es dürfte nicht
einfach sein, für beide Strategien Beispiele zu finden.

Man sieht nun die Umrisse des Problems. Stets geht es darum, daß bestimmte
Qualitätsforderungen gestellt werden. Sie können sich auf die Größe, Wärme-
isolierung, Brandsicherheit oder Ausstattung von Wohnungen beziehen, auf die
Medizintechnik, auf den Einsatz von Computern in der Verwaltung oder auf die
Eigenschaften von Experten. Es handelt sich zudem nicht um stationäre Prozesse, sondern um eine tendenzielle Verschiebung von Q in die Richtung höherer
professioneller Qualität. Man hat hier auch von einem "Cadillac-only"-Prinzip
gesprochen: Das Beste ist gerade gut genug.

Es würde zu weit führen, in diesem Zusammenhang auf die Ursachen der Entstehung und Veränderung von Qualitätsnormen einzugehen. Sie werden offenbar gleichermaßen durch die wissenschaftliche Entwicklung wie durch die Ansprüche der
Öffentlichkeit nach hoher Qualität der bürokratischen Produktion beeinflußt.
Ihre Übersetzung in Budgetforderungen unterliegt jedoch der Logik der bürokratischen Entscheidung, die dadurch gekennzeichnet ist, daß professionelle
Normen die Grenzen von Managementfreiräumen umreißen. Vor die Alternative
gestellt, Qualitätsansprüche abzuwälzen oder Konflikte zu riskieren, wird
sich das Management gemäß seiner eigenen Interessenlage entscheiden und interne Forderungen in die Verhandlungen über das Budget einbringen.

Kostenminimierung pflegt in Bürokratien nicht belohnt zu werden, weil das
Recht auf den fiskalen Überschuß dem Eigentümer zukommt. Dieser hat jedoch
nur unvollkommene Einsicht in die Notwendigkeit neuer und im allgemeinen

teurer Technologien. Eine Einschränkung bürokratischen Wachstums ist daher nur im Rahmen allgemeiner Budgetbeschränkungen zu erwarten, die sich aus den Grenzen ökonomischen Wachstums ergeben. Eine effektive Steuerung von Ressourcen setzt dagegen voraus, daß Kostenminimierung eine attraktive Alternative ist. Wenn Budgetmaximierung jedoch eine rationale Strategie bleibt, wird man nicht erwarten können, daß professionelle Forderungen nach hoher Qualität bereits auf der Ebene der Verwaltungs- und Leistungsbürokratie auf ihren Nutzen untersucht werden. Unter diesen Umständen werden sowohl die Personalkosten wie die Kapitalkosten von Bürokratien eine steigende Tendenz zeigen.

7. Profit-sharing und Kooptation

Berufliche Normen, die sich in Qualitätsansprüche bezüglich der Eigenschaften von Gütern und Personal umsetzen lassen, bleiben nicht kostenneutral. Zu ihrer Begründung pflegt man sich auf die technologische Effizienz gut ausgebildeter Mitarbeiter und fortgeschrittener Technik zu berufen. Wir werden auf dieses Thema hier nicht näher eingehen, sondern uns auf die Frage konzentrieren, ob und unter welchen Umständen professionelle Autonomie zur Begrenzung des Personalumfangs beitragen kann.

Eine Zunahme des Personalumfangs oder eine Anhebung des Stellenkegels bedeutet nicht, daß individuelle Einkommen erzielt werden, die über dem vergleichbaren Markteinkommen liegen. Solange diese jedoch an Beförderungschancen und Wachstum gebunden sind, liegt es im Interesse des Managements wie des übrigen Personals, Forderungen anzumelden. Dann ergibt sich das Bild wachsender Budgets und wachsender Personal- und Kapitalkosten einerseits und von individuellen Geldeinkommen andererseits, deren Höhe jedenfalls nicht auffallend ist.

Die Strategie kollektiver Einkommensmaximierung gewinnt andere Züge, wenn sich Expertenstäbe verselbständigen können. Das Recht auf die Zuwahl von Mitgliedern führt dann dazu, daß die Größenordnung solcher Gruppierungen minimiert wird. Das Recht auf die Wahl von Mitgliedern spielt eine Rolle in Universitäten, Krankenhäusern, Orchestern, aber auch in manchen Formen der Arbeiterselbstverwaltung.

Die Situation wird deutlich, wenn man von einer "dualen" Organisationsstruktur ausgeht, in der zum Beispiel der Staat das Kapital, Gebäude und Betriebs-
mittel bereitstellt, die Ausführung des Produktionsprogramms jedoch Experten
überläßt. Städtische Symphonieorchester arbeiten häufig nach diesem Prinzip
(vgl. SCHÜTTE 1983). Die notwendigen Einrichtungen werden gemäß einem Kostendeckungsprinzip bereitgestellt. Das Orchester sieht sich nun einer Nachfrage nach einer Kombination von Leistungen gegenüber. Sie bezieht sich auf
Musik, das Theaterfoyer sowie die Leistungen von Dirigenten und Solisten
gleichermaßen. In ähnlicher Weise sieht sich eine Universität einer Nachfrage gegenüber, die sich auf Bibliotheken, das Angebot des wissenschaftlichen
Stabes und auf Laborplätze richtet. Studenten und Musikliebhabern ist gerade
an dieser Kombination gelegen. In dieser Hinsicht unterscheidet sich ihre
Situation nicht von der des Abnehmers bürokratischer Leistungen generell,
der sich ja auch mit unteilbaren Gütern konfrontiert sieht. Wir nehmen hier
nur an, daß zwei Produzenten eine Kombination von Leistungen anbieten. Einer
von ihnen orientiert sich am Kostendeckungsprinzip, der andere am maximal
erzielbaren kollektiven Einkommen.

Theoretisch besteht nun die Möglichkeit, Studenten oder Musikliebhabern zwei
Rechnungen zu präsentieren, eine für die Benutzung von Einrichtungen und
eine für die Leistungen eines professionellen Stabes. Hörergelder und Ge-
bühren sind Beispiele, die die Funktionsweise "dualer" Organisationen deutlich machen. Ähnliche Situationen treten in Krankenhäusern auf, in denen ein
Chirurgenkollektiv dem Patienten seine Leistungen in Rechnung stellt während das
Krankenhaus unabhängig davon abrechnet. In allen diesen Fällen richtet sich
die Nachfrage auf Kombinationen von Produkten. Sie sind ihrer Natur nach
komplementär. Eine echte Alternative für den Patienten oder Musikliebhaber
besteht nur, wenn er tatsächlich zwischen Kombinationen wählen kann.

Aber auch wenn die Wahl zwischen Alternativen für den Nachfrager komplemen-
tärer Leistungen nicht gegeben sein sollte, unterscheiden sich "duale" Organisationen hinsichtlich ihrer Produktionsprogramme erheblich von bürokratischen Hierarchien. Autonome professionelle Gruppen können mit Dirigenten
oder Solisten beliebiger Art eine Koalition eingehen, wenn ihr Geldeinkommen
abhängig von Reputation, Applaus oder Prestige ist, d.h. wenn die Komponenten des Nutzeneinkommens nicht unabhängig voneinander sind. Dies ist regel-

mäßig der Fall bei Angehörigen freier Berufe, deren Leistungen vom Publikum nur schwer beurteilt werden können.

Wenn sie im Kontext von Bürokratien relative Autonomie und Kooptationsrechte genießen, tritt "profit-sharing" auf. Bürokratien stellen dann Einrichtungen zur Verfügung, und zwar auf der Basis eines Kostendeckungsprinzips. Bei gegebener Nachfrage ist die Produktionsfunktion durch die Lohnhöhe für das nicht-professionelle Personal und die Kapitalkosten bestimmt. Für dieses Angebot allein besteht keine Nachfrage.

Wir wollen nun annehmen, daß die Mitglieder eines Orchesters auf dieser Basis entlohnt werden. Dann geht es um das Honorar des Dirigenten oder Solisten, das sich nach seiner Berühmtheit richten wird. Er übernimmt kein finanzielles Risiko und wird versuchen, eine optimale Kombination von Honorar und Applaus zu realisieren, indem er ein bestimmtes Programm wählt. Die Erfahrung zeigt, daß ihm ein weites Spektrum von Möglichkeiten zur Verfügung steht. Selbst der Protest des Publikums sichert ihm noch eine optimale Kombination. Sein Können entzieht sich der Beurteilung etwa durch die Stadtverwaltung, aber nicht durch das Orchester.

Unter diesen Umständen kann der Solist - und man kann hier an ein breites Spektrum von Möglichkeiten denken - den Überschuß appropriieren, der sich daraus ergibt, daß das Publikum an einer Kombination von Leistungen interessiert ist. Das Einkommen von Solisten in Wissenschaft und Kunst scheint auf diese Weise zustande zu kommen. Es beruht auf der Komplementarität von Leistungen "dualer" Organisationen und auf der Illusion der Zurechenbarkeit persönlicher Leistungen.

In systematischer Hinsicht macht das Beispiel deutlich, daß es im Interesse des Orchesters liegt, mit dem Dirigenten oder Solisten eine Koalition einzugehen, um Applaus wie Einkommen kollektiv zu maximieren. In der Tat haben wir es nicht nur hier mit einem Kooptierungsmechanismus zu tun. Das Ergebnis ist "profit-sharing" und eine Verringerung des Umfangs der Gruppe. Die Zuwahl weiterer Solisten fügt nicht allein dem Vergnügen des Publikums nichts hinzu, auch das Einkommen des Orchesters nimmt dadurch nicht mehr zu.

"Profit-sharing" durch Begrenzung der Gruppengröße ist kennzeichnend besonders für eine Reihe von freien Berufen. Sie versuchen durch Zugangsbeschränkungen, Beschränkung der Niederlassungsfreiheit, Konzessionierung, durch Erhöhung der Qualitätsforderungen oder durch lange Ausbildungszeiten die Gruppengröße zu optimieren. Kartellbildungen dieser Art sehen sich dann zwei
Problemen gegenüber, nämlich der Kontrolle der Preisdisziplin und der Qualität beruflicher Leistungen (vgl. LULOFS 1983). Dies gelingt im allgemeinen
über längere Zeiträume nur mit staatlicher Unterstützung, zum Beispiel mit
Hilfe eines Systems fester Preise oder Tarife sowie des Schutzes der Berufs-
bezeichnung. Die Triebfeder für die Durchsetzung eines Systems der Gewinnteilung liegt natürlich darin, daß das durchschnittlich erzielbare Einkommen
über dem Markteinkommen liegt.

Die Preisdisziplin sowie die Qualität der Tätigkeit läßt sich nun in professionellen Stäben, die im Rahmen einer bürokratischen Organisation arbeiten,
besser kontrollieren als bei selbständiger Tätigkeit. Man kann hier an Rechts-
und Entwicklungsabteilungen denken, an Universitäten oder Kliniken. Arbeiten
sie im Kontext einer "dualen" Organisation, dann ist es offenbar eine rationale Strategie, solange Mitglieder zu kooptieren, wie der Beitrag des zusätzlichen Mitglieds das Gesamteinkommen des Teams oder der Gruppe noch zunehmen
läßt.

Abbildung 3: Individuelle Einkommen von Experten, Kooptation und Gruppengröße

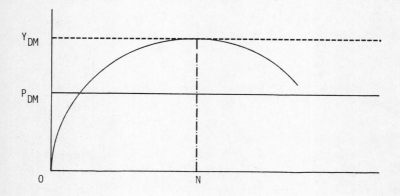

In Abbildung 3 bezeichnet der Punkt O den Zustand einer Bürokratie ohne professionellen Stab und die Linie P_{DM} das durchschnittlich erzielbare Einkommen
von Forschern, Ärzten, Bauingenieuren, Lebensmittelchemikern oder Musikern
bei selbständiger Tätigkeit. Bei gegebener Nachfrage nach der Kombination aus
der Bereitstellung von Personal, Apparaten und Gebäuden einerseits, professionellen Leistungen andererseits ist es sinnvoll, neue Mitglieder zu kooptieren, bis ein Maximum bei Y_{DM} erreicht wird. Damit ist auch die optimale
Gruppengröße N gegeben.

Das unter den Bedingungen der Gewinnteilung erzielbare Einkommen muß mindestens gleich P_{DM} sein, um den Eintritt in ein Team attraktiv zu machen.
P_{DM} wird nun mit dem Ausmaß der Konkurrenz und der Effizienz von Zugangsbeschränkungen variieren, d.h. mit dem Ausmaß von Marktbeherrschung, das
Mitglieder freier Berufe durchsetzen können. Dieses Einkommensniveau wird
außerdem mit dem Ausmaß der Konkurrenz "dualer" Organisationen variieren. Infolgedessen wird auch die Differenz $(Y_{DM}-P_{DM})$ konkurrenzabhängig sein müssen
und damit die Attraktivität von "profit-sharing". In diesem Sinne ist P_{DM}
sowohl eine Restriktion für die Personalpolitik von Bürokratien als auch
für die Kooptierungsstrategien in "dualen" Organisationen. Eine vollständige
Entkoppelung von P und Y ist nicht möglich. In dem Maße, in dem Berufsver-
einigungen Zugangsbeschränkungen durchsetzen können, wird auch der Abstand
O-P variieren. Wenn wir davon ausgehen, daß die Kontrolle der Preisdisziplin
und der Qualität professioneller Leistungen in einer instabilen Situation
stattfinden müssen, dann sind Variationen des Abstandes O-P in beiden Richtungen möglich. In beiden Fällen wird sich das Einkommen sowohl in Bürokratien wie in "dualen" Organisationen ändern können. Andererseits wird "profit-
sharing" natürlich attraktiver, wenn P in Richtung O tendiert. Das bedeutet,
daß die Regeln der Zuwahl strikter und umfassender sein können. Der Grenzbeitrag des zuletzt kooptierten Mitgliedes wird Gegenstand besonders inten-
siver Informationssuche sein. Für das kooptierende Team lohnt sich dann die
Investition in hohe Such- und Informationskosten.

Betrachten wir nun die Situation unter dem Gesichtspunkt variabler Nachfrage
nach der Leistungskombination, die "duale" Organisationen anbieten. Bürokratien werden versuchen, ihr Budget zu maximieren. "Duale" Organisationen bieten dem professionellen Stab ein gewisses Maß an Autonomie, eingeschlossen

die Möglichkeit der Teilung des Überschusses. Bei steigender Nachfrage wird
der verteilungsfähige Überschuß zunehmen. Das bedeutet, daß der Punkt Y_{DM}
bei einem relativ kleineren N erreicht werden kann. Das Durchschnittsein-
kommen nimmt zu. Unter diesen Umständen kann man annehmen, daß eine Tendenz
zur Restriktion der Gruppengröße aktuell wird. Statt der bürokratischen Über-
reaktion auf zunehmende Nachfrage wird das Prinzip der Gewinnteilung zu
einer vorsichtigen Anpassung der Gruppengröße führen, wenn sie überhaupt auftritt. Die für Bürokratien typische Anpassung an die Nachfrage durch Vergrös-
serung des Personalumfangs unterliegt hier also Restriktionen, die sich aus
der Autonomie professioneller Stäbe ergeben.

Die Mehrarbeit kann unter diesen Umständen durch Überstunden oder durch Qua-
litätsverschlechterung aufgefangen werden oder durch Preisanhebung. Qualitäts-
verschlechterung ist jedoch aus verschiedenen Gründen unwahrscheinlich. Die
Transaktionskosten in kleinen Gruppen sind so niedrig, daß Abweichungen vom
Standard leicht entdeckt werden. Außerdem kann man damit rechnen, daß der
Abstand zwischen P und Y bestimmend für die Strenge der qualitativen Selektion ist. Die Qualität beruflicher Leistungen wird damit sowohl durch die interne Kontrolle beeinflußt als auch durch die Regeln der Kooptation selbst.
Die Möglichkeit der Preisanhebung ist eindeutig an die Reputation von Teams
und Solisten gekoppelt, unterliegt also denselben Bestimmungsgründen, die für
die Qualitätsanpassung gelten. Die Verlängerung der Arbeitszeit scheint dagegen
eine typische Reaktion von professionellen Stäben zu sein sowie von selbständiger freiberuflicher Tätigkeit überhaupt (Vgl. WASILEWSKI et al. 1983: 44).

Eine andere Möglichkeit besteht darin, bestimmte Arbeitsverrichtungen auf
das Personal abzuwälzen, das in "dualen" Organisationen bereitgestellt wird
oder aber zu einer kapitalintensiveren Produktion überzugehen. Dann haben wir
es mit dem weiter oben beschriebenen Fall der Anhebung von Qualitätsansprüchen zu tun (vgl. Abb. 2).

Es ist deutlich, daß das Prinzip der Gewinnteilung nicht identisch ist mit
dem Prinzip der optimalen Kombination von Produktionsfaktoren durch Substi-
tution von Personal und Kapitalgütern, je nach der Lage auf den Faktormärkten. Andererseits läßt sich im Kontext von "dualen" Organisationen die Konkurrenz langfristig nicht ausschalten. Sie wirkt entweder parallel der

Marktmacht professioneller Vereinigungen oder der Konkurrenz "dualer" Organisationen untereinander. Trotz der zum Teil überdurchschnittlichen Einkommen von "Solisten", zum Beispiel an Krankenhäusern, muß dieses System nicht zu überdurchschnittlichen Personalkosten führen. Die Differenz von $P_{DM}-Y_{DM}$ wirkt hier korrigierend, was den Personalumfang betrifft und qualitätserhöhend, was die Kooptierung von Mitgliedern betrifft.

8. Schlußfolgerungen

Die in Organisationen erzielten Überschüsse können auf unterschiedliche Weise verteilt werden. Sowohl das geltende Recht, individuelle und kollektive Vereinbarungen und Verträge fungieren als Verteilungsregeln. Ob diese Rechte ausgeübt werden können, steht auf einem anderen Blatt. Die Höhe der Transaktionskosten und der Grad der Unteilbarkeit von Gütern ist bestimmend dafür, ob Konsumenten, Aktionäre, Eigentümer oder Steuerzahler diese Rechte letztendlich einklagen können. Ihr nicht nur monetäres Einkommen bestimmt sich im Schnittpunkt von Verteilungsregeln und Transaktionskosten.

Solange allein die Binnenstruktur von Unternehmungen und Bürokratien zur Debatte steht, wird man Regelungen dieser Art mit der Funktionsfähigkeit dieser Organisationen in Beziehung setzen. Die Vermeidung von Konflikten, Anreizfunktionen oder Verteilungsgerechtigkeit sind dann zentrale Themen.

Unter dem Gesichtspunkt des sozialen Nutzens gewinnen diese Probleme an Relief. Es gibt deutliche Unterschiede zwischen Organisationen, die sich am Gewinn oder am Budget orientieren. Ihr Wachstum jedoch läßt sich in keinem Fall allein aus dem Prinzip der Souveränität des Wählers oder des Konsumenten erklären. Weitere Annahmen über das Verhalten des Managements sind erforderlich. Seine soziale Situation ist so beschaffen, daß es ein Scharnier zwischen den Forderungen der äußeren Umgebung und der Innenseite der Organisation bildet. In Bürokratien führt die Orientierung am Budget und an Qualitätsansprüchen tendenziell zu Wachstum, das über die Nachfrage hinausschießt. Weil das Recht auf den fiskalen Überschuß nicht beim Management liegt, entfallen zudem Anreize zur Kostenminimierung. Interne Ansprüche qualitativer oder quantitativer Art werden in die Budgetverhandlungen eingebracht.

Das Prinzip der Gewinnteilung auf der Basis professioneller Autonomie dagegen führt unter den Bedingungen "dualer" Organisationen zur Verminderung
des Personalumfanges. In seiner reinen Form ist es nicht kennzeichnend für
die Struktur der gegenwärtigen Bürokratie. Seine Relativierung oder Abschwächung durch die Gesetzgebung, z.B. im Gerichtswesen, in Krankenhäusern oder
Universitäten hat zu unbeabsichtigten Konsequenzen geführt. Wenn die Beurteilungskompetenz von Experten nicht mehr an das Interesse an kollektiver
Einkommensmaximierung gekoppelt ist und damit an Selbstkontrolle von Aktivitäten und Optimierung des Gruppenumfangs, dann kommt es zu Koalitionsbildun-
gen und internen Budgetkonflikten, die der Tendenz nach auf die Allgemeinheit abgewälzt werden.

Die Entbürokratisierungsdebatte nimmt regelmäßig Bezug auf das Wuchern von
Vorschriften und die gesamtgesellschaftlichen Kosten der Bürokratie. Kennzeichnend für die wirtschaftswissenschaftliche Problemstellung ist der Vor-
schlag zur Privatisierung öffentlicher Leistungen sowie Einführung von Kon-
kurrenzelementen in das System. Wenn man von einem Modell effizienter Allokation als regulativer Idee ausgeht, so wird man in der Tat versuchen, Pro-
blemlösungen zu skizzieren, die den Marktmechanismus reproduzieren und individuelle Wahlfreiheit maximieren. Daß sich die Produktion von individuellen und öffentlichen Gütern jedoch in hierarchisch strukturierte soziale
Gebilde verlagert hat, ist kein historischer Zufall. Sie unterliegen nicht
den Gesetzmäßigkeiten des Marktes, sondern bilden Allokationsmechanismen
eigener Art. Ihre Anreizsysteme sind an positionale Gefüge gebunden, die
mit guten Gründen Lohn- und Gehaltskonkurrenz neutralisieren. Infolgedessen
bestehen hier keinerlei Anknüpfungsmöglichkeiten für die Revitalisierung
von Modellen individueller Preiskonkurrenz. Es ist dagegen deutlich, daß
Quantitätsanpassung und Qualitätskonkurrenz im bürokratischen Kontext unterschiedlich gesteuert werden können. Das Modell professionellen "profit-
sharings" ist ein Beispiel für einen sozialen Mechanismus, der bestimmte
Eigenschaften des Marktmodells reproduziert.

Geht man von einer Staatstheorie aus, die Bürokratien als ausführende Organe
betrachtet, dann wird die Vorgabe von Budgets, Organisationsrichtlinien und
politischen Zielsetzungen im Maßnahmenkatalog dominieren. Damit ist allerdings nur eine Globalsteuerung von Resultaten möglich, während sich bürokra-

tische Aktivitäten in Ermessensspielräumen entfalten. Im besten Fall schlagen sich in der Budgetzuweisung aggregierte individuelle Präferenzen nieder, die im politischen System gebündelt werden, ohne daß das Prinzip ihrer Aggregierung widerspruchsfrei wäre.

Will man tatsächlich Aktivitäten steuern, etwa unter dem Gesichtspunkt der Bürgernähe, dann wird man die Interessenlage von Bürokraten auf verschiedenen Niveaus in das gesetzgeberische Kalkül einbeziehen müssen. Eine Möglichkeit besteht dann darin, der Idee der Mitbestimmung deutlichere Konturen zu verleihen. Solange man von der Idee demokratischer Wahlen ausgeht, steht zu befürchten, daß die gewählten Vertreter sich als Bestandteile einer Oligarchie interpretieren. Sie deuten dann das Recht auf Information und Mitbestimmung ihrer Wähler als Anspruch auf die Zuweisung von Mitteln. Insofern bedeutet Demokratisierung des internen Systems von Bürokratien nicht viel mehr als die Verfestigung des Prinzips der Budgetmaximierung und weniger soziale Effizienz. Mitbestimmung kann jedoch auch so aufgefaßt werden, daß Rechte hinsichtlich der Überschußverteilung bestehen. Das individuelle Interesse kann dann so gestaltet werden, daß die Selbstkontrolle von Tätigkeiten und Qualitäten dominierend wird.

Literatur

BRETON, A. & R. WINTROBE
1982   The Logic of Bureaucratic Conduct, Cambridge: UP

HERDER-DORNEICH, Ph. & M. GROSER
1977   Ökonomische Theorie des politischen Wettbewerbs, Göttingen:
            Vandenhoeck & Ruprecht

HOHN, H.W. & P. WINDOLF
1982   Selektion und Qualifikation, Berlin: Internationales Institut
            für Management und Verwaltung

LENK, K.
1985   Verwaltungspolitik als Aufgabenpolitik, Die öffentliche Verwaltung 38 (3): 85-92

LULOFS, J.G.
·1983   Professies en de markt voor vertrouwensgoederen, in: S. Lindenberg & F.N. Stokman (eds.), Modellen in de sociologie,
            Deventer: Van loghum Slaterus, 92-111

NISKANEN, W.A.
1971   Bureaucracy and Representative Government, Chicago: Aldine

SCHÜTTE, H.G.
1983   De dilemma's van bureaucratieen mit professionele staf, in:
            S. Lindenberg & F.N. Stokman (eds.), Modellen in de sociologie,
            Deventer: Van loghum Slaterus, 62-74

1984   Sociale zekerheid in de goerganiseerde produktie, in: P. van
            Berkel, J.A.P. van Hoof & H.G. Schütte (eds.), Sociale zekerheid
            in de maak, Leiden: Stenfert Kroese, 15-41

THUROW, L.C.
1975   Generating Inequality, New York: Basic Books

WASILEWSKI, R., A. GLEISBERG, G. KEIL & J. PASSENBERGER
1983   Struktur und Bedeutung der Freien Berufe in der Bayerischen
            Wirtschaft, Köln: Deutscher Ärzte-Verlag

WILLIAMSON, O.E.
1981   The modern corporation: Origins, evolution, attributes,
            Journal of Economic Literature 19: 1537-1568

DIE VERTEILUNG GEMEINSAMER GÜTER: WER BEKOMMT WELCHEN ANTEIL?

Siegwart Lindenberg

Viele Güter sind das Resultat von Kooperation. Wenn einer allein ein Gut
nicht produzieren oder anschaffen kann, dann besteht häufig die Möglichkeit,
daß er sich mit anderen zusammentut, die das Gut auch nicht alleine produzieren oder anschaffen können aber es doch gerne haben. Solche Situationen
gibt es in jedem Lebensbereich: in Familien, in Nachbarschaften, in Handel
und Industrie, in der Politik usw. Manchmal ist so ein gemeinsames Gut ein
rein kollektives Gut, wie z.B. saubere Luft oder Sicherheit auf den Straßen.
Manchmal ist das Gut aber auch teilbar, entweder direkt (wie z.B. Minister-
posten, die in einer Koalition verteilt werden können) oder durch Gebrauchs-
regelung (z.B. ein Tennisplatz). Wenn gemeinsame Güter teilbar sind, dann
entsteht die Frage, wie sie zwischen den kooperierenden Parteien verteilt
werden. Wer bekommt welchen Anteil? Mit dieser Frage beschäftigt sich der
vorliegende Aufsatz insofern die Verteilung durch Verhandlung und nicht
durch eine verteilende Instanz, den Markt oder andere unpersönliche Verteilungsmechanismen zustande kommt.

In der Literatur werden verschiedene Theorien der Verteilung gemeinsamer
Güter angeboten. Die bekanntesten unter ihnen sind die folgenden fünf:

a) die Paritätstheorie (GAMSON 1961). Die Grundidee dieser Theorie ist,
   daß die Verteilung proportional zum relativen Beitrag am Zustandekommen
   des Gutes ist. Die Verteilung des gemeinsamen Gutes spiegelt also die
   Verteilung der Kosten des Gutes oder die Verteilung der eingebrachten
   Ressourcen.

b) die Schlüsselstellungstheorie ("pivotal power theory", GAMSON 1964). Um
   ein bestimmtes gemeinsames Gut zu produzieren oder anzuschaffen, müssen
   bestimmte Minimalbedingungen erfüllt sein: man muß genug Geld haben oder
   genug Stimmen haben oder ausreichend verschiedene Fertigkeiten für die
   gemeinsame Produktion haben. Wenn durch den Austritt eines Individuums
   aus einer kooperierenden Gruppe die Minimalbedingungen nicht mehr erfüllt sind, oder wenn durch den Zutritt des Individuums die Minimalbedingungen gerade erfüllt sind, dann nimmt so ein Individuum in einer kooperierenden Gruppe eine Schlüsselstellung ein. Die Theorie besagt nun,

daß ein gemeinsames Gut proportional zur relativen Anzahl alternativer Gruppen, in denen ein Individuum eine Schlüsselstellung einnimmt, verteilt wird. Zum Beispiel: hat keiner eine Alternative, dann wird das Gut gleich verteilt, ungeachtet des Beitrags den ein Individuum zum Zustandekommen des Gutes gemacht hat.

c) die Verhandlungstheorie (KOMORITA & CHERTKOFF 1973). Die Grundidee dieser Theorie ist eine Variante der Paritätstheorie: nicht alle Mitglieder einer kooperierenden Gruppe gehen von der Paritätsnorm aus, sondern nur diejenigen, die relativ viel zum Zustandekommen des Gutes beigetragen haben. Diejenigen, die relativ wenig eingebracht haben, würden durch die Paritätsnorm benachteiligt und gehen daher von einer Gleichheitsnorm aus. Das Resultat der Verteilung ist ein Kompromiß: das arithmetische Mittel zwischen Parität und Gleichheit.

d) das gewichtete Wahrscheinlichkeitsmodell (KOMORITA 1974). Die Basis dieser Theorie ist eine Variante der Schlüsselstellungstheorie: der Anteil am gemeinsamen Gut ist proportional zur Wahrscheinlichkeit, daß das Individuum (welches zu einer kooperierenden Gruppe gehören will) in eine Gruppe aufgenommen wird, die die Minimalbedingungen für die Produktion oder Anschaffung des Gutes erfüllt. Weil Transaktionskosten mit der Gruppengröße zunehmen, bevorzugt jeder kooperierende Gruppen, die so klein wie möglich sind. Dies gibt Individuen mit einem großen Beitrag zur Realisierung der Minimalbedingungen eine bessere Chance, in eine solche Gruppe aufgenommen zu werden, als Individuen mit kleinem Beitrag. Aus diesem Grund sind die Alternativen für Individuen, die mehr anzubieten haben, besser. Auf der anderen Seite sind die Transaktionskosten auch kleiner in Gruppen, in denen jeder denselben Beitrag leistet. Das Modell gibt an, wie auf Basis dieser Annahmen die Wahrscheinlichkeit, daß jemand in eine kooperierende Gruppe aufgenommen wird, errechnet werden kann.

e) die Stabilitätstheorie (AUMANN & MASCHLER 1964). Auch in dieser Theorie spielen Alternativen eine wichtige Rolle. Wenn keiner in einer kooperierenden Gruppe "überflüssig" ist (also jeder eine Schlüsselstellung einnimmt), dann wird die Verteilung so sein, daß keiner in Versuchung kommt, sich einer anderen Gruppe anzuschließen. Im Laufe der Unterhandlung kristallisiert sich also durch Angebot und Entgegnung eine Verteilung

heraus, die die Gruppe stabilisiert. Ist so eine Verteilung nicht möglich, dann zerfällt die Gruppe und es bleibt nichts zu verteilen übrig.

Jede dieser Theorien hat ihre Meriten. Unter bestimmten Umständen ist die
eine Theorie besser als die anderen, unter anderen Umständen ist es eine
andere Theorie, deren Vorhersagen die Daten am besten approximieren (vgl.
GAMSON 1964, MICHENER et al. 1976, KOMORITA und BRINBERG 1977, KOMORITA und
MEEK 1978). GAMSONs (1964:108) Auffassung, daß man sich nur die richtigen
experimentellen Bedingungen schaffen muß, um eine bestimmte Theorie durch
Daten zu korroborieren, trifft auch heute noch zu. Eine weniger partielle
Theorie müßte imstande sein, zu erklären warum unter bestimmten Umständen
eine Art der Verteilung wahrscheinlicher ist als eine andere. In POPPERs
Terminologie müßte die Theorie also "tiefer" sein als die, die bisher angeboten wurden (vgl. POPPER, 1973:191-205). Im folgenden soll versucht werden,
so eine tiefere Theorie vorzustellen. Die Basis dieser Theorie ist ein neu-
eres Entscheidungsmodell, das sog. Diskriminationsmodell. Auf den Schultern
dieses Modells wird eine Theorie der Forderungshöhe entwickelt, d.h. eine
Theorie, die angibt, welchen Anteil ein Individuum für sich fordern wird.
Die verschiedenen Forderungen können natürlich zusammen mehr als das zu verteilende Gut ausmachen. Wir müssen also auch eine Theorie haben, die uns
vorhersagt, wie die Forderungen während der Unterhandlungen so aufeinander
abgestimmt werden, daß sie auch gleichzeitig realisiert werden können.
Schließlich muß die gesamte Theorie mit Daten konfrontiert werden. Dies wird
anhand von verschiedenen experimentellen Ergebnissen von anderen Autoren
getan. Der Leser muß also etwas Geduld haben. Die Theorie kann nicht in ein
paar Sätzen präsentiert werden, da das Diskriminationsmodell nicht als bekannt vorausgesetzt werden kann. Erst muß dies Modell dem Leser vorgestellt
werden.

1. Das Diskriminationsmodell

Das Diskriminationsmodell (vgl. LINDENBERG 1980, 1981) geht wie viele andere
Wahlhandlungstheorien von Nutzenmaximierung aus. Aber anders als andere Modelle trägt es der häufig beobachteten Tatsache Rechnung, daß bei wiederholter Wahl die meisten Menschen keine reine Strategie wählen. Nehmen wir an,

daß Alternative A einen höheren Nettonutzen hat als Alternative B, dann erwarten wir anhand der "normalen" Nutzentheorien, daß A gewählt wird. Bei
wiederholter Wahl zeigt sich aber, daß auch B manchmal gewählt wird, obwohl
es einen geringeren Nettonutzen hat. Aufbauend auf dieser Tatsache, geht
man beim Diskriminationsmodell von zwei Kräften aus: eine Kraft (der Unterschied im Nettonutzen) treibt die Wahl in Richtung der reinen Strategie,
also in Richtung maximaler Diskriminierung zwischen den Alternativen; eine
andere Kraft (die Resultante aller Motive, die gegen eine maximale Diskriminierung sprechen, wie z.B. Langeweile) treibt die Wahl in Richtung Gleichverteilung über die Alternativen. Die Wahrscheinlichkeit, mit der die belohnendere Alternative gewählt wird, hängt also von dem relativen Verhältnis
dieser zwei Kräfte ab.

Das formale Modell wird wie folgt aufgebaut. Die Wahrscheinlichkeiten, mit de-
nen die verschiedenen Alternativen gewählt werden, nennen wir eine Strategie.
Im Falle von zwei Alternativen ist eine Strategie also ein Vektor (P_1, P_2),
wobei $P_1 + P_2 = 1$. Der erwartete Nutzen einer Strategie hängt nun von den zwei
Kräften ab. Diese Kräfte werden als Bündel von Nutzenargumenten, als sog.
"Körbe", dargestellt. Der Hauptkorb ist derjenige Nutzenaspekt (oder diejenige Kombination von Nutzenaspekten), der die Wahlsituation strukturiert.
Beim Gefangenendilemma im strikten Sinn des Wortes ist die Handlungssituation
für beide Verbrecher z.B. durch das Strafmaß strukturiert. Bei der Verteilung eines gemeinsamen Gutes geht es in der Hauptsache um dieses Gut. Beim
Konsumenten geht es um Güterkombinationen. Den erwarteten Nutzen des Hauptkorbes symbolisieren wir mit $E(U_d)$, wobei U_d den Nutzen andeutet, den man
durch Diskriminierung zwischen den Alternativen realisiert. Gäbe es nur den
Hauptkorb, dann würde auch bei wiederholter Wahl nur die belohnendere Alternative gewählt.

Der Nebenkorb enthält alle Nutzenaspekte, die zwar nicht stark genug sind,
um die Handlungssituation zu strukturieren, aber dennoch die Wahlhandlung
dadurch beeinflussen, daß sie als Kosten der Diskriminierung zwischen den
Alternativen auftauchen. Wir symbolisieren diese Kosten (die nur von der gewählten Strategie abhängen und daher sicher und nicht erwartet sind) mit
DU_d. Diese Kosten verringern also den erwarteten Nutzen der reinen Strategie. Die reine Strategie kann z.B. für bestimmte andere nachteilige Folgen

haben, die durch eine weniger extreme Strategie gelindert wären. Wenn nun diese nachteiligen Folgen für andere nicht die Handlungssituation strukturieren, dann können sie doch (etwa in der Form von Gewissensbissen) als Kosten der reinen Strategie auftauchen und diese in Richtung Gleichverteilung abschwächen.

Der erwartete Nutzen einer Strategie ($E(U_s)$) setzt sich also aus den zwei Körben zusammen:

(1) $E(U_s) = E(U_d) - DU_d$

Graphisch kann man das wie folgt verdeutlichen:

$$DU_d$$

$$\overset{\qquad\longleftarrow\qquad}{\underset{\underset{E(U_d)}{}}{\vdash\!\!\!\!\!\longrightarrow\qquad\qquad\quad}}$$

```
    |----------------------|--------------------|
    0                     .5                    1
                         E(U_d)
```

$E(U_d)$ treibt die Strategie in Richtung P_1=1, P_2=0, während DU_d die Strategie in Richtung Gleichverteilung (P_1=P_2=.5) zieht. Das Individuum wählt diejenige Strategie, die den höchsten erwarteten Nutzen bringt: nähert sich die Strategie der reinen Strategie, dann bringt der Hauptkorb größeren Nutzen, aber der Nebenkorb bringt dann auch größere Kosten. Nähert sich die Wahl der Gleichverteilung, dann sinken die Kosten des Nebenkorbes, aber gleichzeitig sinkt auch der Nutzen des Hauptkorbes.

Wie sind die Körbe definiert? Der erwartete Nutzen des Hauptkorbes ist für den Fall von zwei Alternativen wie folgt:

(2) $E(U_d) = kU(g_1)P_1 + kU(g_2)(1-P_1)$

   wobei

   k = eine Skalierungskonstante

   $U(g_i)$ = der Nutzen von g_i (i = 1,2); definitionsgemäß $U(g_1) > U(g_2)$

   g_i = der Wert des Hauptkorbes (d.h. des Gutes g) für Alternative
       i (i = 1,2); g_i ist die Summe der Werte der Belohnungen
       und Bestrafungen (z.B. Quantitäten von Geld) hinsichtlich
       des Hauptkorbes für Alternative i, wobei jeder Belohnungs-
       und Bestrafungswert gewichtet ist mit der ihm zugeschriebe-
       nen Wahrscheinlichkeit seines Auftretens.

P_1 = die intendierte Häufigkeit, mit der Alternative i gewählt
wird bei wiederholter Wahl; ist gleich der Wahrscheinlichkeit, mit der i gewählt wird; P_2 = 1-P_1.

Der einzige Unterschied dieser Formulierung zur "normalen", deterministi-
schen Nutzentheorie ist, daß hier die Alternativen nicht exklusiv sind;
d.h. der Nettonutzen jeder Alternative wird durch die Wahlwahrscheinlichkeit gewichtet.

Es ist deutlich, daß $E(U_d)$ ein Maximum bei P_1 = 1, P_2 = 0 erreicht, also
bei der reinen Strategie. Das Individuum wählt immer die belohnendere Alternative. Durch Hinzufügung des Nebenkorbes ändert sich das. Der Nebenkorb
ist wie folgt definiert:

(3) $DU_d = (P_1 - .5)^2$ wobei $P_1 \geq .5$

Die Grundidee, die hinter dieser Definition steht ist, daß es tolerierbare
Abweichungen von der Gleichverteilung gibt, so daß ein P, das größer ist
als diese tolerierte Abweichung, proportional zur Überschreitung Kosten verursacht. Zum Beispiel: aus Gründen einer Präferenz für Abwechslung ist jedes P_1 größer als .5 ein Kostenfaktor proportional zu P_1-.5; aus Gründen
ausgleichender Gerechtigkeit ist vielleicht eine gewisse Abweichung von der
Gleichverteilung akzeptabel, so daß P_1 keine Kosten verursacht, solange es
sich innerhalb dieser Spanne befindet: $\lambda \geq P_1 \geq .5$. Jenseits dieser Spanne verursacht P_1 wieder Kosten proportional zu $P_1 - \lambda$. Ein Individuum wird eine
bestimmte idiosynkratische Verteilung solcher Schwellenwerte zwischen .5
und 1 haben, die der Untersucher nicht kennt (und die vielleicht dem Individuum selbst nicht gegenwärtig sind). Da wir aber in der Soziologie an
Aggregaten und nicht an klinischen Fällen interessiert sind, können wir
über alle möglichen Schwellenwerte zwischen .5 und 1 aggregieren:

(4) $DU_d = \int_{.5}^{P_1} (P_1 - \lambda)d\lambda + \int_{P_2}^{.5} (\lambda - P_2)d\lambda = (P_1 - .5)^2$

Der erwartete Nutzen einer Strategie, zusammengesetzt aus Haupt- und Nebenkorb, ist also:

(5) $E(U_s) = kU(g_1)P_1 + kU(g_2)(1-P_1) - (P_1 - .5)^2$

Das Individuum maximiert den erwarteten Nutzen und wählt also diejenige Strategie, die $E(U_s)$ maximiert. Durch Berechnung von $dE(U_s)/dP_1=0$ finden wir eine Formel, die uns die nutzenmaximierende Strategie angibt:

(6) $\quad P_1 = \frac{k}{2}(U(g_1)-U(g_2)) + .5$

1.1 Wahlwahrscheinlichkeit und die Rolle der Nutzenfunktion

Ein wichtiger Aspekt des Diskriminationsmodells ist das relative Gewicht der Körbe. Je schwerer das relative Gewicht des Hauptkorbes, desto dichter approximiert die Wahlwahrscheinlichkeit die reine Strategie. Je schwerer das relative Gewicht des Nebenkorbes, desto mehr nähert sich die Wahlwahrscheinlichkeit der Gleichverteilung. Wodurch aber verändert sich das relative Gewicht? Die Antwort auf diese Frage ist das Kernstück des Diskriminationsmodells: das relative Gewicht der Körbe verändert sich mit Veränderungen der Nutzenfunktion des Gutes g.

Eine Nutzenfunktion bildet Quantitäten eines Gutes (oder einer Kombination von Gütern) auf eine Nutzendimension ab. $U = \beta g^{\alpha}$ ist z.B. eine typische Nutzenfunktion. Normalerweise spielt der Koeffizient β keine wichtige Rolle, er verändert sozusagen nur die Skala der Nutzendimension. Im Diskriminationsmodell ist das aber anders. Da DU_d eine festgesetzte Skala hat ($0 \leq DU_d \leq .25$), werden Skalenveränderungen des Hauptkorbes inhaltlich relevant. Das relative Gewicht der Körbe hängt davon ab. Natürlich muß die Skala der Nutzendimension so gewählt werden, daß Gleichung (1) überhaupt sinnvoll ist. Der Skalierungskoeffizient k muß dafür sorgen, wobei im allgemeinen $k \leq (1/(U(g_1)-U(g_2))$ als Richtschnur gilt. Bei konstantem k sind es nun Veränderungen in β, die Veränderungen im relativen Gewicht der Körbe ausdrücken. Man kann das inhaltlich wie folgt interpretieren: der marginale Nutzen von g, nämlich $dU/dg = \alpha\beta g^{\alpha-1}$, bestimmt das relative Gewicht der Körbe. Nehmen wir z.B. an, das Gut sei Geld. Nimmt der marginale Nutzen von Geld dadurch zu, daß ich Geld dringend nötig habe, dann braucht sich deswegen noch nicht die Form der Nutzenfunktion zu verändert. Wir nehmen an, daß dann nur β größer wird. Der Effekt einer Vergrößerung von β ist, daß das relative Gewicht des Nebenkorbes abnimmt. Nimmt der marginale Nutzen von Geld ab, dann steigt das relative Gewicht des

Nebenkorbes. Es ist natürlich auch möglich, daß die Motive, die im Nebenkorb aggregiert sind, stärker werden. Wenn das passiert, dann sinkt der marginale Nutzen von Geld. Nehmen die Motive im Nebenkorb an Stärke ab, dann
steigt der marginale Nutzen von Geld. Je größer der marginale Nutzen des
Gutes g, desto mehr nähert sich die Wahlwahrscheinlichkeit der belohnenderen
Alternative der reinen Strategie. Je kleiner der marginale Nutzen von g,
desto mehr approximiert die Wahlwahrscheinlichkeit die Gleichverteilung. Dies
entspricht durchaus auch der Alltagserfahrung. Darüber hinaus aber hat sich
das Diskriminationsmodell auch mit experimentellen Daten sehr gut bewährt
(LINDENBERG 1980, 1981).

2. Gemeinsame Güter und ihre Verteilung

Wenn die Verteilung gemeinsamer Güter von Verhandlungen abhängt (und wir be-
schäftigen uns in diesem Aufsatz ausschließlich mit diesem Fall), dann hängt
die Verteilung zunächst einmal von den Forderungen ab, die erhoben werden.
Sie bilden die Verhandlungsgrundlage. Die Forderungen können als relative
Anteile (also Proportionen) aufgefaßt werden. Ein Individuum muß also eine
bestimmte Proportion des zu verteilenden Gutes als Forderung wählen. Aus
experimenteller Evidenz wissen wir, daß Individuen nicht immer versuchen,
einen maximalen Anteil am zu verteilenden Gut zu bekommen (GAMSON 1964). Wie
ist es nun möglich, Unterschiede in der Forderung, ceteris paribus, zu erklären? Hier kann das Diskriminationsmodell eine konsistente Antwort liefern:
die geforderte Proportion hängt (unter anderem) vom marginalen Nutzen des zu
verteilenden Gutes ab. Ist der marginale Nutzen hoch, dann entsprechen die
Forderungen mehr der jeweiligen Stärke der verhandelnden Individuen. Ist der
marginale Nutzen klein, dann nähern sich die Forderungen mehr der Gleichverteilung. Solidarität in einer Gruppe erhöht z.B. den Nachdruck auf Gleichheit und damit das relative Gewicht des Nebenkorbes. Die Forderungen in einer
solidarischen Gruppe werden näher bei der Gleichverteilung sein als bei einer
Gruppe von Fremden. Das Diskriminationsmodell ist also auf zweierlei Weise
geeignet, zur Erklärung von Forderungen herangezogen zu werden. Erstens ist
es ein Modell, in dem das Individuum Proportionen wählt anstatt exklusive
Alternativen; zweitens ist es ein Modell, das sehr verschiedene Verhandlungssituationen erklären kann, weil es den marginalen Nutzen des zu verteilenden

Gutes in Rechnung stellt. Wie nun kann das Diskriminationsmodell formal auf das Problem der Forderungen angewendet werden?

2.1 Forderungen und das Diskriminationsmodell für zwei Personen

Ein Individuum kann natürlich fordern was es will. Warum fordert es nicht alles? Die Antwort ist einfach: die Chance, daß eine Forderung auch angenommen wird, hängt von der Forderung ab. Je weniger das Individuum fordert, desto wahrscheinlicher, daß der Partner die Forderung annimmt. Sieht man eine Forderung als einen intendierten Anteil am zu verteilenden Gut, dann wird deutlich, daß das Individuum mit seiner Forderung behutsam umgehen muß. Zwar steigt der Nutzen U(F) mit zunehmendem (intendierten) Anteil, die Wahrscheinlichkeit (w), diesen Nutzen zu realisieren, sinkt aber. Es kommt also darauf an (im Hauptkorb), das Produkt dieser beiden, U(F)w, zu maximieren. Wie aber finden wir die Funktion, die U(F) und w miteinander verbindet? Erst suchen wir nach der Funktion w = f(F). Einfachheitshalber und weil wir keine Gründe dagegen haben, nehmen wir an, daß diese Funktion linear ist. Um die Funktion festzulegen, müssen wir also nur zwei Punkte festlegen. Den ersten Punkt bestimmen wir so: subjektiv fühlt sich das Individuum sicher, daß es den Partner dazu bringen kann, eine Forderung von F=0 anzunehmen; also muß die Gerade durch den Punkt F=0, w=1 laufen. Das Individuum bestimmt subjektiv auch die Wahrscheinlichkeit (w_1), daß der Partner eine Forderung annimmt, wenn dieser nur einen ganz kleinen Teil (ein Almosen) bekommt. Dieser Punkt drückt die relative Forderungsstärke des Individuums aus. Wie die Forderungsstärke subjektiv festgestellt wird, lassen wir im Moment noch unbeantwortet. Wichtig ist, daß wir davon ausgehen, das Individuum könne selbst diesen Punkt einschätzen. Einfachheitshalber vergessen wir das Almosen und setzen fest: F=1, w=w_1. Diese zwei Punkte erlauben es uns, w = f(F) zu bestimmen:

(7) $w = 1 - F(1-w_1)$

Für das stärkere Individuum ist Gleichung (7) kein Problem, da wir annehmen können, daß $0 < w_1 < 1$. Das schwächere Individuum kann sich aber bei einem Almosen an den anderen überhaupt keine Chance vorstellen, selbst nicht bei einer Forderung die deutlich kleiner ist als F=1. Für das schwächere Individuum nehmen wir an, daß es realistisch seine Forderungsfunktion als Spiegelbild der Funktion des Stärkeren bestimmt. Wir können Gleichung (7) auch so schreiben, daß diese Spiegelbildlichkeit deutlich wird:

(7') $w = 1 - F + Fw_1$

Bei gleicher Forderungsstärke ($w_1=w_2=0$) ist $w = 1 - F$. Das stärkere Individuum liegt also um den Betrag Fw_1 höher als bei gleicher Forderungsstärke; dementsprechend muß das schwächere Individuum um denselben Betrag unter der gleichen Forderungsstärke liegen, wodurch sich die Forderungsfunktion für den Schwächeren ergibt:

(8) $w = 1 - F - Fw_1 = 1 - F(1+w_1)$

Rechnerisch ist es also das einfachste, wenn wir $w_2 = -w_1$ setzen, obwohl eigentlich eine Wahrscheinlichkeit nicht negativ sein kann. Es ist deutlich, daß diese rechnerische Konvention keinerlei theoretische Bedeutung hat.

Nun müssen wir noch die Nutzenfunktion von F festlegen. Für die meisten Probleme, die durch eine Theorie der Verteilung gemeinsamer Güter gelöst werden müssen, werden die exakten Nutzenfunktionen unbekannt sein. Einfachheitshalber approximieren wir daher die Nutzenfunktion durch eine einfache Gerade:

(9) $U(F) = \gamma F$

Vielleicht wäre es realistischer, mit abnehmendem marginalen Nutzen zu rechnen und den Exponenten von F kleiner als 1 zu setzen. Dadurch handeln wir uns aber große rechnerische und schätztheoretische Probleme ein, ohne zu wissen, ob sie uns das auch wert sein werden. Aus diesem Grund gehen wir in dieser Darstellung von Gleichung (9) aus.

Der Hauptkorb kann nun definiert werden (Gleichungen 7 und 9):

(10) $kU(F)w = k\gamma F(1 - F(1-w_1))$

Der Nebenkorb ist offensichtlich $(F - .5)^2$, so daß der erwartete Nutzen von Forderungen für ein Individuum (i) analog zur Gleichung (5) wie folgt geschrieben werden kann:

(11) $E(U_{F_i}) = aF_i(1 - F_i(1-w_i)) - (F_i - .5)^2$; mit $a=k\gamma$

Wie wir wissen ist k ein Skalierungskoeffizient und γ der marginale Nutzen einer Forderung. Läßt man den marginalen Nutzen gleichzeitig auch Skalierungs- koeffizient sein, dann können wir im weiteren a als den marginalen Nutzen von Forderungen interpretieren, ohne inhaltlich etwas hinzuzufügen.

Das Individuum maximiert den erwarteten Nutzen $E(U_F)$. Dieses Maximum wird bei $dE(U_F)/dF = 0$ erreicht, wobei das gewählte F eindeutig angegeben werden kann:

(12) $\quad F_i = (a+1)/\ 2(a+1\ -aw_i)$, $\quad (i = 1,2)$

Die gleiche Formel können wir benutzen, um den marginalen Nutzen a zu schätzen, wenn aus empirischem Material F_i bekannt ist:

(13) $\quad a = (2F_i-1)/(1-2F(1-w_i))$

Die inhaltliche Interpretation von a als marginaler Nutzen von Forderungen läßt die zwei Kräfte (Schub in Richtung maximaler Forderung versus Schub in Richtung Gleichverteilung) deutlich erkennen:

$$a = \frac{\text{Abstand der tatsächlichen Forderung von Gleichverteilung}}{\text{Abstand der tatsächlichen Forderung von maximaler Forderung}}$$

Nähert sich die Forderung der maximalen Forderung, dann nimmt a ceteris pari- bus zu; nähert sich die Forderung der Gleichverteilung, dann nimmt a ab. Aus Gleichung (12) ist leicht zu sehen, daß bei a=0 F_i=.5 und bei a=∞ F_i= $1/(2(1-w_1))$. Im ersten Fall hat der Hauptkorb kein Gewicht mehr (Gleichverteilung); im zweiten Fall hat der Nebenkorb kein Gewicht mehr, denn F_i =$1/(2(1-w_1))$ ist das F_i, das den Hauptkorb maximiert.

Nehmen wir ein Beispiel, um das bisherige Resultat zu illustrieren. Zwei In- dividuen planen durch Zusammenlegung ihrer (unterschiedlichen) Ressourcen ein Geschäft zu machen, das keiner von ihnen alleine machen könnte. Dabei ver- handeln sie über die Verteilung des Gewinns aus diesem Geschäft. Nehmen wir an, wir wissen, daß w_1=.4 und folglich w_2=-.4; wir wissen auch, daß a=2.5 für beide (sie sind befreundet). Welche Forderungen werden sie stellen? Wir benützen Gleichung (12):

$$F_1 = (2.5+1)/\ 2(2.5+1 - 2.5(.4)) = .7$$

$$F_2 = (2.5+1)/\ 2(2.5+1 - 2,5(-.4)) = .388$$

Wir sehen, daß sich die Forderungen überschneiden, da sie zusammen mehr als 1 ergeben. Im Moment können wir einfach annehmen, daß die Differenz geteilt wird, was .656/.344 ergibt. Nehmen wir nun an, daß der marginale Nutzen des erwarteten Gewinns sich bei beiden verändert: sie haben beide dringend Geld nötig, so daß, sagen wir, a=9. Die Forderungen sind nun: F_1=.781 und F_2=.368. Dies Resultat ist interessant. Es zeigt, daß bei zunehmendem marginalen Nutzen des zu verteilenden Gutes die Forderung des Stärkeren zunimmt, die Forderung des Schwächeren aber abnimmt. Wenn der marginale Nutzen so zunimmt, daß der Nebenkorb keinen Effekt mehr hat, dann sind die Forderungen: F_1=.833 und F_2=.357, was bei geteilter Differenz auf eine Verteilung der Anteile von .74/.26 hinausläuft (im Gegensatz zu .66/.34 bei a=2.5). Also, wenn's ernst wird, dann steigt die Forderung (und der Anteil) des Stärkeren, während die Forderung (und der Anteil) des Schwächeren sinkt. Wenn es beiden nicht so darauf ankommt (sagen wir a=.5), dann nähern sich Forderung (und Anteil) von beiden der Gleichverteilung: F_1=.577 und F_2=.441.

2.2 Forderungsstärke

Wie wir gesehen haben, hängt die Forderung von der Forderungsstärke ab. Wie aber ermitteln wir die Forderungsstärke? Wir nehmen an, daß sich die Partner auf zwei Dimensionen vergleichen (und hier folgen wir vielen anderen Koalitionstheorien). Zum ersten: Alternativen; zum zweiten: der Beitrag zur Produktion des gemeinsamen Gutes. Diese zwei Dimensionen werden nun nacheinander besprochen.

2.2.1 Alternativen

Wir nehmen an, daß in einer Verhandlungssituation die alternativen Sharinggruppen den Beteiligten und dem Forscher bekannt sind. Eine Gruppe verhandelt z.B. über den möglichen Bau eines gemeinsamen Tennisplatzes und über die Verteilung der Gebrauchsrechte. Jeder der Beteiligten weiß, ob und wenn ja welche anderen Gruppen ihm offenstehen, um ebenfalls einen gemeinsamen Tennisplatz zu bauen. Hat jemand mögliche alternative Arrangements, dann steht er in der Verhandlung stärker da, weil es für ihn die Möglichkeit gibt, eventuell in einer anderen Gruppe bei der Verteilung von Gebrauchsrechten besser bedient zu werden.

Es gibt drei mögliche Arten von Alternativen: externe, interne und gemischte. Externe Alternativen sind alternative Sharinggruppen, die nur ein Individuum der gegenwärtigen Gruppe umfassen, wobei also die anderen Partner alle extern zur gegenwärtigen Gruppe sind. In einer internen Alternative besteht die Möglichkeit, daß eine oder mehrere Teilmengen der gegenwärtigen Gruppe auch Sharinggruppen sein können. Bei gemischten Alternativen sind mindestens zwei der gegenwärtigen Gruppe beteiligt. Ein Beispiel kann diese verschiedenen Arten verdeutlichen. A,B,C und D sind die Individuen und es steht fest, welche Gruppen möglich sind. Die folgende Tabelle gibt an, welche Alternativen für eine bestimmte Gruppe intern, extern oder gemischt sind.

Tabelle 1: Beispiele für alternative Sharinggruppen

mögliche Gruppe	Alternativen		
	intern	extern	gemischt
ABCD	ABC, ABD, BCD, AB, AC, AD	---	---
ABC	AB, AC	AD	ABCD, ABD, BCD
ABD	AB, AD	AC	ABCD, ABC, BCD
BCD	---	AB, AC, AD	ABCD, ABC, ABD
AB	---	AC, AD, BCD	ABCD, ABC, ABD
AC	---	AB, AD, ABD, BCD	ABCD, ABC
AD	---	AB, AC, ABC, BCD	ABCD, ABD

Es wird angenommen, daß Individuen die verschiedenen Alternativen, die sie haben, bewerten und das Resultat dieser Bewertung per Kategorie von Alternativen mit dem Resultat der Bewertung der Verhandlungspartner vergleichen. In der Sharinggruppe AB gibt es z.B. zwei Kategorien: externe und gemischte Alternativen. Individuum A vergleicht den Gesamtwert seiner externen Alternativen mit dem Gesamtwert der externen Alternativen von B; und A vergleicht den Gesamtwert seiner gemischten Alternativen mit dem Gesamtwert der gemischten Alternativen von B. Allerdings ist nicht anzunehmen, daß jede mögliche Alternative in den Vergleich einbezogen wird, und darum brauchen wir hier eine erste Hilfshypothese:

Hilfshypothese 2.2.1:   Alternativen, in denen beide Verhandlungspartner vorkommen, werden nicht in den Vergleich von Alternativen einbezogen.

Der Grund hierfür ist, daß sich die Partner solche Alternativen gegenseitig blockieren können. In der Gruppe AB in unserem Beispiel zählen also nur externe Alternativen. Die Partner vergleichen diese Alternativen wie folgt. Der relative Vorteil (RV_E) hinsichtlich externer Alternativen ist:

$$(14) \qquad RV_E = \frac{\Sigma E_{A1} - \Sigma E_{B1}}{\Sigma E_{A1} + \Sigma E_{B1}}$$

wobei:

E_{A1} = der Wert der 1'ten externen Alternative von A

E_{B1} = der Wert der 1'ten externen Alternative von B

Die Differenz der Werte wird also durch die Summe der Gesamtwerte standardisiert ($-1 \leq RV_E \leq +1$). Analog zu Gleichung (14) werden auch interne und gemischte Alternativen, wenn es sie gibt, verglichen. Der Beitrag zur Forderungsstärke ist nun der gewichtete Mittelwert der verschiedenen relativen Vorteile hinsichtlich der Alternativen:

$$(15) \qquad \overline{RV}_\alpha = \frac{1}{n_\alpha} \Sigma v_j RV_j$$

wobei:

$\overline{RV}_\alpha$ = der gewichtete Mittelwert der relativen Vorteile

n_α = die Anzahl der im Vergleich einbezogenen Kategorien von Alternativen, also die Anzahl der relativen Vorteile

v_j = das Gewicht des relativen Vorteils j (j=I oder E oder G wenn nur ein relativer Vorteil im Vergleich eine Rolle spielt, wobei I=Intern, E=Extern, G=Gemischt ist; oder j erstreckt sich über zwei oder drei Kategorien, wenn mehrere relative Vorteile eine Rolle spielen)

RV_j = der relative Vorteil j

Die Gewichte für die relativen Vorteile benötigen wir, da nicht anzunehmen ist, daß jede Kategorie von Alternativen gleich schwer wiegt. Wie diese Gewichte aussehen, ist eine offene Frage, doch muß man darüber Annahmen machen, um mit dem Modell arbeiten zu können. Eine erste Annäherung machen wir mit der folgenden Hilfshypothese:

<u>Hilfshypothese</u> 2.2.2: $v_I = v_E = 1$ und $v_G = .5$

Gemischte Alternativen erfordern die Zusammenführung von Mitgliedern der gegenwärtigen Gruppe mit Individuen außerhalb dieser Gruppe. Im Gegensatz zu internen und externen Alternativen führen gemischte Alternativen also zu deutlich höheren Transaktionskosten. Aus diesem Grund nehmen wir an, daß gemischte Alternativen im Vergleich weniger ins Gewicht fallen als interne und externe. Ihnen gerade .5 zuzuschreiben, ist etwas arbiträr, aber, gegeben unsere Unwissenheit in diesem Punkt, weniger absurd als ein beliebiger anderer Wert.

Bevor wir auf das Problem der Bewertung von Alternativen eingehen, müssen wir noch angeben, wie die Vergleiche in Gruppen von mehr als zwei Personen gemacht werden. Wir nehmen an, daß die Vergleiche <u>immer</u> paarweise gemacht werden, weil jeder Partner in einer Gruppe andere Alternativen haben kann. <u>Paarweise</u> bezieht sich also auf Verhandlungspartner und nicht unbedingt auf Individuen. Wenn zwei Individuen in einer Gruppe von drei gemeinsam als Verhandlungspartner des dritten auftreten, dann gibt es in dieser Gruppe eben nur zwei Partner und es zählen nur die Alternativen, die jeder Partner hat. In einer Gruppe von drei Partnern (ABC) vergleichen sich also A und B, A und C, und B und C. Das heißt, daß die Forderungsstärke (wobei der Beitrag zur Produktion des Gutes auch noch eine Rolle spielt, wie wir sehen werden)

paarweise zwischen den Partnern erstellt wird. Wie aus diesen Vergleichen
dann eine Forderung entstehen kann, wird später erörtert.

Die Bewertung der Alternativen kann natürlich sehr verschieden zustande
kommen. Die Bewertung könnte sich z.B. nur auf die Anzahl der Alternativen
per Kategorie beschränken oder eine Alternative könnte umgekehrt proportional
zur Anzahl der Partner bewertet werden, da mit der Anzahl der Partner die
Transaktionskosten für eine Einigung steigen. Schließlich könnte die Bewertung auch aufgrund des erwarteten Anteils in einer alternativen Gruppe zustande kommen. Der erwartete Wert könnte auch durch die Gruppengröße gewo-
gen werden. Wahrscheinlich gibt es noch viel mehr Möglichkeiten und wieder
ist es eine offene Frage, wie die Bewertung tatsächlich zustande kommt. Doch
müssen wir auch hier eine Annahme machen, um das Modell operational zu machen. Bei dieser Annahme gehen wir davon aus, daß es zwei Anhaltspunkte gibt.
Erstens, die meisten Gruppen haben einen Indexwert: die Summe der quantifizierbaren Beiträge (z.B. Geld oder Stimmen) der Verhandlungspartner (nennen
wir diese Größe S) und/oder der quantifizierbare Wert des zu verteilenden
Gutes (nennen wir diese Größe W). Unter Umständen sind diese Größen identisch, nämlich dann, wenn der Wert des gemeinsam produzierten Gutes sich
additiv aus den einzelnen Beiträgen zusammensetzt. Zweitens, für die meisten
Gruppen gilt, daß jeder Partner einen quantifizierbaren Beitrag zur Produktion des gemeinsamen Gutes leistet (nennen wir diese Größe R_i, wobei natürlich $\Sigma R_i = S$).

Hilfshypothese 2.2.3: Der Wert der Alternative 1 wird von Partner i mit
$\frac{R_{1i}}{S_1}W_1$ geschätzt. Wenn W keine Rolle spielt (weil er unbekannt ist oder
identisch mit S), dann wird der Wert mit R_{1i}/S_1 geschätzt.

Wie kommen nun diese Annahmen über Bewertung zustande? Im Gegensatz zur Konzeption des erwarteten Nutzens kann während einer Verhandlung die Bewertung
von Alternativen keine rein subjektive Sache bleiben. Die Werte von Alternativen müssen verglichen werden und müssen daher auch interpersonal vergleichbar sein. Es ist möglich, daß die Partner mit sehr idosynkratischen
Bewertungen beginnen. Im Verhandlungsprozeß aber muß man sich doch auf eine

gemeinsame Vergleichsebene begeben, selbst wenn die Bewertungen nicht explizit gemacht werden. Wir nehmen an, daß es in diesen Situationen Schellingpunkte gibt, also Referenzgrößen, die auch ohne (viel) Kommunikation ins
Auge springen. Da die Verhandlung über die Verteilung des gemeinsamen Gutes
und nicht über Wertdimensionen von Alternativen geht, wird man auf die einfachsten Referenzgrößen konvergieren.Der relative Beitrag (R/S) ist so ein
Schellingpunkt, der für jeden Beteiligten leicht ins Auge fällt und der interpersonal leicht vergleichbar ist. Solange Gruppengrößen sich nicht sehr
stark unterscheiden, ist es nicht wahrscheinlich, daß Gruppengröße (als Indikator für Transaktionskosten) ein Schellingpunkt wird. Hierfür gibt es vor allem zwei Gründe. Zum ersten werden Alternativen in der Verhandlung wegen
ihres Wertes und nicht wegen ihrer Kosten in die Diskussion gebracht. Die
Suche ist also auf Schellingpunkte für Wert und nicht für Kosten gerichtet.
Zum zweiten: Kostenaspekte werden vor allem durch andere eingebracht, um zu
zeigen, daß die Alternativen des Partners nicht so viel wert sind wie er
meint. Der Partner wird, wenn das passiert, zu zeigen versuchen, daß diese
Kosten sehr hypothetisch sind, und es lassen sich auch Gründe finden, warum
eine etwas größere Gruppe leichter zu einer Übereinstimmung findet. Kurzum,
Kostenaspekte werden schnell kontrovers in so einer Situation, was sie für
einen gemeinsamen Referenzpunkt untauglich macht solange sie nicht so augen-
scheinlich sind, daß man sich schnell darüber einigen kann.

2.2.2 Der Beitrag zur Produktion des gemeinsamen Gutes

Wie bei den Alternativen geht es auch bei diesem Vergleich um Größen, die als
Schellingpunkte fungieren können. Im Gegensatz zu dem Vergleich bei Alternativen gibt es beim Vergleich von Beiträgen zur Produktion keine festen Kategorien. Im Prinzip kann jeder Unterschied (oder Gleichheit) unter den Partnern,
der ins Auge springt und mit dem Zustandekommen des gemeinsamen Gutes in Verbindung gebracht werden kann, als eine Dimension des Vergleichs dienen. In
der Literatur über Koalitionen finden wir meist eine oder mehrere der folgenden Dimensionen: 1) Beiträge zu den Produktionsbedingungen (oft auch Ressourcen genannt), 2) Beiträge zum Gesamtwert des gemeinsamen Gutes und 3) Beiträge in der Form von Vorinvestitionen (also Kosten, die gemacht werden, um
überhaupt in einer Koalition sein zu können).

Der Vergleich, so nehmen wir an, hat immer dieselbe Form, egal um welche Vergleichsdimension es sich handelt. Es geht immer um die Differenz der relativen Beiträge. Der relative Vorteil (RV) ist:

$$\frac{\text{Beitrag von A zum Gesamtvolumen}}{\text{Gesamtvolumen}} - \frac{\text{Beitrag von B zum Gesamtvolumen}}{\text{Gesamtvolumen}}$$

Der Anteil der Beitragsvergleiche an der Forderungsstärke ist (analog zum Alternativenvergleich) der gewichtete Mittelwert der verschiedenen Vergleiche:

$$(16) \qquad \overline{RV}_{\beta} = \frac{1}{n_{\beta}} \Sigma v_m RV_m$$

wobei

$\overline{RV}_{\beta}$ = der gewichtete Mittelwert der relativen Vorteile

n_{β} = die Anzahl der Vergleichsdimensionen, also die Anzahl der relativen Vorteile

v_m = das Gewicht des relativen Vorteils m

RV_m = der relative Vorteil m

Es ist wieder eine offene Frage, wie die Gewichte zustande kommen. Bei den drei oben genannten Dimensionen sind Beiträge zu den Produktionsbedingungen die wichtigsten Beiträge, weil die Produktion davon abhängt und weil sie daher das Gewicht des Partners am deutlichsten angeben. Etwas willkürlich wählen wir daher die folgende Annahme:

Hilfshypothese 2.2.4: v_m = 1 für Beiträge zu den Produktionsbedingungen und v_m = .5 für Beiträge, die deutlich nichts mit den Produktionsbedingungen zu tun haben.

2.2.3 Die gesamte Forderungsstärke

Die gesamte Forderungsstärke setzt sich aus dem relativen Vorteil hinsichtlich Alternativen (wenn es sie gibt) und dem relativen Vorteil hinsichtlich des Beitrags (wenn dieser eine quantifizierbare Größe ist) zusammen:

(17) $\qquad w_i = \frac{1}{n_w} \Sigma \; v_q \overline{RV}_q$

wobei:

w_i = die Forderungsstärke von Partner i; (w_i=0 wenn n_w=0)

n_w = die Anzahl der gewichteten Mittelwerte $\overline{RV}$ (n_w ist entweder 0 oder 1 oder 2, je nachdem ob überhaupt kein Vergleich stattgefunden hat oder nur ein Vergleich hinsichtlich Alternativen oder hinsichtlich Beitrag, oder Vergleiche sowohl hinsichtlich Alternativen als auch Beitrag)

v_q = das Gewicht des gewichteten Mittelwertes q (q = α, β)

RV_q = der gewichtete Mittelwert der Vergleiche hinsichtlich Alternativen bzw. Beiträgen.

Hilfshypothesen über die Gewichte v_q werden im folgenden Abschnitt formuliert.

2.2.4 Der Einfluß kontroverser Alternativen

Im Abschnitt 2.2.1 haben wir bereits darauf hingewiesen, daß gemeinsame Referenzpunkte bei einer Verhandlung eine wichtige Rolle spielen. Man muß sich über die relative Forderungsstärke einig werden (egal ob das implizit oder explizit passiert). Nun gibt es aber Alternativen, die in der Zurechnung Schwierigkeiten bereiten. Zum Beispiel A hat die Alternative ACD und B hat die Alternative BCD. A und B sind nicht gemeinsam in diesen Alternativen vertreten, also werden sie (Hilfshypothese 2.2.1 zufolge) zum Vergleich herangezogen. Es ist aber unmöglich, daß A und B beide ihre Alternative realisieren: entweder CD koaliert mit A oder mit B. Zulässige Alternativen, die sich überlappen, bringen also Unsicherheit und wir nennen sie kontroverse Alternativen. Es liegt auf der Hand anzunehmen, daß kontroverse Alternativen nur herangezogen werden, wenn es keine eindeutigen Alternativen gibt, auf die man den Vergleich gründen könnte. Ebenso liegt es auf der Hand anzunehmen, daß wenn kontroverse Alternativen gebraucht werden, diese weniger ins Gewicht fallen als eindeutige Alternativen. Damit kommt dann automatisch den Beiträgen zur Produktion ein größeres Gewicht zu. Wie diese Gewichtsverschiebung am besten quantitativ ausgedrückt werden kann, ist wieder eine offene Frage. In bisherigen Berechnungen hat sich eine Faustregel gut bewährt, die wir mit zwei Hilfshypothesen einführen.

Hilfshypothese 2.2.5: Kontroverse Alternativen werden nur zum Vergleich herangezogen, wenn es sonst für keinen der beiden Partner eine oder mehrere eindeutige Alternativen gibt.

Hilfshypothese 2.2.6: Wenn kontroverse Alternativen zum Vergleich herangezogen werden, dann ist $v_\alpha = 1/4$ und $v_\beta = 2$. Wenn eindeutige Alternativen zum Vergleich herangezogen werden, dann ist $v_\alpha = v_\beta = 1$.

3. Einige weitere Hilfshypothesen

Bevor wir zu Beispielen übergehen, müssen noch zwei wichtige Gesichtspunkte eingeführt werden. Der erste bezieht sich auf die Motivation, der zweite auf die Bildung von Subgruppen.

Motivation. In manchen Gruppen wird um den kleinsten Vorteil gestritten, in anderen Gruppen geht es sehr brüderlich zu. In der Sprache unseres Modells ist der marginale Nutzen des zu verteilenden Gutes in verschiedenen Gruppen verschieden. Sehr verschiedene Faktoren können den marginalen Nutzen beeinflussen und wir können nicht hoffen, auch noch eine vollständige Theorie des marginalen Nutzens anbieten zu können. Doch sind einige Hinweise nützlich. Wenn Individuen das Gefühl haben, daß es nicht so ernst ist, wird ihr marginaler Nutzen niedriger sein, als wenn sie das Gefühl haben, daß es ernst werden kann. Für Schwache und Starke in der Gruppe - so glauben wir - wird dieses Gefühl aber nicht durch dieselben Umstände, sondern durch komplementäre Umstände ausgelöst. Der potentielle Ernst der Situation hängt für Schwache nicht in erster Linie vom Anteil ab, sondern von der Möglichkeit, daß sie beim Scheitern der Verhandlung ohne alternative Sharinggruppe sitzen bleiben. Daher die Annahme, daß Schwache in dem Maße, in dem sie sich unsicher fühlen, den marginalen Nutzen für alle Beteiligten in der Gruppe höher treiben. Für die Starken ist es gerade das Gefühl der Sicherheit (hinsichtlich Alternativen), das den marginalen Nutzen höher treibt. Es findet also ein sich verstärkender Gruppenprozeß statt, in dem Unsicherheit bei den Schwachen und Sicherheit bei den Starken zum selben Effekt beitragen: der Erhöhung des marginalen Nutzens. Eine Faustregel für die Quantifizierung dieses Effekts ist:

Hilfshypothese 3.1: Gegeben sei eine Verhandlungssituation zwischen zwei Partnern. Z sei die Anzahl der Alternativen des Stärkeren (also w>0) und z die Anzahl der Alternativen des Schwächeren (w<0). Der marginale Nutzen $\underline{a}$ ist für beide gleich a_1. Wenn sich nun $\underline{nur}$ die Anzahl der Alternativen ändert, dann ändert sich $\underline{a}$ wie folgt: $a_2 = a_1(1 + \frac{Z+\Delta Z}{Z} - \frac{z+\Delta z}{z})/(\frac{Z+\Delta Z}{Z} + \frac{z+\Delta z}{z})$

Zum Beispiel: in der ersten Situation hat der Stärkere eine Alternative und der Schwächere auch, also Z=z=1. Nun bekommt der Stärkere eine Alternative hinzu ($\Delta Z=1$), während der Schwächere keine neue Alternative erhält ($\Delta z=0$). Der marginale Nutzen erhöht sich also von a_1 auf $a_1(1 + (2-1)/(2+1))= \frac{4}{3}a_1$. Wird die Anzahl der Alternativen ausgeglichener, dann sinkt $\underline{a}$ dementsprechend. Für Gruppen größer als 2 ist der veränderte marginale Nutzen gleich dem Durchschnitt der Veränderung in jedem Paar in der Gruppe.

Zwischen Starken und Schwachen gibt es einen wichtigen Unterschied in bezug auf Sicherheit: für Schwache ist $\underline{jede}$ Alternative ein Stück Sicherheit, egal ob die Alternative etwas mit der Forderungsstärke zu tun hat oder nicht. Für Starke bedeutet Sicherheit nicht die Chance, überhaupt in einer Sharinggruppe zu sein, sondern den Schwachen ausschließen zu können. Hierzu sind nur Alternativen geeignet, die den Schwachen nicht einschließen. Wenn z.B. die "große Koalition" in einer Situation nicht möglich ist und in der anderen Situation möglich ist, dann erwarten wir, daß Veränderung im marginalen Nutzen so verläuft, als hätten nur die Schwachen eine Alternative hinzubekommen. Hilfshypothese 3.1 muß also dementsprechend ergänzt werden:

Hilfshypothese 3.2.: Für Hilfshypothese 3.1 gilt, daß für Starke nur zulässige Alternativen und für Schwache alle Alternativen gezählt werden.

Subgruppen. Wenn Sharinggruppen größer als 2 sind, dann ist es möglich, daß sich zeitweilige Subgruppen bilden, die erst als ein Partner auftreten und dann ihren gemeinsamen Anteil unter sich aufteilen. Wann treten diese Subgruppen auf und wenn sie auftreten, wer bildet Subgruppen? Es ist schwierig, hierauf eine allgemeine Antwort zu geben, aber für Gruppen von 3 kann man eine gewisse Regelmäßigkeit angeben: die zwei Stärksten werden bei hohem marginalen Nutzen (etwa a>2) immer dann eine Subgruppe bilden (oder zu Resultaten kommen, die dieser Bildung entspricht), wenn ihr damit gemeinsam erzieltes Resultat größer ist als die Summe ihrer Resultate ohne Subgruppenbildung. Bei

hohem marginalen Nutzen erwarten die Schwachen, daß die Starken jeden möglichen Vorteil ausnutzen werden und die Starken sind auf jeden Vorteil bedacht. Subgruppenbildung ist also wieder das Resultat von komplementären
Reaktionen der Starken und Schwachen. Da gemeinsames Auftreten eine neue
Gemeinsamkeit zwischen den Stärksten stiftet, muß dem Modell zufolge der
marginale Nutzen bei der Verteilung innerhalb der Subgruppe kleiner sein
als zwischen Subgruppen und dem oder den Schwachen. Mit anderen Worten, die
Verteilung innerhalb der Subgruppe ist egalitärer. Die Quantifizierung dieser Effekte ist wiederum nur in Form einer Faustregel anzugeben:

Hilfshypothese 3.3: Bei hohem marginalen Nutzen (a>2) wird die Verteilung in
einer Gruppe von drei Partnern immer so sein, als hätten die zwei Stärksten
ihre Produktionsbeiträge zusammengelegt und als wäre der marginale Nutzen
innerhalb der Subgruppe 2/3 des marginalen Nutzens, der die Verteilung zwischen Subgruppe und dem Schwächsten bestimmt.

4. Ein Beispiel und Berechnungsformeln

Es ist nützlich, an diesem Punkt an Hand eines Beispiels das Modell zu illustrieren. Leider ist es nicht möglich, alle Hilfshypothesen an einem einzigen Beispiel anzuwenden. Das Beispiel hat noch eine Funktion: die Berechnung
von Resultaten für Gruppen mit mehr als zwei Partnern vorzustellen.

In einem Artikel über Koalitionsbildung berichtet KOMORITA (1974) von zwei
Experimenten (KOMORITA & SHARP und KOMORITA & MEEK), die sich nur dadurch
unterscheiden, daß in einem keinerlei Restriktionen gelten, während im anderen eine bestimmte Koalition ausgeschlossen ist. Diese Restriktion hat große
Bedeutung für die Frage: zählen Alternativen überhaupt bei der Verteilung
gemeinsamer Güter?

Versuchspersonen bekamen Gewichte, die ihren Beitrag zur gemeinsamen Produktion angeben: 8,4,3 und 2. Im Experiment ohne Restriktionen (KOMORITA & MEEK)
waren die folgenden Koalitionen erlaubt: C(8-2), C(8-3), C(8-4) und C(4-3-2).
Die Frage ist, wie haben die Versuchspersonen in jeder Koalition das gemeinsame Gut verteilt und welche Vorhersage macht das Diskriminationsmodell?

Beginnen wir bei den Zweipersonenkoalitionen. Zuerst müssen wir die Forderungsstärke berechnen.

C(8-2): der Wert der Alternativen. Es ist kein quantifizierter Wert der Alternativen angegeben, also schätzen P_8 und P_2 (die Partner) den Wert der Alternativen durch das Verhältnis ihres Produktionsbeitrags zur Summe der Produktionsbeiträge (Hilfshypothese 2.2.3). P_8 hat die folgenden möglichen Alternativen: C(8-3) und C(8-4), der geschätzte Wert dieser Alternativen ist also 8/(8+3) und 8/(8+4), zusammen also $8/11 + 8/12 = 1.3939 = \Sigma E_{8_1}$. Für P_2 gibt es nur die Alternative C(4-3-2) und ihr Schätzwert ist $E_2 = 2/(4+3+2) = .222$. Der relative Vorteil hinsichtlich Alternativen für P_8 ist also

$$RV_E = \frac{1.3939 - .222}{1.3939 + .222} = .725.$$ Da es keine verschiedenen Arten von

Alternativen gibt (alle Alternativen sind extern), ist $\overline{RV}_\alpha = RV_E$.

Nun brauchen wir noch den relativen Vorteil hinsichtlich der Produktionsbeiträge für C(8-2). $RV_m = \frac{8-2}{8+2} = .6$. Da es keine anderen Beiträge gibt, ist $\overline{RV}_\beta = RV_m = .6$.

Nun zur gesamten Forderungsstärke. Da sich die Alternativen für P_8 und P_2 überlappen, sind sie kontrovers und Hilfshypothese 2.2.6 muß angewendet werden, d.h. $v_\alpha = .25$ und $v_\beta = 2$. Die Forderungsstärke von P_8 ist also $w_8 = .5(.25(.725) + 2(.6)) = .6906$. Für P_2 gilt daher $w_2 = -.6906$.

Was wird jeder Partner fordern? Gleichung 12 gibt uns die Antwort: $F_8 = (a+1)/2(a+1-.6906a)$ und $F_2 = (a+1)/2(a+1+.6906a)$. Nun müssen wir noch a schätzen und wir verwenden dazu dasjenige experimentelle Resultat, das auf dem größten w_i basiert (je kleiner w_i desto unzuverlässiger die Schätzung von a). Wir haben die anderen w_i noch nicht berechnet, aber wir nehmen vorweg, daß das Resultat von C(8-2) das größte w_i liefert. Das experimentelle Resultat für C(8-2) ist 64% für P_8 und 36% für P_2. Wir können Gleichung 13 nicht benutzen, um a zu schätzen, da KOMORITA nur das Endresultat und nicht auch die Forderungen angegeben hat. Wir müssen die Schätzung also noch verschieben. Statt dessen nehmen wir das Resultat vorweg: a=.6073. Die Forderung von P_8 ist also: $F_8 = (.6073 + 1)/2(1.6073 - .6906(.6073)) = .6765$. Die Forderung von P_2 ist: $F_2 = (1.6073)/2(1.6073 + .6906(.6073)) = .3965$. So wie sie sind, können die Forderungen nicht realisiert werden, da sie zusammen mehr als

100% ergeben. Wir haben angenommen, daß der "Überschuß" zu gleichen Teilen von den Forderungen abgezogen wird. Wenn A_i = der Anteil des Partners i ist und N= Gruppengröße, dann

$$(18) \qquad A_i = F_i - \frac{\Sigma F_i - 1}{N}$$

Also A_8= .6765 - (.6765+.3965-1)/2 = .64 und A_2=.36. Diese Werte sind von KOMORITA als experimentelle Resultate angegeben, was nicht verwundert, denn wir haben $\underline{a}$ auf der Basis dieser Resultate geschätzt. Bevor wir im Beispiel weitergehen, ist es nützlich, einige Formeln anzugeben, die es uns erlauben, A_i direkt zu berechnen und daher auch $\underline{a}$ auf der Basis der Resultate zu schätzen.

4.1 Berechnungsformeln für Anteile und den marginalen Nutzen

Wenn man Gleichung 12 für N=2 in Gleichung 18 einsetzt und etwas vereinfacht, dann bekommt man

$$(19) \qquad A_i = \frac{aw_i(a+1)}{2(a+1)^2 - 2a^2p^2} + .5 \quad \text{für } w_i \leq \frac{a+1}{2a} \text{ und } i=1,2$$

Wenn w_i eine bestimmte Höhe erreicht, dann hat eine weitere Erhöhung auf die Forderung keinen Einfluß mehr, da ein Partner nicht mehr als F=1 fordern kann. Aus diesem Grund gilt Gleichung 19 nur bis zu diesem Punkt $(w_i \leq (a+1)/2a)$. Wenn w_i größer ist, dann bleibt die Forderung des Stärkeren F=1 und nur die Forderung des Schwächeren ändert sich noch; daher

$$(20) \qquad A_i = 1 - \frac{a+1}{4(1+a(1+w_i))} \quad \text{für } w_i > \frac{a+1}{2a} \text{ und } i=1,2$$

Aus Gleichungen 19 und 20 kann man nun den Schätzwert für $\underline{a}$ errechnen, wenn A_i bekannt ist:

$$(21) \qquad a = \frac{w_i - 4(A_i - .5) - w_i(1 + 16(A_i - .5)^{.5})}{4(A_i - .5)(1 - w_i^2) - 2w_i} \quad \text{für } w_i \leq \frac{a+1}{2a}, \ A_i \geq .5$$

und

$$(22) \qquad a = \frac{4A_i - 3}{4(1-A_i)(w_i+1)-1} \quad \text{für } w_i \geq \frac{a+1}{2a} \quad , A_i \geq .5$$

Während die Sache begrifflich sehr einfach ist ("geteilter Überschuß der Forderungen"), sieht sie algebraisch etwas unhandlich aus. Daran muß man sich nicht stören. Für mehr als zwei Personen wird es begrifflich kaum komplizierter, aber algebraisch wird es noch unhandlicher, wie wir gleich sehen werden.

4.1.1 Berechnungen für Gruppen größer als zwei

Im Prinzip geht das Modell davon aus, daß Verhandlungen immer paarweise stattfinden. Die Forderungen sind dann auch immer paarweise zu errechnen. Gehen wir zurück zum Beispiel von KOMORITA und MEEK, und zwar zu C(4-3-2). Wir errechnen die Forderungsstärken für jedes Paar, also für (4-3), (4-2) und (3-2), und wir gehen genauso vor wie im Beispiel für C(8-2). Dann erhalten wir:

für (4-3): $RV_E = (4/12 - 3/11)/(4/12 + 3/11) = .1 = \overline{RV}_\alpha$

$RV_m = (4-3)/(4+3+2) = 1/9 = \overline{RV}_\beta$

Da die Alternativen überlappen (beide mit 8) : $v_\alpha = .25 ; v_\beta = 2 ;$

$w_4 = .5(.25(.1)+2(1/9)) = .1236$ und $w_3 = -.1236$.

Für (4-2): $w_4 = .2535$ und $w_2 = -.2435$

Für (3-2): $w_3 = .1303$ und $w_2 = -.1303$

Nehmen wir jetzt erst P_4 und nehmen an, daß a=.6073 ist (also dasselbe wie in C(8-2)). Wir können nun ausrechnen, was P_4 von jedem Partner fordern würde, wenn es sich nur um bilaterale Verhandlungen handelte (Gleichung 12). Bilaterale Forderungen von P_4:

Gegenüber P_3 fordert P_4: $F_{43}' = (1.6073)/2(1.6073-.6073(.1236)) = .5245$. P_4 ist also bereit, P_3 den Anteil $(1-F_{43}') = .4755$ zu überlassen. Da es sich aber nicht nur um bilaterale Verhandlungen dreht, gibt uns dieses Resultat nur das Verhältnis der Forderung von P_4 für sich selbst zu dem, was er P_3 zugesteht (Z_{43}), also $F_4/Z_{43} = .5245/.4755$.

Gegenüber P_2 fordert P_4: $F'_{42} = (1.6073)/2(1.6073-.6073(.2535) = .5530$.
also $F_4/Z_{42} = .5530/.4470$.

Nun wissen wir, daß was P_4 für sich fordert und was er den anderen zugesteht,
genau gleich 1 sein muß, also

(23) $F_4 + Z_{43} + Z_{42} = 1$

Wir haben jetzt drei Gleichungen mit drei Unbekannten:

$Z_{43} = F_4(.4755)/.5245$; $Z_{42} = F_4(.4470)/.5530$ und Gleichung 23.

Hiermit können wir F_4 errechnen, nämlich $F_4 = .3683$, oder allgemein:

$$(24) \qquad F_i = \frac{1}{1 + ((1-F'_{ij})/F'_{ij}) + ((1-F'_{ik})/F'_{ik})}$$

Wenn wir Gleichung 12 benutzen, dann können wir Gleichung 24 auch so um-
formulieren, daß man nicht erst die F' ausrechnen muß:

$$(25) \qquad F_i = \frac{a + 1}{N(a+1) - 2a\sum_j w_{ij}}$$

wobei:

N = die Größe der Gruppe

w_{ij} = die Forderungsstärke von i gegenüber j

F_3 fordert also in unserem Beispiel: $F_3 = 1.6073/(3(1.6073)-$
$2(.6073)(-.1236 + .1303)) = .3340$;

F_2 fordert $F_2 = 1.6073/(3(1.6073)-2(.6073)(-.2435-.1303) = .3046$

Die gesamte Forderung ist also $.3683+.3340+.3046 = 1.0069$. Der Überschuß von
.0069 wird durch 3 geteilt und von jeder Forderung abgezogen und so ergeben
sich die Anteile:

$A_4 = .3683 - .0023 = .3660$; exp.Resultat: .40

$A_3 = .3340 - .0023 = .3317$; exp.Resultat: .33

$A_2 = .3046 - .0023 = .3023$; exp.Resultat: .27

Das Ergebnis weicht etwas von den experimentellen Resultaten ab, ist aber
im Vergleich zu anderen Theorien sehr gut, wie wir noch sehen werden. Eine

allgemeine Formel für A_i lassen wir hier weg, weil sie sehr kompliziert wird, während die Idee des geteilten Überschusses so einfach ist. Der Nachteil ist, daß $\underline{a}$ von einer impliziten Formel ($A_i = F_i - \frac{1}{N}(\underset{i}{\Sigma}F_i - 1)$) geschätzt werden muß.

4.1.2 Fortsetzung des Beispiels

Kehren wir wieder zum Beispiel zurück, um die Vorhersagen des Modells mit den experimentellen Ergebnissen zu vergleichen. In Tabelle 2 wird eine Übersicht der Vorhersagen verschiedener Modelle und der experimentellen Ergebnisse gegeben.

Tabelle 2: Vorhersagen und Resultate des KOMORITA-MEEK Experiments

Theorie	Vorhergesagte Teilung in %			
	C(8-2)	C(8-3)	C(8-4)	C(4-3-2)
Paritätstheorie	80-20	73-27	67-33	44-33-22
Schlüsselstellungstheorie	75-25	75-25	75-25	33-33-33
Verhandlungstheorie	69-31	71-29	66-34	33-33-33
Wahrscheinlichkeitsmodell	67-33	67-33	67-33	33-33-33
Stabilitätstheorie[a]	80-20	73-27	67-33	44-33-22
Diskriminationsmodell	a-est.	61-39	58-42	37-33-30
Exp. Resultat	64-36	63-37	56-44	40-33-27

[a] unter der Annahme, daß die Summe der Beiträge gleich dem Wert des Produkts ist.

Für die drei Gruppen, bei denen ein Vergleich zwischen allen Theorien möglich ist, sind die Vorhersagen des Diskriminationsmodells besser als alle anderen. Aber wie steht es mit dem anderen Experiment?

Das KOMORITA-SHARP Experiment war identisch mit dem KOMORITA-MEEK Experiment, mit dem einen Unterschied, daß im ersteren die Gruppe C(8-4) ausgeschlossen wurde. Unter der plausiblen Annahme, daß die Experimente so vergleichbar sind, daß dieselbe Basismotivation in beiden wirksam ist, können wir Hilfshypothese 3.1 anwenden: bei P_2 und P_3 bleibt die Anzahl der Alternativen gleich, aber bei P_8 fällt eine Alternative (C(8-4))weg. Daher die Vorhersage, daß im KOMORITA-SHARP Experiment gilt: $a(1 + (2/1 - 1/1)/(2/1 + 1/1)) = .6073$, so daß $a=.455$ ist. In Tabelle 3 sehen wir wieder die Vorhersagen der verschiedenen Theorien und der experimentellen Ergebnisse.

Tabelle 3: Vorhersagen und Resultate des KOMORITA-SHARP Experiments

Theorie	Vorhergesagte Teilung in %		
	C(8-2)	C(8-3)	C(4-3-2)
Paritätstheorie	80-20	73-27	44-33-22
Schlüsselstellungstheorie	60-40	60-40	20-40-40
Verhandlungstheorie	69-31	71-29	25-38-38
Wahrscheinlichkeitsmodell	57-42	57-43	14-43-43
Stabilitätstheorie[a]	80-20	73-27	44-33-22
Diskriminationsmodell	61-39	58-42	28-35-37
Exp. Resultat	61-39	57-43	26-37-37

[a] unter der Annahme, daß die Summe der Beiträge gleich dem Wert des Gutes ist.

Auch hier ist das Diskriminationsmodell in seinen Vorhersagen den anderen überlegen, obwohl die mittleren drei Theorien jeweils in einer Vorhersage sehr exakt sind.

Natürlich sagen zwei Beispiele noch nicht viel über eine neue Theorie aus, vor allem dann nicht, wenn man bedenkt, daß es immer irgendwelche Experimente gibt, die eine Koalitionstheorie unterstützen. Doch haben wir Grund, anspruchsvoller zu sein. Wir haben die Theorie auf sehr unterschiedliche

Daten angewendet, auch auf spieltheoretische Experimente, wo per Gruppe nur
die Werte gegeben sind, nicht die Produktionsbeiträge der Partner (charakte-
ristische Funktionen). So haben wir das Diskriminationsmodell auf die sechzehn sehr unterschiedlichen charakteristischen Funktionsexperimente von
RAPOPORT et al. (1979) angewendet und erhalten bessere Vorhersagen als die
von RAPOPORT et al. selbst, während die von RAPOPORT et al. angewendete
Theorie (der "Kern", eine Art der Stabilitätstheorie) schon besser funk-
tionierte als die direkten Konkurrenten, die RAPOPORT et al. auch getestet
haben.

Wir haben das Diskriminationsmodell auch auf die verschiedenen Experimente
von GAMSON (1961) angewendet und kommen zu besseren Ergebnissen als die
oben erwähnten fünf Theorien. Ein weiterer Test wurde mit den Daten von
MICHENER et al. (1976) vorgenommen, mit ebenfalls besseren Ergebnissen als
die konkurrierenden Theorien. Bei MICHENERs Experimenten (ebenso wie schon
bei RAPOPORTs Experimenten) zeigte sich, wie wichtig Hilfshypothese 3.1
ist. MICHENER fand überraschende Unterschiede zwischen Situationen, in
denen ein Partner ein Vetorecht hatte (er wurde für alle Gruppenbildungen
benötigt), und Situationen, in denen es kein Vetorecht gibt. Das Vetorecht
vergrößert die Sicherheit des Starken und erhöht die Unsicherheit der Schwachen, wodurch der marginale Nutzen in die Höhe getrieben und die Verteilung
dementsprechend ungleicher wird.

Schließlich wurde noch ein Test mit den Daten von KOMORITA und BRINBERG
(1977) gemacht. In diesen Experimenten wurden die Produktionsbedingungen
verändert, was für die Hilfshypothesen über die Gewichte beim Zustandekommen der Forderungsstärke interessant ist. Auch hier hat sich das Diskriminationsmodell besser bewährt als seine Konkurrenten. Dieser Aufsatz ist
schon zu lang, um hier jeden dieser Tests im einzelnen zu besprechen. Das
wird in Kürze an anderer Stelle nachgeholt.

5. Schluß

Das große Problem einer Theorie der Verteilung gemeinsamer Güter ist die
Tatsache, daß die Verteilung nicht nur von den objektiven Gegebenheiten der

Situation (wie Alternativen und Produktionsbeiträge) abhängt, sondern auch von der in der Situation als Gruppenprozeß erzeugten Motivation der Beteiligten. Das Diskriminationsmodell macht es möglich, sowohl objektive Gegebenheiten als auch Motivation in einem Modell rationaler Entscheidung zu vereinen. Darüber hinaus hat das Diskriminationsmodell den Vorteil, nicht nur auf Verteilungsprobleme, sondern auch auf alle möglichen anderen Wahlhandlungen angewendet werden zu können. In anderen Kontexten hat es sich bereits gut bewährt, experimentell (vgl. LINDENBERG 1981) und theoretisch (vgl. LINDENBERG 1983).

Ein scheinbarer Nachteil des Modells ist, daß es nicht schnell in griffigen Ideen dargelegt werden kann, wie z.B. die Paritätstheorie. Auf der anderen Seite ist das Modell in sich konsistent und klar, ohne "black box" Elemente. Seine Komplexität entsteht durch die Komplexität der Situationen, auf die es angewandt wird, wie sich aus den Hilfshypothesen zeigt. Der Erfolg des Modells in den verschiedenen Tests läßt darauf schließen, daß Verhandlungssituationen tatsächlich so komplex sind, wie hier angenommen wird.

Literatur

AUMANN, R.J. & M. MASCHLER
1964   The bargaining set for cooperative games, in: M. Dresher,
                L. Shapley & A. Tucker (eds.), Advances in Game Theory,
                Princeton (N.J.): UP, 443-447

GAMSON, W.A.
1961   A theory of coalition formation, American Sociological Review
                26: 373-382

1964   Experimental studies in coalition formation, in: L. Berkowitz
                (ed.), Advances in Experimental Social Psychology, Vol. 1.,
                New York: Academic Press, 82-110

KOMORITA, S.S.
1974   A weighted probability model of coalition formation, Psycho-
                logical Review 81: 242-256

KOMORITA, S.S. & D. BRINBERG
1977   The effects of equity norms in coalition formation, Sociometry
                40: 351-361

KOMORITA, S.S. & J.M. CHERTKOFF
1973   A bargaining theory of coalition formation, Psychological
               Review 80: 149-162

KOMORITA, S.S. & D. MEEK
1978   Generality and validity of some theories of coalition
               formation, Journal of Personality and Social Psychology
               36: 392-404

LINDENBERG, S.
1980   Marginal utility and restraints on gain maximization: The
               discrimination model of rational, repetitive choice,
               Journal of Mathematical Sociology 7: 289-316

1981   Rational, repetitive choice: The discrimination model versus
               the Camilleri-Berger model, Social Psychology Quarterly 44:
               312-330

1983   Utility and morality, Kyklos 36: 450-468

MICHENER, A., J.A. FLEISHMAN & J.J. VASKE
1976   A test of the bargaining theory of coalition formation in
               four-person groups, Journal of Personality and Social Psycho-
               logy 34: 1114-1126

POPPER, K.R.
1973   Objective Knowledge. An Evolutionary Approach, Oxford:
               Clarendon Press

RAPOPORT, Am., J.P. KAHAN, G. FUNK & A.D. HOROWITZ
1979   Coalition Formation by Sophisticated Players, Berlin: Springer

TEIL II

ANALYSEN SOZIALER BEDINGUNGEN UND SOZIALER
KONSEQUENZEN INDIVIDUELLEN HANDELNS AUF DER
GRUNDLAGE VON GLEICHGEWICHTSTHEORIEN

PROBLEMSPEZIFISCHE ANWENDUNGEN DER ALLGEMEINEN THEORIE MENTALER INKONGRUENZEN IN DER EMPIRISCHEN SOZIALFORSCHUNG[1]

Frits Tazelaar

und

Reinhard Wippler

Bei der Verwendung und Überprüfung von Theorien unterschiedlicher Allgemein-
heitsstufen herrscht eine gewisse Arbeitsteilung zwischen sozialwissenschaftlichen Disziplinen vor. Allgemein formulierte Theorien (wie z.B. Handlungs-
theorien, Lerntheorien, Theorien kognitiver Gleichgewichtsprozesse) finden
gewöhnlich in der Sozialpsychologie Verwendung und werden dort experimentell
überprüft, wohingegen für bestimmte Gegenstandsbereiche formulierte Theorien
(wie z.B. Theorien über Berufstätigkeit von Frauen, über Arbeitsverhalten,
über Stadtmigration) meist im Rahmen groß angelegter soziologischer Erhebungen eine Rolle spielen.

Diese Praxis hat dazu geführt, daß verfügbare allgemeine Theorien in der soziologischen Forschung selten Beachtung gefunden haben, obwohl sich unter
wissenschaftstheoretischen Gesichtspunkten gerade die Anwendung allgemeiner
Theorien empfiehlt (vgl. MALEWSKI 1976), denn die Verwendung allgemeiner Theorien zur Lösung von Erklärungsproblemen spezifischer Gegenstandsbereiche bietet Aussicht auf Integration relativ autonom funktionierender Bindestrich-
Soziologien, ermöglicht die Modifikation bereichsspezifischer Theorien und
fördert die Formulierung theoretisch abgeleiteter Vorhersagen an Stelle ad-
hoc eingeführter Aussagen. Die Verwendung allgemeiner Theorien in der Forschung bringt zudem nicht nur Soziologen Vorteil. Für die Sozialpsychologen
bedeutet sie zugleich eine Überprüfung ihrer generellen Theorien in natürlichen (im Gegensatz zu experimentellen) Situationen.

Die obigen Überlegungen bildeten den Ausgangspunkt einer Reihe von Forschungsprojekten in der Abteilung "Theoretische Soziologie und Methodologie" der
Universität Utrecht, Niederlande. Hauptziel dieser Projekte ist die Anwendung
und empirische Überprüfung der Theorie mentaler Inkongruenzen, einer allgemeinen Theorie kognitiver Gleichgewichtsprozesse, und zwar im Hinblick auf
Erklärungsprobleme in unterschiedlichen Gegenstandsbereichen (Berufstätigkeit verheirateter Frauen, Arbeitslosigkeit, Stadtmigration und Industrie-
arbeit).

Aus verschiedenen Gründen ist aus der Klasse relativ allgemeiner Theorien
gerade die Theorie mentaler Inkongruenzen ausgewählt worden. Erstens sollten durch die Wahl einer kognitiven Theorie bestimmte Schwierigkeiten, die
sich bei der Verwendung lerntheoretischer Hypothesen in der empirischen Forschung ergeben (vor allem im Zusammenhang mit der Erhebung der individuellen Lerngeschichten), umgangen werden, ungeachtet der Tatsache, daß zum
Zeitpunkt des Projektbeginns beinahe ausschließlich für die Verwendung beha-
vioristischer Verhaltenstheorien plädiert wurde (HOMANS 1961, OPP 1972).
Zweitens hatte MONCHs kritische Analyse (MONCH 1972) verschiedener Theorien
kognitiver Inkonsistenz (u.a. FESTINGER 1957, HEIDER 1958, ROSENBERG 1960)
Unstimmigkeiten dieser Theorien ans Licht gebracht, zu deren Überwindung
die von MONCH entwickelte Theorie mentaler Inkongruenzen (MONCH 1972) bei-
zutragen schien. Die von KLIMA geäußerte Vermutung, die Theorie mentaler
Inkongruenzen ermögliche eine partielle Integration verschiedener Theorien
kognitiven Gleichgewichts (KLIMA 1974: 102), sprach ebenfalls für eine Anwendung dieser Theorie. Drittens erschien die Theorie auch deshalb attraktiv,
weil sie sowohl Vorhersagen über den Ablauf mentaler Prozesse als auch Vorhersagen über Verhalten ermöglicht (vgl. hierzu ebenfalls KLIMA 1974: 101).
Viertens erwies sich bereits bei den ersten Versuchen, die Theorie mentaler
Inkongruenzen bereichsspezifisch auszuarbeiten, daß diese Theorie zusätzlich
noch einen Beitrag zur Lösung des Problems der Beziehung von Einstellung und
Verhalten zu liefern vermag (TAZELAAR 1980: 37-52, 76-78). Die Gründe, die
zur Wahl der Theorie mentaler Inkongruenzen als genereller Theorie einer
Reihe von Forschungsprojekten geführt haben, beziehen sich alle auf die erwartete Fruchtbarkeit dieser Theorie. Ob und in welchem Maße sich diese Erwartung bewahrheitet, läßt sich erst an Hand der Forschungsergebnisse feststellen. Die bisherigen Ergebnisse sind keinesfalls ungünstig.

Im folgenden Abschnitt wird zunächst die Theorie mentaler Inkongruenzen dargestellt; dies geschieht an Hand der von TAZELAAR ausgearbeiteten Fassung
(TAZELAAR 1980), die zwar terminologisch und hinsichtlich der wichtigsten
Postulate an die von MONCH entwickelte Theorie anschließt, aber auch wichtige Änderungen und Erweiterungen enthält[2]. Im zweiten Abschnitt wird die
jeweilige problemspezifische Fassung der Theorie mentaler Inkongruenzen
für jedes der vier Einzelprojekte skizziert, wobei auch kurz auf den Aufbau
der Untersuchungen eingegangen wird. Im dritten Abschnitt werden Überprüfungs-

ergebnisse vorgestellt.

1. Die Theorie mentaler Inkongruenzen (TMI)

Die Theorie erklärt sowohl mentale Prozesse (nämlich Einstellungsänderungen und Änderungen von Kognitionen) als auch Verhalten. Konstellationen von Einstellungen und Kognitionen bilden die Bedingungen, welche die Verhaltensdispositionen einer Person bestimmen. In diesem Sinne dient die TMI zunächst der Erklärung von Verhaltensdispositionen. Wenn zusätzlich Aussagen über Bedingungen, welche die Möglichkeiten der Handlungssituation (d.h. den Handlungsspielraum) bestimmen, als Randbedingung dieser Verhaltensdispositionstheorie eingeführt werden, läßt sich auch Verhalten erklären. Als Verhaltenstheorie schließt die TMI also zwei Klassen von Aussagen ein: 1) Aussagen über das mentale System von Personen und 2) Aussagen über die Handlungssituation dieser Personen. Bevor diese Aussagen eingeführt werden, sollen kurz die einzelnen Komponenten der Theorie beschrieben werden.

1.1 "Bausteine" der Theorie

Die mentalen Elemente einer Person und die Beziehungen der Elemente untereinander bilden zusammen das mentale System dieser Person. Als mentale Elemente gelten Vorstellungen (oder "der Inhalt von Sätzen"; vgl. MÜNCH 1972: 18), die sich auf Sachverhalte beziehen. Mentale Elemente unterscheiden sich hinsichtlich des Modus, in dem sie zu einem Sachverhalt Stellung nehmen. Die TMI kennt zwei solcher Modi: Standards sind Elemente des mentalen Systems, die Forderungen, Zielsetzungen oder Normen in bezug auf Sachverhalte zum Ausdruck bringen, wohingegen Kognitionen Wissen, Kenntnisse, Behauptungen oder Erwartungen bedeuten (MÜNCH 1972: 42, TAZELAAR 1980: 30).

Die Beziehungen zwischen einem Standard und einer Kognition hinsichtlich desselben Sachverhalts können kongruent oder (in unterschiedlichem Ausmaß) inkongruent sein. Im mentalen System einer Person besteht dann eine mentale Inkongruenz, wenn diese Person im Besitz eines Standards ist, der einen bestimmten Sachverhalt fordert, und im Besitz einer Kognition, die das Vorliegen dieses Sachverhalts negiert; Standard, Kognition und Sachverhalt bilden zusammen eine Dimension des mentalen Systems. Die Änderung einer gegebenen

Beziehung zwischen Standard und Kognition hinsichtlich desselben Sachverhalts bedeutet entweder Inkongruenzreduktion oder Inkongruenzproduktion (nämlich in den Fällen, in denen sich eine kongruente Beziehung ändert oder das Ausmaß einer bestehenden Inkongruenz zunimmt). Eine Inkongruenzreduktion (bzw. -produktion) erfolgt entweder durch Standardänderung oder durch Änderung der Kognition; eine Kognitionsänderung tritt einerseits dann auf, wenn der entsprechende Sachverhalt nicht mehr vorliegt, kann andererseits aber auch bei unverändertem Sachverhalt eintreten, nämlich dann, wenn durch Realitätsleugnung der Bezug der Kognition zum Sachverhalt gestört ist.

Bei der Anwendung der TMI im Zusammenhang mit spezifischen Erklärungsproblemen werden im mentalen System unter forschungspragmatischen Gesichtspunkten drei Bereiche unterschieden. Der primäre Bereich besteht aus derjenigen mentalen Dimension (Standard, Kognition und entsprechender Sachverhalt), die das zentrale Erklärungsproblem der jeweiligen Untersuchung bestimmt. Besteht das Erklärungsproblem im Auftreten einer bestimmten Verhaltensweise, dann ist das eigene Ausführen dieses Verhaltens der Sachverhalt, auf den sich der Standard und die Kognition beziehen, und hinsichtlich dessen Personen eine primäre Inkongruenz aufweisen können. Der sekundäre Bereich umfaßt alle die mentalen Dimensionen, die von einer Änderung im primären Bereich betroffen sind; je nach Art der Beziehung zwischen Standards und Kognitionen hinsichtlich entsprechender Sachverhalte enthält dieser Bereich unterschiedlich viele sekundäre Inkongruenzen. Der tertiäre Bereich ergibt sich als Restbereich des mentalen Systems nach Bestimmung der Dimensionen des primären und sekundären Bereichs; er enthält alle diejenigen mentalen Dimensionen, für die Änderungen im primären Bereich ohne Konsequenzen bleiben.

Der Zusammenhang zwischen dem primären Bereich und den Dimensionen des sekundären Bereichs entsteht über Hilfskognitionen, d.h. über Kognitionen, die eine Beziehung zwischen zwei mentalen Dimensionen herstellen, auch innerhalb des sekundären Bereichs. Die meisten Hilfskognitionen betreffen Kausalbeziehungen zwischen mentalen Dimensionen. Bei bestimmten sekundären Dimensionen besteht jedoch inhaltlich ein direkter Bezug zu Elementen im primären Bereich, so daß die Hilfskognitionen einen Vergleich oder eine Einschätzung der Vereinbarkeit von Elementen zweier Dimensionen zum Inhalt haben. Dies ist

z.B. der Fall bei der sekundären Kognition bezüglich der Übereinstimmung
des Standards von Bezugspersonen mit dem eigenen primären Standard (Vergleich) oder wenn sich der sekundäre Sachverhalt situationsadäquaten Handelns auf eigenes Verhalten bezieht, das den Sachverhalt des primären Bereichs bildet (Einschätzung der Vereinbarkeit).

Außer dieser Differenzierung von Kognitionen kennt die TMI unterschiedliche
Ausprägungen von Merkmalen, die alle Kognitionen und Standards aufweisen.
Kognitionen unterscheiden sich nach dem Ausmaß ihrer Zentralität. Je weniger bei der Bildung einer Kognition Informationssuche erforderlich ist und/
oder je weniger Unsicherheit hinsichtlich einer Kognition erfahren wird,
desto zentraler ist diese Kognition. Hingegen unterscheiden sich Standards
nach dem Ausmaß ihrer Dominanz. Für je wünschenswerter eine Person das Vorliegen eines Sachverhaltes hält, desto dominanter ist der Standard, der auf
diesen Sachverhalt Bezug nimmt. Außerdem kann noch der Bezugsbereich von
Standards variieren (vgl. MÜNCH 1972: 56), d.h. der Bezugsbereich kann mehr
oder weniger spezifisch sein; ein Standard kann sich nur auf diejenige Person beziehen, in deren Besitz er ist (dies entspricht dem, was häufig "Motiv"
genannt wird), er kann sich auf eine Gruppe oder soziale Kategorie beziehen,
der sich eine Person zurechnet (dem entspricht in etwa eine Rollenerwartung),
er kann sich aber auch auf alle Personen beziehen (dann handelt es sich um
eine Norm).

1.2 Postulate und Hypothesen der Theorie

Nach dieser Beschreibung der einzelnen "Bausteine" der TMI soll nun die Theorie selbst dargestellt werden. Die Aussagen der TMI unterscheiden sich hinsichtlich ihrer Allgemeinheit und nach dem Ausmaß, in dem sie direkter empirischer Überprüfung zugänglich sind. Ohne den Anschein erwecken zu wollen,
daß sich eindeutige Trennungslinien ziehen lassen, sollen die wichtigsten
Aussagen der Theorie als Postulate (P), Hypothesen (H) oder (problemspezifische) Vorhersagen (V) eingeführt werden. Die Aussagen der höchsten Allgemein-
heitsstufe werden Postulate genannt; als Hypothesen werden Aussagen bezeichnet, die Spezifikationen dieser Postulate enthalten. Postulate und Hypothesen sind allgemein (d.h. nicht problemspezifisch) formuliert, wohingegen Vorhersagen sich auf den jeweiligen Anwendungsbereich beziehen und somit direkt
empirischen Tests unterworfen werden können.

Das zentrale Postulat der TMI betrifft den Mechanismus, der den Ablauf der in der Theorie problematisierten mentalen Prozesse bestimmt.

P.1: Mentale Systeme haben die Tendenz, die totale Inkongruenz (TI) auf ein Mindestmaß zu reduzieren.

Die totale Inkongruenz (TI) eines mentalen Systems ist die Summe aller Inkongruenzen der verschiedenen Bereiche. Da bei der Anwendung der Theorie stets von einem Erklärungsproblem ausgegangen wird und dadurch bestimmte Dimensionen als problemirrelevant ausgeklammert werden (der tertiäre Bereich), ist unter der totalen Inkongruenz zu verstehen:

(1) $TI = PI + \Sigma SI$

d.h. die primäre Inkongruenz (PI) zuzüglich der Gesamtheit aller sekundären Inkongruenzen (ΣSI), bzw.

(2) $TI' = PI' + \Sigma SI'$

d.h. die nach der Reduktion erwartete primäre Inkongruenz (PI') zuzüglich der nach der Reduktion der primären Inkongruenz erwartete Gesamtheit aller sekundären Inkongruenzen ($\Sigma SI'$).

Es folgen einige weitere Erläuterungen zu diesem ersten Postulat:

(a) Wenn man mentale Inkongruenz als Zustand interpretiert, der als unangenehm erfahren wird, dann entspricht die postulierte Tendenz zur Inkongruenzreduktion einem hedonistischen Grundprinzip, das wohl den meisten Verhaltenstheorien als theoretische Leitlinie dient.

b) Die Tatsache, daß nicht die vollständige Aufhebung jedweder Inkongruenz, sondern nur die Reduktion auf ein Mindestmaß postuliert wird, impliziert, daß mentale Inkongruenz nicht als vorübergehende Abweichung von einem kongruenten Normalzustand angesehen wird.

c) Der Hinweis auf ein Mindestmaß bedeutet zudem, daß der Tendenz der Inkongruenzreduktion Grenzen gesetzt sind. Auf die Art dieser Begrenzung der Inkongruenzreduktion bezieht sich dann auch das zweite Postulat der TMI.

P.2: Unter der Bedingung, daß die Netto-Primärinkongruenz (NPI) kleiner ist
als die Netto-Sekundärinkongruenz (NSI), und bei gleich großer Netto-
Primärinkongruenz (NPI) gilt: Je kleiner die Netto-Sekundärinkongruenz
(NSI), desto stärker ist die Tendenz zur Reduktion der primären Inkongruenz (PI).

Die Netto-Primärinkongruenz (NPI) eines mentalen Systems ist die Differenz
zwischen der primären (In)Kongruenz, die als Folge einer Reduktion zu erwarten ist, und der ursprünglichen primären Inkongruenz:

(3) NPI = PI' - PI

während die Netto-Sekundärinkongruenz (NSI) eines mentalen Systems die Differenz zwischen der Gesamtheit aller sekundären Inkongruenzen, die als Folge
einer (bestimmten Weise der) Reduktion der primären Inkongruenz zu erwarten
ist, und der Gesamtheit der sekundären Inkongruenzen vor einer solchen Reduktion ist:

(4) NSI = ΣSI' - ΣSI.

Welche konkreten Erwartungen über die Folgen einer Inkongruenzreduktion vorhanden sind, ist bestimmt durch die Art der verbindenden Hilfskognitionen,
die ja eine Kausalbeziehung zwischen dem primären Bereich und den Dimensionen
des sekundären Bereichs herstellen. Zu der Frage, auf welche Weise in einem
mentalen System die Bestimmung der Netto-Sekundärinkongruenz jeweils geschieht
(als bewußte Kalkulation oder als diffuse Antizipation der Folgen möglicher
Inkongruenzreduktion), enthält die TMI keine Aussagen; für die Anwendung genügt die Annahme, daß diese Bestimmung stattfindet.

Einige Implikationen des zweiten Postulats (sowie der Definition von Netto-
Primärinkongruenz und Netto-Sekundärinkongruenz) verdienen noch hervorgehoben
zu werden. Je nach Art der verbindenden Hilfskognitionen (d.h. nach Art der
Kausalbeziehung zwischen der primären Dimension und Dimensionen des sekundären
Bereichs) kann die Reduktion einer primären Inkongruenz in einer sekundären
Dimension Inkongruenzreduktion oder Inkongruenzproduktion zur Folge haben;
die Gesamtheit dieser Auswirkungen im sekundären Bereich (die Differenz zwischen produzierter und reduzierter Inkongruenz) manifestiert sich dementsprechend als eine Zunahme (ΣSI' > ΣSI) oder Abnahme (ΣSI' < ΣSI) der Inkongruenz

im sekundären Bereich. Da die Netto-Sekundärinkongruenz (NSI) als Differenz
von $\Sigma SI'$ und ΣSI definiert ist (vgl. (4)), kann sie sowohl einen positiven
Wert annehmen (NSI > 0 wenn $\Sigma SI' > \Sigma SI$) als auch einen negativen (NSI < 0
wenn $\Sigma SI' < \Sigma SI$). Daher enthält das zweite Postulat der TMI nicht nur einen
Hinweis auf die Stärke der Tendenz zur Reduktion der primären Inkongruenz,
sondern es beschreibt auch die mentalen Konstellationen, bei denen keine Reduktion der primären Inkongruenz auftritt.
Reduktion von PI tritt auf wenn
a) NSI $\leq$ 0
   oder
b) NSI > 0 und NI < 0,
wobei die Nettoinkongruenz (NI) die Differenz zwischen der totalen Inkongruenz, die nach einer Inkongruenzreduktion erwartet wird, und der totalen
Inkongruenz vor einer solchen Reduktion ist:

$$(5) \quad NI = TI' - TI$$
$$= (PI' + \Sigma SI') - (PI + \Sigma SI) \text{ (wegen (1),(2))}$$
$$= (PI' - PI) + (\Sigma SI' - \Sigma SI)$$
$$= NPI + NSI \text{ (wegen (3),(4))}$$

In den obigen Überlegungen haben Größenunterschiede von Inkongruenzen bereits
mitgespielt; auf sie bezieht sich nun das dritte Postulat.

P.3: Bei gegebener Netto-Sekundärinkongruenz (NSI) gilt: wenn NI < 0, dann
      ist die Tendenz zur Reduktion der primären Inkongruenz (PI) umso größer,
      je kleiner die Netto-Primärinkongruenz (NPI) ist,
      und:
      bei gegebener Netto-Primärinkongruenz (NPI) gilt: wenn NI < 0, dann ist
      die Tendenz zur Reduktion der primären Inkongruenz (PI) umso größer, je
      kleiner die Netto-Sekundärinkongruenz (NSI) ist.

Bei der Anwendung der Theorie für spezifische Erklärungsprobleme wird der Zusammenhang zwischen dem Ausmaß der Inkongruenz und der Stärke der Tendenz
ihrer Reduktion hier nur für die primäre Inkongruenz postuliert; er gilt jedoch auch für Inkongruenzen im sekundären Bereich.

Die Größe einer Inkongruenz ist durch zwei Faktoren bestimmt, über deren Einfluß die TMI folgende Hypothesen enthält:

H.1: Bei Inkongruenz in einer mentalen Dimension gilt: Je größer die Dominanz des Standards, desto stärker ist die Tendenz zur Inkongruenzreduktion (Dominanzhypothese),

H.2: Bei Inkongruenz in einer mentalen Dimension gilt: Je mehr der Bezugsbereich des Standards den Besitzer des Standards betrifft, desto stärker ist die Tendenz zur Inkongruenzreduktion (Spezifizitätshypothese).

Die drei ersten Postulate der TMI betreffen nur die Frage, ob und in welchem Maße mentale Inkongruenz reduziert wird, lassen aber die Frage, auf welche Weise dies geschieht, unbeantwortet. Davon handelt das vierte Postulat.

P.4: Wenn in mentalen Systemen Inkongruenzreduktion stattfindet, dann tritt diejenige Reduktionsweise auf, welche die größte totale Inkongruenzreduktion zur Folge hat.

Inkongruenzreduktion erfolgt einerseits über Standardänderung und andererseits über Kognitionsänderung (mit oder ohne Sachverhaltsänderung). Dementsprechend ergeben sich für jede Inkongruenz drei mögliche Reduktionsweisen: (1) der Standard wird an die Kognition angepaßt, (2) die Kognition wird als Folge einer (durch eigenes Zutun herbeigeführten oder extern veranlaßten) Sachverhaltsänderung mit dem Standard in Übereinstimmung gebracht, und (3) die Kognition wird (durch Realitätsleugnung) mit dem Standard in Übereinstimmung gebracht, ohne daß eine Änderung des Sachverhalts auftritt.

Die Reduktion der primären Inkongruenz hat unterschiedliche Folgen für die Dimensionen des sekundären Bereichs, je nachdem, ob die Reduktion über Standardänderung oder über Kognitionsänderung zustande gebracht wird. So kann z.B. die Änderung der Kognition im primären Bereich zu einer starken Inkongruenzreduktion im sekundären Bereich (d.h. zu einer starken Reduktion von SI) führen, wohingegen die entsprechende Standardänderung die Gesamtheit der sekundären Inkongruenz nur geringfügig reduziert oder sogar sekundäre Inkongruenz produziert. Dies bedeutet, daß auch die Größe der Netto-Sekundärinkongruenz nicht unabhängig ist von der Reduktionsweise im primären

Bereich und daher jeweils im Hinblick sowohl auf Standardänderung als auf Kognitionsänderung bestimmt werden muß.

Bis jetzt wurde die Frage offengelassen, welche inhaltlich bestimmbaren sekundären Dimensionen in der TMI eine Rolle spielen. Natürlich hängt es in weitgehendem Maße von dem jeweiligen Anwendungsgebiet der Theorie (d.h. von dem spezifischen Erklärungsproblem) ab, welche mentalen Dimensionen relevant sind. Zwei Dimensionen sind in der TMI jedoch in <u>allen</u> Anwendungsfällen von Bedeutung.

(a) In der TMI wird vorausgesetzt, daß Personen nicht in einem sozialen Vakuum handeln: Sie unterhalten Beziehungen zu Interaktionspartnern und orientieren sich an Bezugspersonen. Als Bezugspersonen gelten in einem bestimmten Handlungskontext diejenigen, von denen die handelnde Person annimmt, daß deren Standard mit dem eigenen Standard oder dem eigenen Verhalten übereinstimmt. Damit ist eine erste Dimension des sekundären Bereichs inhaltlich bestimmt. Auf den Sachverhalt "Standardübereinstimmung mit Bezugspersonen" bezieht sich ein Standard, den alle handelnden Personen besitzen: "Mein Verhalten soll mit dem entsprechenden Standard meiner Bezugspersonen übereinstimmen". Da diese Forderung nicht immer eingehalten wird, ist die dazugehörende Kognition "ich verhalte mich (bzw. verhalte mich nicht/teilweise) in Übereinstimmung mit den Standards meiner Bezugsperson" eine Variable. Der Zusammenhang dieser sekundären mentalen Dimension mit dem primären Bereich ergibt sich dann in folgender Weise: Da bei der Verwendung der TMI als Verhaltenstheorie der Sachverhalt der primären Dimension das eigene Verhalten ist, nimmt die soeben beschriebene Kognition des sekundären Bereichs direkt Bezug auf den Sachverhalt des primären Bereichs. Es handelt sich dabei um einen sozialen Vergleichungsprozeß, in dem der Sachverhalt der sekundären Dimension und der Zusammenhang dieser Dimension mit dem primären Bereich <u>gleichzeitig</u> kogniziert werden. Dadurch erübrigt sich die Formulierung einer verbindenden Hilfskognition (die eine Kausalbeziehung zwischen beiden Bereichen herzustellen hätte) ebenso wie die Erhebung des Standards der sekundären Dimension (da ihn ja alle Personen besitzen). Die sozial vergleichende Kognition "<u>Ausmaß kognizierter Standardübereinstimmung mit Bezugspersonen</u>" bleibt damit als entscheidende Variable übrig.

(b) In der TMI wird weiterhin vorausgesetzt, daß Personen gemäß den Möglichkeiten der jeweiligen Handlungssituation handeln. Insofern damit die Einschätzung der Möglichkeiten durch die handelnden Personen angesprochen ist,
läßt sich in dieser Richtung eine zweite Dimension des sekundären Bereichs
inhaltlich bestimmen. Der Sachverhalt dieser Dimension ist "situationsadäquates Handeln". Hierauf bezieht sich ein Standard, den wiederum alle handelnden Personen besitzen: "ich soll mit meinem Verhalten nicht die Möglichkeiten der Handlungssituation negieren". Die entsprechende sekundäre Kognition lautet: "ich verhalte mich entsprechend den Möglichkeiten der Handlungssituation". Der Zusammenhang zwischen dieser sekundären Dimension und dem
primären Bereich ist eine Hilfskognition, die das Ausmaß der kognizierten
Möglichkeit, den Sachverhalt des primären Bereichs durch eigenes Verhalten
zu ändern, bestimmt. Wenn man nun annimmt, daß individuelle Unterschiede vor
allem bei der Einschätzung von Handlungsmöglichkeiten bestehen, wohingegen
der Forderung situationsadäquaten Handelns normalerweise entsprochen wird,
dann genügt es, nur der Hilfskognition (d.h. den kognizierten Möglichkeiten
für eigenes Verhalten) Rechnung zu tragen und die mentalen Elemente der sekundären Dimension "situationsadäquates Handeln" (d.h. den Standard und die
Kognition) als Konstanten zu behandeln.

Die TMI enthält nun Hypothesen, die - ausgehend von den obigen Überlegungen -
Spezifikationen des vierten Postulats darstellen. Sie bestimmen mentale Konstellationen, die jeweils eine der Reduktionsweisen zur Folge haben.

H.3: Bei Reduktion einer gegebenen Inkongruenz gilt: Je geringer die kognizierte Übereinstimmung des betreffenden eigenen Standards mit den entsprechenden Standards von Bezugspersonen, desto stärker ist die Tendenz,
diesen Standard an die Kognition anzupassen, und zwar desto mehr, je geringer die kognizierte Möglichkeit, den betreffenden Sachverhalt zu ändern und/oder je zentraler die betreffende Kognition.

Eine Sachverhaltsänderung, die zu Kognitionsänderung und dadurch zu Inkongruenzreduktion führt, kann durch eigenes Verhalten herbeigeführt sein (u.a.
wenn das eigene Verhalten der betreffende Sachverhalt ist) oder gewissermaßen "von selbst" eintreten (d.h. extern veranlaßt sein). Da sich nun externe Veranlassungen von Sachverhaltsänderungen per definitionem der Vorhersage durch die TMI entziehen, bleibt die entsprechende Hypothese beschränkt

auf Sachverhaltsänderungen, die auf eigenes Verhalten zurückzuführen sind.

H.4: Bei Reduktion einer gegebenen Inkongruenz gilt: Je größer die kognizierte Möglichkeit, den betreffenden Sachverhalt durch eigenes Verhalten zu
ändern, desto stärker ist die Tendenz, den Sachverhalt durch entsprechendes Verhalten zu ändern (d.h. desto stärker ist die Dispositon zu
diesem Verhalten), und zwar desto mehr, je größer die kognizierte Standardübereinstimmung mit Bezugspersonen und/oder je zentraler die betreffende Kognition.

In Abbildung 1 ist dargestellt, wann bei einer gegebenen primären Inkongruenz
- als Folge unterschiedlicher mentaler Konstellationen im sekundären Bereich -
Standardänderung im primären Bereich auftritt bzw. wann Kognitionsänderung
über Verhaltensänderung zu erwarten ist (d.h. wann eine starke Verhaltensdisposition vorhanden ist).

Diese Abbildung zeigt jedoch auch, daß für bestimmte mentale Konstellationen
keine Vorhersagen über die zu erwartende Reduktionsweise möglich ist, wenn
die Aussage beschränkt bleibt auf die sekundären Dimensionen "Standardübereinstimmung mit Bezugspersonen" und "situationsadäquates Handeln". Zunächst
gilt dies für primär inkongruente Personen, die sowohl eine große Standardübereinstimmung mit Bezugspersonen wahrnehmen als auch wenig Möglichkeiten
sehen, den Sachverhalt des primären Bereichs durch eigenes Verhalten zu ändern. In der Abbildung betrifft dies den Teil unten links. Für diese Personen wird - abhängig von der Zentralität ihrer primären Kognition - vorhergesagt, ob die primäre Inkongruenz durch Kognitionsänderung über Realitätsleugnung reduziert wird oder ob anstatt Inkongruenzreduktion psychosomati-
sche Beschwerden auftreten. Denn wenn die mentalen Elemente des primären
und sekundären Bereichs zusammen dahingehend wirken, daß für jede der Reduktionsweisen die Tendenz zu ihrem Auftreten schwach ist, dann liegt eine mentale Konstellation vor, in der eine starke Tendenz zur Inkongruenzreduktion
gleichzeitig mit einer geringen Auftrittswahrscheinlichkeit der verschiedenen Reduktionsweisen vorhanden ist. Auf diesen Zustand, der gewöhnlich als
"Stress-Erfahrung" beschrieben wird, bezieht sich eine zusätzliche Hypothese[3]. Die entsprechenden Hypothesen der TMI lauten:

130

Abbildung 1: Reduktionsweisen der primären Inkongruenz bezogen auf kognitive Elemente des sekundären Bereiches

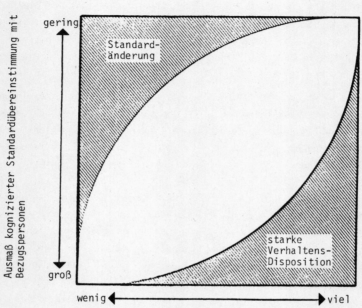

Ausmaß kognizierter Möglichkeiten, den Sachverhalt des primären Bereichs durch eigenes Verhalten zu ändern

H.5: Bei Reduktion einer gegebenen Inkongruenz und der mentalen Konstellation
im sekundären Bereich: (a) große kognizierte Standardübereinstimmung mit
Bezugspersonen und (b) wenig kognizierte Möglichkeiten für situationsadäquates Handeln, gilt: Je geringer die Zentralität der primären Kognition, desto stärker ist die Tendenz, durch Realitätsleugnung die Kognition mit dem entsprechenden Standard in Übereinstimmung zu bringen.

H.6: Bei Reduktion einer gegebenen Inkongruenz und der mentalen Konstellation
im sekundären Bereich: (a) große kognizierte Standardübereinstimmung mit
Bezugspersonen und (b) wenig kognizierte Möglichkeiten für situationsadäquates Handeln, gilt: Je zentraler die primäre Kognition, desto stärker ist die Tendenz zu psychosomatischen Beschwerden.

Ein weiterer Bereich der Abbildung 1 (rechts oben) ist auch jetzt noch unbestimmt hinsichtlich der zu erwartenden Reduktionsweise der primären Inkongruenz; er bezieht sich auf Personen, die sowohl eine geringe Standardübereinstimmung mit Bezugspersonen wahrnehmen als auch ausreichende Möglichkeiten
sehen, den Sachverhalt des primären Bereichs durch eigenes Verhalten zu ändern. Für diesen Bereich enthält die TMI keine allgemeinen Vorhersagen über
eine bestimmte Reduktionsweise der primären Inkongruenz. Damit entfällt jedoch nicht die Möglichkeit, problemspezifisch vorherzusagen, ob Verhaltensänderung zu erwarten ist. Denn dann hängt es von den übrigen, problemspezifisch zu bestimmenden sekundären Dimensionen ab, welche Reduktionsweise im
primären Bereich die weitestgehende Inkongruenzreduktion bzw. die geringste
Inkongruenzproduktion im sekundären Bereich zur Folge hat (vgl. auch Postulat 4).

Für die TMI ist nicht nur die inhaltliche Bestimmung sekundärer mentaler
Dimensionen relevant, sondern auch deren Anzahl. Obwohl Aussagen über den
Spielraum der Handlungssituation weiter unten eingeführt werden, soll ein Gesichtspunkt hier vorweggenommen werden. Denn die Anzahl der Dimensionen im
sekundären Bereich, die erforderlich sind, um vorhersagen zu können, auf welche Weise primäre Inkongruenzen jeweils reduziert werden, hängt von dem Spielraum ab, den die Handlungssituation für die Ausführung derjenigen Verhaltensweisen bietet, durch die eine Sachverhaltsänderung (und damit Kognitionsänderung) im primären Bereich erreicht wird. Eine entsprechende Hypothese ist

der TMI zu einem späteren Zeitpunkt hinzugefügt worden[4].

H.7: Je weniger Spielraum die Handlungssituation zur Ausführung eines bestimmten Verhaltens bietet, in desto stärkerem Maße bestimmen mentale Konstellationen im sekundären Bereich die Reduktionsweise der primären Inkongruenz.

Mit dieser Hypothese ist die Darstellung der TMI als Verhaltensdispositionstheorie abgeschlossen. Durch Einführung eines zusätzlichen Postulats und weiterer Hypothesen kann die TMI auch als Verhaltenstheorie verwendet werden.

Die fünfte Hypothese gibt Aufschluß darüber, welche Konstellationen mentaler Elemente eine starke Disposition zu bestimmten Verhaltensweisen bedingen. Ob eine starke Disposition auch das entsprechende Verhalten bewirkt, hängt jedoch von den Möglichkeiten der Handlungssituation, dieses Verhalten auszuführen, ab. Die Merkmale der Handlungssituation bestimmen den Spielraum, der für eine Umsetzung von Verhaltensdispositionen in Verhalten vorhanden ist. Darüber handelt das fünfte - und letzte - Postulat der TMI.

P.5: Bei gegebener Stärke der Disposition zu einem bestimmten Verhalten gilt: Je mehr Spielraum die Handlungssituation zur Ausführung dieses Verhaltens bietet, desto stärker ist die Tendenz, die betreffende Disposition in Verhalten zu manifestieren.

Welche Merkmale der Handlungssituation den Spielraum für ein bestimmtes Verhalten vergrößern oder verringern, läßt sich nur im Zusammenhang mit einem spezifischen Erklärungsproblem bestimmen. Interaktive Merkmale der Handlungssituation bilden jedoch eine Ausnahme. Das Ausmaß, in dem eine Verhaltensdisposition in den Standards und Verhaltensweisen von Bezugspersonen soziale Unterstützung findet, erleichtert die Ausführung des entsprechenden Verhaltens. Die entsprechende Hypothese lautet:

H.8: Je mehr tatsächliche Übereinstimmung besteht zwischen der Disposition zu einem bestimmten Verhalten und dem entsprechenden Standard und Verhalten von Bezugspersonen, desto stärker ist die Tendenz, die betreffende Disposition in Verhalten zu manifestieren.

Ergänzend ist hierzu zu bemerken, daß die tatsächliche Übereinstimmung des
Standards mehrerer Personen (üblicherweise "Konsens" genannt) in der TMI ausdrücklich unterschieden wird von der kognizierten Standardübereinstimmung
(vgl. die vierte Hypothese); das gleichzeitige Vorliegen von sowohl tatsächlicher als auch kognizierter Standardübereinstimmung wird dann "Koorien-
tierung" (SCHEFF 1967) genannt. Auf die Konsequenzen dieser Unterscheidung
ist in einem anderen Zusammenhang hingewiesen worden (TAZELAAR 1980: 197 -
211).

Mit dieser Darstellung der Theorie mentaler Inkongruenzen in der Form von
fünf Postulaten und acht Hypothesen ist eine komplexe Theorie eingeführt,
deren Anwendung und Überprüfung in Zusammenhang mit konkreten Erklärungsproblemen auf große Schwierigkeiten stoßen dürfte, wenn keine vereinfachenden Annahmen eingeführt werden. Denn die vollständige Berücksichtigung
der Vielfalt von Beziehungen zwischen Elementen des mentalen Systems (Beziehungen zwischen Standards unterschiedlicher Dominanz und Kognitionen unterschiedlicher Zentralität, jeweils für viele sekundäre Dimensionen in
ihrem Zusammenhang mit der primären Dimension über verbindende Hilfskognitionen, sowie für die sozialvergleichende Dimension zusätzlich noch mehrere
Bezugspersonen) und der Vielfalt relevanter Merkmale der Handlungssituation
würde eine Datenfülle erfordern, die im Rahmen üblicher empirischer Untersuchungen nicht zu realisieren ist. Deshalb werden in den Einzeluntersuchun-
gen, die im nächsten Paragraphen besprochen werden, vereinfachende Annahmen
eingeführt (z.B. über konstante Beziehungen zwischen bestimmten Kognitionen
und Sachverhalten oder über Kausalbeziehungen zwischen verschiedenen Dimensionen), und zwar in jeder Untersuchung jeweils in bezug auf andere Teil-
stücke der TMI. Damit werden in der empirischen Forschung weniger komplexe
(oder, im Vergleich mit dem oben Dargestellten, "robustere") Versionen der
Theorie für Erklärungszwecke angewandt, wobei durch die Variation der jeweils vereinfachenden Annahmen doch eine Überprüfung der vollständigen Theorie ermöglicht wird.

2. Problemspezifische Ausarbeitung der Theorie für vier empirische Untersuchungen

Ehe die vier Konkretisierungen der Theorie mentaler Inkongruenz zusammenfassend dargestellt werden, sollen zuerst die jeweiligen Forschungsprojekte kurz beschrieben werden. Abschließend werden dann einige theoretisch abgeleitete Vorhersagen vorgestellt, die, da eine vollständige Wiedergabe möglicher Vorhersagen angesichts der Fülle an Implikationen der TMI den Rahmen dieses Artikels weit überschreiten würde, zumindest einen Eindruck von den Anwendungs- und Überprüfungsmöglichkeiten der Theorie vermitteln.

2.1 Die Anlage der Untersuchungen

Ausgangspunkt der ersten Untersuchung ist die Feststellung, daß der niedrige Prozentsatz berufstätiger Frauen in den Niederlanden im Alltagsverständnis zwar oft den Einschränkungen zugeschrieben wird, denen namentlich verheiratete Frauen durch Erziehungs- und Haushaltsaufgaben unterworfen sind, daß jedoch Heirat und häusliche Aufgaben zumindest bei einigen Berufsgruppen eine Berufstätigkeit nicht verhindern (während nur 27% der weiblichen Bevölkerung über 14 Jahren berufstätig sind, gehen in solchen Berufsgruppen, die ein abgeschlossenes Universitätsstudium voraussetzen, 71% der verheirateten Akademikerinnen ihrem Beruf nach). Die Frage, warum diese Frauen arbeiten, obwohl ihnen häusliche Umstände und Arbeitsmarktlage dies erschweren, steht im Zentrum des Projekts "Berufstätigkeit verheirateter Frauen". Untersucht werden soll dabei der Einfluß sozial-struktureller Restriktionen im Zusammenhang mit unterschiedlichen motivationalen Anreizen.

Den Anstoß zur zweiten Untersuchung gab die Entdeckung, daß zum Thema Arbeitslosigkeit zwar eine Vielzahl empirischer Untersuchungen vorliegt, in denen die Konsequenzen für den Lebensstil und die Einstellungen der Betroffenen beschrieben werden, daß jedoch theoretische Arbeiten mit dem Ziel, unterschiedliche Reaktionsweisen zu erklären, relativ selten sind (vgl. u.a. WACKER 1976).

Dieses Erklärungsproblem steht im Mittelpunkt des Projekts "Verarbeitung langfristiger Arbeitslosigkeit". Wenn hierbei der plötzliche Verlust des Arbeitsplatzes als Störung eines Zustandes relativen Gleichgewichts gedeutet wird, dann bietet sich sowohl die soziologische Theorie der Statusinkonsistenz als auch die sozialpsychologische Theorie mentaler Inkongruenzen zur Erklärung der unterschiedlichen Verarbeitungsweisen von Arbeitslosigkeit (d.h. die Wiederherstellung eines relativen Gleichgewichts) an. Der Vergleich dieser beiden Theorien im Hinblick auf ihre Erklärungskraft geschieht ebenfalls im Rahmen dieser Untersuchung.

Das allgemeine Thema der dritten Untersuchung ist die Qualität großstädtischer Lebensverhältnisse. Verschiedene Fragen sind in diesem Zusammenhang von Interesse. Zunächst die Frage, welche Aspekte städtischer Lebensverhältnisse von verschiedenen Bevölkerungsgruppen positiv oder negativ bewertet werden. Weiterhin die Frage, wie Präferenzen für diese Aspekte entstehen und wie sie sich ändern[5]. Schließlich die Frage, wie Diskrepanzen zwischen diesen Präferenzen und dem aktuell gegebenen Stadtmilieu von den Bewohnern aufgefangen werden. Auf diese letzte Frage konzentriert sich die eine der beiden Teiluntersuchungen eines größeren Forschungsprojekts, die hier besprochen werden soll. In diesem Projekt "Stadtmigration" wird u.a. versucht, Migrationsverhalten und Einstellungsänderungen von Großstadtbewohnern zu erklären.

Die vierte Untersuchung behandelt ebenfalls zwei Fragen, die in Teilstudien ausgearbeitet werden. Auf die erste Teiluntersuchung, die der Humanisierung der Arbeit in Großschlachtbetrieben gewidmet ist, soll nicht weiter eingegangen werden (vgl. GERATS et al. 1982). In der zweiten Teiluntersuchung soll erklärt werden, warum sich Arbeitnehmer in Großschlachtbetrieben trotz entsprechender technischer Vorkehrungen am Arbeitsplatz in unterschiedlichem Ausmaß hygienisch verhalten. Auf die Erklärung dieser Unterschiede ist das Projekt "Hygienisches Arbeitsverhalten" ausgerichtet.

Damit sind die vier Untersuchungen, in denen die Theorie mentaler Inkongruenzen angewendet wird, eingeführt. Weitere Informationen über Anlage und Ausführung der Projekte sind in Abbildung 2 zusammengefaßt.

Bevor im nächsten Abschnitt auf die problemspezifischen Ausarbeitungen der Theorie mentaler Inkongruenzen eingegangen wird, sollen noch kurz unterschiedliche Akzentsetzungen der vier Projekte erwähnt werden. Bei dem Projekt

Abbildung 2: Beschreibung der Untersuchungen, in denen die TMI für spezifische Erklärungsprobleme angewandt wird

	Projekt "Berufstätigkeit verheirateter Frauen"	Projekt "Verarbeitung langfristiger Arbeitslosigkeit"	Projekt "Stadtmigration"	Projekt "Hygienisches Arbeitsverhalten"
Anlage	Querschnittstudie, für einen Teil der Versuchspersonen ergänzt durch eine Längsschnittuntersuchung	Längsschnittstudie (3 Zeitpunkte der Datenerhebung)	Längsschnittstudie (2 Zeitpunkte der Datenerhebung)	Querschnittstudie
Population	Verheiratete Frauen mit abgeschlossenem Universitätsstudium, nicht älter als 64 Jahre	Arbeitsfähige verheiratete Männer (niederländische Staatsangehörige) in der Altersklasse 40 bis 55 Jahre, die höchstens 4 Wochen vor dem Erstinterview arbeitslos geworden sind	Stadtbewohner von Utrecht, Nieuwegein und Maarsenbroek (18 Jahre und älter), exklusiv Universitätsstudenten im Grundstudium	Männliche Arbeiter in industriell organisierten Schlachtbetrieben (exklusiv ausländische Arbeitnehmer mit ungenügenden Kenntnissen der niederländischen Sprache), die direkt beim Schlachtprozeß mitarbeiten
Stichprobe	Zufallsstichprobe (t_1) N=675 inhaltlich bestimmte Stichprobe (t_2) aller Frauen der Zufallsstichprobe, die zum ersten Zeitpunkt nicht berufstätig waren (N=149)	Stichprobe N=242 ($t_1/t_2/t_3$)	Theoretisch bestimmte Stichprobe (t_1/t_2); die am stärksten primär-inkongruenten Stadtbewohner (N=693), sowie die am wenigsten primär inkongruenten (N=150), ausgewählt auf Basis einer Querschnittstudie (N=1938)	Zufallsstichprobe N=106
Art der Daten	(1) Interviewdaten (durchschnittliche Interviewdauer 1 1/4 Stunden) (2) Daten einer schriftlichen Befragung (3) über Behörden erhaltene Daten	(1) Interviewdaten (durchschnittliche Interviewdauer: t_1: 3 Stunden t_2: 2 1/2 Stunden t_3: 2 Stunden) (2) über Behörden erhaltene Daten (3) über Expertenbeurteilung erhaltene Daten	(1) Interviewdaten (durchschnittliche Interviewdauer: t_1: 2 Stunden t_2: 1 Stunde) (2) über Expertenbeurteilung erhaltene Daten (3) Bevölkerungsstatistiken	(1) Interviewdaten (durchschnittliche Interviewdauer 1 Stunde) (2) Beobachtungsdaten (3) über Informanten erhaltene Daten (4) Hygiene-technische Meßdaten
Zeitdauer	Laufzeit 5 Jahre (1975-1979) 3 Jahre Zeitintervall zwischen t_1 und t_2	Laufzeit 5 Jahre (1978-1982) 5 Monate Zeitintervall zwischen t_1 und t_2, und 5 Monate zwischen t_2 und t_3	Laufzeit 5 Jahre (1980-1984) 1 1/2 bis 2 Jahre Zeitintervall zwischen t_1 und t_2	Laufzeit 3 1/2 Jahre (1978-1981)
Finanzierung	Forschungsmittel der Universität Utrecht mit ergänzender Finanzierung durch die niederländische Stiftung für Grundlagenforschung (ZWO)	Finanzierung durch die niederländische Stiftung für Grundlagenforschung (ZWO)	Auftragsforschung: Mittel der Staatlichen Dienststelle für Raumordnung und der Zentraldirektion Wohnungsbau	Auftragsforschung: Mittel des Ministeriums für Soziale Angelegenheiten, des Gesundheitsministeriums und der Wirtschaftsgruppe für Vieh und Fleisch

"Berufstätigkeit verheirateter Frauen" wird einer Inkongruenzreduktion über
Verhalten relativ mehr Aufmerksamkeit gewidmet als Inkongruenzreduktionen
über mentale Anpassungen. In dem Projekt "Verarbeitung langfristiger Arbeitslosigkeit" werden umgekehrt gerade diese Reduktionsweisen berücksichtigt. Das
Arbeitslosenprojekt zeichnet sich daher durch eine sehr weitgehende Differenzierung der mentalen Dimensionen des sekundären Bereichs aus, speziell bezüglich der sozial-vergleichenden Dimension.

Charakteristisch für das Projekt "Stadtmigration" ist eine detailliert abge-
stufte Messung der primären Inkongruenz; die Skalierung der Stärke dieser Inkongruenz trägt auch qualitativen Gesichtspunkten von Inkongruenzunterschie-
den Rechnung und ermöglicht dadurch auch eine Differenzierung in unterschiedliche Verhaltensweisen, die Sachverhaltsänderungen zur Folge haben.

In dem Projekt "Hygienisches Arbeitsverhalten" schließlich liegt der Akzent
auf einer praxisnahen Ausarbeitung der TMI, d.h. Merkmalen der objektiv gegebenen Handlungssituation, die durch gezielte Maßnahmen veränderbar sind,
wird relativ viel Beachtung geschenkt. Im Hinblick auf Überprüfung der TMI
ist dieses Projekt ebenfalls von speziellem Interesse, da hier der Effekt
von unterschiedlicher Zentralität der primären Kognition untersucht wird.

2.2 Die problemspezifischen Fassungen der Theorie mentaler Inkongruenzen

Bei der Darstellung der allgemeinen Fassung der TMI wurde darauf hingewiesen, daß die Abgrenzung des primären Bereichs innerhalb des mentalen Systems
durch das spezifische Erklärungsproblem einer Untersuchung bestimmt ist. Es
gilt also zunächst, die jeweilige Fragestellung der Projekte in die Sprache
der TMI zu übersetzen.

Die Problemstellung des Projekts "Berufstätigkeit verheirateter Frauen" besteht aus zwei Fragen. Die erste (beschreibende) Frage lautet: Wie stark
sind für verheiratete Frauen die im Hinblick auf Berufstätigkeit restrikti-
ven Wirkungen der Familienverhältnisse und der Arbeitsmarktlage, und sind
diese Wirkungen kumulativ? Die Beantwortung dieser Frage bildet den Ausgangspunkt für das eigentliche Erklärungsproblem: Warum ist unter gleich-restrik-
tiven sozialen Bedingungen der eine Teil der verheirateten Frauen berufs-

tätig und der andere nicht? Damit ist festgelegt, was bei Anwendung der TMI in diesem Fall als primärer Bereich zu gelten hat. Der Sachverhalt der primären mentalen Dimension ist "Berufstätigkeit"; damit ist hier jede Art bezahlter Arbeit, einschließlich Teilzeitbeschäftigung, gemeint. Auf diesen Sachverhalt beziehen sich der primäre Standard "verheiratete Frauen sollen berufstätig sein" (bzw. sollen nicht berufstätig sein) und die primäre Kognition "ich bin berufstätig" (bzw. bin dies nicht). Primär inkongruent sind dann die Frauen, deren Standard Berufstätigkeit fördert und deren Kognition besagt, daß sie es nicht sind (bzw. Frauen, deren Standard Berufstätigkeit verbietet und die dennoch beruflich tätig sind). Auf die Dimensionen des sekundären Bereichs und die unterschiedlichen Weisen der Inkongruenzreduktion werden wir weiter unten eingehen.

Die Fragestellung des Projekts "Verarbeitung langfristiger Arbeitslosigkeit" lautet zunächst: Warum reagieren Arbeitnehmer unterschiedlich auf den plötzlichen Verlust ihres Arbeitsplatzes? Wenn nun Arbeitslosigkeit als Bedingung mentaler Inkongruenz interpretiert wird, lautet die theoretische Fragestellung des Projekts: Lassen sich unterschiedliche Reaktionsweisen auf den Verlust des Arbeitsplatzes erklären mittels aus der TMI abgeleiteter Aussagen über unterschiedliche Weisen der Inkongruenzreduktion? Somit stellt Arbeitslosigkeit den Sachverhalt der primären mentalen Dimension dar; als Kriterium für das Vorliegen dieses Sachverhalts gilt, daß man beim Arbeitsmat als Arbeitsloser registriert ist und Arbeitslosenunterstützung empfängt. Der primäre Standard fordert in bezug auf diesen Sachverhalt "ich soll nicht arbeitslos sein" oder "arbeitsfähige Männer sollen nicht arbeitslos sein". Die entsprechende primäre Kognition besagt: "Ich bin (nicht) arbeitslos". Primär inkongruent sind folglich alle Arbeitnehmer, deren Standard Arbeitslosigkeit verbietet und deren Kognition besagt, daß sie dennoch arbeitslos sind; theoretisch kann der Verlust des Arbeitsplatzes jedoch auch primäre Kongruenz zur Folge haben, nämlich bei denjenigen Arbeitnehmern, für die die Forderung des primären Standards nicht gilt.

Die Fragestellung des Projekts "Stadtmigration" lautet: Warum akzeptieren manche Bewohner von Großstädten Lebensverhältnisse, die ihren Präferenzen zuwiderlaufen, während andere eine solche Diskrepanz beseitigen? Und, im Fall einer Diskrepanzauflösung, warum tun sie das auf so unterschiedliche Weise

wie Migration, Protestverhalten oder Einstellungsänderung? Der Sachverhalt
der primären mentalen Dimension ist also: in einem Stadtmilieu leben, das
den eigenen Präferenzen entspricht. Der primäre Standard läßt sich dann beschreiben als die Forderung: "Ich soll in einem Stadtmilieu leben, das mit meinen Präferenzen übereinstimmt" und die primäre Kognition als die Konstatierung,
daß dies der Fall ist (bzw. nicht oder nur teilweise der Fall ist). Nun können
sich Präferenzen hinsichtlich städtischer Lebensverhältnisse auf recht unterschiedliche Aspekte des Stadtmilieus beziehen. Daher repräsentieren sowohl dieser primäre Standard als auch diese primäre Kognition theoretische Konstrukti-
onen, die verschiedene, auf bestimmte Stadtaspekte bezogene, Teil-Standards und
Teil-Kognitionen zusammenfassen. Solche Teil-Standards sind z.B. "Ich soll in
der Nähe des Stadtzentrums wohnen", "Ich soll in einem sozial homogenen Viertel
leben", oder "Meine Wohnung soll nicht weit von Grünanlagen liegen". Primäre
Inkongruenz ist dadurch ebenfalls eine theoretische Konstruktion, die sich ergibt aus dem Verhältnis der inkongruenten Aspekte zur Gesamtheit aller Aspekte
des Stadtmilieus. Dieser "konstruierte" Maßstab zur Bestimmung der primären Inkongruenz ermöglicht zudem weitgehende Abstufungen der Stärke dieser Inkongruenz,
wobei eine für alle Stadtaspekte geltende Übereinstimmung zwischen Präferenzen
und aktuellen Umständen bedeutet, daß primäre Kongruenz (als Grenzfall) vorliegt.

Für das Projekt "Hygienisches Arbeitsverhalten" lautet die Fragestellung: Warum
handeln Arbeitnehmer in Großschlachtbetrieben - trotz entsprechender technischer Vorkehrungen - in unterschiedlichem Ausmaß hygienisch? Wiederum ist mit
dieser Frage die Abgrenzung des primären Bereichs festgelegt. Auf den Sachverhalt "hygienisches Arbeitsverhalten" beziehen sich der primäre Standard "Ich
soll mich bei der Arbeit gemäß den Hygienevorschriften verhalten" (bzw. "Arbeitnehmer in Schlachtbetrieben sollen hygienisch arbeiten") sowie die primäre
Kognition "Ich halte bei der Arbeit Hygienevorschriften ein". Primär inkongruente Arbeitnehmer besitzen dann einen Standard, der Hygieneverhalten fordert und
die Kognition, daß sie nicht gemäß den Hygienevorschriften handeln. Der Umstand, daß Arbeitnehmer über mehr oder weniger Kenntnisse der Hygienevorschriften verfügen können und daß eine Anwendung dieser Kenntnisse auf das eigene Verhalten einen gewissen Interpretationsspielraum offen läßt, hat zur Folge, daß
sich auf denselben Sachverhalt (d.h. gleiches Hygieneverhalten am Arbeitsplatz)
Kognitionen unterschiedlicher Differenziertheit beziehen können. So kann z.B.

sporadisches Desinfizieren des Schlachtgerätes von dem einen als hygienisches und von dem anderen als unhygienisches Arbeitsverhalten eingestuft werden. In der Sprache der TMI heißt dies, daß die Zentralität der primären Kognition variiert.

Nach dieser Darstellung des jeweiligen primären mentalen Bereichs der vier Forschungsprojekte sollen nun die verschiedenen Dimensionen des jeweiligen sekundären mentalen Bereichs beschrieben werden. Angesichts der Anzahl und Unterschiedlichkeit dieser Dimensionen ist im Rahmen dieses Beitrags eine ausführliche Darstellung nicht möglich.

In Abbildung 3 sind alle sekundären Dimensionen zusammenfassend beschrieben. Bei jeder Dimension ist nur der Sachverhalt erwähnt, der von dem entsprechenden Standard gefordert und dessen Vorliegen (oder Nicht-Vorliegen) die entsprechende Kognition besagt. Bei der für alle Anwendungsfälle der TMI inhaltlich bestimmten Dimension "Standardübereinstimmung mit Bezugspersonen" sind auch die Bezugspersonen genannt, die für die einzelnen Projekte relevant sind. Außer dieser Dimension und der Dimension "situationsadäquates Handeln" ist noch eine weitere sekundäre Dimension, das "Unterhalten von Sozialbeziehungen", ebenfalls in allen vier Untersuchungen vertreten; hier werden auch die Interaktionspartner erwähnt, mit denen - über den Standard dieser Dimension - sozialer Kontakt gefordert wird.

Um in den vier Untersuchungen bestimmen zu können, welche Netto-Sekundärinkongruenzen jeweils vorliegen, sind zusätzlich zu den oben beschriebenen primären und sekundären Elementen des mentalen Systems noch Hilfskognitionen erforderlich. Auf deren Beschreibung im einzelnen kann hier verzichtet werden, da es sich in den meisten Fällen um Kognitionen über Kausalrelationen zwischen mentalen Dimensionen (vor allem zwischen primärem und sekundärem Bereich) handelt. Wir begnügen uns mit der beispielhaften Beschreibung einer einzigen Hilfskognition, über die die primäre Dimension des Projekts "Berufstätigkeit verheirateter Frauen" mit der sekundären Dimension "finanzielle Unabhängigkeit" verbunden wird. Angenommen, daß eine verheiratete Frau in der primären Dimension inkongruent ist (d.h. den Standard "Ich soll berufstätig sein" und die Kognition "Ich bin nicht berufstätig" besitzt); angenommen, daß sie auch in der genannten sekundären Dimension mental inkongruent ist

Abbildung 3: Beschreibung der Dimensionen des sekundären mentalen Bereichs
für vier Forschungsprojekte (bei jeder Dimension ist nur der
Sachverhalt erwähnt)

Projekt "Berufstätigkeit verheirateter Frauen"	Projekt "Verarbeitung langfristiger Arbeitslosigkeit"	Projekt "Stadtmigration"	Projekt "Hygienisches Arbeitsverhalten"
(1) Standardübereinstimmung mit Bezugspersonen. Bezugspersonen sind: a) Ehemann b) Schwester-Schwägerinnen c) Freundinnen	(1) Standardübereinstimmung mit Bezugspersonen. Bezugspersonen sind: a) Ehefrau b) Kinder c) Verwandte d) Freunde e) Andere (Arzt, Geistlicher usw.)	(1) Standardübereinstimmung mit Bezugspersonen. Bezugspersonen sind: a) der Ehepartner b) der/die wichtigste Verwandte c) der/die wichtigste Freund(in)	(1) Standardübereinstimmung mit Bezugspersonen. Bezugspersonen sind: a) Arbeitskollegen b) Vorarbeiter c) Beschauer
(2) Situationsadäquates Handeln. Relevante Situationsaspekte sind: - Arbeitsmarktlage - Familiensituation (Zeitbudget)	(2) Situationsadäquates Handeln. Relevante Situationsaspekte sind: - Arbeitsmarktlage - Möglichkeit für Nebenverdienst (Schwarzarbeit)	(2) Situationsadäquates Handeln. Relevante Situationsaspekte sind: - Lage auf dem Wohnungsmarkt - Möglichkeit, durch Renovieren die eigene Wohnung zu verbessern - Möglichkeit, durch Aktionen gegen Hausbesitzer/Stadtverwaltung eine Verbesserung der städtischen Lebensverhältnisse zu erreichen - Möglichkeit extern verursachter Verbesserung der städtischen Lebensverhältnisse	(2) Situationsadäquates Handeln. Relevante Situationsaspekte sind: - Technische Vorkehrungen am Arbeitsplatz im Hinblick auf Ausführung der Hygienevorschriften
(3) Unterhalten von Sozialbeziehungen. Interaktionspartner sind: a) Personen im Kontext der Berufsausübung	(3) Unterhalten von Sozialbeziehungen. Interaktionspartner sind: a) Ehefrau b) Kinder c) Verwandte d) Freunde e) Andere (Arzt, Geistlicher usw.) e) Personen im Kontext der Berufsausübung	(3) Unterhalten von Sozialbeziehungen. Interaktionspartner sind: a) Nachbarn b) Verwandte c) Freunde/Bekannte	(3) Unterhalten von Sozialbeziehungen. Interaktionspartner sind: a) Arbeitskollegen b) Vorarbeiter c) Beschauer
(4) Besitz von gesellschaftlichem Ansehen (Status)	(4) Besitz von gesellschaftlichem Ansehen (Status)	(4) Besitz von gesellschaftlichem Ansehen (Status)	(4) Besitz von gesellschaftlichem Ansehen (Status)
(5) Finanzielle Unabhängigkeit	(5) Verfügen über finanzielle Mittel, die den eigenen Bedürfnissen entsprechen	(5) Verfügen über finanzielle Mittel, die den eigenen Bedürfnissen entsprechen	(5) Finanzielle Einbußen (Lohnkürzungen) vermeiden
(6) Selbständigkeit im Zusammenhang mit Entscheidungen	(6) Zeit haben, über die man selbst verfügen kann	(6) Zeit haben, über die man selbst verfügen kann	(6) Zeitnot am Fließband vermeiden
(7) Beteiligung des Ehemanns an erzieherischen Aufgaben	(7) Hilfeleistung bei Krankheitsfällen in der Familie		(7) Sich konformieren an informellen Arbeitsnormen
(8) Beteiligung des Ehemanns an Arbeiten im Haushalt	(8) Helfen im Haushalt		(8) Sich einsetzen für das Realisieren von Produktionszielen
(9) Den Wohnort der Familie mitbestimmen	(9) In Verbänden (Parteien, Gewerkschaften, Vereinen) partizipieren		
	(10) Gesundheitliches Wohlbefinden		
	(11) Selbstwertgefühl		

(d.h. den Standard "Ich soll finanziell unabhängig sein" und die Kognition "Ich bin finanziell von meinem Mann abhängig" besitzt). Dann hat eine Reduktion der primären Inkongruenz (d.h. eine Stellung annehmen) über die verbindende Hilfskognition "Berufstätigkeit führt zu finanzieller Unabhängigkeit" zur Folge, daß auch die sekundäre Inkongruenz reduziert wird. In derselben Weise wird über entsprechende Hilfskognitionen auch für die übrigen sekundären Dimensionen eine Kausalbeziehung mit Veränderungen im primären Bereich hergestellt. Hilfskognitionen erfüllen diese Funktion in allen vier Forschungsprojekten.

Mit der Bestimmung von Netto-Sekundärinkongruenzen läßt sich in jeder der vier Untersuchungen vorhersagen, ob und in welchem Ausmaß Reduktion einer gegebenen primären Inkongruenz stattfindet. Die Weisen der Inkongruenzreduktion sind für jedes Projekt jedoch unterschiedlich. In Abbildung 4 wird dies zusammenfassend dargestellt. Für jedes Projekt werden nacheinander inhaltlich spezifiziert: (1) Reduktion der primären Inkongruenz über Standardänderung, (2) Inkongruenzreduktion über Kognitionsänderung durch (Verhaltensdisposition zur) Änderung des Sachverhalts, und (3) Inkongruenzreduktion über Kognitionsänderung bei unverändertem Sachverhalt (Realitätsleugnung).

Am Rande sei bemerkt, daß in den verschiedenen Untersuchungen jeweils einer dieser Reaktionsweisen besondere Aufmerksamkeit gewidmet wird. So erlaubt die Berücksichtigung einer Vielzahl von Bezugspersonen im Projekt "Verarbeitung langfristiger Arbeitslosigkeit" eine differenzierte Überprüfung von Vorhersagen über Standardänderung (vgl. Hypothese 3 der TMI), ermöglichen Unterschiede hinsichtlich der Zentralität der primären Kognition im Projekt "Hygienisches Arbeitsverhalten" eine relativ strenge Überprüfung der Vorhersagen über Kognitionsänderungen bei unverändertem Sachverhalt (vgl. Hypothese 5 der TMI) und läßt im Projekt "Stadtmigration" die Differenzierung von Verhaltensweisen, die zu Sachverhaltsänderungen führen, zusätzlich Raum für die Überprüfung von Vorhersagen über Verhaltensdispositionen (vgl. Hypothese 4 der TMI).

Als letzter Punkt der Beschreibung der problemspezifischen Versionen der TMI verbleibt uns noch die Benennung der Bedingungen, die den jeweiligen Handlungsspielraum bestimmen. Daten über die - in Abbildung 5 aufgezählten -

Abbildung 4: Inhaltliche Bestimmung der Reduktionsweisen primärer Inkongruenzen in den vier Forschungsprojekten

	Projekt "Berufstätigkeit verheirateter Frauen"	Projekt "Verarbeitung langfristiger Arbeitslosigkeit"	Projekt "Stadtmigration"	Projekt "Hygienisches Arbeitsverhalten"
(1) Reduktion der primären Inkongruenz über Standardänderung.	Die Forderung des primären Standards "Verheiratete Frauen sollen berufstätig sein" wird abgeschwächt oder aufgegeben.	Die Forderung des primären Standards "Ich soll nicht arbeitslos sein" wird abgeschwächt oder aufgegeben.	Die Forderung des primären Standards "Ich soll in einem Stadtmilieu leben, das mit meinen Präferenzen übereinstimmt" wird für (auf bestimmte Stadtaspekte bezogene) Teilstandards abgeschwächt oder aufgegeben.	Die Forderung des primären Standards "Ich soll mich bei der Arbeit gemäß den Hygienevorschriften verhalten" wird abgeschwächt oder aufgegeben.
(2) Reduktion der primären Inkongruenz über Kognitionsänderung durch (Verhaltensdisposition zur) Änderung des Sachverhalts.	Beruflich tätig werden.	Einen neuen Arbeitsplatz finden bzw. aktiv nach einem Arbeitsplatz suchen.	Mehrere Verhaltensweisen, je nach der Art der Stadtaspekte auf die sich Teil-Inkongruenzen beziehen: Umziehen (oder Vorbereitungen für einen Umzug treffen), die Wohnung renovieren (oder Vorbereitungen dafür treffen), teilnehmen an Aktionen (z.B. Bürgerinitiativen), die Verbesserung der städtischen Lebensverhältnisse zum Ziel haben.	Bei der Arbeit die Hygienevorschriften genauer ausführen.
(3) Reduktion der primären Inkongruenz über Kognitionsänderung bei unverändertem Sachverhalt (Realitätsleugnung)	(Hier nicht als reale Reduktionsweise berücksichtigt.)	Der Sachverhalt Arbeitslosigkeit wird für die eigenen Umstände als nicht zutreffend betrachtet (z.B. in dem sonstige Aktivitäten als "Arbeit" interpretiert werden).	Das Vorliegen bestimmter Sachverhalte (Stadtaspekte) wird geleugnet (z.B. das eigene Wohnviertel wird als sozial homogen bezeichnet, trotz inhomogener Bevölkerungszusammenstellung).	Die Kognition "Ich halte bei der Arbeit die Hygienevorschriften ein" wird beibehalten, trotz Verstoß gegen die Hygienevorschriften (z.B. nur sporadisches Desinfizieren des Schlachtgerätes).

(objektiven) Merkmale der Handlungssituation entstammen größtenteils anderen Quellen (verfügbares statistisches Material, systematische Beobachtung, Befragung von Bezugspersonen, Expertenbeurteilung) als Daten über mentale Konstellationen (Interviews).

Nach diesem Vergleich der problemspezifischen Fassungen der TMI kann nun auch genauer angegeben werden, welche vereinfachenden Annahmen bei der Anwendung der Theorie jeweils eingeführt werden. Allgemein sei bemerkt, daß auch pragmatische Gesichtspunkte (wie z.B. Interviewdauer) mit bestimmen, ob und in welchem Umfang vereinfachende Annahmen erforderlich sind (die Länge des Interviews im Projekt "Verarbeitung langfristiger Arbeitslosigkeit" ermöglicht z.B. eine sehr ausführliche Erhebung mentaler Elemente).

Weiterhin ist die Frage, ob die Theorie in einer Querschnitt- oder Längsschnittuntersuchung überprüft wird, von Bedeutung. Denn obwohl die TMI Änderungen mentaler Konstellationen im Zeitablauf erklärt, ist auch eine Überprüfung der theoretisch abgeleiteten Vorhersagen zu einem einzigen Zeitpunkt möglich; in einer Querschnittstudie wird die einmalig gemessene mentale Konstellation als eine Art Zwischenbilanz eines Prozesses interpretiert, der, vor der Messung in Gang gesetzt und auch danach sich fortsetzend, auf ein relatives Gleichgewicht des mentalen Systems hinzielt. Da nun die Theorie das Auftreten bestimmter mentaler Zustände verbietet (z.B. die Aufrechterhaltung einer starken primären Inkongruenz bei einer derartigen mentalen Konstellation im sekundären Bereich, daß eine Reduktion der primären Inkongruenz auch Reduktion der Gesamtinkongruenz im sekundären Bereich zur Folge hätte), können in Querschnittstudien alle von der Theorie ausgeschlossenen mentalen Konstellationen als Testfälle gelten. Auf diese Weise wird die Theorie in den Projekten "Hygienisches Arbeitsverhalten" und "Berufstätigkeit verheirateter Frauen" überprüft, wobei in der letztgenannten Untersuchung einige Vorhersagen auch noch mit Längsschnittdaten überprüft wurden.

Im Projekt "Berufstätigkeit verheirateter Frauen" sind noch weitere vereinfachende Annahmen eingeführt. In bezug auf die sekundären Dimensionen "Beteiligung des Ehemanns an den erzieherischen Aufgaben" und "Beteiligung des Ehemanns an Arbeiten im Haushalt" wird davon ausgegangen, daß Berufstätigkeit der Ehefrau immer Folgen für die Erledigung häuslicher Aufgaben hat (d.h. es

Abbildung 5: Merkmale der Handlungssituation, die den Handlungsspielraum bestimmen (Randbedingungen der Verhaltensdispositionstheorie)

Projekt "Berufstätigkeit verheirateter Frauen"	Projekt "Verarbeitung langfristiger Arbeitslosigkeit"	Projekt "Stadtmigration"	Projekt "Hygienisches Arbeitsverhalten"
(1) Arbeitsmarktlage für verschiedene Berufsgruppen	(1) Arbeitsmarktlage für verschiedene Branchen	(1) Physische, verkehrstechnische und soziale Merkmale der verschiedenen Stadtbezirke	(1) Anwesenheit bzw. leichte Erreichbarkeit hygienetechnischer Vorkehrungen am Arbeitsplatz
(2) Familiensituation (Anzahl und Alter der Kinder)	(2) Art und Ausmaß der Unterstützung, die das zuständige Arbeitsamt seinen Arbeitssuchenden gewährt	(2) Lage auf dem Wohnungsmarkt	(2) Standard der Arbeitskollegen in bezug auf hygienisches Arbeitsverhalten
(3) Standard des Ehemanns in bezug auf Berufstätigkeit verheirateter Frauen	(3) Finanzielle Umstände (Verschuldung, Nebeneinkünfte)	(3) Ausmaß, in dem in den verschiedenen Stadtbezirken Aktionsgruppen tätig sind	(3) Standard der Vorarbeiter in bezug auf hygienisches Arbeitsverhalten
(4) Standard der weiblichen Bezugspersonen in bezug auf Berufstätigkeit verheirateter Frauen	(4) Familiensituation (Anzahl und Alter der Kinder)	(4) Finanzielle Umstände (Einkünfte, Verpflichtungen)	(4) Standard der Beschauer in bezug auf hygienisches Arbeitsverhalten
(5) Berufstätigkeit von weiblichen Verwandten und Freundinnen		(5) Familiensituation (ledig, unverheiratet, Kinder)	(5) Ausmaß, in dem die Kollegen am Arbeitsplatz hygienisch arbeiten
			(6) Ausmaß, in dem die Vorarbeiter am Arbeitsplatz hygienisch arbeiten
			(7) Ausmaß, in dem die Beschauer am Arbeitsplatz hygienisch arbeiten

wurde die vereinfachende Annahme eingeführt, daß hinsichtlich dieser Dimensionen alle Frauen die gleiche Hilfskognition besitzen), daß hingegen die
Auffassungen über Arbeitsteilung in der Familie sehr unterschiedlich sein
können (d.h. die Standards dieser Dimensionen müssen empirisch festgestellt
werden). In bezug auf die sekundären Dimensionen "Sozialbeziehungen", "gesellschaftliches Ansehen", "finanzielle Unabhängigkeit" und "Selbständig-
keit" wird umgekehrt von der Annahme ausgegangen, daß alle Frauen ähnliche
Auffassungen über Sozialbeziehungen, gesellschaftliches Ansehen usw. haben
(d.h. in diesen Dimensionen denselben Standard besitzen), jedoch deren Abhängigkeit von der eigenen Berufstätigkeit unterschiedlich einschätzen (d.h.
die betreffenden Hilfskognitionen müssen empirisch festgestellt werden).
Weiterhin wird in diesem Projekt angenommen, daß für alle Frauen die primäre
Kognition ("Ich bin berufstätig" bzw. "Ich bin nicht berufstätig") gleich
zentral ist und daher nicht erhoben werden muß.

Solchen vereinfachenden Annahmen müssen jedoch nicht notwendigerweise nur
Plausibilitätserwägungen zugrundeliegen. In dem Projekt "Stadtmigration"
wird ebenfalls die Annahme eingeführt, daß hinsichtlich bestimmter sekundärer Dimensionen alle Stadtbewohner die gleichen Hilfskognitionen besitzen
(d.h. hier Kognitionen über Kausalbeziehungen zwischen einzelnen Stadtaspek-
ten und sekundären Dimensionen wie "verfügbare Zeit" oder "verfügbare finanzielle Mittel"). Diese vereinfachende Annahme wird dann in einer Vorunter-
suchung getestet, mit dem Ergebnis, daß nun in der Hauptuntersuchung die
Zentralität dieser Hilfskognitionen geschätzt werden kann und nicht nochmals erhoben werden muß.

Schließlich werden in den vier Untersuchungen auch noch Vereinfachungen anderer Art eingeführt, nämlich solche, die die empirische Überprüfung kom-
plexer Aussagensysteme erleichtern. Solche Vereinfachungen sind in der empirischen Sozialforschung üblich und bedürfen keiner ausführlichen Erläuterung. Ein Beispiel möge genügen: Im Projekt "Berufstätigkeit verheirateter
Frauen" werden zwar Daten über den Umfang der individuellen Berufstätigkeit
(ausgedrückt in Wochenstunden) gesammelt, bei der statistischen Analyse wird
jedoch nur die Dichotomie "berufstätig/nicht berufstätig" berücksichtigt.

2.3 Einige problemspezifische Vorhersagen

Einige Beispiele sollen nun verdeutlichen, welche empirisch überprüfbaren Vorhersagen aus der Theorie mentaler Inkongruenzen abgeleitet werden können. Die Beispiele sind so gewählt, daß verschiedene Aspekte der Theorie beleuchtet werden. Die ersten vier Vorhersagen beziehen sich auf die zentrale Frage, wie Verhaltensdispositionen zusammen mit Handlungsspielräumen Verhalten und Verhaltensänderungen beeinflussen. Die fünfte Vorhersage zeigt, wie mit der Theorie nicht nur Verhaltensänderungen, sondern auch Änderungen mentaler Elemente (in diesem Fall Kognitionsänderungen) vorhergesagt werden können.

Die Ableitung einer Vorhersage über den Einfluß von Verhaltensdispositionen und Handlungsspielräumen auf Verhalten sei zunächst im Rahmen des Projekts "Hygienisches Arbeitsverhalten" an Hand einer Querschnittsuntersuchung verdeutlicht (vgl. TAZELAAR & GERATS 1982, GERATS et al. 1982a). Über die Stärke von Verhaltensdispositionen gibt die vierte Hypothese der TMI Auskunft. Entsprechend dieser Hypothese wird eine Disposition zur strikten Einhaltung von Hygienevorschriften dann vorhergesagt, wenn zusätzlich zum Besitz eines Hygienestandards die technischen Vorkehrungen am Arbeitsplatz als günstig eingeschätzt werden, wobei die Disposition desto stärker ist, je mehr Standardübereinstimmung mit Kollegen (Vorarbeiter, Beschauer) am Arbeitsplatz man für gegeben hält und je besser die Kenntnisse hygienischer Zusammenhänge sind (d.h. je zentraler die primäre Kognition ist). Ob diese Disposition nun in Verhalten umgesetzt wird, hängt nach Postulat 5 der TMI vom jeweiligen Handlungsspielraum ab. Der Handlungsspielraum ist hier zunächst durch das Vorhandensein hygienetechnischer Vorkehrungen (u.a. zur Desinfektion der Schlachtgeräte) bedingt. Nach Hypothese 8 der TMI führt jedoch auch der Umstand, daß eine Verhaltensdisposition in den Standards und Verhaltensweisen von Bezugspersonen soziale Unterstützung findet, zur Erweiterung des Handlungsspielraums. Für Arbeitnehmer in industriell organisierten Schlachtbetrieben bedeutet dies, daß eine Disposition zu hygienischem Arbeitsverhalten desto eher in eine strikte Einhaltung von Hygienevorschriften umgesetzt wird, je mehr die Kollegen (Vorarbeiter, Beschauer) am Arbeitsplatz dies ebenfalls für wichtig halten und auch noch dementsprechend handeln. Da bei der Erhebung die jeweiligen Kollegen, Vorarbeiter und Beschauer identifiziert und Informationen über deren Standards und Verhaltensweisen gesammelt worden sind, stehen alle Daten zur Verfügung, um die folgende Vorhersage überprüfen zu können:

V.1: "Für Arbeitnehmer in Großschlachtereien mit gleich starker Disposition zu hygienischem Arbeitsverhalten gilt: <u>Je mehr</u> von den folgenden drei Bedingungen - (a) Anwesenheit bzw. leichte Erreichbarkeit hygiene-technischer Vorkehrungen am Arbeitsplatz, (b) dominanter, auf hygienisches Arbeitsverhalten bezogener Standard der Kollegen (Vorarbeiter, Beschauer) am Arbeitsplatz und (c) Befolgen der Hygienevorschriften durch die Kollegen (Vorarbeiter, Beschauer) am Arbeitsplatz - erfüllt sind, <u>desto größer</u> ist der Anteil der Arbeiter, die sich genau an die Hygienevorschriften halten."

Entsprechend kann im Rahmen des Projekts "<u>Berufstätigkeit verheirateter Frauen</u>" eine Vorhersage über Arbeitsmarktbeteiligung abgeleitet und mit Querschnittdaten überprüft werden. Da in diesem Projekt auch Längsschnittdaten zur Verfügung stehen, ist es möglich, nicht nur Vorhersagen über Arbeitsmarktbeteiligung zu testen, sondern auch solche über den Berufseintritt bislang nicht berufstätiger Frauen, d.h. Vorhersagen über <u>Verhaltensänderungen</u>. Die diesbezügliche Vorhersage lautet:

V.2: "Für verheiratete Frauen mit abgeschlossenem Universitätsstudium gilt: <u>Je mehr</u> von den folgenden drei Bedingungen - (a) Besitz eines dominanten, Berufstätigkeit fordernden Standards, (b) Existenz einer für Berufstätigkeit günstigen mentalen Konstellation in den entsprechenden sekundären Dimensionen (vgl. Abbildung 3) und (c) Vorhandensein eines hinsichtlich Berufstätigkeit großen Handlungsspielraums (Familiensituation und Arbeitsmarktlage) - erfüllt sind, desto größer ist der Anteil berufstätiger Frauen."

Eine gleichartige Vorhersage über Verhaltensänderungen, die im Rahmen von Längsschnittuntersuchungen zu überprüfen ist, läßt sich noch präziser im Rahmen des Projekts "<u>Verarbeitung langfristiger Arbeitslosigkeit</u>" formulieren. Auf der Grundlage der in Abschnitt 1 eingeführten Postulate und Hypothesen sowie zusätzlicher problemspezifischer Annahmen ergibt sich:

V.3: "Für männliche Arbeitslose gilt: <u>Je stärker</u> die Disposition für den Wiedereintritt in den Arbeitsprozeß (d.h. (a) je größer die durch den Verlust des Arbeitsplatzes erfahrene psychische Belastung, (b) je mehr nachteilige bzw. je weniger vorteilhafte Folgen von Arbeitslosigkeit im Hinblick auf finanzielle Mittel, gesellschaftliches Ansehen, Zeit und Sozialbeziehungen gesehen werden, (c) je mehr soziale Unterstützung für einen Wiedereintritt in den Arbeitsprozeß erfahren wird, und (d) je günstiger kurz nach dem Verlust des Arbeitsplatzes die Möglichkeiten für einen Wiedereintritt eingeschätzt werden) und je größer der faktische Handlungsspielraum für den Wiedereintritt (d.h. (a) je günstiger die Arbeitsmarktlage für die eigene Berufsbranche ist und (b) je mehr die Verhaltensdisposition für Wiedereintritt faktisch soziale Unterstützung findet), desto größer ist der Anteil der wieder am Arbeitsprozeß Teilnehmenden."

Eine ähnliche Vorhersage über Verhaltensänderung läßt sich (einfachheitshalber jedoch ohne Spezifizierung der einzelnen Dispositionskomponenten) für Migrationsverhalten im Projekt "Stadtmigration" formulieren:

V.4: "Für Bewohner von Großstädten gilt: Je stärker die Disposition für einen Wechsel der Wohnung bzw. des Wohnortes und je größer der Handlungsspielraum für die Verwirklichung der gewünschten Wohnumgebung (d.h. je günstiger die Bedingungen auf dem betreffenden Wohnungsmarkt sind), desto größer ist der Anteil derer, die innerhalb einer Zeitspanne von 2 Jahren die Wohnung bzw. den Wohnort wechseln."

Die bisher vorgestellten Vorhersagen berühren auch die vieldiskutierte Frage nach dem Zusammenhang von Einstellung und Verhalten (MEINEFELD 1977). In der empirischen Sozialforschung werden Einstellungen meist in derselben Weise gemessen wie die Variablen, die im Rahmen der TMI Standards repräsentieren. Trotz dieser operationalen Entsprechung gibt es jedoch wichtige Unterschiede. Anders als in der üblichen Forschungspraxis, in der versucht wird, statistische Zusammenhänge zwischen Einstellungen und entsprechendem Verhalten aufzuspüren, behauptet die TMI nicht generell, daß eine positive Einstellung (d.h. ein dominanter Standard) zu entsprechendem Verhalten führt. Die Theorie sagt Verhalten nur dann voraus, wenn eine starke Verhaltensdisposition (für die u.a. ein dominanter Standard erforderlich ist) gleichzeitig mit einer Handlungssituation, welche die Möglichkeit der Ausführung der betreffenden Verhaltensweise enthält, vorhanden ist[6].

Die fünfte Vorhersage nimmt Bezug auf mentale Prozesse. Der Sachverhalt
der für jeden Anwendungsfall der TMI relevanten Dimension "Standardübereinstimmung mit Bezugspersonen" deckt sich teilweise mit einem Forschungs-
thema der Sozialpsychologie - interpersonale Angleichung von Einstellungen -
das durch die Balance-theoretischen Arbeiten von HEIDER und NEWCOMB eingeführt und seitdem in zahlreichen Untersuchungen ausgearbeitet wurde. Diesen Untersuchungen liegt die folgende Idee zu Grunde: "In an interpersonal
situation both HEIDER (1958) and NEWCOMB (1953) propose that symmetrical
relationships will tend to occur among attitudes between individuals and
between them and the object about which they are communicating ... Not only
should similar attitudes about object X lead to attraction between (individuals) A and B and dissimilar attitudes about X lead to repulsion, but
attraction between A and B should lead to similar attitudes about X"
(BYRNE & BLAYLOCK 1963: 637). Weiterhin zeigte sich, daß dieser "strain-
toward-symmetry" sich desto stärker manifestiert, je positiver die Interaktionspartner ihre Sozialbeziehung bewerteten (BYRNE & WONG 1962: 246). Schließlich ergab sich, daß eine interpersonale Angleichung von Einstellungen auf
verschiedene Weisen erreicht werden kann; vor allem in so engen Beziehungen
wie denen zwischen Ehepartnern gilt, daß "symmetry can (also) be obtained
by (individual) A through the relatively simple process of misperceiving
B's attitudes", denn "... it is easier to misperceive the attitudes of
one's spouse than it is to alter attitudes toward either spouse or the object of communication" (BYRNE & BLALOCK 1963: 637).

Über diesen kognitiven Angleichungsprozeß lassen sich auch aus der Theorie
mentaler Inkongruenzen Vorhersagen ableiten, und zwar in erster Linie für
den Fall, daß mentale Inkongruenz in der Dimension "Standardübereinstimmung
mit Bezugspersonen" durch Realitätsleugnung reduziert wird. Dabei besteht
jedoch ein wichtiger Unterschied zwischen den Vorhersagen der balance-
theoretischen Tradition und denen der TMI. Bei den von HEIDER und NEWCOMB
angeregten Untersuchungen beziehen sich die Bedingungen, welche Art und Ausmaß einer eventuellen kognitiven Angleichung bestimmen, ausschließlich auf
die Interaktionspartner und deren Beziehung zu den jeweiligen Einstellungs-
objekten, wohingegen die TMI die Bedingungen für eine solche kognitive Angleichung stets auch noch in anderen Dimensionen des mentalen Systems lokalisiert. Dieser Unterschied ist deshalb wichtig, weil die TMI durch ihre

Berücksichtigung des breiteren mentalen Kontextes Bedingungen spezifizieren kann, unter denen die Vorhersagen der sozialpsychologischen Forschungstradition möglicherweise falsch sind. Der Umstand, daß z.B. zur theoretisch erwarteten Übereinstimmung der Einstellung von Ehepartnern widersprüchliche empirische Befunde vorliegen (u.a. CENTERS 1975), unterstreicht nur noch die Bedeutung, die einer Konditionalisierung der eingebürgerten Hypothesen zukäme.

Welche Voraussetzungen über Kognitionsänderung in der sekundären Dimension "Standardübereinstimmung mit Bezugspersonen" lassen sich nun im Rahmen des Projekts "Berufstätigkeit verheirateter Frauen" aus der TMI ableiten? Die Analyse von zwei Beispielfällen soll zur Beantwortung dieser Frage hinführen.

Fall A: Frau A besitzt den primären Standard "verheiratete Frauen sollen berufstätig sein" und die Kognition "ich bin berufstätig" (d.h. sie ist primär kongruent);
zugleich besitzt sie dominante Standards in der sekundären Dimension "Standardübereinstimmung mit Bezugspersonen" (in diesem Fall der Ehemann) und "sich verhalten, wie es der Standard von Bezugspersonen fordert";
ihr Ehemann besitzt den Standard "verheiratete Frauen sollen nicht berufstätig sein".

Wenn nun Frau A den Standard ihres Ehepartners korrekt kogniziert, bedeutet dies mentale Inkongruenz in den sekundären Dimensionen "Standardübereinstimmung mit Bezugspersonen" und "sich verhalten, wie es der Standard von Bezugspersonen fordert". Beide sekundären Inkongruenzen können jedoch durch Realitätsleugnung, durch Fehl-Wahrnehmung, d.h. durch Kognitionsänderung in der sozial-vergleichenden sekundären Dimension, relativ leicht reduziert werden. Für verheiratete Frauen, für die diese Bedingungskonstellation gilt, sagt die TMI deshalb eine Standardangleichung über Fehl-Wahrnehmung des Standards des Ehemannes voraus. Nimmt man weiterhin an, daß der Sachverhalt der sekundären Dimension "sich verhalten, wie es der Standard von Bezugspersonen fordert" mit der Qualität der Ehebeziehung variiert (in einer positiv bewerteten Beziehung wird die Einstellung des Partners stärker berücksichtigt als

in einer negativ bewerteten), dann stimmt die Vorhersage der TMI mit der Vorhersage der balance-theoretischen Tradition überein, die Einstellungsanglei-
chung durch "misperception" in desto stärkerem Maße erwartet, je positiver
die Sozialbeziehung bewertet wird.

Fall B: Frau B besitzt den primären Standard "verheiratete Frauen sollen berufstätig sein" und die Kognition "ich bin nicht berufstätig" (d.h.
sie ist primär inkongruent);
zugleich besitzt sie dominante Standards in den sekundären Dimensionen "Standardübereinstimmung mit Bezugspersonen" und "sich verhalten, wie es der Standard von Bezugspersonen fordert";
ihr Ehemann besitzt den Standard "verheiratete Frauen sollen nicht
berufstätig sein".

Wenn Frau B den Standard ihres Ehepartners korrekt kogniziert, besteht zwar
Inkongruenz in der sekundären Dimension "Standardübereinstimmung mit Bezugspersonen", aber Kongruenz in der Dimension "sich verhalten, wie es der Standard von Bezugspersonen fordert"; d.h. der Umstand, daß sie ihren Beruf
nicht ausübt, entspricht zwar nicht ihren eigenen Vorstellungen, wohl aber
denen ihres Ehepartners. In dieser mentalen Konstellation verschafft Standardangleichung durch Fehl-Wahrnehmung des Standards des Ehemannes keinen
Ausweg: Ein Herbeiführen von Standardübereinstimmung würde neue Inkongruenz
in der sekundären Dimension "sich verhalten, wie es der Standard von Bezugspersonen fordert" produzieren und zudem die primäre Inkongruenz unberührt
lassen. Daher ist zu erwarten, daß bei verheirateten Frauen unter den Bedingungen des Falles B keine kognitive Standardangleichung stattfindet oder zumindest als Mittel sekundärer Inkongruenzreduktion nur in dem Maße Verwendung findet, wie die Forderung, den Standard des Ehemanns zu berücksichtigen,
minder dominant ist (d.h. wie die Ehebeziehung negativer bewertet wird). Diese Vorhersage steht im Widerspruch zu der entsprechenden balance-theoretischen Vorhersage, in der sowohl für den Fall A als auch für den Fall B kognitive Angleichung erwartet wird.

Die beiden Fallbeispiele lassen sich in folgender Weise als Vorhersagen
der TMI zusammenfassen:

V.5: "Für Frauen mit abgeschlossenem Universitätsstudium, die einen primären
Standard besitzen, der Berufstätigkeit positiv bewertet und deren Ehepartner einen Standard besitzen, der die Berufstätigkeit verheirateter
Frauen negativ bewertet (bzw. die Berufstätigkeit negativ bewerten und
der Ehepartner positiv), gilt: Wenn primäre Inkongruenz vorliegt, dann
findet Fehl-Wahrnehmung des entsprechenden Standards des Ehepartners
weniger statt als wenn primäre Kongruenz vorliegt, und diese Tendenz
zeigt sich in desto stärkerem Maße, je positiver die Ehebeziehung bewertet wird."

Da die TMI eine kognitive Angleichung der Ehepartner nur unter der Bedingung
primärer Kongruenz vorhersagt, in der sozial-psychologischen Theorie interpersonaler Einstellungs-Angleichung dagegen eine solche Konditionierung
fehlt, sind somit aus zwei allgemeinen Theorien widersprüchliche problemspezifische Vorhersagen abgeleitet. Es ist dann empirisch zu entscheiden,
welche der beiden Vorhersagen den Untersuchungsergebnissen besser entspricht.
Im folgenden Abschnitt soll u.a. auf diese Fragen eingegangen werden.

3. Überprüfungsergebnisse

Im Rahmen dieses Beitrags können nur einige wenige empirische Befunde beschrieben werden. Wir besprechen erst Ergebnisse der Forschungsprojekte zu
den ersten vier Vorhersagen über Verhalten und Verhaltensänderungen und anschließend Ergebnisse zu der Vorhersage über mentale Prozesse.

Die erste Vorhersage V.1 bezieht sich auf hygienisches Arbeitsverhalten in
Großschlachtbetrieben, das für jeden Arbeiter über kontrollierte Beobach-
tung ermittelt wurde[7]. Die Vorhersage wurde in drei Schritten überprüft
(TAZELAAR & GERATS 1982).

Im ersten Schritt wurde der Zusammenhang zwischen dem primären Standard
"Einhaltung der Hygienevorschriften" und dem entsprechenden Verhalten untersucht; dies entspricht der üblichen Vorgehensweise, bei der nach einem Zusammenhang zwischen Einstellung und Verhalten gesucht wird. Die Hälfte der
befragten Arbeiter besaß einen dominanten Standard (oder positive Einstellung zu hygienischem Arbeitsverhalten), von denen aber nur 24% das ent-

sprechende Verhalten zeigten. Der Anteil hygienisch arbeitender Arbeiter in der Restgruppe betrug dagegen nur 8%. Insgesamt erwies sich also die Beziehung zwischen Hygiene-Einstellung und Hygiene-Verhalten als nicht sehr stark (Tau B = .22; p < .02).

Im zweiten Schritt wurde hygienisches Arbeitsverhalten mit der entsprechenden Verhaltensdisposition (d.h. nicht nur mit der isolierten Einstellung) in Beziehung gesetzt. Gemäß Hypothese 4 der TMI wurde dabei die Disposition bestimmt durch (a) die Dominanz des primären Standards (Größe der Inkongruenz), (b) die Hilfskognition über technische Vorkehrungen am Arbeitsplatz (Einschätzung der Möglichkeit situationsadäquaten Handelns, (c) die kognizierte Standardübereinstimmung mit Kollegen (Vorarbeiter, Beschauer) am Arbeitsplatz und (d) das vorhandene Wissen über hygienische Zusammenhänge (Zentralität der primären Kognition); die nicht gewichtete Summe dieser vier Variablen (die durch den Median dichomisiert wurden) galt dann als Indikator für die Stärke der Verhaltensdisposition. Das Ergebnis ist in Tabelle 1 zusammengefaßt.

Die Prozentsätze zeigen, daß eine bestimmte Kombination primärer und sekundärer mentaler Elemente (vgl. Postulat 2 und Hypothese 4 der TMI) eine bessere Verhaltensvorhersage ermöglicht, als mit dem primären Standard allein zu erreichen ist.

Im dritten Schritt wurde dann der tatsächliche Handlungsspielraum für Hygienevorschriften einbezogen (vgl. Postulat 5 der TMI). Dieser Spielraum wurde mit Hilfe zweier dichotomer Variablen bestimmt: (a) das tatsächliche Vorhandensein hygienetechnischer Vorkehrungen am Arbeitsplatz und (b) die tatsächliche Einstellung zur Hygiene der Kollegen am Arbeitsplatz[8]. In Tabelle 2 sind die Ergebnisse über den kombinierten Effekt von Disposition und Handlungsspielraum auf hygienisches Arbeitsverhalten zusammengefaßt.

Die Prozentsätze in dieser Tabelle unterstützen die aus der TMI abgeleiteten Vorhersagen über hygienisches Arbeitsverhalten[9]. Um Verhalten erklären zu können, genügt es offenbar nicht, die entsprechenden Verhaltensdispositionen zu kennen, denn der verfügbare Handlungsspielraum erweist sich als eine entscheidende Bedingung für die Umsetzung einer Disposition in Verhalten.

Tabelle 1: Prozentsatz der Arbeiter, die hygienisches Arbeitsverhalten zeigen, bezogen auf die Stärke der Verhaltensdisposition (N = 102)

Disposition für hygienisches Arbeitsverhalten

schwach --- stark

8%	0%	24%	27%	75%
(2/26)	(0/29)	(6/21)	(6/22)	(3/ 4)

T_b = .31; p < .001

Tabelle 2: Prozentsatz der Arbeiter, die hygienisches Arbeitsverhalten zeigen, bezogen auf die Stärke der Verhaltensdisposition und die Größe des Handlungsspielraumes (N = 102)

Handlungsspielraum

klein ---------------------- groß

8%	0%	50%	➤	8% ➤	T_b = .11
(1/13)	(0/11)	(1/ 2)		(2/26)	(n.s.)
0%	0%	0%	➤	0% ➤	T_b = -
(0/12)	(0/12)	(0/ 5)		(0/29)	
0%	22%	43%	➤	24% ➤	T_b = .36
(0/ 5)	(2/ 9)	(4/ 7)		(6/21)	(p < .05)
-	10%	42%	➤	27% ➤	T_b = .35
(0/ 0)	(1/10)	(5/12)		(6/22)	(p ∽ .12)
0%	100%	100%	➤	75% ➤	T_b = .77
(0/ 1)	(2/ 2)	(1/ 1)		(3/ 4)	(n.s.)
3%	11%	37%		17%	
(1/31)	(5/44)	(11/27)		(17/102)	
T_b=-.19	T_b= .36	T_b= .23			
(n.s.)	(p < .01)	(p ∽ .10)			

(vertical left label: Disposition für hygienisches Arbeitsverhalten; schwach ... stark)

Erläuterungen: (1) T_b (Verhaltensdisposition – Verhalten) = .31
(p < .001)

(2) T_b (Handlungsspielraum-Verhalten) = .32
(p < .001)

Im Hinblick auf ein gleichartiges Problem der Verhaltenserklärung sollen
nun, ausgehend von Verhaltensdispositionen und Handlungsspielräumen, zunächst einige Querschnittsbefunde des Projekts "Berufstätigkeit verheirateter Frauen" dargestellt werden. Anschließend werden auch noch Ergebnisse
einer ergänzenden Längsschnittstudie besprochen. Sowohl die Querschnitts-
daten als auch die Längsschnittdaten werden zur Überprüfung der Vorhersage
V.2 eingesetzt. Allgemein ist zu erwarten, daß zum Meßzeitpunkt t(1) bei
den befragten Frauen keine große Netto-Inkongruenz (NI) im mentalen System
festgestellt werden kann. Primäre Inkongruenz ist nur dann zu erwarten, wenn
mentale Konstellationen im sekundären Bereich dazu Anlaß geben.

Als erstes wurde der Zusammenhang zwischen dem primären Standard "Berufstätigkeit verheirateter Frauen" und der tatsächlichen Berufstätigkeit untersucht; der Standard wurde operational mittels sieben Einstellungsvariablen
bestimmt. Die 42 Scores der resultierenden Skala zur Messung der Dominanz
des primären Standards wurden in 4 Klassen zusammengefaßt. Die Tabelle 3
zeigt den Zusammenhang zwischen der Dominanz des Standards "Berufstätigkeit"
und der relativen Häufigkeit tatsächlicher Berufsausübung: Je stärker die
Forderung, beruflich tätig zu sein, desto mehr sind verheiratete Frauen auch
im Arbeitsprozeß aufgenommen.

Gemäß den Postulaten 2 und 3 der TMI ist jedoch nicht nur die Dominanz des
primären Standards (und damit die Größe der primären Inkongruenz) verhaltensrelevant, sondern auch (oder vor allem) die mentale Konstellation im sekundären Bereich. Maßstab für diese Konstellation ist die Netto-Sekundärinkongruenz, die in diesem Projekt operational bestimmt wurde als nicht gewichtete Summe aller (im Median dichotomisierten) gemessenen Variablen des sekundären Bereichs, die in Abbildung 3 zusammengefaßt sind (in einigen Fällen
wurde nur die entsprechende Hilfskognition gemessen und der betreffende sekundäre Standard bzw. die sekundäre Kognition durch Annahme eingeführt). Die
Tabelle 4a weist aus, daß Frauen trotz eines dominanten Standards, der Berufstätigkeit fordert, dann relativ selten berufstätig sind, wenn Berufstätigkeit zu verstärkter Inkongruenz im sekundären Bereich führen würde (d.h.
wenn die Netto-Sekundärinkongruenz groß ist).

Andererseits ist der Tabelle 4b zu entnehmen, daß Frauen trotz einer weniger

Tabelle 3: Prozentsatz berufstätiger Frauen, bezogen auf die Dominanz des
entsprechenden Standards (N=675)

Dominanz des Standards

schwach -- stark

53%	68%	75%	84%
(86/161)	(108/159)	(141/187)	(141/168)

(zum Vergleich: 71% aller befragten Frauen sind berufstätig)

T_b = .22; p < .001

r = .24

Tabelle 4a: Prozentsatz berufstätiger Frauen mit dominantem Standard "Berufstätigkeit", bezogen auf die Größe der Netto-Sekundärinkongruenz (N=355)

Netto-Sekundärinkongruenz

groß -- gering

23%	67%	77%	88%	95%
(5/ 22)	(38/ 57)	(63/ 82)	(120/136)	(55/ 58)

(zum Vergleich: 79% aller Frauen mit dominantem Standard
sind berufstätig)

T_b = .32; p < .001

r = .39

Tabelle 4b: Prozentsatz berufstätiger Frauen mit nicht dominantem Standard
"Berufstätigkeit", bezogen auf die Größe der Netto-Sekundärinkongruenz (N=320)

Netto-Sekundärinkongruenz

groß --- gering

30%	51%	74%	87%	92%
(17/ 57)	(57/111)	(70/ 95)	(39/ 45)	(11/ 12)

(zum Vergleich: 61% aller Frauen mit nicht dominantem Standard
sind berufstätig)

T_b = .36; p < .001

r = .39

positiven Einstellung zur Berufstätigkeit auch dann noch relativ häufig beruflich tätig sind, wenn ihre Netto-Sekundärinkongruenz gering ist.

Diese Ergebnisse sind in Übereinstimmung mit den Implikationen der TMI, namentlich mit dem zweiten Postulat.

Die TMI geht davon aus, daß tatsächliche Berufstätigkeit verheirateter Frauen sowohl von einer starken Verhaltensdisposition als auch von einem ausreichenden Handlungsspielraum abhängt. Die Stärke der Disposition wurde in diesem Projekt in folgender Weise operationalisiert. Ausgehend von der vereinfachenden Annahme, daß hier eine Reduktion der primären Inkongruenz hauptsächlich über Sachverhaltsänderung (d.h. über das eigene Verhalten) zu erreichen ist, wird die Stärke der Disposition zu Berufstätigkeit operational bestimmt als Kombination von primärer Inkongruenz (PI) und Netto-Sekundärinkongruenz (NSI); die Kombination von großer PI und geringer NSI bedeutet dann, daß eine starke Disposition, berufstätig zu sein, vorliegt.

Der Bestimmung des tatsächlichen Handlungsspielraums für Berufstätigkeit lagen folgende Überlegungen zu Grunde. Einerseits weisen zahlreiche Zeitbudget-Studien in westeuropäischen Ländern darauf hin, daß die Familiensituation (Anzahl und Alter der Kinder) verheirateten Frauen beträchtliche Einschränkungen auferlegt (vgl. u.a. STOETZEL 1948, HAGE & NOSS 1954, GIRARD 1958, POSEGA & STÜBLER 1958, PIETERS - DE ROON 1961, WALKER 1969). Andererseits hängt es von der Arbeitsmarktlage ab, ob eine Disposition für Berufstätigkeit auch realisiert wird. Als Indikator für die Arbeitsmarktlage wurde die Zahl registrierter arbeitsloser Studienabgänger pro Studienrichtung benutzt; dabei erwies sich, daß zum Zeitpunkt der Untersuchung die Möglichkeiten für Ärzte und Pharmazeuten wesentlich günstiger waren als z.B. für Studienabgänger mit Hauptfach Soziologie und Psychologie. Aus der Familiensituation und der Arbeitsmarktlage wurde für jede der befragten Frauen ein Index für die Größe des Handlungsspielraums zusammengestellt, bestehend aus den folgenden sechs Klassen mit abnehmendem Spielraum:

(a) keine Kinder oder Kinder über 12 Jahre, relativ günstige Arbeitsmarktlage;

(b) mit Kindern, von denen das jüngste 4 bis 12 Jahre ist, relativ günstige Arbeitsmarktlage;

(c) mit Kindern, von denen das jüngste unter 4 Jahren ist, relativ günstige Arbeitsmarktlage;

(d) keine Kinder oder Kinder über 12 Jahre, relativ ungünstige Arbeitsmarktlage;

(e) mit Kindern, von denen das jüngste 4 bis 12 Jahre ist, relativ ungünstige Arbeitsmarktlage;

(f) mit Kindern, von denen das jüngste unter 4 Jahren ist, relativ ungünstige Arbeitsmarktlage.

In der Tabelle 5 ist der Einfluß der Verhaltensdisposition und des Handlungsspielraums auf die Berufstätigkeit verheirateter Frauen zusammengefaßt. Die Korrelationsanalyse ergibt, daß die Disposition mehr zur Erklärung der Varianz beiträgt als der Handlungsspielraum.

Aus der Tabelle 5 ist ersichtlich, daß nur im Falle einer sehr starken Verhaltensdisposition die Familiensituation und die Arbeitsmarktlage keinen Einfluß mehr ausüben auf die Umsetzung der Disposition in das entsprechende Verhalten. Um zu untersuchen, ob es vom Spielraum der Handlungssituation abhängt, in welchem Maße mentale Konstellationen im sekundären Bereich die Reduktion primärer Inkongruenz bestimmen (vgl. Hypothese 7 der TMI), wurde eine schrittweise multiple Regressionsanalyse ausgeführt. Da die Kriteriumsvariable dieses Projekts dichotom und zudem noch schief verteilt ist, konnte das übliche (lineare) Regressionsmodell nicht angewandt werden. Stattdessen wurde eine Logitanalyse ausgeführt, da diese Methode mit schwächeren Modellannahmen auskommt (vgl. u.a. COX 1970: 18). Für die Analyse wurde Generalized Linear Interactive Modelling (Programm GLIM) benutzt (vgl. COX 1970; FIENBERG 1977 und HABERMAN 1978).

Bei der Ausführung der Logitanalyse wurden im ersten Schritt ausschließlich mentale Elemente des primären Bereichs (hier nur der Standard "Berufstätigkeit") eingeführt. Im zweiten Schritt wurden zwei sekundäre mentale Elemente hinzugefügt, im dritten Schritt nochmals zwei und im vierten ebenfalls zwei (problemspezifische) sekundäre mentale Elemente. Die vier Schritte entsprechen vier Modellen, von denen jeweils das vorhergehende sparsamer in bezug auf eingeführte mentale Elemente ist. Abbildung 6 lokalisiert diese Modelle und ermöglicht es, sie miteinander zu vergleichen. Auf der x-Achse ist die

160

<u>Tabelle 5</u>: Prozentsatz berufstätiger Frauen, bezogen auf die Stärke der Verhaltensdisposition und die Größe des Handlungsspielraumes (N = 675)

	klein					groß		
schwach	10% (1/10)	27% (4/15)	35% (5/17)	0% (0/ 2)	40% (2/ 5)	50% (4/ 8)	30% (17/ 57)	$T_b = .21$ (p< .01)
	15% (2/13)	30% (10/33)	50% (17/34)	56% (9/16)	53% (9/17)	75% (15/20)	47% (62/133)	$T_b = .30$ (p< .001)
	48% (13/27)	74% (17/23)	61% (11/18)	57% (12/21)	87% (26/30)	88% (29/33)	71% (108/152)	$T_b = .25$ (p< .001)
	50% (14/28)	85% (11/13)	74% (17/23)	95% (18/19)	94% (17/18)	96% (25/26)	80% (102/127)	$T_b = .35$ (p< .001)
	61% (14/23)	100% (14/14)	86% (31/36)	92% (23/25)	100% (27/27)	96% (22/23)	89% (131/148)	$T_b = .26$ (p< .001)
stark	100% (6/ 6)	100% (6/ 6)	92% (11/12)	100% (15/15)	82% (9/11)	100% (8/ 8)	95% (55/ 58)	$T_b = .08$ (n.s.)
	47% (50/107)	60% (62/104)	66% (93/140)	79% (77/ 98)	83% (90/108)	87% (103/118)	70% (475/675)	
	T_b=.34 (p< .001)	T_b=.52 (p< .001)	T_b=.35 (p< .001)	T_b=.41 (p< .001)	T_b=.32 (p< .001)	T_b=.29 (p< .001)		

Handlungsspielraum

Verhaltensdisposition

Erläuterungen: (1) T_b (Verhaltensdisposition-Verhalten) = .37 (p< .001)

(2) T_b (Handlungsspielraum-Verhalten) = .27 (p< .001)

Zahl der Freiheitsgrade abgetragen und auf der y-Achse der "illness of fit" (in GLIM "Abweichung" genannt). Beim Vergleichen wird der "Likelihood Ratio"-Test benutzt. Der Unterschied in Abweichungen ist bei der Nullhypothese (die Modelle unterscheiden sich nicht voneinander) X^2 verteilt, wobei die Zahl der Freiheitsgrade gleich dem Freiheitsgradunterschied zwischen den Modellen ist. Mittels der schiefen Linien läßt sich schnell ablesen, ob sich zwei Modelle signifikant voneinander unterscheiden. Wenn zwei Modelle auf ungefähr derselben schiefen Linie liegen, ist der Unterschied nicht signifikant. In einem solchen Falle ist das sparsamste, das am weitesten rechtsliegende Modell, das beste; dies ist das Modell mit den meisten Freiheitsgraden.

Die Logitanalyse wurde zuerst für alle Frauen ausgeführt, ohne Berücksichtigung des Handlungsspielraums, der ihnen zur Verfügung steht. Die Ergebnisse dieser Logitanalyse zeigen, daß der "illness of fit" des ersten Modells M(1) groß ist: Es liegt relativ weit weg von M(2). Das dritte Modell paßt kaum besser als das zweite (X^2 = 5,5; df = 2). M(4) paßt zwar wieder besser als M(3) und M(2), aber es ist auch viel weniger sparsam (X^2 = 14; df = 2). Wiederum bestätigt sich, daß Kenntnis der Einstellung einer Person (d.h. des primären Standards) nicht ausreicht, deren Verhalten vorherzusagen.

Danach wurde die Logitanalyse jeweils für Frauen mit geringem und mit großem Handlungsspielraum wiederholt; zur ersten Gruppe gehörten 256 Frauen und zur zweiten 326. In den Abbildungen 7 und 8 sind die Ergebnisse dieser Analysen zusammengefaßt. Für die verheirateten Frauen, deren Handlungsspielraum durch die Familiensituation und die Arbeitslosigkeit erheblich eingeschränkt ist (vgl. Abbildung 7) gilt wiederum, daß Berufstätigkeit erheblich besser vorhergesagt werden kann, wenn außer dem primären Standard (d.h. der Einstellung) auch noch mentale Elemente des sekundären Bereichs als Prediktoren eingeführt werden: Modell M(2) hat einen beträchtlich besseren "goodness of fit" als M(1) (X^2 = 31; df = 2). Modell M(3) bringt nur eine geringfügige Verbesserung gegenüber M(2) (X^2 = 4; df = 2). Am besten paßt das Modell M(4), das außer dem primären Standard noch sechs sekundäre mentale Elemente enthält; der Unterschied zwischen M(3) und M(4) ist signifikant (X^2 = 23; df = 2). Dies bedeutet, daß für Frauen mit geringem Spielraum für Berufstätigkeit die aktuelle Berufstätigkeit desto besser vorhergesagt werden kann, je mehr sekundäre mentale Elemente hinzugezogen werden.

Abbildung 6: Schrittweise Logitanalyse zum Vergleich des "goodness of fit"
von vier Modellen zur Erklärung der Berufstätigkeit verheirateter Frauen (N = 582)

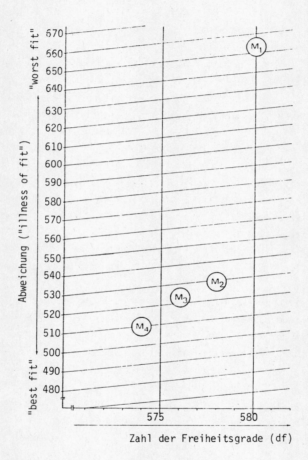

Zahl der Freiheitsgrade (df)

M_1 = step-1-model (nur primäre mentale Elemente)
M_2 = step-2-model (primäre und 2 sekundäre Elemente)
M_3 = step-3-model (primäre und 4 sekundäre Elemente)
· M_4 = step-4-model (primäre und 6 sekundäre Elemente)

Abbildungen 7/8: Schrittweise Logitanalyse zum Vergleich des "goodness of
fit" von vier Modellen zur Erklärung der Berufstätigkeit
verheirateter Frauen mit:

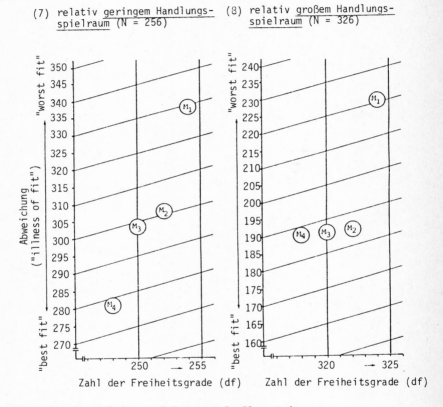

(7) relativ geringem Handlungsspielraum (N = 256)

(8) relativ großem Handlungsspielraum (N = 326)

Zahl der Freiheitsgrade (df)   Zahl der Freiheitsgrade (df)

M_1 = step-1-model (nur primäre mentale Elemente)
M_2 = step-2-model (primäre und 2 sekundäre Elemente)
M_3 = step-3-model (primäre und 4 sekundäre Elemente)
M_4 = step-4-model (primäre und 6 sekundäre Elemente)

Für Frauen mit relativ großem Handlungsspielraum (vgl. Abbildung 8) gilt zunächst, daß die Erweiterung von Modell M(1) um zwei sekundäre mentale Elemente (M(2)) die Vorhersage von Berufstätigkeit stark verbessert; obwohl auch M(2) ein relativ sparsames Modell ist, ist der Unterschied mit M(1) signifikant (X^2 = 38, df = w). Unter der Bedingung eines relativ großen Handlungsspielraums bleibt es auch ohne Folgen für die Qualität der Vorhersage, ob weitere mentale Elemente als Prediktoren eingeführt werden: Die Unterschiede zwischen den Modellen M(2), M(3) und M(4) sind nicht signifikant. Zusammenfassend weisen die Ergebnisse der Logitanalyse darauf hin, daß die Untersuchungsergebnisse die Hypothese 7 der TMI unterstützen.

Drei Jahre nach der ursprünglichen Datenerhebung wurde in diesem Projekt noch eine ergänzende Längsschnittstudie ausgeführt. Zielgruppe der Längsschnittuntersuchung waren diejenigen verheirateten Frauen der Querschnittstudie, die zum Zeitpunkt t(1) (1976) nicht berufstätig waren. Untersucht wurde die Inkongruenzreduktion, die zwischen t(1) und t(2) (1979) über Verhaltensänderung oder Standardänderung stattgefunden hatte.

Nahezu allen 149 Frauen der Längsschnittstudie legten Familiensituation und Arbeitsmarktlage große Einschränkungen auf. 93% dieser Frauen hatten zum Zeitpunkt t(1) Kinder und ungefähr die Hälfte davon befand sich in einer frühen Phase der Familiengründung (d.h. das jüngste Kind ist nicht älter als 3 Jahre). Zum Zeitpunkt t(2) befanden sich nur noch 22% in dieser frühen Phase der Familiengründung und bei der Hälfte der Frauen war das jüngste Kind unter 12 Jahren. Die Arbeitsmarktlage war für 85% der Frauen relativ ungünstig. Außerdem verfügten die meisten Frauen über wenig Berufserfahrung; die Analyse detaillierter Berufslaufbahndaten ergab, daß ein Viertel der Frauen nach Beendigung des Studiums nie berufstätig war und 42% in den letzten 5 Jahren vor dem ersten Untersuchungszeitpunkt den Beruf nicht (mehr) ausübten.

Diese Einschränkungen des Handlungsspielraums bestimmen weitgehend den (Wieder-)Eintritt in den Beruf in der Zeitspanne zwischen t(1) und t(2) (Tau = 0,37, p <001). Dabei ist erwähnenswert, daß die günstige Ausgangsposition bestimmter Studienfächer durch mangelnde Berufserfahrung verlorengeht: nur einige wenige Frauen mit geringer Berufserfahrung finden in der untersuchten Zeitspanne eine Stellung. Offensichtlich spielt auch in Mangelberufen Er-

Tabelle 6: Prozentsatz (wieder) in den Beruf eingetretener Frauen, bezogen
auf die Stärke der Verhaltensdisposition und die Größe des Handlungsspielraums; Zeitspanne zwischen t_1 und t_2 beträgt 3 Jahre
(N = 149)

	Handlungsspielraum						
	klein ---------------------- groß						
schwach	0% (0/ 6)	0% (0/10)	0% (0/11)	20% (1/ 5)	←	3% (1/32)	← T_b = .28; (n.s.)
	0% (0/14)	5% (1/22)	31% (8/26)	48% (10/21)	←	23% (19/83)	← T_b = .40; p<.001
	0% (0/ 2)	0% (0/ 1)	29% (2/ 7)	56% (5/ 9)	←	37% (7/19)	← T_b = .39; p<.10
stark	0% (0/ 2)	50% (1/ 2)	33% (1/ 3)	88% (7/ 8)	←	60% (9/15)	← T_b = .58; p<.02
	0% (0/24)	6% (2/35)	23% (11/47)	53% (23/43)		24% (36/149)	
	T_b= -	T_b=.28 (p<.10)	T_b=.09 (n.s.)	T_b=.33 (p<.02)			

(Verhaltensdisposition, along left side)

Erläuterungen: (1) T_b (Verhaltensdisposition-Verhaltensänderung)=.33; p<.001
(2) T_b (Handlungsspielraum-Verhaltensänderung) =.43; p<.001

fahrung eine wichtige Rolle bei der Stellungsuche. Hingegen bewirkt soziale Unterstützung bei der Stellungsuche eine gewisse Erweiterung des Handlungsspielraums. Je mehr der Ehepartner und weibliche Bezugspersonen die Berufstätigkeit verheirateter Frauen tatsächlich als Norm akzeptieren, desto größer ist die Wahrscheinlichkeit, daß die betreffenden Frauen zum Zeitpunkt t(2) berufstätig sind (Tau = 0,29, p <001).

Die Ergebnisse der Längsschnittstudie hinsichtlich des Effekts von Disposition und Handlungsspielraum auf Verhaltensänderung (d.h. zur Überprüfung der Vorhersage V.2) sind in der Tabelle 6 zusammengefaßt.

24% der Frauen, die zum Zeitpunkt t(1) nicht berufstätig waren, haben in den darauffolgenden 3 Jahren eine Stellung gefunden. Dies waren vor allem Frauen, die über Berufserfahrung verfügten, für deren Berufe der Arbeitsmarkt noch Möglichkeiten bot und die in ihrem Streben, berufstätig zu sein, sozial unterstützt wurden.

Im Ganzen erwiesen sich die faktischen Möglichkeiten der Handlungssituation als stärkerer Bestimmungsfaktor für Verhaltensänderung als die Verhaltensdisposition für Berufstätigkeit. Wenn der Handlungsspielraum stark eingeschränkt ist, bleibt auch die stärkste Verhaltensdisposition ohne Effekt. Von den Frauen mit schwacher Verhaltensdisposition für Berufstätigkeit hatten zum Zeitpunkt t(2) nur einige wenige eine Stellung angenommen; dies waren ausschließlich Frauen, deren Familiensituation und Arbeitsmarktlage Berufstätigkeit begünstigten.

Vollständigkeitshalber soll der kombinierte Einfluß von Disposition und Handlungsspielraum auf Verhalten auch noch für die zwei weiteren Forschungsprojekte kurz dargestellt werden. Zunächst die Forschungsergebnisse des Projekts "Verarbeitung langfristiger Arbeitslosigkeit", zusammengefaßt in der Tabelle 7. Aus dieser Tabelle ist ersichtlich, daß innerhalb eines Jahres nach Verlust des Arbeitsplatzes die Hälfte der Arbeitslosen wieder in den Arbeitsprozeß eingegliedert ist. Dabei ist der Anteil der wieder Arbeitenden desto größer, je stärker die Disposition zum Wiedereintritt ist und je mehr Möglichkeiten der entsprechende faktische Handlungsspielraum bietet. Die Daten der Längsschnittstudie stimmen somit nicht nur mit der in Abschnitt 2.3 formulierten

Tabelle 7: Prozentsatz wieder in den Arbeitsprozeß eingetretener Arbeitsloser, bezogen auf die Stärke der Verhaltensdisposition und die Größe des Handlungsspielraums; Zeitspanne zwischen t_1 und t_2 beträgt 1 Jahr (N = 235)

Handlungsspielraum

Verhaltensdisposition	klein				groß		
schwach	17% (2/12)	8% (1/12)	22% (2/ 9)	23% (3/13)	38% (3/ 8)	20% (11/54)	T_b = .16 (n.s.)
	0% (0/ 2)	29% (2/ 7)	33% (3/ 9)	33% (2/ 6)	50% (2/ 4)	32% (9/28)	T_b = .17 (n.s.)
	33% (2/ 6)	17% (1/ 6)	33% (3/ 9)	70% (7/10)	58% (7/12)	47% (20/43)	T_b = .26 (p< .05)
	25% (1/ 4)	33% (1/ 3)	50% (4/ 8)	55% (6/11)	82% (18/22)	63% (30/48)	T_b = .37 (p<.01)
stark	67% (2/ 3)	100% (5 / 5)	82% (9/11)	88% (15/17)	85% (22/26)	86% (53/62)	T_b = .00 (n.s.)
	26% (7/27)	30% (10/33)	46% (21/46)	58% (33/57)	72% (52/72)	52% (123/235)	
	T_b=.26 (p<.10)	T_b=.47 (p<.01)	T_b=.37 (p<.01)	T_b=.43 (p<.001)	T_b=.31 (p<.01)		

Erläuterungen: (1) T_b (Verhaltensdisposition-Verhaltensänderung) = .44 (p<.001)

(2) T_b (Handlungsspielraum-Verhaltensänderung) = .30 (p<.001)

Vorhersage V.3 global überein, sie entsprechen auch den dort eingeführten
spezifischen Dispositionskomponenten und Aspekten der faktischen Handlungssituation. Auffallend ist, daß Arbeitslose, die direkt nach Verlust des Arbeitsplatzes eine stark ausgeprägte Disposition für den Wiedereintritt in
den Arbeitsprozeß haben, beinahe alle wieder Arbeit finden, unabhängig von
ihren Chancen auf dem Arbeitsmarkt. Offensichtlich spielt die Arbeitsmarktlage vor allem dann eine Rolle, wenn die Disposition zum Wiedereintritt weder
extrem stark noch extrem schwach ausgeprägt ist.

Die Forschungsergebnisse für die Überprüfung der Vorhersage V.4 sind in der
Tabelle 8 zusammengefaßt. Diese Tabelle zeigt, daß der Anteil der Großstadt-
bewohner, der zum Zeitpunkt t(2) die Wohnung bzw. den Wohnort gewechselt hat,
größer ist, je stärker die Migrationsdisposition und je günstiger die Wohnungsmarktlage ist. Ähnlich wie bei den Überprüfungsergebnissen der Vorhersage V.3 entsprechen die empirischen Befunde auch hier wieder den Spezifizie-
rungen der theoretisch konstruierten Verhaltensdisposition und den konkreten
Einschränkungen der Handlungssituation. Zudem weisen die in der Tabelle 8 zusammengefaßten Ergebnisse darauf hin, daß Stadtbewohner mit zum Zeitpunkt
t(1) starker Migrationsdisposition zum Zeitpunkt t(2) größtenteils umgezogen
sind, ganz gleich, ob ihre Wohnungsmarktlage günstig oder ungünstig war. Hingegen kommt der faktischen Wohnungsmarktlage größere Bedeutung zu, wenn die
Migrationsdisposition schwächer ausgeprägt ist.

Im Anschluß an die bislang skizzierten Befunde über den kombinierten Effekt
von Dispositionen und Handlungsspielräumen auf Verhalten werden abschließend
exemplarisch Untersuchungsergebnisse über die Änderung mentaler Elemente
vorgestellt. Die im Rahmen des Projekts "Berufstätigkeit verheirateter Frauen"
formulierte Vorhersage V.5 steht im Widerspruch zu einer Aussage, die aus
der sozial-psychologischen Theorie interpersonaler Angleichung abgeleitet ist.
In den Interviews dieses Projekts wurde sowohl der eigene Standard bezüglich
Berufstätigkeit verheirateter Frauen als auch die Kognition des entsprechenden Standards des Ehemanns erhoben. Zugleich wurden dieselben Fragen über
eine schriftliche Erhebung den Ehemännern der befragten Frauen vorgelegt.
Eine nachfolgende telefonische Kontrolle bestätigte, daß die Ehepartner die
Fragen - wie beabsichtigt - unabhängig voneinander beantwortet hatten.

Tabelle 8: Prozentsatz umgezogener Stadtbewohner, bezogen auf die Stärke der Verhaltensdisposition und die Größe des Handlungsspielraums; Zeitspanne zwischen t_1 und t_2 beträgt 2 Jahre (N = 693)

Handlungsspielraum

Verhaltensdisposition	klein			groß			
schwach	0%	14%	8%	30%	► 10% ►	T_b = .20	
	(0/36)	(6/43)	(2/26)	(3/10)	(11/115)	(p < .02)	
	4%	12%	19%	21%	► 13% ►	T_b = .16	
	(2/56)	(11/92)	(15/79)	(5/24)	(33/251)	(p < .01)	
	0%	35%	35%	44%	► 32% ►	T_b = .18	
	(0/22)	(20/57)	(23/66)	(14/32)	(57/177)	(p < .01)	
	25%	38%	48%	38%	► 41% ►	T_b = .07	
	(2/ 8)	(13/34)	(22/46)	(6/16)	(43/104)	(n.s.)	
stark	80%	67%	65%	83%	► 70% ►	T_b = .02	
	(4/ 5)	(6/ 9)	(17/26)	(5/ 6)	(32/ 46)	(n.s.)	

6%	24%	33%	38%	25%
(8/127)	(56/235)	(79/243)	(33/88)	(176/693)
T_b=.31	T_b=.27	T_b=.32	T_b=.21	
(p<.001)	(p<.001)	(p<.001)	(p<.001)	

Erläuterungen: (1) T_b (Verhaltensdisposition-Verhaltensänderung) = .32
(p < .001)
(2) T_b (Handlungsspielraum-Verhaltensänderung) = .21
(p < .001)

Bei 190 der 675 befragten Frauen wurde keine tatsächliche Übereinstimmung der Standards der Ehepartner festgestellt. 59% dieser Frauen hatten jedoch diesen Tatbestand kognitiv korrigiert, d.h. 113 der 190 Frauen kognizierten Standardübereinstimmung, wo in Wirklichkeit keine vorhanden war. Weiterhin wurde die Qualität der Ehebeziehung mittels semantischer Differentiale gemessen; die Ergebnisse erlaubten in 69% der Fälle eine Einstufung der Beziehung als "sehr gut" und den Rest (N = 59) als "weniger zufriedenstellend". Die Vorhersage der balance-theoretischen Tradition, daß kognitive Angleichung desto stärker ist, je positiver die Interaktionspartner ihre Beziehung bewerten, wurde jedoch durch die Daten nicht unterstützt: Die kognitive Angleichung des Standards des Ehemanns der Frauen mit sehr guter Ehebeziehung an den eigenen Standard unterschied sich nur wenig (und nicht signifikant) von der bei den übrigen Frauen (vgl. Tabelle 9).

Zur Überprüfung der aus der TMI abgeleiteten Vorhersage, daß die balancetheoretische Hypothese nur für primär kongruente Personen gilt, wurden zwei Untergruppen gebildet: 97 primär kongruente Frauen (deren Standard hinsichtlich Berufstätigkeit der aktuellen eigenen Arbeitssituation entspricht) und 93 primär inkongruente Frauen (deren Standard der eigenen Arbeitssituation nicht entspricht). In beiden Untergruppen ist der Anteil Frauen mit "sehr guter" Ehebeziehung gleich groß (69%). Aus der Tabelle 10 ist nun ersichtlich, daß 73% der primär kongruenten Frauen mit sehr gutem Eheverhältnis den (abweichenden) Standard des Ehemannes kognitiv dem eigenen Standard angleicht, wohingegen dies bei den entsprechenden inkongruenten Frauen nur für 50% gilt (vgl. in Tabelle 10 die Vergleichsbeziehung (a)). Dieser Unterschied entspricht der Vorhersage V.5 und ist statistisch signifikant (p <.02).

Nur 43% der primär kongruenten Frauen mit weniger zufriedenstellender Ehebeziehung gleichen kognitiv den Standard des Ehemannes dem eigenen Standard an; vergleicht man diese Frauen mit den kongruenten Frauen in sehr guten Eheverhältnissen, dann entspricht auch dieser Unterschied im Ausmaß kognitiver Angleichung der Vorhersage der TMI und ist zudem signifikant (p <.01) (vgl. in Tabelle 10 die Vergleichsbeziehung (b)). Damit bestätigt sich die Erwartung, daß die aus der Theorie interpersonaler Angleichung abgeleitete Vorhersage nur unter der Bedingung primärer Kongruenz gilt; denn bei primär inkongruenten Frauen spielt die Qualität der Ehebeziehung nicht die vorhergesagte Rolle,

Tabelle 9: Ausmaß kognitiver Angleichung des Standards bezüglich Berufstätigkeit zwischen Ehepartnern, unterschieden nach Qualität der
Ehebeziehung (N = 190)

Beurteilung der Ehebeziehung als:

weniger zufriedenstellend   sehr gut

54% kognitive Angleichung   62% kognitive Angleichung
(32/59)   (81/131)

Tabelle 10: Prozentsatz der Frauen, die sich kognitiver Angleichung bedie-
nen, um den abweichenden Standard mit dem eigenen Standard in
Übereinstimmung zu bringen; bezogen auf die Qualität der Ehebeziehung und auf den Zustand des primären Bereichs (N = 190)

Beurteilung der Ehebeziehung als:

weniger zufriedenstellend   sehr gut

primär kongruente   43% -------------------------------- 73%
Frauen   (13/30)   (b)   (49/67)
                                                                ¦
                                                                ¦(a)
                                                                ¦
primär inkongruente   66% -------------------------------- 50%
Frauen   (19/29)   (c)   (32/64)

da Unzufriedenheit mit dem Eheverhältnis sogar etwas mehr (anstelle weniger)
kognitive Angleichung zur Folge hat (66% gegenüber 50%, vgl. die Vergleichsbeziehung (c) in Tabelle 10).

In diesem Abschnitt wurden bis jetzt Überprüfungsergebnisse für fünf, aus der
TMI abgeleitete problemspezifische Vorhersagen dargestellt. Vier dieser Vorhersagen betrafen Inkongruenzreduktion über Verhaltensänderung, wohingegen
sich die fünfte Vorhersage auf Inkongruenzreduktion über Kognitionsänderung
bezog. Abschließend soll nun anhand eines Schaubildes veranschaulicht werden,
wie in einer Population primär inkongruenter Personen Inkongruenzreduktion
durch Verhaltensänderung und durch Standardänderung verteilt ist bzw. in welchem Maße keine Inkongruenzreduktion stattfindet. Hierzu wird zurückgegriffen auf die Längsschnittdaten des Projekts "Berufstätigkeit verheirateter
Frauen". Von den 149 Frauen der Längsschnittuntersuchung waren 55 primär inkongruent, d.h. sie besaßen zum Zeitpunkt t(1) einen dominanten Standard
"Berufstätigkeit". Die nachfolgende Analyse betrifft demnach verheiratete
Frauen, die einen Standard besitzen, der Berufstätigkeit fordert, die aber
zum Zeitpunkt t(1) nicht berufstätig waren. Vollständigkeitshalber sei erwähnt, daß hierbei nur die wahrgenommenen, nicht aber die tatsächlichen Einschränkungen der Handlungssituation berücksichtigt wurden.

24% der Frauen haben in der Zeit zwischen t(1) und t(2) eine berufliche Tätigkeit (wieder) aufgenommen; dies waren vor allem (40%) die Frauen, die zum
Zeitpunkt t(1) einen dominanten primären Standard besaßen, wohingegen der Anteil der Frauen mit einem zum Zeitpunkt t(1) weniger dominanten Standard
kleiner war (15%). Dieser Unterschied ist signifikant (r = .28, p <.0001).
In Übereinstimmung mit den Aussagen der TMI waren diejenigen Frauen berufstätig geworden, die nicht nur einen dominanten Standard "Berufstätigkeit"
hatten, sondern zum Zeitpunkt t(1) auch eine relativ starke Verhaltensdisposition aufwiesen (d.h. die entsprechende Hilfskognition über situationsadäquates Handeln und kognizierte Standardübereinstimmung mit dem Ehemann). Von
diesen Frauen mit starker Verhaltensdisposition waren zum Zeitpunkt t(2) 80%
berufstätig.

Demgegenüber hatten Frauen, die ihre Aussichten auf eine Stellung ungünstig
einschätzten und die wenig Standardübereinstimmung mit ihrem Ehemann sahen,

nur selten die primäre Inkongruenz über Verhaltensänderung reduziert, sondern ihren primären Standard dem Sachverhalt und der diesbezüglichen primären Kognition angepaßt (d.h. sie erfuhren zum Zeitpunkt t(2) die Forderung, berufstätig zu sein, als nicht so dringlich wie zum Zeitpunt t(1)). Durch Einbeziehung der übrigen mentalen Elemente des sekundären Bereichs (vgl. Abbildung 3) ergibt sich ein Bild der Inkongruenzreduktion im Zeitablauf, das in Abbildung 9 zusammengefaßt ist.

Abbildung 9 visualisiert die folgenden Untersuchungsergebnisse: 58% aller zum Zeitpunkt t(1) primär inkongruenten Frauen haben im Zeitraum von drei Jahren diese Inkongruenz reduziert, und zwar zwei Drittel über Verhaltensänderung (und damit Angleichung an die Kognition). Bei den übrigen 42% blieb die primäre Inkongruenz während der drei Jahre erhalten; in diesen Fällen hätte weder eine Kognitionsänderung im primären Bereich noch eine Standardänderung zu einer nennenswerten Reduktion der totalen Inkongruenz geführt.

4. Schlußbemerkungen

Die empirische Überprüfung der Theorie mentaler Inkongruenzen im Rahmen von vier konkreten Forschungsprojekten kann im großen und ganzen als gelungen gelten. Die Theorie, so hat sich erwiesen, ermöglicht die Ableitung problemspezifischer Vorhersagen in sehr unterschiedlichen Gegenstandsbereichen und bewährt sich bei der empirischen Überprüfung. Dennoch hat dieser Beitrag in mehreren Hinsichten den Charakter eines Zwischenberichtes und ist somit nicht abschließend.

Zunächst liegt es auf der Hand, daß zukünftige Überprüfungen der TMI und der aus ihr abgeleiteten problemspezifischen Vorhersagen in neuen Projekten Schwächen der Theorie ans Licht bringen können, die Korrekturen erfordern. Dies wäre zu begrüßen, denn es sind ja gerade die problemspezifischen Anwendungen, bei denen sich die Möglichkeiten und Grenzen einer allgemeinen Theorie erweisen.

Aber auch ohne weitere Überprüfungen abzuwarten, kann man leicht feststellen, daß die TMI in der hier dargestellten Fassung der Ergänzung und Präzisierung bedarf. So fehlen z.B. Hypothesen über Reaktionsweisen auf inkongruente men-

174

Abbildung 9: Ausmaß und Art der Reduktion primärer Inkongruenz bei verheirateten Frauen mit ungefähr gleich geringem Handlungsspielraum (N = 55)

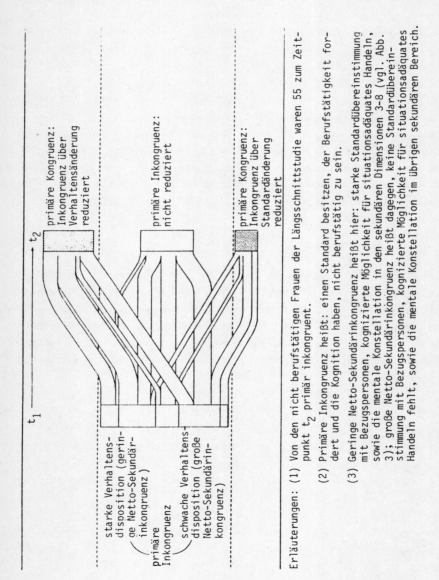

Erläuterungen: (1) Von den nicht berufstätigen Frauen der Längsschnittstudie waren 55 zum Zeitpunkt t₂ primär inkongruent.

(2) Primäre Inkongruenz heißt: einen Standard besitzen, der Berufstätigkeit fordert und die Kognition haben, nicht berufstätig zu sein.

(3) Geringe Netto-Sekundärinkongruenz heißt hier: starke Standardübereinstimmung mit Bezugspersonen, kognizierte Möglichkeit für situationsadäquates Handeln, sowie die mentale Konstellation in den sekundären Dimensionen 3-8 (vgl. Abb. 3); große Netto-Sekundärinkongruenz heißt dagegen, keine Standardübereinstimmung mit Bezugspersonen, kognizierte Möglichkeit für situationsadäquates Handeln fehlt, sowie die mentale Konstellation im übrigen sekundären Bereich.

tale Konstellationen, die sowohl für Standard- als auch für Kognitionsänderungen wenig Spielraum lassen. Es ist naheliegend, daß derartige Bedingungen
als Streß erfahren werden. Diese Vermutung scheint sich zu bewähren, wenn
man Daten über psycho-physiologische Beschwerden berücksichtigt (TAZELAAR
& SPRENGERS 1984). Eine Präzisierung der TMI ist z.B. erforderlich, wenn
bei der Ableitung und Überprüfung spezifischer Vorhersagen der Gesamtheit
der Postulate und Hypothesen der Theorie gleichzeitig Rechnung getragen wird.
In ihrer verbalen Fassung ist die Theorie zu komplex, um alle Implikationen
zu berücksichtigen; Formalisierung der Theorie kann zur Lösung dieses Problems beitragen. Erste Schritte in dieser Richtung sind bereits durch die Entwicklung eines allgemeinen Inkongruenzmodells unternommen (TAZELAAR 1982).
Dieses Modell ist, mit positivem Ergebnis, einem partiellen empirischen Test
unterworfen worden (TAZELAAR & SPRENGERS 1984). Weitere Präzisierungen der
Theorie sind jedoch erforderlich, z.B. um das gleichzeitige Auftreten unterschiedlicher Weisen der Inkongruenzreduktion in den Griff zu bekommen.

Ganz gleich, als wie erfolgreich sich die Bemühungen um Ergänzung und Präzisierung der TMI erweisen werden, ein weiteres wichtiges Problem wird damit
nicht gelöst: die Theorie ist sehr datenintensiv. Wenn es für die Anwendung
einer allgemeinen Theorie in der empirischen Sozialforschung erforderlich ist,
daß jeweils eine große Menge detaillierter Individualdaten über Erhebungen
beschafft werden muß, wird der Wert theoretisch gesteuerter Forschung erheblich eingeschränkt, da ja dann zusätzlich zu den problemspezifischen Daten
auch immer wieder Daten über allgemeine mentale Konstellationen erhoben werden müßten. Der Wert der Anwendung allgemeiner Theorien liegt jedoch gerade
darin, daß in Theorien umfangreiches Einzelwissen integriert ist. Auch in
bezug auf dieses Problem der Datenintensität der TMI sind bereits Schritte
unternommen worden, um Lösungen zu erarbeiten. So werden im Rahmen einiger
laufender Projekte Datenmodelle für die sekundären mentalen Dimensionen
"verfügbare finanzielle Mittel", "verfügbare Zeit" und "gesellschaftliches
Ansehen" entwickelt. Diese "Mini-Modelle" sollen, ausgehend von leicht zu-
gänglichen demographischen Daten, Schätzungen sekundärer Inkongruenzen in
diesen Dimensionen bei unterschiedlichen Bevölkerungsgruppen ermöglichen,
und zwar vor allem dann, wenn detaillierte Erhebungsdaten fehlen.

Schließlich empfiehlt es sich, die Theorie mentaler Inkongruenzen mit anderen generellen Theorien zu vergleichen. Ziel eines solchen Theorienvergleichs wäre u.a., Schwachstellen der einzelnen Theorien aufzuspüren, partielle Gemeinsamkeiten von Theorien sichtbar zu machen, Ableitbarkeitsbeziehungen zwischen Theorien herauszuarbeiten und eventuell die besondere Eignung einer Theorie für spezifische Erklärungsprobleme nachzuweisen. Erste Ansätze eines solchen Theorienvergleichs sind bereits vorhanden, und zwar ein Vergleich der TMI mit der Statusinkonsistenztheorie (WIPPLER 1980) und ein Vergleich der TMI mit der Nutzentheorie (SCHMIDT 1982). Weitere systematische Vergleiche allgemeiner Theorien im Rahmen empirischer Untersuchungen sind Teil eines laufenden Forschungsprojekts über vergleichende Theorientestung[10].

Anmerkungen

(1) Dieser Beitrag ist die überarbeitete und erweiterte Fassung eines Artikels in Angewandte Sozialforschung 10: 237-275 (1982).

Wir danken Silke SCHMIDT (Hamburg) für ihre wertvolle konstruktive Kritik; namentlich bei der Darstellung der allgemeinen Fassung der Theorie konnten durch ihre Mitarbeit einige störende Inkonsistenzen vermieden werden.

(2) In einem anderen Anwendungsfall der Theorie mentaler Inkongruenzen wurde die ursprüngliche Fassung von MÜNCH ebenfalls modifiziert (vgl. FROGNER 1980).

(3) Diese Hypothese wurde erst zu einem späteren Zeitpunkt, nach Abschluß der ersten Untersuchung, der Theorie hinzugefügt. Den Anlaß dazu bildete ein Vergleich der Theorie mentaler Inkongruenzen mit der Statusinkonsistenztheorie (WIPPLER 1980: 28).

(4) Diese Erweiterung der Theorie wurde veranlaßt durch bereits vorliegende Untersuchungsergebnisse (TAZELAAR 1980: 131-152).

(5) Auf diese Frage konzentriert sich die andere Teiluntersuchung; vgl. nierzu DRIESSEN 1981.

(6) Dieses Problem wird in TAZELAAR (1980) detaillierter behandelt. Dort wird vor allem gezeigt, wie die klassische Einstellung-Verhaltenhypothese konditionalisiert werden kann, d.h. unter welchen Bedingungen diese Hypothese zutrifft.

(7) Hygienisches Arbeitsverhalten wurde operational bestimmt als die Häufigkeit, mit der in einer 15-minütigen Beobachtungsperiode die Schlachtgerätschaften in heißem Wasser desinfiziert wurden.

(8) Einfachheitshalber sind die Beobachtungsdaten über das Hygieneverhalten der Kollegen bei der Bestimmung des Handlungsspielraums der Arbeiter weggelassen.

(9) Wenn für die Bestimmung der Stärke der Verhaltensdisposition außer den Dimensionen "Standardübereinstimmung mit Bezugspersonen" und "situationsadäquates Handeln" auch noch die sechs weiteren Dimensionen des sekundären Bereichs (vgl. Abbildung 3) herangezogen werden, kann hygienisches Arbeitsverhalten auf Grund von Dispositionen und Handlungsspielraum noch besser vorhergesagt werden.

(10) Dieses Projekt wird aus Mitteln der DFG finanziert. An dem theorienvergleichenden Teil dieses Projekts sind außer den Autoren dieses Beitrages noch Karl-Dieter OPP, Silke SCHMIDT, Ulf WUGGENIG und Elmar LANGE beteiligt.

Literatur

BYRNE, D. & B. BLAYLOCK
1963   Similarity and assumed similarity of attitudes between husbands and wives, Journal of Abnormal and Social Psychology 67: 636-640

BYRNE, D. & T.J. WONG
1962   Racial prejudice, interpersonal attraction and assumed dissimilarity of attitudes, Journal of Abnormal and Social Psychology 65: 246-253

CENTERS, R.
1975   Attitude similarity-dissimilarity as a correlate of heterosexual attraction and love, Journal of Marriage and the Family 37: 305-312

COX, D.R.
1970   Analysis of Binary Data, London: Methuen

DRIESSEN, F.M.H.M.
1981   Voorkeuren voor aspecten van het stedelijk leefmilieu, Mens en Maatschappij 56: 173-202

DOORNE-HUISKES, J. van
1979   Vrouwen en beroepsparticipatie: Een onderzoek onder gehuwde vrouwelijke academici, Diss., Utrecht

FESTINGER, L.
1957   A Theory of Cognitive Dissonance, New York: Row, Peterson

FIENBERG, S.E.
1977   The Analysis of Cross-Classified Categorical Data, Cambridge (Mass.): MIT-Press

FROGNER, E.
1980   Eine soziologische Untersuchung über Aggression im Sport. Zur Konstruktion, Anwendung und empirischen Überprüfung der mentalen Inkongruenztheorie, Diss., Hamburg

GERATS, G.E., H.O. STEENSMA & F. TAZELAAR
1982   Arbeidsomstandigheden en arbeidsvoldoeing in Nederlandse
               varkensslachterijen, Ms., Utrecht

GERATS, G.E., H.O. STEENSMA, F. TAZELAAR & R. WIPPLER
1982a   Arbeidsmilieu en hygiene in Nederlandse varkensslachterijen,
               Rijswijk: PVV

GIRARD, M.A.
1958   Le budget-temps de la femme mariée dans les agglomérations
               urbaines, Population 13: 591-618

HABERMAN, Sh.J.
1978   Analysis of Qualitative Data, Vol. 1, New York:Academic

HAGE, K. & E. NOSS
1954   Umfang und Bedeutung der Frauenarbeit in bäuerlichen Fami-
               lienbetrieben, Schriftenreihe B der Bundesforschungsanstalt
               für Hauswirtschaft, Hamburg

HEIDER, F.
1958   The Psychology of Interpersonal Relations, New York: Wiley

HOMANS, G.C.
1961   Social Behavior, New York: Harcourt

KLIMA, R.
1974   Scientific knowledge and social control in science: The
               application of a cognitive theory of behavior, in: R.
               Whitley (ed.), Social Processes of Scientific Development,
               London: RKP, 96-122

MALEWSKI, A.
1967   Verhalten und Interaktion, Tübingen: Mohr

MEINEFELD, W.
1977   Einstellung und soziales Handeln, Reinbek: Rowohlt

MÖNCH, R.
1942   Mentales System und Verhalten, Tübingen: Mohr

NEWCOMB, Th.M.
1953   An approach to the study of communicative acts, Psychologi-
               cal Review 60: 393-494

OPP, K.-D.
1972   Verhaltenstheoretische Soziologie, Reinbek: Rowohlt

PIETERS-DE ROON, M.
1961   De tijdsbesteding van den huisvrouw. Een onderzoek naar de
               tijdsbesteding van enkele groepen Nederlandse huisvrouwen
               in opdracht van de Nederlandse Huishoudraad, Ms.,
               Wageningen

POSEGA, G. & E. STÖBLER
1958   Die Arbeitsverhältnisse der Bäuerin in 53 Betrieben Baden-
               Württembergs mit besonderer Berücksichtigung der Hauswirt-
               schaft, hrsg. von der Bundesforschungsanstalt für Ernährung
               und Technik

ROSENBERG, M.J. & C.I. HOVLAND
1960   Cognitive, affective and behavioral components of attitudes,
            in: ROSENBERG et al. 1960: 1-14

ROSENBERG, M.J. et al.
1960   Attitude Organization and Change, New Haven (Conn.): Yale UP

SCHEFF, Th.J.
1967   Toward a sociological model of consensus, American Sociological
            Review 32: 32-46

SCHMIDT, S.
1982   Konfrontation der Theorie mentaler Inkongruenzen mit der Nutzen-
            theorie, Bericht des DFG Forschungsverbunds Vergleichende Theo-
            rientestung, Hamburg / Utrecht

STOETZEL, J.
1948   Une étude du budget-temps de la femme dans les agglomérations
            urbaines, Population 3: 47-62

TAZELAAR, F.
1980   Mentale incongruenties - sociale restricties - gedrag: Een
            onderzoek naar beroepsparticipatie van vrouwelijke academici,
            Diss., Utrecht

1982   From a classical attitude-behavior hypothesis to a general
            model of behavior via the theory of mental incongruity, in:
            W. Raub (ed.), Theoretical Models and Empirical Analyses,
            Utrecht: ESP, 101-128

TAZELAAR, F. & G.E. GERATS
1982   Hygiene en hygienegedrag in Nederlandse varkensslachterijen,
            Ms., Utrecht

TAZELAAR, F. & M. SPRENGERS
1984   Reacties van ouderen op werkloosheid. Uiteenlopende reacties
            verklaard met behulp van een algemeen gedragstheoretisch model,
            Ms., Utrecht

WACKER, A.
1976   Arbeitslosigkeit. Soziale und psychische Voraussetzungen und
            Folgen, Frankfurt a.M.: Europäische Verlagsanstalt

WALKER, K.E.
1969   Homemaking still takes time, Journal of Home Economics 61:
            621-624

WIPPLER, R.
1980   Mentale incongruenties, statusinconsistentie en de gevolgen
            van werkloosheid, Ms., Utrecht

ARBEITSLOSIGKEIT UND SOZIALE ISOLATION
EIN VERGLEICHENDER TEST DER STATUSINKONSISTENZTHEORIE
UND DER THEORIE MENTALER INKONGRUENZEN[1]

Frits Tazelaar

und

Maarten Sprengers

Arbeitslosigkeit führt zum Rückzug aus sozialen Beziehungen und schließlich zu Einsamkeit und sozialer Isolierung. Diese empirische Generalisierung stammt aus den dreißiger Jahren (ZAWADSKI & LAZARSFELD 1935: 249, THRAUM 1934: 44, WACKER 1976: 46-48 über die Warschauer Studie von KRZYWICKI aus dem Jahre 1933).

In seinem Beitrag "Die Isolation der Arbeitslosen" für einen niederländischen Kongreß über die dreißiger Jahre [2] nennt ROOY eine Reihe von behördlichen Bestimmungen für Arbeitslose aus seiner Zeit, die nicht wenig zur sozialen Isolierung beigetragen haben dürften: "... Es war Pflicht, jeden Tag mindestens einmal stempeln zu gehen; man konnte gezwungen werden, eine abgelegene Arbeitsstelle anzunehmen, von der man nur einmal in vierzehn Tagen nach Hause zurückkehren durfte; eine Heirat wurde sehr erschwert, da man einige Monate keine 'Verheiratetenunterstützung' bekam"; kontrollierenden Beamten mußte Einlaß in die Wohnung gewährt werden; über unverantwortliche Ausgaben für Blumen, Gebäck und Kinobesuche mußte mitunter Rechenschaft abgelegt werden; die Behörde konnte die Abwanderung von Arbeitslosen behindern, indem sie die Stempelmöglichkeiten entzog, d.h. es war nicht möglich, an einem anderen Ort stempeln zu gehen; in der zweiten Hälfte der dreißiger Jahre wurden Frauen und ältere Kinder verpflichtet, sich bei einem Arbeitsamt registrieren zu lassen; eine durch sehr viele als äußerst beschämend erfahrene Untersuchung wurde angestellt, wenn man bei der Unterstützungsstelle um Kleidung oder Bettzeug nachsuchte, denn in diesem Fall inspizierte eine Reihe von Beamten sorgfältig die Schränke, um die Notwendigkeit einer solchen Unterstützungsleistung beurteilen zu können; es war die zunehmende Erkennbarkeit von Arbeitslosen an sich, durch die Kleidung, namentlich durch die für Arbeitslose typischen Jakken, die von der Unterstützung ausgegeben wurden, und - nicht zu vergessen - durch die kostenlose Fahrradmarke mit ihrem großen Loch, die die Arbeitslosen von der Fahrradsteuer befreite, und durch den Vermerk im Familienstammbuch" (ROOY 1979: 204).

Das geschilderte Bild ist schrecklich, aber es gehört glücklicherweise der Vergangenheit an. Es hat sich in den abgelaufenen fünfzig Jahren in einigen Hinsichten verändert. Der zur Zeit häufig geäußerte Vergleich zwischen der Krise in den dreißiger Jahren und den heutigen gesellschaftlichen Verhältnissen wird in der letzten Zeit immer häufiger im Hinblick auf die sozialökonomischen Unterschiede zwischen beiden Perioden differenziert. Die augenscheinlichen Übereinstimmungen treten hinter allen Unterschieden zurück (z.B. TINBERGEN 1983). Soziale Isolierung als Folge von Arbeitslosigkeit scheint eine Ausnahme geworden zu sein. Behauptungen über einen empirischen Zusammenhang zwischen Arbeitslosigkeit und sozialer Isolierung finden sich jedoch auch in der Literatur der Nachkriegsperiode (vgl. BAKKE 1960: 121, AIKEN et al. 1968: 79-81, HAMAKER 1972: 305, HOUBEN 1972: 287-290, WACKER 1976: 101). Abgesehen vom Rückgang der formalen sozialen Partizipation (Mitgliedschaften in Vereinigungen u.ä.), wird v.a. auf die Folgen hingewiesen, die Arbeitslosigkeit für die Betroffenen im kleineren Kreis hat. Kontakte mit Freunden und guten Bekannten verlaufen mühsamer, nehmen in ihrer Häufigkeit ab oder hören ganz auf. Auch Kontakte innerhalb der Familie unterliegen einer Veränderung. Im vorliegenden Beitrag gehen wir tiefer auf diese Beziehungen zwischen Arbeitslosigkeit und sozialer Isolation ein.

Unsere erste Frage lautet: Kann auch in der heutigen ökonomischen Rezession von sozialer Isolation und Rückzugsverhalten bei Arbeitslosen die Rede sein? Verbunden mit dieser Frage stellt sich folgendes Problem: Einmal vorausgesetzt, daß nicht jeder Arbeitslose sich aus seinen sozialen Beziehungen zurückzieht, warum tritt soziale Isolation bei einigen Arbeitslosen trotzdem auf und bei anderen nicht? In diesem Zusammenhang ist bemerkenswert, daß die Beantwortung dieser Frage in der Literatur in erster Linie auf den Arbeitslosen selbst zielt. Ein zweiter Gesichtspunkt, der merkwürdigerweise bisher kaum zur Diskussion gestellt worden ist, bezieht sich auf die Merkmale der Interaktionspartner, von denen sich die Arbeitslosen zurückziehen und derjenigen, mit denen sie in Kontakt bleiben. Gerade dieser Gesichtspunkt kann Aufschluß über das Ausmaß und die Gründe der sozialen Isolation von Arbeitslosen geben. Unsere zentrale Frage lautet daher auch: Von welchen Interaktionspartnern isolieren Arbeitslose sich? Welche Merkmale besitzen diejenigen, von denen sie sich zurückziehen? Und schließlich: Von welcher Art Interaktionspartnern isolieren Arbeitslose sich nicht?

1. Theoretischer Hintergrund

Über Rückzugsverhalten und soziale Isolation ist in unterschiedlichen Zusammenhängen gearbeitet worden. In diesem Beitrag stützen wir uns auf dieses theoretische Hintergrundwissen und wenden systematisch zwei sozialwissenschaftliche Theorien an. Aus beiden Theorien leiten wir problemspezifische Vorhersagen ab, die im Anschluß mit Hilfe von empirischen Daten getestet werden. Die zwei Theorien sind die Statusinkonsistenztheorie und die mentale Inkongruenztheorie. Beide können als Gleichgewichtstheorien betrachtet werden: die Statusinkonsistenztheorie als eine sozial-strukturelle Gleichgewichtstheorie und die mentale Inkongruenztheorie als eine kognitive Gleichgewichtstheorie [3]. Wenn beide Theorien in Bezug auf dasselbe Anwendungsgebiet präzisiert werden, können die Vorhersagen, die aus der einen Theorie abgeleitet werden, mit denen der anderen Theorie verglichen werden. Ein Vergleich der mit den Theorien vorhergesagten Arten, ein Gleichgewicht herzustellen, gibt über die Unterschiede und Übereinstimmungen zwischen beiden Theorien Aufschluß, sowohl was die spezifizierten sozialen und mentalen Bedingungen betrifft, als auch was die erwarteten Reaktionsweisen betrifft. Eine nähere Betrachtung (s. WIPPLER 1980: 2) zeigt, daß bei einem Vergleich der Statusinkonsistenztheorie mit der mentalen Inkongruenztheorie der unterschiedliche Entwicklungsstand dieser Theorien problematisch ist. Die mentale Inkongruenztheorie steht nach ihrer Ausweitung und Modifikation von einer Verhaltensdispositionstheorie zu einer allgemeinen Verhaltenstheorie in einer Form zur Verfügung, die die Anwendung auf neue Problemgebiete ermöglicht. Von der Statusinkonsistenztheorie bestehen dagegen verschiedene, nur partiell ausgearbeitete Versionen [4]. Wenn man beabsichtigt, zwei Theorien miteinander zu vergleichen, obgleich eine von diesen Theorien ungelöste, interne Schwierigkeiten beinhaltet, dann stehen zwei Strategien zur Wahl: entweder man arbeitet erst an den internen Schwierigkeiten, um danach zum Vergleich überzugehen, oder man läßt die kontroversen Teile soweit wie möglich aus dem Vergleich heraus. Da es bei der ersten Strategie nicht unwahrscheinlich ist, daß angesichts des Umfangs der zu lösenden Schwierigkeiten ein Vergleich gar nicht mehr zustande kommt, wurde die zweite Strategie gewählt [5]. Um die Chance verschiedener Vorhersagen im Rahmen des Problems sozialer Isolation von Arbeitslosen zu erhöhen, werden die Theorien so präsentiert, daß die Betonung bei der Statusinkonsistenztheorie auf Effekten sozial-struktureller Bedin-

gungen und bei der mentalen Inkongruenztheorie auf Effekten kognitiv-motiva-
tionaler Bedingungen liegt.

1.1 Statusinkonsistenz und soziale Isolation

In "Wirtschaft und Gesellschaft" ist WEBER auf den multidimensionalen Charakter sozialer Schichtung eingegangen und hat die Möglichkeit herausgestellt,
daß die verschiedenen Statusdimensionen eines Individuums nicht gleich hoch
sein müssen (1921: 531-540). Auch SOROKIN hat darauf hingewiesen, daß verschiedene Formen der Schichtung nicht vollständig übereinstimmen müssen (1927:
1-12). Ausgangspunkt der Statusinkonsistenztheorie ist dementsprechend, daß
die Position einer Person auf der gesellschaftlichen Leiter (sein sozialer
Rang) mehrdimensional bestimmt ist: jedes Mitglied einer Gesellschaft hat
auf verschiedenen Rangdimensionen einen Status. Eine spezifische Kombination
von Statusdimensionen wird eine Statuskonfiguration genannt. Wenn die Statusdimensionen eines Individuums nicht die gleiche Höhe besitzen, wird von Statusinkonsistenz gesprochen. Was in einer Gruppe oder Gesellschaft als "gleiche
Höhe" gilt, ist normativ gegeben und kann zwischen Gruppen verschieden sein:
es besteht mit anderen Worten eine "Konsistenznorm". Das Hauptpostulat der
Statusinkonsistenztheorie unterstellt nun, daß im Falle einer Statusinkonsistenz eine Tendenz zur Herstellung von Gleichgewicht (Kristallisation oder
"Konsistenz") wirksam ist. In erster Linie hat diese Tendenz für das Individuum
Mobilität zur Folge, d.h. daß es seine Position in einer bestimmten Statusdimension verändert, bis die geltende Konsistenznorm wieder erfüllt ist
(WIPPLER 1980: 14). Daneben werden in der Theorie auch andere Reaktionsweisen
genannt. So formuliert LENSKI in seinem Artikel "Social Participation and
Status Crystallization" zwei Hypothesen über soziale Isolation als Reaktion
auf einen inkonsistenten Zustand. Die erste Hypothese lautet: "Personen mit
einer geringen Statuskristallisation sind weniger häufig Teilnehmer an freiwilligen sozialen Beziehungen als Personen mit einer hohen Statuskristallisation" (LENSKI 1956: 460). Mit einer "geringen Kristallisation" charakterisiert LENSKI in seinem Artikel eine ungleichgewichtige Beziehung zwischen
verschiedenen Statusdimensionen (z.B.: Ausbildung, Berufsprestige und Einkommen). Weil er vollständige soziale Isolierung lediglich in einem bestimmten
Teil von Fällen für wahrscheinlich hält, formuliert er überdies eine zweite

("partielle") Rückzugshypothese: "Unter statusinkonsistenten Personen ist
der Anteil langdauernder sozialer Beziehungen, die nicht mehr aktiv unterhalten werden, größer als unter statuskonsistenten Personen". Einem vollständigen Abbruch der Kontakte geht LENSKI zufolge eine Verminderung der
Interaktionshäufigkeit voran. LENSKI bezieht sich dabei auf lerntheoretische
Annahmen:

"If, as learning theorists assert, behavior which is negatively sanctioned
or unrewarded tends to decline in frequency, and if, as the basic hypothesis
asserts, a low degree of statuscrystallization is associated with the denial
of rewards in the realm of interpersonal relations, one would predict that
those persons whose status is poorly crystallized will exhibit a tendency to
withdraw from, or avoid, social intercourse" (LENSKI 1956: 459).

WUGGENIG führt zurecht an, daß es sich hier nicht um eine allgemeine soziale
Rückzugshypothese handelt (WUGGENIG 1983: 5-6). LENSKIs Aussagen beziehen
sich lediglich auf "freiwillige soziale Beziehungen". Er nimmt nicht an, daß
statusinkonsistente Personen sich in ihren Beziehungen von statuskonsistenten Personen unterscheiden, wenn es sich um Beziehungen mit Familienmitglie-
dern handelt, um Beziehungen, die mit beruflichen Angelegenheiten zusammenhängen und um Beziehungen, die von Mitgliedschaften in Organisationen getragen werden (wie z.B. die Kontakte, die mit der Zugehörigkeit zu einer Kirchen-
gemeinde zusammenhängen). An Stelle einer Verminderung der Teilnahme unterstellt LENSKI dann mehr Kontakte, wenn es um Beziehungen aus Mitgliedschaften
in solchen Organisationen geht, die für eine Verbesserung des eigenen Status
instrumentelle Bedeutung haben können, z.B. die Kontakte von (Ex-)Arbeit-
nehmern mit Gewerkschaftsfunktionären. Wenn LENSKI über soziale Isolation
spricht, hat er dabei vor allem den Rückzug aus "nicht-familialen" und "nicht-
essentiellen" Beziehungen im Auge. Als Beispiel führt er die Kontakte mit
Nachbarn, Freunden, Bekannten und (Ex-)Kollegen an, denen man auch außerhalb
der Arbeitszeit begegnet.

In einem Kommentar zu einem Artikel von MITCHELL (1964) macht LENSKI (1964)
deutlich, daß Statusinkonsistenz mit unangenehmen sozialen Erfahrungen verbunden ist: statusinkonsistente Personen erwarten und hoffen, auf ihren (relativ) höchsten Statusfaktor angesprochen zu werden, während vor allem die konsistenten Personen, mit denen sie umgehen, eher geneigt sind, den niedrigsten
Statusfaktor einer inkonsistenten Person zu betonen:

".. it is not at all unreasonable to assume that persons with inconsistent
statuses will nearly always be forced to interact with some frequency with

individuals with consistent statuses and, as a consequence, find a disturbing discrepancy between the way others treat them (based on their lower statuses) and the way they desire to be treated (based on their higher statuses)" (LENSKI 1964: 330).

Damit ist deutlich, daß die Statusinkonsistenztheorie von Beginn an eine Theorie über soziale Interaktionen und Beziehungen gewesen ist (HUGHES 1945: 357, GOFFMAN 1957: 275-281, HOMANS 1962: 98, JACKSON 1962: 469-480, MALEWSKI 1966: 303).

Mit Bezug auf die Utilitaristen nimmt LENSKI in "Power and Privilege" zur Begründung der Tendenz zur Statusmaximierung an, daß Individuen eine "natür- liche" Tendenz haben, im Eigeninteresse zu handeln und nach maximaler Bedürf- nisbefriedigung zu streben, wenn nötig auf Kosten und zu Lasten anderer. Da- zu gehört nach LENSKI die Neigung, den eigenen Status zu maximieren. Daraus ergibt sich für die Statusinkonsistenztheorie, daß ein statusinkonsistentes Individuum die Neigung hat, sich selbst mit seiner im Vergleich am höchsten eingeordneten Statusdimension zu identifizieren und von seiner Umgebung zu erwarten, daß sie sich in gleicher Weise verhält. Zusätzlich nimmt LENSKI (1966: 87) an, daß (namentlich konsistente) Interaktionspartner eines sta- tusinkonsistenten Individuums ein größeres Interesse daran haben, sich an der am niedrigsten eingeordneten Statusdimension dieses Individuums zu orien- tieren. MALEWSKI fügt - unter Bezug auf HOMAN's "Social Behavior" - hinzu, daß die Reaktionen dieser Interaktionspartner auch als eine vorsichtige Ant- wort auf einen unsicheren Stimulus betrachtet werden können (MALEWSKI 1966: 305). In demselben Artikel spezifiziert MALEWSKI die Bedingungen, unter denen statusinkonsistente Individuen zu Mobilität tendieren, und die, unter denen sie zu sozialer Isolation neigen. Seine Behauptung lautet:

"If an individual shows several incongruent statusfactors, some of which are evaluated as much lower than others, and when this individual cannot raise the lower factors, he will show a tendency to avoid those people who react to them".

Deutlich ist, daß hiermit eine besondere Bedingung für das Auftreten sozialer Isolation eingeführt wird: Rückzugsverhalten tritt allein auf, wenn das sta- tusinkonsistente Individuum keine Möglichkeiten hat, die Inkonsistenz aufzu- heben oder durch Erhöhung von relativ niedrigen Statusfaktoren zu verkleinern. Wenn diese Möglichkeiten aber gegeben sind [6], wird es zu einer Erhöhung der Statusfaktoren geneigt sein.

Wenn wir uns auf diese ursprüngliche und ziemlich robuste Lenski/Malewski-
Version der Statusinkonsistenztheorie beschränken [7], sind für unser Erklärungsproblem die folgenden Hypothesen von Belang:

(a) Bei Individuen, die durch Statusinkonsistenz gekennzeichnet sind und
    die wenig Möglichkeiten zu einer Erhöhung ihrer niedrigsten Statusfak-
    toren haben, nehmen die Kontakte mit Interaktionspartnern ab;

(b) die Kontakte mit Interaktionspartnern nehmen eher/mehr ab, je größer
    die Statusinkonsistenz ist;

(c) die Kontakte mit Interaktionspartnern, die durch Statuskonsistenz ge-
    kennzeichnet sind, nehmen eher/mehr ab als die Kontakte mit Interaktions-
    partnern, die (gleichfalls) durch Statusinkonsistenz gekennzeichnet sind[8].

Man muß betonen, daß es sich hier nicht um aus der Statusinkonsistenztheorie
abgeleitete Hypothesen handelt. Die Statusinkonsistenztheorie gibt es gar
nicht. Wohl aber bestehen verschiedene mehr oder minder ausgearbeitete Versionen dieser Theorie [9], wobei zu beachten ist, daß eine explizit formulierte sozialpsychologische Motivationstheorie fehlt, die erklären kann, warum
für Statusinkonsistenz als Strukturmerkmal bestimmte Verhaltenskonsequenzen
vorhergesagt werden (vgl. z.B. GESCHWENDER 1967: 160). Wohl wurden verschiedene Versuche unternommen (s. WIPPLER 1980), die ursprüngliche Theorie sozial-
psychologisch zu erweitern und zu vertiefen. Dergleichen Modifikationen sind
u.a. durchgeführt worden mit Hilfe einer Theorie der Erwartungskongruenz
(SAMPSON 1963), FESTINGERs kognitiver Dissonanztheorie (GESCHWENDER 1967),
einer Nutzentheorie (MALEWSKI 1967), HOMANS' Theorie der Verteilungsgerechtigkeit (u.a. GESCHWENDER 1967, SAMPSON 1969), der Balancetheorie (u.a. KÖRNER
1976) und THIBAUT und KELLEYs Nutzen-Kostenmodell (KIMBERLY 1977). Zum Problem sozialer Isolierung liefern diese Modifikationen der ursprünglich soziologischen Theorie aber kaum neue Einsichten. Wir meinen, mit Hilfe der mentalen Inkongruenztheorie in diesem Punkt weiterkommen zu können.

1.2 Mentale Inkongruenz und soziale Isolation

Die mentale Inkongruenztheorie (TMI) ist eine allgemeine Verhaltenstheorie
(vgl. TAZELAAR & WIPPLER 1985). In dieser Theorie wird bei der Erklärung und
Vorhersage von Verhalten explizit von zwei Aussagetypen ausgegangen, nämlich

(a) von Aussagen über die Disposition eines Individuums, sich in einer bestimmten Weise zu verhalten, und

(b) von Aussagen über die objektiven Möglichkeiten eines Individuums, sich in einer bestimmten Weise zu verhalten (sein sogenannter "Handlungsspielraum").

Jede einzelne dieser Bedingungen ist notwendig, aber nicht hinreichend für das Verhalten eines Individuums.

In der mentalen Inkongruenztheorie wird die Disposition eines Individuums nicht - wie gewöhnlich in der soziologischen und sozialpsychologischen Literatur - durch eine einzige Attitüde beschrieben, sondern durch einen zusammenhängenden Komplex, der aus mentalen Elementen zusammengesetzt ist, das sogenannte mentale System. Dabei wird unterschieden zwischen "Standards" ("was man wünschenswert findet" oder "was man richtig findet") einerseits und "Kognitionen" ("was man tatsächlich erfährt") andererseits. Das mentale System ist aus Clustern solcher Standards und auf dieselben Dimensionen der Realität bezogenen Kognitionen aufgebaut, die miteinander durch verbindende Hilfskognitionen verknüpft sind. Von Inkongruenzen innerhalb einer Dimension ist in einem solchen Cluster die Rede, wenn man ein Verhalten oder einen Umstand wünscht (Standard), der nicht gleichzeitig perzipiert wird (Kognition) oder umgekehrt, wenn man ein Verhalten oder einen Umstand nicht wünschenswert findet, der jedoch zur gleichen Zeit existiert. Die Größe einer solchen Inkongruenz kann variieren und wird durch zwei Faktoren bestimmt. Gemäß der Dominanzhypothese ist - bei einer gegebenen Inkongruenz in einer mentalen Dimension - die Inkongruenz umso größer, je dominanter der betreffende Standard ist, also je stärker das Verhalten oder der Umstand gewünscht wird, auf den sich der Standard bezieht. Gemäß der Unizitätshypothese ist die Inkongruenz schließlich umso größer, in je höherem Maße der Standard sich auf den Besitzer selbst bezieht (s. zur näheren Erläuterung TAZELAAR & WIPPLER 1985).

Das wichtigste und zentrale Postulat der Theorie betrifft den Mechanismus, der das Ergebnis der in der Theorie problematisierten mentalen Prozesse bestimmt. Angenommen wird, daß mentale Systeme die Tendenz haben, die totale Inkongruenz so weit wie möglich zu reduzieren. Die totale Inkongruenz ist dabei mit der Summe aller Inkonsistenzen in den relevanten Dimensionen identisch.

Dabei muß natürlich die Frage beantwortet werden, welche Dimensionen relevant sind und welche nicht. Abhängig vom gewählten Erklärungsproblem wird
eine Dimension, damit also auch ein Standard und eine Kognition,"primär' genannt. Neben diesen primären mentalen Elementen werden ferner sekundäre
und tertiäre mentale Elemente unterschieden. Von sekundären Kongruenzen
und Inkongruenzen wird angenommen, daß sie sich mit der Reduktion von primärer Inkongruenz auf die eine oder andere Weise verändern, von tertiären dagegen nicht. Damit sagt das erste Postulat der TMI aus, daß mentale Systeme die
Tendenz haben, die Summe aller (primären und sekundären) Inkongruenzen soweit
wie möglich zu reduzieren. Reduktion von Inkongruenz kann auf verschiedene
Weisen stattfinden: entweder die Kognition wird an den Standard angepaßt, sei
es durch Verhaltensänderung, sei es durch Wunschdenken oder Realitätsleugnung,
oder der Standard wird an die Kognition angepaßt (Standardveränderung). Wenn
in mentalen Systemen (primäre) Inkongruenzreduktion stattfindet, dann gilt
allgemein, daß die Reduktionsweise auftritt, die die totale Inkongruenz (die
Summe der primären Inkongruenz und der sekundären Inkongruenz) am weitest-
gehenden reduziert (vgl. TAZELAAR & WIPPLER 1985).

In der TMI wird davon ausgegangen, daß handelnde Individuen nicht in einem
sozialen Vakuum verkehren. Sie bewegen sich "im Kreise von anderen". Gerade
in diesem sozialen Kontext ist man geneigt, mentale Spannung zu vermeiden. Angenommen wird, daß "Dissimilarität" oder "perzipierte Nicht-Übereinstimmung
mit den Standards anderer" Inkongruenz produziert und dies umso mehr, je mehr
Wert auf das Urteil anderer gelegt wird. In der TMI wird ein Unterschied
zwischen dem tatsächlichen sozialen Druck und dem perzipierten sozialen Druck
gemacht. Ebenso wird ein Unterschied zwischen der tatsächlichen Restriktivität
der Handlungssituation und der perzipierten Restriktivität gemacht. Der tatsächliche soziale Druck ergibt zusammen mit der tatsächlichen Restriktivität
der Handlungssituation den schon genannten Handlungsspielraum. Bei dem Zustandekommen einer Handlungsdispositon spielen der perzipierte soziale Druck
und die perzipierte Restriktivität der Handlungssituation eine wichtige Rolle. Beide sind auch von großer Bedeutung, wenn es um die Erklärung von sozialer Isolation geht.

Bei der problemspezifischen Ausarbeitung der mentalen Inkongruenztheorie zum
Zweck der Erklärung verschiedener Reaktionsweisen auf Arbeitslosigkeit gehen

wir von einer primären Dimension "Arbeitslosigkeit" aus. Wir unterscheiden
dabei einen primären Standard mit Bezug zur Arbeitslosigkeit und Arbeit (z.B.
"Ich finde es (nicht) wünschenswert, arbeitslos zu sein" oder "Ich finde es
wünschenswert, so schnell wie möglich in den Arbeitsprozeß zurückzukehren")
und eine primäre Kognition mit Bezug zur Arbeitslosigkeit und Arbeit ("Ich
bin zur Zeit (nicht) arbeitslos"). Das Auftreten einer der Reduktionsweisen
primärer Inkongruenz (zwischen z.B. "Ich finde es wünschenswert, so schnell
wie möglich in den Arbeitsprozeß zurückzukehren" und "Ich bin zur Zeit arbeitslos") hängt von verschiedenen Konstellationen mentaler Elemente ab. Be-
werbungs- oder Suchverhalten, also die Tendenz zur Inkongruenzreduktion durch
Verhaltensänderung, wird vorhergesagt, wenn die perzipierten Vorteile einer
Arbeitstätigkeit, die Status, Geld, Zeit und soziale Kontakte betreffen, die
perzipierten Nachteile in denselben Dimensionen überwiegen und (vor allem),
wenn der soziale Druck auf einen Wiedereintritt in den Arbeitsprozeß als
stark und die Möglichkeiten eines Wiedereintritts als günstig perzipiert werden. Resignation, also die Tendenz zur Inkongruenzreduktion durch Standardanpassung, wird bei einer ganz anderen Konstellation mentaler Merkmale vorhergesagt: ein als schwach perzipierter sozialer Druck auf den Wiedereintritt in
den Arbeitsprozeß und als ungünstig perzipierte Möglichkeiten, während die Vorteile einer Arbeitstätigkeit, was Status, Geld, Zeit und soziale Kontakte betrifft, bagatellisiert und die Nachteile stärker betont werden.

Für das Auftreten von Realitätsleugnung wird eine noch andere Konstellation
mentaler Merkmale unterstellt, auf die wir hier nicht weiter eingehen. Auch
bei dieser Inkongruenzreduktionsweise durch Anpassung der Kognition an den
Standard wird in jedem Fall ein dominanter Arbeitsstandard und ein relativ
starker perzipierter sozialer Druck auf den Wiedereintritt unterstellt sowie
als ungünstig perzipierte Möglichkeiten (TAZELAAR & WIPPLER 1985). Damit wird
deutlich, daß aus der TMI Vorhersagen abgeleitet werden können, die für unser
Erklärungsproblem relevant sind. Wenn wir mit Hilfe der mentalen Inkongruenztheorie die Fragen beantworten wollen, welche Arbeitslosen sich aus ihren sozialen Beziehungen zurückziehen und welche nicht und auf welche Weise sich
diese Arbeitslosen bei einem Rückzug isolieren, müssen wir jedoch zuvor die
Frage beantworten, welche signifikanten anderen - gegeben eine bestimmte
Konstellation mentaler Elemente von Arbeitslosen - als mental bedrohend bezeichnet werden können und daher (sekundäre) Inkongruenz produzieren.

Die Perzeption von Standards anderer, die nicht mit dem eigenen Standard übereinstimmen, ist eine Quelle für mentale Spannung. Dies um so mehr, je mehr
Wert auf das Urteil anderer gelegt wird. Arbeitslose haben daher auch ein Interesse, daß die anderen in jedem Fall dasselbe denken wie sie selbst. Wenn
signifikante andere tatsächlich eine andere Meinung vertreten, stehen dem Individuum drei Möglichkeiten zu Verminderung der sekundären (und damit der
totalen) Inkongruenz im mentalen System offen.

An erster Stelle können Personen die Interaktionsgruppe wechseln, d.h. sich
aus bestimmten (mental bedrohenden) Kontakten zurückziehen und möglicherweise andere (nicht-bedrohende) Kontakte anknüpfen. Wenn nahezu alle Interaktionspartner, die für eine Person von Bedeutung sind, in diesem Sinn "mental
bedrohend" sind, liegt die Möglichkeit sozialer Isolation auf der Hand.

An zweiter Stelle besteht die Möglichkeit, daß Personen bei unveränderter Interaktionsgruppe ihren sekundären Standard, der sich auf die Konformität des
Denkens und Handelns bezieht, für die Gruppe mental bedrohender anderer so
ändern, daß die Meinung anderer unbedeutender wird: "Ich weiß zwar, daß ich
auf ihr Urteil Wert gelegt habe, aber das hat sich nun geändert".

Schließlich besteht die Möglichkeit, daß man sich - wiederum bei unveränderter Interaktionsgruppe - vorstellt, daß "die anderen bei näherem Hinsehen
doch nicht anders denken als man selbst". Hierbei handelt es sich um eine
Form der Realitätsleugnung bei einer sekundären Kognition [10].

Es hängt nun von der eigenen Disposition ab, welche anderen "mental bedrohend"
sind. Für diejenigen mit einer Disposition zu Bewerbungen und Suchverhalten
oder mit einer Disposition zur Realitätsleugnung sind solche Interaktionspartner mental bedrohend, die der Meinung sind, daß man besser daran tut,
nicht in den Arbeitsprozeß zurückzukehren, während für diejenigen, die eine
Disposition zur Resignation besitzen, andere Interaktionspartner mental bedrohend sind, nämlich gerade diejenigen, die finden, daß man alle Anstrengungen unternehmen muß, um so schnell wie möglich wieder einen Arbeitsplatz zu
finden.

Kurz gesagt: solange Arbeitslose sich noch als Mitglieder der erwerbstätigen Bevölkerung betrachten, ist keine Rede von sozialer Isolation. Höchstens die Wahrnehmung, daß andere anders darüber denken, kann in gewissem Maße Spannung bei ihnen hervorrufen. Wenn man dagegen zu dem Schluß gekommen ist, daß die Teilnahme am Arbeitsprozeß eigentlich nicht mehr so nötig ist, ist die Information Inkongruenz produzierend, daß andere, auf die man Wert legt, der Meinung sind, daß man als Arbeitsloser alle Anstrengungen unternehmen muß, um so schnell wie möglich wieder in den Arbeitsprozeß zurückzukehren.

Für unser Erklärungsproblem liefert die TMI daher die folgenden Hypothesen:

(a) Bei Individuen, die zu einer Standardveränderung disponiert sind (Resignation), nehmen die Kontakte mit Interaktionspartnern mehr ab als bei Individuen, die zu einer Kognitionsveränderung disponiert sind (mittels Verhaltensänderung oder Realitätsleugnung). Wenn die Kontakte mit Interaktionspartnern bei den zu einer Standardveränderung disponierten Individuen abnehmen, verringern sich die Kontakte mit Interaktionspartnern, von denen man annimmt, daß sie einen dominanten Standard in derselben Dimension der Realität besitzen, mehr als die Kontakte mit Interaktionspartnern, von denen man glaubt, daß sie einen weniger dominanten Standard besitzen.

(b) Wenn Individuen, die zu Verhaltensänderung oder zu Realitätsleugnung disponiert sind, sich aus ihren sozialen Beziehungen zurückziehen, nehmen die Kontakte mit Interaktionspartnern, von denen man annimmt, daß sie einen wenig dominanten Standard in derselben Dimension der Realität besitzen, mehr ab als die Kontakte mit Interaktionspartnern, von denen man meint, daß sie einen dominanten Standard besitzen.

(c) Die Kontakte nehmen um so mehr in der in (a) und (b) genannten Richtung ab, je mehr Wert man auf die betreffenden Interaktionspartner legt.

Auch aus diesen allgemeinen Hypothesen werden nun, nachdem die Untersuchungszielgruppe bestimmt ist und nachdem zusätzliche Annahmen expliziert sind, Vorhersagen abgeleitet.

2. Untersuchungsgruppe, Zusatzannahmen, Vorhersagen

Die Fragestellung aus diesem Beitrag ist Teil einer umfassenderen Studie über die Folgen von Arbeitslosigkeit, die mit Unterstützung der Niederländischen Forschungsgemeinschaft (ZWO) durchgeführt wurde [11]. Die Studie hat einen theorievergleichenden Charakter.

Nachdem aus der Statusinkonsistenztheorie und der mentalen Inkongruenztheorie Vorhersagen abgeleitet worden waren, wurde zunächst die Untersuchungsgruppe bestimmt. Diese wurde so ausgewählt, daß zusätzliche Annahmen, die bei der problemspezifischen Ausarbeitung beider Theorien eingeführt werden müssen, realitätsnah sind und daß eine vergleichende Testung so gut wie möglich stattfinden kann. Zur Untersuchungsgruppe wurden verheiratete Männer im Alter von 40 bis 55 Jahren bestimmt, die bis zu ihrer Entlassung abhängig beschäftigt waren.

Um für diese Untersuchungsgruppe auf der Grundlage der Hypothesen der Status-inkonsistenztheorie einerseits und der Hypothesen der Theorie mentaler Inkongruenzen andererseits empirisch überprüfbare Vorhersagen ableiten zu können, müssen zusätzliche Annahmen formuliert werden, die in Tabelle 1 aufgeführt sind. Diese Annahmen bedürfen einiger Erläuterungen. Die Bestimmung der Untersuchungsgruppe durch ältere arbeitslose Männer basiert auf zwei Annahmen, eine mit Bezug auf die Statusinkonsistenztheorie und eine andere mit Bezug auf die mentale Inkongruenztheorie. Zum ersten gehen wir davon aus, daß die Behauptung, daß Arbeitslose durch Statusinkonsistenz gekennzeichnet sind, problematisch ist, sobald sie Jüngere betrifft: die Statuskonfiguration von Jüngeren ist u.E. gewöhnlich beträchtlich weniger auskristallisiert [12] als die von Älteren. Ebenso kann angenommen werden, daß die Konsistenznorm be-züglich der Faktoren Ausbildung, Berufsprestige und Einkommen für Männer (noch immer) allgemeiner gültig ist als für Frauen. Zum zweiten steht die Zielgruppenwahl im Zusammenhang mit der Tatsache, daß eine interessante Über-prüfung der aus der mentalen Inkongruenztheorie abgeleiteten Vorhersagen statt-finden kann, wenn sowohl eine Reduktion primärer Inkongruenz durch Anpassung der Kognition an den Standard (mittels Bewerbungsverhalten oder mittels Reali-tätsleugnung) als auch durch Anpassung des Standards an die Kognition (Stan-dardänderung oder Resignation) stattfinden kann. Wir haben angenommen, daß eine Veränderung von "Ich finde es wünschenswert, so schnell wie möglich in den Arbeitsprozeß zuzückzukehren" in "Ich finde eine Rückkehr in den Arbeitsprozeß nicht mehr so wünschenswert und betrachte mich selbst nunmehr als vorzeitig pensioniert" eher bei Respondenten im Alter von 40 bis 55 Jahren auftritt als bei jüngeren Respondenten.

Die Auswahl verheirateter Männer basiert auf dem Untersuchungsziel, nicht allein der Frage nachzugehen, welche Veränderungen in den Kontakten mit Freunden, Bekannten und (Ex-)Kollegen im Laufe der Zeit stattgefunden haben, sondern ebenso herauszufinden, wie sich die Beziehungen "im kleinen Kreis", mit dem Ehepartner und den Kindern, verändern. Deutlich wird damit auch, daß wir mit dieser Untersuchung nicht beabsichtigen, Aussagen über "Arbeitslose im allgemeinen" zu machen. Wir ziehen eine gründliche Analyse einer kleinen und homogenen Population vor. Wenn im folgenden von "Arbeitslosen" gesprochen wird, meinen wir daher stets "verheiratete Männer im Alter von 40 bis 55 Jahren, die zuvor (bis zum Zeitpunkt ihrer Entlassung) abhängig beschäftigt waren".

Mit Hilfe der ergänzenden Annahmen in Tabelle 1 können nunmehr aus beiden Theorien systematisch Vorhersagen abgeleitet werden. Die Vorhersagen im Rahmen der Statusinkonsistenztheorie und der Theorie mentaler Inkongruenzen werden in Tabelle 2 gegenübergestellt. Bei einem Vergleich dieser Vorhersagen fällt auf, daß deutliche Unterschiede bestehen. Die Unterschiede betreffen nicht allein das Rückzugsverhalten von Arbeitslosen, sondern vor allem auch die Kontakte, aus denen man sich zurückzieht und die man aufrecht erhält. Der Wert, der letzten Endes beiden Theorien zugesprochen wird, hängt selbstverständlich vor allem von der Konsistenz der Untersuchungsergebnisse mit den jeweiligen Vorhersagen ab.

3. Untersuchungskonzept

Eine Analyse der Folgen von Arbeitslosigkeit hat die beste Erfolgschance, wenn von den Arbeitslosen sowohl unmittelbar nach der Entlassung als auch danach, in der Zeit der Arbeitslosigkeit, Daten gesammelt werden [13]. Wir haben uns daher für eine longitudinale Untersuchung entschieden. Alle Arbeitslosen aus der Untersuchungsgruppe wurden unmittelbar nach ihrer Entlassung angesprochen.

Tabelle 1: Zusätzliche Annahmen bezogen auf die Statusinkonsistenztheorie (SIT) und die mentale Inkongruenztheorie (TMI)

Zusätzliche Annahmen bezogen auf die STATUSINKONSISTENZTHEORIE	Zusätzliche Annahmen bezogen auf die MENTALE INKONGRUENZTHEORIE
1. Ehemalige Arbeitnehmer im Alter von 40 bis 55 Jahren sind nach ihrer Entlassung gekennzeichnet durch eine Statusinkonsistenz folgenden Typs: Ausbildung - hoch, Berufsprestige - niedrig, Einkommen - niedrig Erläuterung: In dieser Untersuchung wird davon ausgegangen, daß die 'normale Situation', nämlich daß man eine der Ausbildung angemessene Arbeit verrichtet und daß man dafür eine Entlohnung erhält, die (gewöhnlich) tarifvertraglich geregelt worden ist, eine Konsistenznorm widerspiegelt, die für alle Arbeitnehmer in dem angegebenen Lebensalter gültig ist, und daß eine Störung dieser Situation als sozial unerwünscht (abweichend von der Norm) angesehen wird.	1. (keine Annahme) Erläuterung: Das Ausmaß, in dem der ehemalige Arbeitnehmer nach ihrer Entlassung durch (primäre) Inkongruenz gekennzeichnet sind, unterscheidet sich und wird in dieser Untersuchung gemessen. Das Ausmaß, in dem sie für Bewerbungs-/Suchverhalten, Wunschdenken/Realitätsleugnung und Resignation/Standardänderung disponiert sind, wird aufgrund sowohl primärer als auch sekundärer mentaler Merkmale geschätzt. Dabei spielen der primäre Arbeitsstandard, die primäre Arbeits-(losigkeits-)Kognition und die Kognition der Wiedereingliederungsmöglichkeiten eine wichtige Rolle.
2. Das Ausmaß der Statusinkonsistenz ist um so größer, je höher das Berufsprestige und Einkommensniveau vor der Entlassung war Erläuterung: In dieser Untersuchung wird davon ausgegangen, daß um so mehr die Rede von Statusinkonsistenz sein kann, je größer die Reduktion des Berufsprestiges und Einkommens bei Arbeitslosigkeit ist.	2. Der Arbeitsstandard von Interaktionspartnern ist verschieden. Gewöhnlich wird der Arbeitsstandard arbeitender Interaktionspartner jedoch durch Arbeitslose als dominant perzipiert. Erläuterung: In dieser Untersuchung wird davon ausgegangen, daß der Arbeitsstandard von Mitgliedern unserer Gesellschaft überwiegend dominant ist und auch so perzipiert wird.
3. Arbeitende Interaktionspartner (Freunde und gute Bekannte) sind (gewöhnlich) weniger statusinkonsistent als Interaktionspartner, die (ebenfalls) ohne Arbeit sind Erläuterung: Unter Bezugnahme auf die erste zusätzliche Annahme wird in dieser Untersuchung davon ausgegangen, daß die betrachteten Interaktionspartner (gewöhnlich) in demselben Alter sind wie der Respondent.	3. Der Arbeitsstandard von Interaktionspartnern ist verschieden. Gewöhnlich wird der Arbeitsstandard von arbeitenden Interaktionspartnern jedoch durch Arbeitslose als dominante perzipiert als der Arbeitsstandard von Interaktionspartnern, die (ebenfalls) ohne Arbeit sind. Erläuterung: Zudem wird in dieser Untersuchung explizit davon ausgegangen, daß der (primäre) Arbeitsstandard von arbeitslosen (und arbeitenden) Männern verschieden ist, und es wird weiter angenommen, daß sich unter älteren arbeitslosen Männern mehr befinden, die sich selbst als "vorzeitig pensioniert" ansehen (d.h. ein wenig dominanter Arbeitsstandard) als unter älteren Männern, die noch gut bezahlte Arbeit verrichten, jedenfalls, daß diese Unterschiede von Arbeitslosen in dieser Weise perzipiert werden.

Die Kontaktaufnahme fand auf zwei Arten statt: mit 30% der Respondenten wurde direkt Kontakt bei Betriebsschließungen (N=79) angeknüpft [14], während mit 70% der Respondenten Kontakte über das Bezirksamt (N=182) [15] aufgenommen wurde. Die Untersuchung weist drei Meßzeitpunkte auf. Die erste mündliche Befragung fand unmittelbar nach der Entlassung statt, die zweite fünf Monate danach und die dritte fast zehn Monate nach der Entlassung. Im ganzen wurden die Arbeitslosen daher fast ein Jahr lang begleitet. Fast die Hälfte von ihnen fand im Laufe des Jahres wieder Arbeit. Sowohl die langfristig Arbeitslosen als auch die Wiedereingegliederten blieben in der Untersuchungsgruppe. Auf diese Weise wurde schließlich von 244 Respondenten ein kompletter Datensatz gewonnen [16].

4. Operationale Definitionen [17]

Während des ersten Interviews wurden alle arbeitslosen Respondenten gebeten, (maximal) drei Personen zu nennen, die sie als gute Freunde betrachten. Im folgenden wurden über jede der genannten Personen ausführlich Daten erfragt. In der Fragenliste für das zweite Interview wurde explizit an die Interaktionspartner angeknüpft, die während des ersten Interviews notiert wurden. Derselbe Interviewer stellte dabei zum größten Teil wieder dieselben Fragen. Dieses Vorgehen wiederholte sich im folgenden auch bei dem dritten Interview.

Soziale Isolation

Auf diese Weise steht eine vollständige Übersicht über die Zu- und Abnahme der Kontakthäufigkeit mit den Interaktionspartnern [18] zur Verfügung. Hier wird im folgenden eine Dreiteilung vorgenommen: entweder die Kontakthäufigkeit nimmt im Laufe des Jahres ab (-) oder sie bleibt gleich (0) oder sie nimmt zu (+). Von einer Abnahme ist die Rede, wenn der Untersucher eine Abnahme in der angegebenen Kontakthäufigkeit feststellt, oder wenn der Respondent selbst angibt, daß die Kontakthäufigkeit zurückgeht.

Faktische Möglichkeiten einer Wiedereingliederung

Die tatsächlichen Möglichkeiten zu einer Rückkehr arbeitsloser Respondenten in den Arbeitsprozeß sind in einer gesonderten Untersuchung operational definiert, in der Direktoren und Abteilungschefs von Bezirksarbeitsämtern als Beurteiler auftraten [19].

Durch die Arbeitslosen perzipierte Möglichkeiten einer Wiedereingliederung

Deutlich zeigt sich, daß die tatsächlichen, durch Fachkundige eingeschätzten Möglichkeiten einer Wiedereingliederung nicht mit den durch die Betroffenen perzipierten Möglichkeiten übereinzustimmen brauchen. In der mentalen In-kongruenztheorie wird, wie zuvor ausgeführt, explizit mit einem möglichen Unterschied zwischen tatsächlichen und perzipierten Möglichkeiten gerechnet. An die Arbeitslosen aus der Untersuchungsgruppe wurden bei jeder Messung Fragen danach gestellt, wie groß sie für sich selbst die Chance einschätzen, innerhalb einer bestimmten Zeit wieder Arbeit zu finden.

Berufsniveau von Arbeitslosen vor der Entlassung

An jeden Respondenten wurden ausführliche Fragen über die letzte berufliche Stellung und die letzte Funktion gestellt. Diese wurden im folgenden mit Hil-fe einer Berufsklassifikation in sechs Kategorien eingeteilt [20].

Arbeits-/ Arbeitslosigkeitstatus von Freunden und Bekannten

Auf der Grundlage der Antworten, die die Respondenten auf Fragen nach dem Arbeitsstatus ihrer Freunde und Bekannten gegeben haben, wurde jeder der In-teraktionspartner einer der folgenden zwei Kategorien zugeordnet: entweder der genannte Freund verrichtet zur Zeit des Interviews bezahlte Berufsarbeit oder nicht [21]. In der letzten Kategorie wurden sowohl Arbeitslose als auch Arbeitsunfähige, Pensionierte und andere nicht arbeitende Personen zusammen-gefaßt.

Berufsniveau von Freunden und Bekannten

Analog zur Operationalisierung des Berufsniveaus der Respondenten wurde das Berufsniveau von Freunden und Bekannten operational definiert. Dabei wurde nur der heutige (bzw. letzte) Beruf betrachtet.

Disposition Arbeitsloser zu Bewerbungs-/Suchverhalten

Die Disposition der Respondenten zu Bewerbungs- und Suchverhalten wurde auf

Grund zweier operational definierter mentaler Merkmale bestimmt. An erster
Stelle wurde das Ausmaß betrachtet, indem der Arbeitsstandard - über die drei
Meßzeitpunkte - erhalten bleibt. Dieser primäre Standard wurde mit Hilfe von
drei verschiedenen Indikatoren definiert [22]. An zweiter Stelle wurde untersucht, wie die Möglichkeiten zum Wiedereintritt durch die Arbeitslosen an jedem der drei Meßzeitpunkte perzipiert wurden. Solange im Laufe des Jahres der
Arbeitsstandard für die Respondenten konstant bleibt, und solange sie dabei
die Möglichkeiten zur Wiedereingliederung nicht als ungünstig perzipieren,
wird angenommen [23], daß die Respondenten zu Bewerbungs- und Suchverhalten
disponiert sind.

Disposition zu Wunschdenken oder Realitätsleugnung

Auch die Disposition der Respondenten zu Wunschdenken oder Realitätsleugnung
wurde auf Grund der schon genannten operational definierten Merkmale bestimmt.
Die Chance, eine Disposition zur Realitätsleugnung zu besitzen, wird als um
so größer eingeschätzt, je weniger Möglichkeiten - bei im übrigen gleichblei-
bendem dominanten Arbeitsstandard - zur Wiedereingliederung perzipiert werden.

Disposition zur Standardveränderung (Resignation)

Wenn sich bei Betrachtung der drei Meßzeitpunkte zeigt, daß die Dominanz des
Arbeitsstandards abnimmt, und wenn die Möglichkeiten zur Wiedereingliederung
gleichzeitig als ungünstiger perzipiert werden, wird "Resignation" wahrscheinlicher.

Perzipierte Similarität oder Standardübereinstimmung

Die perzipierte Similarität wurde mit Hilfe von Reaktionen auf einem Sieben-
Punkte-Kontinuum gemessen, auf dem der Respondent zunächst das Ausmaß angeben konnte, in dem er dem Arbeitsstandard zustimmt, und auf dem er im folgenden den durch ihn wahrgenommenen Arbeitsstandard verschiedener Interaktionspartner angab. Auf Grund dieser Reaktionen werden - pro Kontakt - drei Kategorien unterschieden: der Standard eines Freundes wird als "weniger dominant"
(-), als "gleich" (0) oder als "dominanter" (+) perzipiert.

Standard über konformes Denken und Handeln

Der sekundäre Standard über konformes Denken und Handeln wurde mit der Antwort auf die Frage operational definiert, wieviel Wert die Respondenten auf die Meinung oder das Urteil der Interaktionspartner über Arbeit und Arbeitslosigkeit legen. Die Antworten der Respondenten wurden in zwei Kategorien zusammengefaßt: "großer Wert" (+) und "nicht so viel/wenig/kein Wert" (-).

5. Untersuchungsergebnisse

Die aus den zwei Theorien abgeleiteten Vorhersagen werden in der Reihenfolge getestet, wie sie in Tabelle 2 aufgeführt worden sind. Auf diese Weise wird der Vergleich mit den Untersuchungsresultaten erleichtert.

Von den 244 in die Untersuchung einbezogenen Respondenten bleiben 121 vom Zeitpunkt ihrer Entlassung an den ganzen Untersuchungszeitraum hindurch arbeitslos [24]. Da jeder Arbeitslose mehr als einen (maximal drei) Freunde oder Bekannte angeben konnte, stellt sich bei der Testung der Vorhersagen das Problem, daß mehr Kontakte existieren als Arbeitslose und daß der Anteil der Kontakte pro Arbeitslosem verschieden sein kann. Dieses Problem kann dadurch umgangen werden, daß bei der Analyse von jedem Arbeitslosen nur ein Kontakt einbezogen wird, z.B. der erstgenannte Kontakt. Auf diese Weise entsteht eine quadratische Datenmatrix mit vollständiger Unabhängigkeit, bei der die Respondenten als Untersuchungseinheiten aufgefaßt werden. Dies hätte eine beträchtliche Datenreduktion zur Folge. Das Problem kann aber auch durch Umwandlung in eine transponierte Matrix gelöst werden: nicht die arbeitslosen Respondenten, sondern die Kontakte werden als Untersuchungseinheiten interpretiert. Streng genommen kann bei der Analyse dann nicht mehr von statistischer Unabhängigkeit gesprochen werden. Bei unserer weiteren Analyse muß dennoch nicht mit ernsten Folgen gerechnet werden [25]. Jedoch kann nicht ausgeschlossen werden, daß gefundene Zusammenhänge nur bestimmten Typen von Arbeitslosen zugeschrieben werden können, z.B. arbeitslosen Männern mit relativ viel Kontakten oder - gerade umgekehrt - arbeitslosen Männern mit relativ wenig Kontakten. Wir wählen trotzdem die Lösung mit einer transponierten Matrix, wobei wir darauf achten, daß die gefundenen Zusammenhänge für alle Arbeitslosen aus der Untersuchungsgruppe gelten. Ferner

Tabelle 2: Aus der Statusinkonsistenztheorie (SIT) und der mentalen Inkongruenztheorie (TMI) abgeleitete Vorhersagen über den Effekt von Arbeitslosigkeit auf soziale Isolation

Vorhersagen aus der STATUSINKONSISTENZTHEORIE	Vorhersagen aus der MENTALEN INKONGRUENZTHEORIE
1.1 Arbeitslose ziehen sich aus ihren sozialen Beziehungen mit Freunden und Bekannten zurück. ("Lenski-Vorhersage") 1.2 Arbeitslose ziehen sich aus ihren sozialen Beziehungen mit Freunden und Bekannten zurück, und zwar um so mehr, je kleiner die Möglichkeiten zur Erhöhung von Berufsprestige und Einkommen durch Wiedereintritt in den Arbeitsprozeß sind. ("Malewski-Vorhersage") 1.3 Arbeitslose ziehen sich aus ihren sozialen Beziehungen mit Freunden und Bekannten zurück, und zwar um so mehr, je weniger Möglichkeiten zur Erhöhung von Berufsprestige und Einkommen durch Wiedereintritt in den Arbeitsprozeß perzipiert werden. ("Malewski-Variante") 2. Arbeitslose ziehen sich aus ihren sozialen Beziehungen mit Freunden und Bekannten um so mehr zurück, je höher das Prestige des Berufes oder der Funktion vor der Entlassung war. 3.1 -keine Vorhersage- 3.2 Die Kontakte von Arbeitslosen mit arbeitenden Freunden und Bekannten nehmen mehr ab als die Kontakte mit Freunden und Bekannten, die (gleichfalls) ohne Arbeit sind. 3.3 Die Kontakte von Arbeitslosen mit arbeitenden Freunden und Bekannten mit einem relativ hohen Berufsprestige nehmen mehr ab als die Kontakte mit arbeitenden Freunden und Bekannten mit einem relativ niedrigen Berufsprestige.	1. Es ist nicht unbedingt der Fall, daß Arbeitslose sich aus ihren sozialen Beziehungen mit Freunden und Bekannten zurückziehen. Zur Vermeidung von "sozial bedrohenden" Kontakten steht Arbeitslosen neben der Möglichkeit (partieller) sozialer Isolation (Wechsel in der Bezugsgruppe) auch die Möglichkeit offen, bedrohliche Informationen (sekundäre, kognitive Realitätsleugnung) zu leugnen und die Ansicht zu revidieren, daß man auf die Meinung mental bedrohlicher Interaktionspartner Wert legt (sekundäre Standardveränderung). Welche Kontakte als "mental bedrohend" bezeichnet werden, hängt von der Disposition der betreffenden Arbeitslosen ab. 2. Wenn Arbeitslose sich überhaupt aus ihren sozialen Beziehungen mit Freunden und Bekannten zurückziehen, so tun sie dies weniger, solange sie noch zu Bewerbungs-/Suchverhalten oder Wunschdenken (Realitätsleugnung) disponiert sind und nicht zu "Resignation" (Standardänderung). 3.1 Wenn Arbeitslose sich überhaupt aus ihren sozialen Beziehungen mit Freunden und Bekannten zurückziehen, nehmen - solange sie noch zu Bewerbungs-/Suchverhalten oder Wunschdenken (Realitätsleugnung) disponiert sind - die Kontakte mit Freunden und Bekannten, deren Arbeitsstandard als wenig dominant perzipiert wird, mehr ab als die Kontakte mit Freunden und Bekannten, deren Arbeitsstandard als dominant perzipiert wird. Wenn Arbeitslose dagegen resignieren oder zur Standardveränderung disponiert sind, nehmen die Kontakte mit Freunden und Bekannten, deren Arbeitsstandard als dominant perzipiert wird, mehr ab als die Kontakte mit Freunden und Bekannten, deren Arbeitsstandard als wenig dominant perzipiert wird, und zwar um so mehr, je mehr Wert diese Arbeitslosen auf das Urteil von Freunden und Bekannten legen. 3.2 Wenn Arbeitslose sich überhaupt aus ihren sozialen Beziehungen mit Freunden und Bekannten zurückziehen, nehmen - solange sie noch zu Bewerbungs-/Suchverhalten disponiert sind - die Kontakte mit arbeitslosen Freunden mehr ab als die Kontakte mit arbeitenden Freunden und Bekannten. Wenn Arbeitslose dagegen resignieren oder zur Standardveränderung disponiert sind, nehmen die Kontakte mit arbeitenden Freunden und Bekannten mehr ab als die Kontakte mit (gleichfalls) arbeitslosen Freunden und Bekannten. 3.3 -keine Vorhersage-

gilt unsere Aufmerksamkeit bei der Testung der Vorhersagen vor allem denjenigen, die als "echte" Arbeitslose bezeichnet werden können, nämlich die Arbeitslosen, die ein Jahr nach ihrer Entlassung noch keine Arbeit gefunden haben.

Bei der Analyse wird FISHER herangezogen, ein Programm zur Analyse von rxc-Tabellen für kleine Stichproben (KROONENBERG & VERBEEK 1981).

5.1 Die Überprüfung der ersten Vorhersagen

Gemäß der "Lenski-Vorhersage" (SIT-1[1]) ziehen sich Arbeitslose aus ihren sozialen Beziehungen mit Freunden und Bekannten zurück. Bei einer Betrachtung der Untersuchungsergebnisse stellt sich heraus, daß in der Tat ziemlich viele Kontakte mit langfristig Arbeitslosen in ihrer Häufigkeit abnehmen [26]. Bemerkenswert ist aber, daß die Veränderung der Kontakthäufigkeit nicht allein bei Personen auftritt, die ein Jahr lang arbeitslos geblieben sind, sondern auch bei Befragten, die lediglich kurze Zeit arbeitslos waren (Tabelle 3). In der letzten Gruppe nehmen im Laufe des Jahres nach der Entlassung die Kontakte gleichfalls in beträchtlichem Maße ab [27].

Tabelle 3: Veränderungen in der Kontakthäufigkeit in einer Zeitperiode von einem Jahr nach der Entlassung bei (a) langfristig Arbeitslosen und (b) Arbeitslosen, die innerhalb eines Jahres nach der Entlassung wieder in den Arbeitsprozeß zurückkehren.

Veränderung der Kontakthäufig-keit	Kontakte von Freunden und Bekannten mit		INSGESAMT
	LANG ARBEITSLOSEN (N=144)	KURZFRISTIG ARBEITSLOSEN (N=146)	(N=290)
(+) mehr	16%	17%	17%
(0) gleich	31% .	34%	32%
(-) weniger	53%	49%	51%
	100%	100%	100%

Kendall's Tau = -0.04 (n.s.)

Die Unterschiede zwischen den zwei Teilgruppen sind bei gegebener Randverteilung nicht signifikant. Dies ist dann bemerkenswert, wenn Arbeitslose, die
relativ schnell wieder Arbeit finden, bei ihrer Entlassung faktisch bessere
Möglichkeiten zur Wiedereingliederung haben. Der "Malewski-Vorhersage"
(SIT-1^2) zufolge müßte nämlich unter denjenigen mit günstigen Möglichkeiten
weniger soziale Isolation auftreten als unter denjenigen mit ungünstigen
faktischen Wiedereingliederungsmöglichkeiten. Tabelle 4 zeigt, daß ein derartiger Zusammenhang nicht festgestellt werden kann.

<u>Tabelle 4</u>: Veränderungen der Kontakthäufigkeit in der Zeitperiode von einem
Jahr nach der Entlassung bei langfristig Arbeitslosen und Arbeitslosen, die innerhalb eines Jahres nach der Entlassung wieder in
den Arbeitsprozeß zurückkehren, unterschieden nach den durch die
Experten eingeschätzten Möglichkeiten zur Wiedereingliederung in
den Arbeitsprozeß.

Veränderung der Kontakthäufig-keit	KONTAKTE VON FREUNDEN UND BEKANNTEN VON ARBEITSLOSEN MIT	
	ungünstigen Möglichkeiten (N=204)	günstigen Möglichkeiten (N=86)
(+) mehr	16%	17%
(0) gleich	33%	31%
(-) weniger	51%	51%
	100%	99% $^+$

Kendall's Tau = -0.01 (n.s.) $^+$Abrundungsfehler

In dieser Tabelle sind die tatsächlichen, durch die Experten eingeschätzten
Möglichkeiten zur Wiedereingliederung in zwei Kategorien präsentiert: mit
einer geschätzten Chance von weniger als 50% und mit einer geschätzten Chance
von 50% oder mehr. Die Vorhersage wird auch verworfen, wenn der Test ausschließlich auf die langfristig Arbeitslosen bezogen wird (Tabelle 5).

Tabelle 5: Veränderungen der Kontakthäufigkeit in der Zeitperiode von einem
Jahr nach der Entlassung bei langfristig Arbeitslosen, unterschieden nach den von Experten als günstig und ungünstig eingeschätzten Möglichkeiten zur Wiedereingliederung innerhalb eines Jahres.

Veränderung der Kontakthäufigkeit	KONTAKTE VON FREUNDEN/BEKANNTEN MIT LANGFRISTIG ARBEITSLOSEN MIT	
	ungünstigen Möglichkeiten (N=110)	günstigen Möglichkeiten (N=34)
(+) mehr	15%	21%
(0) gleich	30%	32%
(-) weniger	55%	47%
	100%	100%

Kendall's Tau = -0.09 (n.s.)

Der Zusammenhang gibt hier eher die vorhergesagte Richtung an, ist aber bei
gegebener Randverteilung nicht signifikant [28]. Im Lichte der Lenski/Malewski-
Vorhersagen sind diese Ergebnisse nicht zufriedenstellend. Wenn wir irgendwo
soziale Isolation erwartet hätten, dann wohl bei langfristig Arbeitslosen mit
relativ ungünstigen Arbeitsmarktaussichten. Dies ist jedoch nicht der Fall:
die Kontakte mit Arbeitslosen, die nach der Entlassung günstige Aussichten
hatten und nur kurz arbeitslos geblieben sind, haben in demselben Maße (54%)
in der Häufigkeit abgenommen.

Da MALEWSKI keinen deutlichen Unterschied zwischen "tatsächlichen Möglichkeiten" und "perzipierten Möglichkeiten" macht (vgl. MALEWSKI 1966: 305-306),
testen wir an derselben Gruppe langfristig Arbeitsloser auch noch die sogenannte "Malewski-Variante" (SIT-1[3]). Dieser Vorhersage zufolge isolieren sich
Arbeitslose umso mehr, je weniger Möglichkeiten sie zu einer Wiedereingliederung perzipieren, ungeachtet der tatsächlichen Möglichkeiten. Aus Tabelle 6
ergibt sich, daß auch diese Vorhersage widerlegt wird: 54% der Kontakte mit
langfristig Arbeitslosen, die ihre Möglichkeiten zu einer Wiedereingliederung
als ungünstig perzipieren, nehmen im Laufe des Jahres, in dem sie arbeitslos
sind ab, während 50% der Kontakte mit solchen Arbeitslosen zurückgehen, die
ihre Möglichkeiten als relativ günstig einschätzen. Der Unterschied ist wiederum nicht nennenswert.

Tabelle 6: Veränderungen der Kontakthäufigkeit in der Zeitperiode von einem
Jahr nach der Entlassung bei langfristig Arbeitslosen, unterschieden nach ihren perzipierten Möglichkeiten zur Wiedereingliederung
in den Arbeitsprozeß.

Veränderung der Kontakthäufig-keit	KONTAKTE VON FREUNDEN/BEKANNTEN MIT LANGFRISTIG ARBEITSLOSEN MIT	
	als ungünstig perzipier-ten Möglichkeiten (N=120)	als günstig perzipierten Möglichkeiten (N=24)
(+) mehr	16%	17%
(0) gleich	30%	33%
(-) weniger	54%	50%
	100%	100%

Kendall's Tau = -0.03 (n.s.)

Die erste aus der mentalen Inkongruenztheorie abgeleitete Vorhersage (TMI-1)
sagt wenig mehr als daß die Kontakte mit Arbeitslosen nicht ohne weiteres abnehmen und daß auch andere Möglichkeiten zur Verminderung mentaler Spannung
bestehen. Die Vorhersage hat in dieser relativ uninformativen Form eher eine
heuristische Bedeutung gegenüber den ersten aus der Statusinkonsistenztheorie
abgeleiteten Vorhersagen. Unsere Überprüfung richtet sich vor allem auf die
zweite und die folgenden aus der TMI abgeleiteten Vorhersagen.

5.2 Die Überprüfung der zweiten Vorhersagen

In der zweiten aus der Statusinkonsistenztheorie abgeleiteten Vorhersage
(SIT-2) wird unterstellt, daß Arbeitslose sich umso mehr aus ihren Beziehun-
gen zurückziehen, je höher ihr Berufsniveau vor der Entlassung war. Bei der
Testung dieser Vorhersage teilen wir die Kontakte in zwei Kategorien auf:
Kontakte mit Arbeitslosen, die vor ihrer Entlassung in einem Beruf oder einer
Funktion mit einem relativ niedrigen Prestige tätig waren, und Kontakte mit
Arbeitslosen, die vorher einen Beruf mit einem hohen Prestige hatten. Aus Ta-
belle 7 ergibt sich, daß 53% der Kontakte mit Arbeitslosen, die zuletzt eine
Funktion mit einem relativ niedrigen Berufsniveau innehielten, in ihrer

Häufigkeit abnehmen. Auch dieser Unterschied ist nicht nennenswert und daher
wird die aus der Statusinkonsistenztheorie abgeleitete Vorhersage widerlegt.

Tabelle 7: Veränderungen in der Kontakthäufigkeit in der Zeitperiode von
einem Jahr nach der Entlassung bei langfristig Arbeitslosen, unterschieden nach Berufsprestigeniveau der Funktion vor der Entlassung.

Veränderung der Kontakthäufig-keit	KONTAKTE VON FREUNDEN/BEKANNTEN MIT LANGFRISTIG ARBEITSLOSEN MIT EINER (LETZTEN) FUNKTION MIT EINEM	
	relativ niedrigen Berufs-niveau (N=75)	relativ hohen Berufs-niveau (N=69)
(+) mehr	24%	7%
(0) gleich	23%	39%
(-) weniger	53%	54%
	100%	100%

Kendall's Tau = +0.07 (n.s.)

Die zweite aus der mentalen Inkongruenztheorie abgeleitete Vorhersage besagt,
daß - wenn Arbeitslose sich überhaupt aus ihren sozialen Beziehungen zurückziehen - die Kontakte mit Arbeitslosen, die noch zu Bewerbungs- und Suchverhalten oder zur Realitätsleugnung disponiert sind, weniger in ihrer Häufigkeit abnehmen als die Kontakte mit Arbeitslosen, die sich eher mit ihrer Arbeitslosigkeit abgefunden haben und die zur Resignation neigen. In Tabelle 8
werden die Kontakte mit den zwei Gruppen langfristig Arbeitsloser unterschieden. Wir ersehen daraus, daß 46% der Kontakte mit Arbeitslosen, die noch zu
Bewerbungs-/Suchverhalten oder zu "Wunschdenken" disponiert sind, in ihrer
Häufigkeit abnehmen, während 67% der Kontakte mit Arbeitslosen, die eher zur
Resignation disponiert sind, abnehmen [29]. Der Unterschied ist signifikant
auf dem 1%-Niveau. Die zweite aus der mentalen Inkongruenztheorie abgeleitete
Hypothese wird damit nicht widerlegt.

Tabelle 8: Veränderungen in der Kontakthäufigkeit in der Zeitperiode von einem Jahr nach der Entlassung bei langfristig Arbeitslosen, unterschieden nach der Disposition des Respondenten.

Veränderung der Kontakthäufig- keit	KONTAKTE VON FREUNDEN/BEKANNTEN MIT LANGFRISTIG ARBEITSLOSEN MIT	
	Disposition zu Bewerbungs- und Suchverhalten oder Realitätsleugnung (N=92)	Disposition zu Resignation/ Standardveränderung (N=52)
(+) mehr	18%	12%
(0) gleich	36%	21%
(-) weniger	46%	67%
	100%	100%

Kendall's Tau = +0.19 (p < 0.01)

5.3 Die Überprüfung der dritten Vorhersagen

Aufbauend auf der zweiten aus der mentalen Inkongruenztheorie abgeleiteten Vorhersage wird in der dritten TMI-Voraussage unterstellt, daß - wenn Arbeitslose sich überhaupt aus ihren sozialen Beziehungen zurückziehen - sie sich vor allem aus solchen Beziehungen zurückziehen, die für sie "mental bedrohend" sind und zwar umso mehr, je mehr Wert sie auf das Urteil ihrer Interaktionspartner legen. Wir haben ausgeführt, daß die Antwort auf die Frage, welche Kontakte mental bedrohend sind und welche nicht, von der Disposition des Arbeitslosen selbst abhängt. Solange er noch zu Bewerbungsverhalten oder Wunschdenken disponiert ist, sind die Kontakte mit Freunden und Bekannten bedrohend, bei denen ein weniger dominanter Arbeitsstandard perzipiert wird. In jedem Fall sind sie bedrohender als Kontakte mit denjenigen, bei denen ein gleich dominanter oder ein sogar noch dominanterer Arbeitsstandard wahrgenommen wird. Bei den Arbeitslosen, die eher zur Resignation neigen (ein Teil dieser Gruppe hat überhaupt keine Hoffnung mehr auf eine Rückkehr in den Arbeitsprozeß, ein anderer Teil schiebt eine mögliche Rückkehr auf die lange Bank), müssen Kontakte mit Freunden und Bekannten als bedrohend betrachtet werden, bei denen der Arbeitsstandard kurz nach der Entlassung noch als relativ dominant wahrgenommen wird. In Tabelle 9 sind die Kontakte zunächst in zwei Kategorien aufgeteilt: die Kontakte mit mental unterstützenden Freunden und Bekannten und die Kontakte mit mental bedrohenden Freunden und Bekannten.

Tabelle 9: Veränderungen in der Kontakthäufigkeit in der Zeitperiode von einem Jahr nach der Entlassung bei langfristig Arbeitslosen, unterschieden nach der mentalen Bedrohung der Kontakte.

Veränderung der Kontakthäufig-keit	KONTAKTE VON FREUNDEN/BEKANNTEN MIT LANGFRISTIG ARBEITSLOSEN, DIE GEKENNZEICHNET WERDEN KÖNNEN ALS	
	mental unterstützend (N=80)	mental bedrohend (N=64)
(+) mehr	20%	11%
(0) gleich	33%	28%
(-) weniger	47%	61%
	100%	100%

Kendall's Tau = +0.14 (p < 0.05)

Aus einer Aufteilung, die angibt, welchen Wert die Befragten auf das Urteil ihrer Interaktionspartner legen (Tabelle 10^a und 10^b), ersehen wir, daß die Kontakte mit mental bedrohenden Interaktionspartnern, auf deren Urteil die Befragten viel Wert legen, am stärksten in ihrer Häufigkeit abnehmen (62%). Die Kontakte mit mental unterstützenden Freunden und Bekannten, auf deren Meinung die Befragten weniger Wert legen, nehmen am wenigsten ab (45%). Der Zusammenhang in Tabelle 10^a ist signifikant, der Zusammenhang in Tabelle 10^b nicht.

Tabelle 10: Veränderung in der Kontakthäufigkeit in der Zeitperiode von einem Jahr nach der Entlassung bei langfristig Arbeitslosen, unterschieden nach den als mental bedrohend wahrgenommenen Kontakten und nach dem Wert, den die Befragten auf das Urteil ihrer Interaktionspartner legen.

a.

Veränderung in der Kontakt- häufigkeit	KONTAKT , AUF DEN DIE RESPONDENTEN VIEL WERT LEGEN, GEKENNZEICHNET ALS	
	mental unterstützend (N=58)	mental bedrohend (N=37)
(+) mehr	19%	8%
(0) gleich	36%	30%
(-) weniger	45%	62%
	100%	100%

Kendall's Tau = +0.18 (p < 0.05)

b.

Veränderung der Kontakthäufig- keit	KONTAKT, AUF DEN DIE RESPONDENTEN WENIG WERT LEGEN, GEKENNZEICHNET ALS	
	mental unterstützend (N=22)	mental bedrohend (N=27)
(+) mehr	23%	15%
(0) gleich	23%	26%
(-) weniger	55%	59%
	101% [+]	100%

Kendall's Tau = +0.07 (n.s.)   [+]Abrundungsfehler

Auch die dritte aus der mentalen Inkongruenztheorie abgeleitete Vorhersage (TMI-3[1]) wird nicht widerlegt [30].

Mit Bezug auf die dritte ergänzende Annahme wird in der dritten aus der Statusinkonsistenztheorie abgeleiteten Vorhersage (SIT-3[2]) unterstellt, daß die Kontakte von Arbeitslosen mit arbeitenden Freunden und Bekannten mehr abnehmen als die Kontakte mit Freunden und Bekannten, die (gleichfalls) nicht arbeiten. Aus Tabelle 11 ergibt sich, daß diese Vorhersage widerlegt wird. Hier ergibt sich vielmehr ein entgegengesetztes Resultat: die Kontakte von Arbeitslosen mit Freunden und Bekannten, die arbeiten, nehmen gerade weniger ab als die Kontakte mit nicht-arbeitenden Interaktionspartnern. Der Zusammenhang ist, bei gegebener Randverteilung, sogar in der entgegengesetzten Richtung signifikant.

Tabelle 11: Veränderungen in der Kontakthäufigkeit in der Zeitperiode von einem Jahr nach der Entlassung bei langfristig Arbeitslosen, unterschieden nach dem Arbeitsstatus von Freunden und Bekannten.

Veränderung der Kontakthäufigkeit	KONTAKTE MIT	
	arbeitenden Freunden/ Bekannten (N=92)	nicht-arbeitenden Freunden/ Bekannten (N=52)
(+) mehr	21%	8%
(0) gleich	33%	27%
(-) weniger	47%	65%
	101% [+]	100%

Kendall's Tau = +0.19 (!)   [+] Abrundungsfehler

Aus Tabelle 11 ersehen wir, daß 47% der Kontakte mit arbeitenden Freunden und Bekannten in ihrer Häufigkeit abnehmen. Der Vorhersage SIT-3[3] zufolge müßten die Kontakte mit Arbeitenden mit einem Berufsniveau, das im Vergleich mit dem Berufsniveau der (letzten) Stellung des Respondenten hoch ist, mehr abnehmen als die Kontakte mit Arbeitenden mit einem relativ niedrigen Berufsniveau. In Tabelle 12 sind die Kontakte mit Arbeitenden (92 Einheiten) in zwei Gruppen aufgeteilt: (a) Kontakte mit Arbeitenden, deren Beruf - verglichen mit der letzten Stellung langfristig Arbeitsloser - dasselbe oder ein höheres Niveau aufweist, und (b) Kontakte mit Arbeitenden, deren Beruf - im Vergleich - ein niedrigeres Niveau hat.

Tabelle 12: Veränderungen in der Kontakthäufigkeit in der Zeitperiode von einem Jahr nach der Entlassung mit arbeitenden Freunden und Bekannten bei langfristig Arbeitslosen, unterschieden nach dem relativen Berufsniveau von Freunden und Bekannten.

Veränderung der Kontakthäufigkeit	KONTAKTE MIT ARBEITENDEN FREUNDEN UND BEKANNTEN MIT EINEM	
	relativ niedrigen Berufs- niveau (N=23)	relativ hohen Berufs- niveau (N=69)
(+) mehr	17%	22%
(0) gleich	35%	32%
(-) weniger	48%	46%
	100%	100%

Kendall's Tau = -0.03 (n.s.)

Wir ersehen aus dieser Tabelle, daß die Kontakte nicht in unterschiedlichem Maße abnehmen: 48% der Kontakte mit Arbeitenden mit einem relativ niedrigen Berufsniveau und 46% der Kontakte mit arbeitenden Freunden und Bekannten mit einem ursprünglich gleichen oder höheren Berufsniveau nehmen ab. Der Unterschied zwischen beiden Gruppen ist nicht nennenswert. Damit wird auch die letzte aus der Statusinkonsistenztheorie abgeleitete Vorhersage widerlegt.

Schließlich wird die letzte aus der mentalen Inkongruenztheorie abgeleitete Vorhersage getestet (TMI-3^2). Wird mit Hilfe der dritten aus der Statusinkonsistenztheorie abgeleiteten Vorhersage (SIT-3^2) vorausgesagt, daß die Kontakte von Arbeitslosen mit Arbeitenden mehr abnehmen als die mit Nichtarbeitenden, so geben wir mit Hilfe der mentalen Inkongruenztheorie an, unter welchen Bedingungen das umgekehrte Ergebnis erwartet werden muß und unter welchen der in der SIT-3^2 postulierte Zusammenhang tatsächlich auftritt. Im TMI-3^2 wird unterstellt, daß - wenn Arbeitslose sich überhaupt aus ihren sozialen Beziehungen zurückziehen - sie sich mehr aus den Kontakten mit nicht-arbeitenden Freunden und Bekannten zurückziehen als aus den Kontakten mit arbeitenden Freunden und Bekannten, solange sie noch dazu disponiert sind, sich neue Arbeit zu suchen oder die Realität zu leugnen (Wunschdenken). Daß sie sich eher aus Kontakten mit Arbeitenden als aus Kontakten mit Nicht-arbeitenden zurückziehen, kommt umso weniger vor, je mehr die Arbeitslosen zu Resignation und Standardänderung disponiert sind. Der Vorhersage TMI-3^2 gemäß isolieren sich Arbeitslose, die sich selbst schon als vorzeitig pensioniert betrachten, am häufigsten von arbeitenden Interaktionspartnern.

In Übereinstimmung mit der Erwartung nehmen die Kontakte von Arbeitslosen, die disponiert sind, sich Arbeit zu suchen oder die zu Wunschdenken neigen, mit arbeitenden Freunden und Bekannten am wenigsten ab: 39%. Die Kontakte derselben Arbeitslosen mit nicht-arbeitenden Freunden und Bekannten nehmen mehr ab: 60%. Die Kontakte mit Arbeitslosen, die zur Resignation neigen (einige resignieren tatsächlich: "Ich betrachte mich als vorzeitig pensioniert", andere sind noch nicht so weit, aber haben ihre Aspirationen aufgeschoben: "Ich will wohl noch in den Arbeitsprozeß zurückkehren, aber das muß nicht unbedingt in allernächster Zeit geschehen") zeigen ein anderes Bild. Sie nehmen - wie auch schon aus der Tabelle 8 ersichtlich - in beträchtlich stärkerem Maße ab, aber es trifft nicht zu, daß die Kontakte mit nicht-arbeitenden Freunden mehr abnehmen als die mit arbeitenden Freunden, wie das bei den zur Arbeit disponierten Arbeitslosen der Fall war. Übrigens muß angemerkt werden, daß die Unterschiede zwischen den beiden Tau-werten nicht signifikant sind. Das Testergebnis macht schließlich deutlich, daß (noch) keine Rede davon sein kann, daß die Kontakte mit arbeitenden Freunden mehr abnehmen als die Kontakte mit nicht-arbeitenden Freunden (Tabelle 13^a und 13^b) [31].

Tabelle 13: Veränderungen in der Kontakthäufigkeit in der Zeitperiode von einem Jahr nach der Entlassung bei langfristig Arbeitslosen, unterschieden nach dem Arbeitsstatus von Freunden und Bekannten - aufgeteilt für (a) Arbeitslose mit einer Disposition, sich neue Arbeit zu suchen (Bewerbungs-/Suchverhalten) oder mit einer Disposition zu Wunschdenken (Realitätsleugnung) und (b) Arbeitslosen mit einer Disposition zur Resignation (Standardveränderung).

a. Veränderung der Kontakthäufigkeit	LANGFRISTIG ARBEITSLOSE MIT EINER DISPOSITION ZU BEWERBUNGS-/SUCHVERHALTEN ODER REALITÄTSLEUGNUNG KONTAKTE MIT	
	arbeitenden Freunden/ Bekannten (N=62)	nicht-arbeitenden Freunden/ Bekannten (N=30)
(+) mehr	23%	10%
(0) gleich	39%	30%
(-) weniger	39%	60%
	101% [+]	100%

Kendall's Tau = +0.20 (p < 0.05)   [+] Abrundungsfehler

b. Veränderung der Kontakthäufigkeit	LANGFRISTIG ARBEITSLOSE MIT EINER DISPOSITION ZU RESIGNATION/STANDARDVERÄNDERUNG KONTAKTE MIT	
	arbeitenden Freunden/ Bekannten (N=30)	nicht-arbeitenden Freunden/ Bekannten (N=22)
(+) mehr	17%	5%
(0) gleich	20%	23%
(-) weniger	63%	73%
	100%	101% [+]

Kendall's Tau = +0.12 (n.s.)   [+] Abrundungsfehler

6. Schlußfolgerungen

Von sozialer Isolation in dem Sinn, daß Arbeitslose sich aus ihren sozialen
Beziehungen mit Mitgliedern der (noch) Berufsarbeit verrichtenden Bevölkerung zurückziehen und, sei es zusammen mit anderen Arbeitslosen, sei es ganz
allein, in soziale Isolierung geraten, kann in unserer Untersuchung eigentlich nicht die Rede sein. Vielleicht sollten wir sagen, noch nicht die Rede,
denn wir haben die Entwicklungen in den sozialen Beziehungen mit Freunden
und Bekannten nach der Entlassung nur ein Jahr lang verfolgt. Was mit den
Kontakten langfristig Arbeitsloser danach geschieht, können wir aus dieser
Untersuchung nicht erfahren. Wir schließen nicht aus, daß schließlich bei
sehr langfristig Arbeitslosen von sozialer Isolierung gesprochen werden kann.
Mit der mentalen Inkongruenztheorie, einer kognitiv-motivationalen Gleichgewichtstheorie, kann eine solche Entwicklung für eine bestimmte Gruppe langfristig Arbeitsloser, die resignieren und schließlich keine Aspirationen
mehr haben, in den Arbeitsprozeß zurückzukehren, recht gut vorhergesagt werden. Ein Jahr nach der Entlassung ist jedoch bei den meisten Arbeitslosen
eine andere Entwicklung ihrer sozialen Beziehungen erkennbar: Solange sie
noch zu einer Rückkehr in den Arbeitsprozeß disponiert sind, ist der Anteil
abnehmender Kontakte mit Freunden und Bekannten noch relativ gering, und wenn
die Kontakthäufigkeit überhaupt abnimmt, sind es überwiegend die Kontakte mit
nicht-arbeitenden Interaktionspartnern. Die Erklärung für diese Unterschiede
kann aus der mentalen Inkongruenztheorie (TMI) abgeleitet werden: Arbeitslose
ziehen sich vor allem aus Kontakten mit Freunden und Bekannten zurück, die
sie als mental bedrohend betrachten. Was mental bedrohend ist, hängt dabei
von der Disposition des Arbeitslosen selbst ab. Wenn er noch zur Arbeit disponiert ist (hier: solange er noch einen dominanten Arbeitsstandard hat und
eine ziemlich günstige Perzeption der Möglichkeiten einer Wiedereingliederung),
sind die Menschen in seiner Umgebung, von denen er glaubt, daß sie einen wenig dominanten Arbeitsstandard besitzen, "mental bedrohend". Er vermeidet
solche Kontakte und dies umso mehr, je mehr Wert er auf das Urteil dieser Interaktionspartner legt. Dagegen hat er viel weniger Anlaß, sich aus Kontakten mit Menschen zurückzuziehen, von denen er glaubt, daß sie, so wie er,
einen dominanten Arbeitsstandard besitzen. Diese sind für ihn sogar mental
unterstützend, vor allem dann, wenn er auch noch viel Wert auf ihr Urteil
legt. Dieser Effekt zeigt sich nicht bei Arbeitslosen, die zu Resignation

neigen und sich selbst schon als vorzeitig pensioniert betrachten. Die Erklärung hierfür ist, daß andere soziale Kontakte als mental bedrohend angesehen
werden können. Bei ihnen ist schließlich nicht auszuschließen, daß sie sich
aus Kontakten mit arbeitenden Freunden und Bekannten mehr zurückziehen als
aus Kontakten mit (gleichfalls) nicht-arbeitenden Freunden und Bekannten.
Von derartigen Entwicklungen zeigt sich allerdings in dem von uns untersuchten ersten Jahr nach der Entlassung noch wenig.

Wir haben in dieser Untersuchung einen "Umweg" bzw. eine indirekte Strategie
eingeschlagen (s. TAZELAAR 1980: 228-230), d.h. eine Untersuchungsstrategie,
die von der in gängigen, soziologischen Untersuchungen abweicht. Anstatt in
einer Analyse den statistischen Zusammenhang einer Reihe sozial-struktureller
und Einstellungsvariablen, die in früheren Untersuchungen in der einen oder
anderen Weise relevant zu sein schienen, mit der abhängigen Variable (Verminderung der sozialen Kontakte) zu untersuchen und die erhaltenen Ergebnisse
hinterher theoretisch zu interpretieren, haben wir einen ziemlich langen und
mühsamen theoretischen Umweg gewählt, der unserer Analyse voranging. Ist dieser Umweg die Mühe wert gewesen? Wir glauben ja. Nach Durchsicht der problemspezifischen Untersuchungsliteratur haben wir auf allgemeineres theoretisches
Hintergrundwissen über Rückzugsverhalten und soziale Isolierung zurückgegriffen. Aus zwei Gleichgewichtstheorien, der sozial-strukturellen Statusinkonsistenztheorie (SIT) und der kognitiv-motivationalen mentalen Inkongruenztheorie (TMI) haben wir systematisch Vorhersagen abgeleitet. Danach haben wir
ergänzende Annahmen expliziert und die Untersuchungszielgruppe so gewählt,
daß diese Annahmen so wenig wie möglich von der Realität abweichen. Welchen
Gewinn haben wir aus dieser Strategie gezogen? Neben den Fortschritten, die
mit der von uns gewählten Strategie für die Erforschung sozialer Isolation
von Arbeitslosen gewonnen wurden, hatte sie auch weitere Nebenwirkungen.
Deutlich wurde, daß es - wie auch schon durch WIPPLER (1982) angemerkt - in
Anbetracht der vielen Anomalien wünschenswert ist, die ursprüngliche sozial-
strukturelle (Lenski/Malewski-Version) Statusinkonsistenztheorie zu modifi-
zieren und mit Hilfe von Hypothesen zu erweitern, die aus einer allgemeineren
und "tieferen" kognitiv-motivationalen Verhaltensdispositionstheorie abgeleitet sind. An der hier vorgestellten Analyse zeigt sich, daß die mentale Inkongruenztheorie für diesen Zweck als geeignet betrachtet werden kann.

Anmerkungen

(1) Wir danken Silke SCHMIDT für die Übersetzung vom Niederländischen ins Deutsche. Wir danken Harry GANZEBOOM, Paul de GRAAF, Silke SCHMIDT, Jeroen WEESIE und Reinhard WIPPLER für ihre kritischen Kommentare und Albert VERBEEK für seine wertvollen statistischen Ratschläge.

(2) Das Zitat stimmt - wenn man kleine Unterschiede vernachlässigt - mit dem Text auf S. 222 aus de ROOYs Werklozen en werkloosheidsbestrijding 1917-1940, Landelijk en Amsterdams Beleid, Amsterdam: Van Gennep 1978 überein.

(3) Vgl. WIPPLER (1980: 2).

(4) WIPPLER (1980: 3, 14).

(5) Daraus darf nicht geschlossen werden, daß es sich hier um eine prinzipielle Wahl für die zweite Strategie handelt. In diesem Zusammenhang sei angemerkt, daß der erstgenannte Autor in einem durch die Deutsche Forschungsgemeinschaft finanzierten "Verbundprojekt Vergleichende Theorientestung" an einem Versuch beteiligt ist, die internen Schwierigkeiten der Statusinkonsistenztheorie durch einen systematischen Vergleich der verschiedenen Versionen dieser Theorie zu beseitigen (erstgenannte Strategie!) (vgl. u.a. WUGGENIG 1983).

(6) MALEWSKIs Aussagen darüber, wann statusinkonsistente Personen zu Mobilität neigen (Erhöhung von niedrigen Statusfaktoren) und wann zu sozialer Isolation, sind nicht sehr präzise formuliert. In seiner Aussage über soziale Isolation führt er als zusätzliche Bedingung die tatsächlichen Möglichkeiten ein:"... If an individual shows several incongruent statusfactors, some of which are evaluated as much lower than others, and when this individual cannot raise the lower factors, he will show a tendency to avoid those people who react to them" (1966: 306). Die Aussage über Mobilitätsversuche lautet:"If an individual shows several incongruent statusfactors, some of which are evaluated as much lower than others, and when he perceives the possibility of changing the lower factors, he will tend to raise such factors which are evaluated as lower" (1966: 305). Nimmt man den Text wörtlich, so ist zu vermuten, daß es nicht um die tatsächlichen Möglichkeiten zur Erhöhung von niedrigen Statusfaktoren geht, also um die Restriktivität der Handlungssituation, sondern um ein mentales (kognitives) Element.

(7) Diese Entscheidung hängt mit den Funktionen zusammen, die die zwei hier genannten Theorien im Hinblick auf das Erklärungsproblem der (Haupt-) Untersuchung erfüllen (s. WIPPLER 1980: 24).

(8) Gemeint ist hier Statusinkonsistenz desselben Typs, also Ausbildung-hoch, Berufsprestige-niedrig und Einkommen-niedrig.

(9) WIPPLER (1980: 25).

(10) Mit Hilfe der mentalen Inkongruenztheorie kann angegeben werden, wann ein Wechsel der Interaktionsgruppe und soziale Isolierung auftritt oder eine Veränderung der sekundären Standards und eine Veränderung der Similaritätskognition durch Realitätsleugnung. Das einfachste Vorgehen besteht hierbei in einem Wechsel der primären Dimension: Anstelle der "Arbeitslosigkeit" betrachten wir vorläufig "soziale Kontakte" als primären Bereich der Realität. Die drei Reduktionsweisen (Kognitionsanpassung an den Standard durch Verhaltensänderung, Kognitionsanpassung an den Standard durch Realitätsleugnung und Standardanpassung an die Kognition) werden dann auf der Grundlage der geltenden, anschließenden und verbindenden (sekundären) Dimensionen gedeutet. In der vorliegenden Untersuchung gehen wir auf diese Frage nicht weiter ein.

(11) Dies betrifft das Projekt der Niederländischen Forschungsgemeinschaft "Mentale Inkongruentie en Statusinkonsistentie; een longitudinaal Onderzoek" (nr. 50-122) (Auftrag: R. WIPPLER/Untersuchung: F. TAZELAAR). Das Projekt ist gleichzeitig Teil des obengenannten, durch die Deutsche Forschungsgemeinschaft finanzierten "Verbundprojekt Vergleichende Theorientestung". In diesem Deutsch-Niederländischen Gemeinschaftsprojekt werden auf systematische Weise Statusinkonsistenztheorien, die mentale Inkongruenztheorie und die Nutzentheorie problemspezifisch ausgearbeitet, verglichen und getestet. Teilnehmer sind: Universität Hamburg (K.-D. OPP und S. SCHMIDT), Universität Hannover (U. WUGGENIG und U. ENGEL), Universität Münster (Chr. TARNAI), Universität Bielefeld (E. LANGE), Universität Erlangen-Nürnberg (H. KREUTZ) und Universität Utrecht (R. WIPPLER und F. TAZELAAR).

(12) Wir sind der Meinung, daß Statusinkonsistenz des Typs Ausbildung-hoch, Berufsprestige-niedrig und Einkommen-niedrig unter Älteren häufiger vorkommt als unter Jüngeren.

(13) Ein nicht unbeträchtlicher Teil der widersprüchlichen Ergebnisse in Untersuchungen über die Folgen von Arbeitslosigkeit kann unseres Erachtens damit "erklärt" werden, daß die meisten dieser Untersuchungen einen survey-artigen Charakter tragen, wobei nicht allein ungleichartige Inaktive befragt worden sind, sondern vor allem auch die Zeitdauer der Arbeitslosigkeit wenig berücksichtigt worden ist. Auf der Basis solcher Untersuchungen wird - merkwürdigerweise und meistens zu Unrecht - ziemlich häufig die Schlußfolgerung gezogen, daß die Arbeitslosen vom Zeitpunkt ihrer Entlassung an verschiedene Stadien durchlaufen. So ein "Resultat" verschleiert gewöhnlich die Frage, worum es in dieser Art Untersuchung geht: Wie ist es zu erklären, daß einige Arbeitslose auf die Entlassung und die darauf folgende Arbeitslosigkeit anders reagieren als andere?

(14) Arbeitslose Befragte sind unmittelbar über Kontakte mit Management, Betriebsrat oder Gewerkschaften direkt nach der Schließung des Betriebes befragt worden. Dies betrifft fünf Schließungen von mittelgroßen und großen Betrieben: drei in Overijssel, einer in Gelderland und einer in Noord-Brabant.

(15) Die Auswahl der arbeitslosen Befragten über die Bezirksarbeitsämter und ihre Aufnahme in die Zielgruppe der longitudinalen Untersuchung erforderte

immer die Zustimmung des Sozial- und Arbeitsministeriums, der betroffenen Distriktsinspektoren und der betroffenen Direktoren der Bezirksarbeitsämter. Beamte des Arbeitsamtes nahmen die Vorauswahl der möglichen
Respondenten auf der Grundlage von Zielgruppenmerkmalen vor (Alter, Fa-
milienstand, letzte Tätigkeit), danach erhielten diese potentiellen Respondenten einen Brief vom Direktor des Arbeitsamtes, in dem sie um Mit-
wirkung an der Untersuchung gebeten wurden. In der Untersuchung sind die
Bezirksarbeitsämter Den Haag, Gouda, Gorinchem, Tiel, IJsselstein,
Utrecht, Zeist, Amersfoort, Barneveld,Ede, Apeldoorn, Veenendaal und
Nijmegen einbezogen.

(16) Eine detailliertere Übersicht findet sich im vierten Zwischenbericht
für die Holländische Forschungsgemeinschaft: F. TAZELAAR & R. WIPPLER,
Mentale Inkongruentie en Statusinkonsistentie: Stand van Onderzoek,
Ms., April 1982. Diese interne Publikation kann von den Autoren angefordert werden.

(17) Eine detailliertere Darstellung der operationalen Definitionen findet
sich in SCHMIDT et al. (1982).

(18) Alle Respondenten wurden gefragt, ob sie die angegebenen Freunde und
Bekannten durch ihre Arbeit kennen. Diese "Arbeitskontakte" wurden im
Folgenden aus der Untersuchung genommen. Bei solchen Interaktionspart-
nern liegt es sehr nahe, daß die Kontakthäufigkeit abnimmt.

(19) Vgl. für Einzelheiten: M. SPRENGERS & F. TAZELAAR, De Kansen op de Ar-
beidsmarkt van oudere werklose Mannen; Resultaten van een Beoordelings-
onderzoek met deskundige Beoordelaars, Ms., Utrecht 1983 (zu beziehen
über die Autoren).

(20) Bei dieser Berufsprestigeskala handelt es sich um ein in Nijmegen ent-
wickeltes Meßinstrument für Niederländische Berufe und Funktionen.

(21) Freunde und Bekannte, bei denen zum Meßzeitpunkt der Arbeitsstatus nicht
deutlich ist (z.B. Interaktionspartner, die arbeiten, aber vor sehr kurzer Zeit arbeitslos gewesen sind), wurden aus theoretischen Gründen
(s. Tabelle 1) aus der Untersuchung genommen.

(22) Vgl. für Einzelheiten:F. TAZELAAR & M. SPRENGERS, Mentale Inkongruentie
en Statusinkonsistentie: operationele Definities, Ms., Utrecht 1984.
Auch dieser interne Bericht kann bei den Autoren angefordert werden.

(23) Bei der Bestimmung der Disposition spielen in der mentalen Inkongruenztheorie der primäre Standard (genauer: seine Dominanz), die primäre Kognition (genauer: ihre Zentralität) und die anschließende Kognition der
Möglichkeiten zur Verhaltensänderung sowie sekundäre Standards, Kognitionen und verbindende Hilfskognitionen eine bedeutende Rolle. Aus Spar-
samkeitserwägungen sind diese sekundären mentalen Elemente hier außer
Betracht gelassen worden. Sie werden aber in den Abschlußbericht der
Hauptuntersuchung einbezogen.

(24) 88 der 244 Befragten haben im zweiten Meßzeitpunkt, ungefähr fünf Monate
nach ihrer Entlassung,wieder zu arbeiten begonnen. Von diesen 88 wurden

in kurzer Zeit 7 wieder arbeitslos. Schließlich finden zwischen dem zweiten und dem dritten Meßzeitpunkt noch einmal 35 Befragte Arbeit.

(25) Der Anteil unabhängiger Beobachtungen ist auch bei diesem Vorgehen noch
     beträchtlich.

(26) Selbstverständlich liegt hier ein Vergleich mit der Entwicklung der so-
     zialen Beziehungen von noch arbeitenden Altersgenossen nahe. Die Daten
     hierzu fehlen jedoch in unserer Untersuchung. Überdies sei angemerkt,
     daß die hier erhaltenen Ergebnisse mit denen übereinstimmen, die von
     van BUECHEM in einer Sekundäranalyse von Daten über eine Erhöhung for-
     maler sozialer Partizipation unter Arbeitslosen gefunden wurden (1975:
     96, 105): eine nahezu gleiche Reaktion bei Langzeit-Arbeitslosen und
     wieder in den Arbeitsprozeß eingegliederten Personen. Zwischen beiden
     Gruppen einerseits und Langzeit-Arbeitslosen andererseits hat van BUECHEM
     einen Unterschied gefunden. Letztgenannte partizipieren mehr.

(27) Die Ergebnisse hängen nicht von dem Anteil der Kontakte ab, die durch
     die Befragten angegeben wurden. Schließlich sind die Ergebnisse gleich,
     unabhängig davon, ob anstelle einer transponierten, rechteckigen Ma-
     trix mit einer nicht-transponierten quadratischen Matrix gearbeitet
     wird, wobei nur die erstgenannten Kontakte (einer pro Respondent) in
     die Analyse einbezogen wurden.

(28) Es ergeben sich ebenso wenig signifikante Unterschiede, wenn nur die
     extremen Kategorien ("sehr ungünstig" und "sehr günstig") betrachtet
     werden.

(29) Es sei angemerkt, daß wohl nur ein Unterschied in der Zunahme der Kon-
     takthäufigkeit zwischen beiden Gruppen gemacht werden kann.

(30) Der Zusatz "und dies umso mehr, je mehr Bedeutung das Urteil von Freun-
     den und Bekannten für Personen hat" (Tabelle 2: TMI-3), hält strengge-
     nommen einer Überprüfung nicht stand. Der Unterschied zwischen beiden
     Tau-Werten ist nicht signifikant.

(31) Es ist offenkundig, daß die Werte für Kendall's Tau in allen betrachte-
     ten Tabellen nicht sehr ausgeprägt sind. Dies macht deutlich, daß auch
     die Weiterentwicklung und Verbesserung der Theorie mentaler Inkongruen-
     zen wünschenswert ist. Auf der anderen Seite ist jedoch im Zusammenhang
     mit den in diesem Beitrag untersuchten Fragestellungen zu beachten, daß
     die Theorie mentaler Inkongruenzen in ihrer hier verwendeten Form der
     Statusinkonsistenztheorie jedenfalls in dem Sinn überlegen ist, daß alle
     Vorhersagen auf der Grundlage der Statusinkonsistenztheorie widerlegt
     werden, nicht jedoch die Vorhersagen auf Grund der Theorie mentaler In-
     kongruenzen.

Literatur

AIKEN, M., L.A. FERMAN & H.L. SHEPPARD
1968   Economic Failure, Alienation and Extremism, Ann Arbor (Mich.):
            University of Michigan Press

BAKKE, E.W.
1960   The cycle of adjustment to unemployment, in: N.W. Bell &
            E.F. Vogel (eds.), A Modern Introduction to the Family, New
            York: Free Press,112-125

BUECHEM, A.L.J. van
1975   Effecten van het voortduren der werkloosheid: Een secundaire
            analyse van gegevens uit een onderzoek onder werklozen,
            Tilburg: IVA-rapport

GESCHWENDER, J.A.
1967   Continuities in theories of status consistency and cognitive
            dissonance, Social Forces 46: 160-171

GOFFMAN, I.W.
1957   Status consistency and preference for change in power distri-
            bution, American Sociological Review 22: 275-281

HAMAKER, H.G.
1972   Het Arbeidsmarktgedrag van Werklozen, Mens en Onderneming 26:
            295-308

HOMANS, G.C.
1961   Social Behavior, London: Harcourt

1962   Sentiments and Activities: Essays in Social Science, New York:
            Free Press

HOUBEN, P.P.J.
1972   Ervaringen en Orientaties van Werklozen, Mens en Onderneming
            26: 284-294

HUGHES, E.C.
1945   Dilemma and contradictions of status, American Journal of
            Sociology 50: 353-359

JACKSON, E.F.
1962   Status consistency and symptoms of stress, American Sociolo-
            gical Review 27: 469-480

KIMBERLY, J.C.
1977   Inconsistency among components of stratification and cognitive
            consistency and reward-cost processes, in: R.L. Hamblin &
            J.H. Kunkel (eds.), Behavioral Theory in Sociology, New
            Brunswick (N.Y.): Transaction, 385-407

KÖRNER, W.
1976   Kognitive Strukturen und soziales Verhalten: Psychologische
                und soziologische Implikationen der Balancetheorie, Diss.,
                Hamburg

KROONENBERG, P.M. & A. VERBEEK
1981   Fisher, een Programma voor de Analyse van r*c Tabellen bij
                kleine Steekproeven, Kwantitatieve Methoden 2: 66-86

LENSKI, G.E.
1956   Social participation and status crystallization, American
                Sociological Review 21: 458-464

1964   Comment on Mitchell's "Methodological Notes", Public Opinion
                Quarterly 28: 326-330

1966   Power and Privilege: A Theory of Social Stratification, New
                York: McGraw-Hill

1967   Status inconsistency and the vote: A four nation test,
                American Sociological Review 32: 298-301

MALEWSKI, A.
1966   The degree of status incongruence and its effects, in:
                R. Bendix & S.M. Lipset (eds.), Class, Status and Power,
                New York: Free Press, 303-308

1967   Verhalten und Interaktion, Tübingen: Mohr

MITCHELL, R.E.
1964   Methodological notes on a theory of status crystallization,
                Public Opinion Quarterly 28: 315-325

ROOY, P. de
1979   Het Isolement der Werklozen, in: P.W. Klein und G.J. Borger
                (eds.), De jaren Dertig: Aspecten van Crisis en Werkloosheid,
                Amsterdam: Meulenhof Educatief, 197-205

SAMPSON, E.E.
1963   Status congruence and cognitive consistency, Sociometry 26:
                146-162

1969   Studies of status congruence, Advances in Experimental
                Social Psychology 4: 225-270

SCHMIDT, S., F. TAZELAAR & R. WIPPLER
1982   Anwendung der Theorie mentaler Inkongruenzen und der Status-
                inkonsistenztheorie in einer Untersuchung über Arbeitslosig-
                keit, Utrecht: Bericht des DFG-Forschungsverbunds

SOROKIN, P.,
1927   Social and Cultural Mobility, New York: Free Press 1959

TAZELAAR, F.
1980   Mentale Incongruenties - Sociale Restricties - Gedrag,
            Diss., Utrecht

1983   Van een Klassieke Attitude-Gedraghypothese naar een Algemeen
            Gedragstheoretisch Model, in: S. Lindenberg & F.N. Stokman
            (eds.), Modellen in de Sociologie, Deventer: van Loghum
            Slaterus, 112-138

TAZELAAR, F. & R. WIPPLER
1985   Problemspezifische Anwendungen der allgemeinen Theorie mentaler
            Inkongruenzen in der empirischen Sozialforschung, in diesem Band

THRAUM, M.L.
1934   Zur Psychologie und Psychopathologie der Arbeitslosigkeit,
            Zeitschrift für psychische Hygiene 7: 40-51

TINBERGEN, J.
1983   De Jaren Dertig en Tachtig Vergeleken, Intermediair 19 21:
            21-23

WACKER, A.
1976   Arbeitslosigkeit: Soziale und psychische Voraussetzungen und
            Folgen, Frankfurt a.M.: Europäische Verlagsanstalt

WEBER, M.
1921   Wirtschaft und Gesellschaft, 5., rev. Aufl., Tübingen: Mohr
            1976

WIPPLER, R.
1980   Mentale Incongruenties, Statusinconsistentie en Gevolgen van
            Werkloosheid, Paper voor het symposium "Verklarende Sociologie
            en Grote Maatschappijproblemen" op 6 Juni in het Jaarbeurs-
            gebouw te Utrecht, Utrecht

WUGGENIG, U.
1983   Folgen von Statusinkonsistenz: Eine Dokumentation von Hypo-
            thesen verschiedener Statusinkonsistenztheorien, Hannover:
            Bericht des DFG-Forschungsverbunds

ZAWADSKI, B. & P. LAZARSFELD
1935   The psychological consequences of unemployment, Journal of
            Social Psychology 6: 224-251

GELEGENHEITSSTRUKTUREN UND INDIVIDUELLE TENDENZEN

ZUR AUSGEGLICHENHEIT SOZIALER BEZIEHUNGEN

EINIGE EMPIRISCHE BEFUNDE ZUR ANALYSE VON STRUKTUR-

ENTSTEHUNG AUS DER SICHT DER D-H-L-MODELLE

Hans J. Hummell

und

Wolfgang Sodeur

Das Verhältnis von "Handeln" und "Struktur" hat man auf eine bildhafte Weise dadurch zu charakterisieren versucht, daß "Handeln" im folgenden Sinne als Resultat eines "zweistufigen" "Filterungs"- bzw. "Selektionsprozesses" aufgefaßt wird (u.a. z.B. ELSTER 1979): Durch die strukturellen Rahmenbedingungen des Handelns werden zunächst die dem Handelnden "offen" stehenden Handlungsmöglichkeiten bestimmt. Dabei kann i.a. davon ausgegangen werden, daß letztere nach der kategorialen Zugehörigkeit der Handelnden bzw. in Abhängigkeit von ihrer Stellung in der Sozialstruktur systematisch variieren.

Nachdem also in einem ersten Schritt die Gelegenheitsstruktur des Handelnden als eine Menge sozialstrukturell definierter Handlungsalternativen und -möglichkeiten sowie evtl. deren Determinanten identifiziert wurde, kann anschließend der Prozeß analysiert werden, wie bzw. nach welchen Kriterien der Handelnde aus den ihm eröffneten aber auch strukturell begrenzten Möglichkeiten eine spezielle Handlung "wählt".

Während man sich im ersten Schritt auf Strukturvariablen, die Handlungsmöglichkeiten eröffnen und begrenzen, konzentriert, werden im zweiten Schritt die als selektive Standards fungierenden Wertorientierungen und Präferenzen des Handelnden thematisiert.

Diese sehr allgemeine Vorstellung soll nun im folgenden auf einen speziellen theoretischen Ansatz angewandt werden, der zunächst gerade von der umgekehrten Vorstellung ausgeht, daß nämlich das Muster bestimmter (Beziehungs-)Strukturen erklärt werden kann durch Präferenzen individueller Akteure.

Gemeint ist die Theorie-Tradition, zu der James A. DAVIS, Paul HOLLAND und Samuel LEINHARDT wichtige und aufeinander aufbauende Beiträge geliefert haben, und die deshalb auch als "D-H-L-Modelle" bezeichnet wird.

Ausgehend von der Theorie des Gleichgewichts kognitiver Strukturen von Fritz HEIDER und ihrer Formalisierung durch Dorwin CARTWRIGHT und Frank HARARY führt sie zu einer Strukturtheorie interpersoneller Beziehungen mit dem Anspruch, eine Verbindung zwischen verschiedenen Ebenen sozialer Systeme herstellen zu können: vom individuellen Akteur über kleine Gruppen interagierender Personen bis zur Hierarchisierung und Cliquenbildung als Struktureigenschaften des Gesamtnetzes.

Die besondere Faszination, die von diesem Theorieansatz ausging und in den vergangenen Jahren zu einer Fülle theoretischer wie empirischer Arbeiten führte, hat sicher nicht zuletzt mit ihrem Versprechen zu tun, eine Verbindung zwischen Mikro- und Makrostruktur herzustellen.

Im Rahmen eines von der Deutschen Forschungsgemeinschaft geförderten Projektes wurde diese theoretische Konzeption dazu verwandt, die Strukturentwicklung in einer Population von Studienanfängern zu analysieren. Dazu wurde die Gesamtheit der Studienanfänger eines ausgewählten Fachbereichs im Wintersemester 1978/79 untersucht. Die Erhebung erstreckte sich über die ersten 9 Wochen des Studiums. An ihrem Anfang stand ein soziales System in statu nascendi, in dem Bekanntschaften aus der Zeit vor dem Studium die Ausnahme waren. Die sich entwickelnden Beziehungen unter den Studenten, die Struktur der Beziehungen im gesamten Netz und Informationsprozesse auf Grundlage der jeweils realisierten Verbindungen bildeten den Gegenstand der Untersuchung.

In anderen Arbeiten (HUMMELL und SODEUR 1984a,b) wird der theoretische Zusammenhang zwischen individuellen Präferenzen zur Ausgeglichenheit von Sozialbeziehungen, der Struktur interpersoneller Beziehungen und den Merkmalen der Netzstruktur ausführlich dargestellt. Dort wird auch auf Probleme der empirischen Anwendung der D-H-L-Modelle in der Untersuchung eingegangen sowie über empirische Ergebnisse zur Strukturentwicklung über Zeit berichtet.

In der vorliegenden Arbeit wird nun eine spezielle Problematik weiterverfolgt. Die D-H-L-Modelle gehen zunächst von einem für alle betrachteten Akteure homogenen sozialen Milieu aus, in dem Kontaktchancen und Chancen des Aufbaus sozial-emotionaler Beziehungen nicht nach Gelegenheitsstrukturen variieren. Es soll nun gezeigt werden, welche Möglichkeiten bestehen, im

Rahmen der D-H-L-Modelle das Konzept der Gelegenheitsstruktur explizit zu berücksichtigen und Akteure nach ihren Gelegenheitsstrukturen zu charakterisieren.

Eine empirische Umsetzung wird dadurch grundsätzlich möglich, daß in der Untersuchung a) zwei verschiedene Arten von Sozialbeziehungen bzw. Strukturen unterschieden werden können, die vorläufig als "Kontaktstrukturen" und "soziometrische Strukturen" bezeichnet werden sollen, und b) Strukturen zu verschiedenen Zeitpunkten verglichen werden können. Dadurch kann die Entwicklung der einen Struktur zu einem bestimmten Zeitpunkt unter dem Aspekt ihrer Steuerung durch individuelle Präferenzen betrachtet werden, während die andere Struktur bzw. "die gleiche" Struktur zu einem früheren Zeitpunkt zur Charakterisierung der Gelegenheitsstruktur verwandt werden kann.

Im folgenden soll nun zunächst ein Einblick in die Grundkonzeption der D-H-L-Modelle gegeben werden. In einem weiteren Abschnitt wird dann auf die Umsetzung des theoretischen Ansatzes im DFG-Projekt "Strukturentwicklung unter Studienanfängern" eingegangen. Ein letzter Abschnitt erläutert schließlich eine der verschiedenen möglichen empirischen Umsetzungen des Konzepts der Gelegenheitsstruktur und berichtet einige empirische Resultate der Überprüfung der D-H-L-Modelle unter Einschränkung auf relevante Gelegenheitsstrukturen.

1. Darstellung von Makrostrukturen als Resultat dyadischer Interaktionen mit Hilfe der D-H-L-Modelle

1.1 Präferenzen für die Ausgeglichenheit von Sozialbeziehungen und ihre makro-strukturellen Konsequenzen

Begründet wurde die Forschungstradition der D-H-L-Modelle als Theorie des Gleichgewichts kognitiver Strukturen, wobei insbesondere die "balance theory" in der von HEIDER (1946, 1958) formulierten Version von Bedeutung war. In der Folge wurde sie nicht nur zu einer Strukturtheorie interpersoneller Beziehungen fortgeführt, sondern schließlich wurden Strukturtheoreme für soziale Systeme als Ganzes formuliert. Unter der Annahme relativ einfacher

Verhaltenstendenzen auf der Ebene individueller Akteure und ihrer Sozialbeziehungen können dann Konsequenzen auf der Makro-Ebene von Systemen behauptet und gegebenenfalls empirisch überprüft werden. Für die spätere Entwicklung war insbesondere die Formalisierung einiger Hypothesen von HEIDER mit
Hilfe der Graphentheorie durch CARTWRIGHT und HARARY (1956) bedeutsam. Ausgearbeitet und erweitert wurde sie dann in verschiedenen Publikationen von
DAVIS, HOLLAND und LEINHARDT (z.B. DAVIS 1967, DAVIS und LEINHARDT 1972,
HOLLAND und LEINHARDT 1971, 1975, 1977).

Für HEIDER war die von ihm konzipierte Theorie eine kognitive Theorie. Ihm ging
es darum festzustellen, inwieweit kognitiv repräsentierte Strukturen danach
charakterisiert werden können, daß sie bestimmten Prinzipien der Konsistenz,
der Kongruenz oder Ausgeglichenheit (balance) genügen. Die Grundhypothese
lautete, daß unausgeglichene kognitive Strukturen deshalb instabil sind,
weil sie von den Akteuren als unangenehm empfunden werden. Ausgeglichene
kognitive Strukturen können dagegen als vergleichsweise stabil angesehen werden. Durch die Arbeit von CARTWRIGHT und HARARY wurde dreierlei geleistet:
erstens wurde in der graphentheoretischen Sprache das Konzept der Ausgeglichenheit (Balanciertheit) auch für Strukturen einer größeren Komplexität als
der von HEIDER behandelten eindeutig definierbar. Zweitens wurde das Konzept
der Ausgeglichenheit von kognitiven Strukturen auf interpersonelle Strukturen übertragen. Die grundlegende Hypothese von der Stabilität ausgeglich-
ner bzw. Instabilität unausgeglichener Strukturen wurde als etwas betrachtet,
das in einem System interagierender Personen nicht nur die kognitiven Repräsen-
tationen aller einzelnen Akteure beschreibt, sondern auch das Gesamtsystem
der beobachtbaren faktisch realisierten Sozialbeziehungen. Drittens schließlich wurde unter Verwendung des vorher definierten Begriffs der Ausgeglichenheit gezeigt, wie sich ein System von interpersonellen Beziehungen als Ganzes
strukturell charakterisieren läßt, wenn für jede Person das System ihrer Sozialbeziehungen ausgeglichen ist. Insbesondere wurde gezeigt, daß ausgeglichene Beziehungsstrukturen zwei Bedingungen erfüllen, die als Konsistenz-
und als Strukturtheorem beschrieben werden können.

Um das Strukturtheorem zu formulieren, sollen die zentralen Hypothesen der Ausgeglichenheit aus der Sicht eines beliebigen Akteurs
im Hinblick auf seine Sozialbeziehungen formuliert werden. Die

grundlegenden Annahmen der Ausgeglichenheit im Sinne von HEIDER-CARTWRIGHT-HARARY (Balanciertheit) können durch folgende vier Hypothesen ("Axiome") charakterisiert werden. Im Hinblick auf den später genannten Gesichtspunkt der "Vollständigkeit" der Struktur wird schon jetzt für jedes "Axiom" neben einer "starken" Version auch eine "schwache" Version aufgeführt. Die Formulierung der "Axiome" unterstellt, daß für jeden Akteur seine Sozialbeziehungen nach ihrer Valenz in positive ("Freund") und negative ("Feind") unterschieden werden können.

I.   a) Der Freund meines Freundes ist mein Freund ("starke" Version);
     b) der Freund meines Freundes ist nicht mein Feind ("schwache" Version).

II. a) Der Feind meines Freundes ist mein Feind;
     b) der Feind meines Freundes ist nicht mein Freund.

III. a) Der Freund meines Feindes ist mein Feind;
     b) der Freund meines Feindes ist nicht mein Freund.

IV. a) Der Feind meines Feindes ist mein Freund;
     b) der Feind meines Feindes ist nicht mein Feind.

Die beiden ersten "Axiome" können durch bezugsgruppentheoretische Überlegungen erläutert werden, nach denen Ego die Orientierungen einer positiven Bezugsperson tendenziell übernimmt. Nimmt man nämlich "Freund" als Bezeichnung für eine positive Bezugsperson, so bringen die "Axiome" I und II zum Ausdruck, daß hinsichtlich ihrer Valenzen Ego die Einstellungen, Haltungen und Bewertungen seiner Bezugsperson Dritten ("Freunden" bzw. "Feinden") gegenüber übernimmt. Das dritte "Axiom" kann dadurch erläutert werden, daß man darauf hinweist, daß Personenpaare, welche in Beziehungen der Solidarität oder Freundschaft zueinander stehen, seitens Dritter (hier: Ego) als Einheiten betrachtet und behandelt werden. Wenn Ego nun zu einer der beiden Personen einer solchen Einheit eine negative Beziehung etabliert, dann besteht zumindest die Tendenz, daß die Valenz der Beziehung auch auf die andere der beiden Personen der Einheit übertragen wird.

Das vierte "Axiom" bringt eine Tendenz zu strategischem Handeln zum Ausdruck, bezogen auf Konkurrenzsituationen, in denen es für Ego von Interesse sein kann, mit dem Gegner seines Gegners eine Allianz einzugehen (Koalitionsaxiom).

Wenn man die hier nur angedeuteten Hinweise einer inhaltlichen Legitimation der "Axiome" für ausgeglichene Strukturen betrachtet, wird klar, daß letztere immer nur für sehr eingeschränkte Situationen Gültigkeit beanspruchen können.

Unter Gesichtspunkten der Verknüpfung von Mikro- und Makrostruktur ist es nun von Bedeutung, daß man auf der Grundlage der genannten Aussagen über Prinzipien, nach denen sich Beziehungen zwischen einzelnen Akteuren in einer gegebenen Population strukturieren, Konsequenzen behaupten kann, von welcher Art die komplexe Beziehungsstruktur in der Population ist. Wenn für eine Vielzahl interagierender Personen zumindest approximativ unterstellt werden kann, daß für sie die genannten Prinzipien Gültigkeit haben, kann man rein deduktiv behaupten, daß die komplexe Beziehungsstruktur ("Makrostruktur") gewisse strukturelle Eigenschaften erfüllt.

Wenn man z.B. annehmen kann, daß in einem konkreten Fall alle vier "Axiome" ohne Ausnahme in der "starken" Version erfüllt sind, dann besteht die zu deduzierende Konsequenz darin, daß das System als Ganzes entweder in zwei Gruppen zerfällt oder (falls es keine negativen Beziehungen gibt, der Anwendungsbereich der "Axiome" II bis IV also leer ist) eine völlig verbundene Struktur ("Vollstruktur" mit nur positiven Beziehungen) darstellt (Strukturtheorem). Im ersten Fall liegt eine Polarisierung der Gesamtgruppe in zwei Sub-Gruppen in der Form vor, daß beide Sub-Gruppen Vollstrukturen mit positiven Beziehungen sind, zwischen ihnen aber ausschließlich negative Beziehungen bestehen. In beiden Fällen gilt, daß sämtliche Beziehungen (direkter oder indirekter Art) zwischen jeweils zwei Personen hinsichtlich ihrer Valenzen konsistent sind (Konsistenztheorem).

1.2 Abschwächungen und Modifikationen der Strukturierungsprinzipien

Daß Situationen empirisch nur relativ selten auftreten, in denen alle vier "Axiome" in der "starken" Version erfüllt sind, ist ein wichtiger Grund dafür, in der Formulierung der "Axiome" bestimmte Modifikationen, Ergänzungen und Abschwächungen vorzunehmen. Man erhält dann eine Folge von Variationen über ein gemeinsames Thema, Variationen, in denen im Hinblick auf die komplexe Beziehungsstruktur unterschiedliche Konsequenzen in Form des Vorliegens bestimmter Strukturmerkmale behauptet werden. Unter Aspekten einer empirischen Erklärung gegebener Strukturmerkmale (wie z.B. Polarisierung) bedeutet dies natürlich, daß sich das Erklärungsproblem verschiebt. Denn wenn eine Strukturbeschreibung das logische Resultat eines Satzes von Hypothesen ist, welche Strukturierungstendenzen auf der interpersonellen Ebene zum Ausdruck bringen, dann stellt sich die empirisch zu beantwortende Frage, warum und unter welchen Bedingungen die Strukturierungsprinzipien (beispielsweise formuliert als "Axiome" I bis IV) gelten. Erst wenn im Einzelfall gezeigt wurde, aus welchen empirischen Gründen bestimmte Strukturierungsprinzipien für interpersonelle Beziehungen gelten, hat man indirekt eine empirische Erklärung für die Strukturmerkmale der Makrostruktur gegeben; dies allerdings nur unter der Voraussetzung, daß letztere tatsächlich eine deduktive Konsequenz der ersteren sind, was jedoch in den D-H-L-Modellen im einzelnen gezeigt wird.

Erste mögliche Variationen können darin bestehen, daß man die Bedingung der Vollständigkeit fallen läßt. Vollständigkeit der Beziehungen zwischen allen Personen eines Systems mit positiven und negativen Valenzen der Beziehungen heißt, daß angenommen wird, daß für alle Paare von Personen eine positive oder eine negative Verbindung vorliegt. Die Abwesenheit positiver und negativer Verbindungen ("Nullbeziehungen") ist nicht "erlaubt". Genau letzteres wird nun in unvollständigen Strukturen zugelassen, d.h. es wird zwar weiterhin von der Gültigkeit der vier "Axiome" I bis IV ausgegangen, jedoch in ihren "schwachen" Versionen. Dann sagt z.B. "Axiom" I, daß der Freund meines Freundes nicht mein Feind ist; er kann zu mir auch in einer "Null-Beziehung" stehen, die inhaltlich entweder als neutrale Beziehung oder dahingehend interpretierbar ist, daß zwischen ihm und mir überhaupt keine Beziehung existiert. (Natürlich kann die Beziehung auch positiv sein, nur muß sie es nicht.)

Nimmt man im Sinne des Konzeptes der unvollständigen Struktur die "Axiome"
I bis IV in ihren "schwachen" Versionen, dann ergibt sich ebenfalls eine eindeutig angebbare Konsequenz, welche die Struktur des Systems als Ganzes beschreibt. Bezogen auf die positiven Beziehungen zerfällt die Population in
eine Vielzahl von Sub-Gruppen, wobei jedes zu einer Sub-Gruppe gehörende Paar
von Personen dadurch charakterisiert ist, daß es über eine Folge von ausschließlich positiven Verbindungen zumindest indirekt verknüpft ist, auch
wenn im Einzelfall zwischen den Personen direkt nur eine "Null-Beziehung"
existiert. (Eine negative Verbindung ist nicht möglich, da sonst das "Axiom" I
verletzt wäre.) Die einzelnen Sub-Gruppen können nun auf verschiedene Weise
so zu Mengen von Sub-Gruppen zusammengefaßt werden, daß folgende Bedingung
erfüllt ist: Zwischen allen Paaren von Personen innerhalb der gleichen Menge
bestehen ausschließlich positive oder Null-Verbindungen; zwischen Paaren von
Personen, die zu zwei verschiedenen Mengen gehören, bestehen ausschließlich
Null-Verbindungen oder negative Verbindungen.

Zu einem ähnlichen Resultat gelangt man, wenn man nur die "Axiome" I bis III
in der "starken" Version beibehält, also auf die Gültigkeit der Koalitions-
annahme ("Axiom" IV) verzichtet (d.h. der Feind meines Feindes kann Freund
oder Feind sein). In diesem Fall gibt es eine eindeutige Zerlegung der Popu-
lationsmenge in "Cliquen", welche bezüglich der positiven Beziehungen Äquiva-
lenzklassen, insbesondere auch vollständig sind: Alle Personen der gleichen
Clique sind durch positive Beziehungen verbunden; zwischen Personen aus verschiedenen Cliquen bestehen ausschließlich negative Beziehungen. Die Anzahl
der Cliquen kann größer als zwei sein, falls überhaupt negative Beziehungen
vorkommen. Andernfalls gibt es genau eine durch positive Beziehungen vollständig verbundene Clique.

Von HOLLAND und LEINHARDT (1971) sind diese Überlegungen weiter verallgemei-
nert worden, indem sie zeigen, daß die genannten Fälle Spezialfälle von
Strukturen darstellen, welche in transitiven Graphen möglich sind. Die starke Version des "Axioms" I sagt ja nichts anderes, als daß die positive Beziehung transitiv ist: Für drei beliebige Personen x, y und z einer Menge
interagierender Personen gilt: Wenn zwischen x und y sowie zwischen y und z
jeweils eine positive Beziehung besteht, dann besteht auch zwischen x und z
eine positive Beziehung (die Transitivitätsbedingung ist erfüllt). Soweit

für die positive Valenz nicht nur die Bedingung der Transitivität sondern auch der Symmetrie gilt (wir unterstellen aus formalen Gründen zusätzlich, daß auch die Reflexivitätsbedingung erfüllt ist), ist die Beziehung mit positiver Valenz eine Äquivalenzrelation, so daß die Gesamtpopulation in Cliquen mit eindeutigen Grenzen zerlegt werden kann.

Falls es zu der transitiven, symmetrischen Beziehung noch eine zweite mit ihr verträgliche transitive, asymmetrische Beziehung gibt, so daß beide in der Gesamtstruktur "konnex" sind, sind weitere komplexe Strukturen möglich, so Ordnungen von Mengen äquivalenter Cliquen oder partielle oder lineare Ordnungen von Cliquen oder nur von Personen.

Sicher kann im Einzelfall die Struktur dahingehend "degenerieren", daß es nur unverbundene Personen gibt oder daß nur isolierte Personen in eine Ordnung gebracht werden können oder daß die Cliquen nicht geordnet werden können oder daß es nur eine Clique gibt. Im allgemeinen Fall erhält man jedoch komplexe Beziehungsstrukturen, die durch das Doppelphänomen der horizontalen und der vertikalen Differenzierung im Sinne von Vercliquung und Verdichtung einerseits und Hierarchisierung andererseits gekennzeichnet werden können.

Damit sind zwei ganz zentrale Dimensionen der Struktur von Sozialbeziehungen angesprochen: Vercliquung und Verdichtung können im weitesten Sinne mit Beziehungen der Solidarität unter Gleichen in Zusammenhang gebracht werden so wie Hierarchisierung mit Statusunterschieden unter Ungleichen.

1.3 Mehrebenenanalytische Gesichtspunkte

Halten wir fest, wie in den genannten theoretischen Modellen der Netzwerkanalyse die Verbindung zwischen verschiedenen Ebenen sozialer Systeme hergestellt wird, so daß Makrostrukturen als Resultat dyadischer Interaktionsprozesse angesehen werden können.

Zunächst haben wir die Ebene der einzelnen Personen sowie ihrer interpersonellen Beziehungen. Hier werden bestimmte Prinzipien der Konsistenz, Vereinbarkeit oder Ausgeglichenheit formuliert (z.B. in den erwähnten "Axiomen" oder als Präferenzen für die Transitivität oder Symmetrie von Sozialbeziehungen etc.) und als empirisch geltend angenommen. Dazu kann z.B. auch gehören, daß die Valenzen der Sozialbeziehungen von Ego zu einer anderen Person, wenn sie über verschiedene vermittelnde Personen "laufen", alle die gleichen Werte haben müssen, also die Valenz jeder indirekten Beziehung mit der der direkten Beziehung übereinstimmen muß.

Weiterhin haben wir die Ebene des Gesamtsystems. Die hier beobachtbare komplexe Beziehungsstruktur (Makrostruktur) kann nach dem Vorhandensein bestimmter Strukturmerkmale wie z.B. Polarisierung, Bildung multipler Gruppen, horizontaler Vercliquung oder vertikaler Differenzierung charakterisiert werden.

Zwischen beiden Ebenen haben wir schließlich die der Sub-Strukturen bestimmter Größe. So kann sich z.B. aufgrund der Präferenzen für eine bestimmte Strukturierung der Sozialbeziehungen auf der interpersonellen Ebene eine horizontale Differenzierung der Makrostruktur in der Weise ausbilden, daß diese aus nicht-überlappenden Cliquen zusammengesetzt ist.

Insgesamt gibt es also mindestens drei Ebenen: Personen und ihre interpersonellen Beziehungen; Makro-Struktur; Sub-Strukturen bestimmter Größe. Wie Substrukturen und Makro-Strukturen als Resultat von Strukturierungsprinzipien angesehen werden, welche auf der (inter-)personellen Ebene wirken, kann auch die Makro-Struktur selbst wiederum als Gefüge oder Struktur von Sub-Strukturen angesehen werden.

Von besonderem Interesse sind nun Sub-Strukturen, die aus "Dreiecken" bestehen, also Triaden von Personen darstellen. Wenn nämlich eine Struktur vollständig ist, dann braucht man zur Überprüfung der durch die "Axiome" I bis III bzw. IV behaupteten Konsequenzen (Polarisierung bzw. Bildung multipler Gruppen) weder die Makro-Struktur als Ganzes zu analysieren noch alle möglichen Sub-Strukturen zu betrachten. Es reicht aus, daß man sämtliche Dreiecke dahingehend überprüft, ob sie die behaupteten "Axiome" erfüllen. Es reicht sogar aus, für eine beliebig ausgewählte Person in der Struktur festzustellen, ob alle Triaden, in die sie eingebunden ist, im Sinne der "Axiome" ausgeglichen sind. Um Eigenschaften der komplexen Beziehungsstruktur zu prüfen,

reicht es in vollständigen Strukturen also aus, für eine beliebige Person
sämtliche Triaden zu betrachten, in welche sich ihr Beziehungsnetz mit Ego
als "Ankerpunkt" zerlegen läßt.

1.4 Triaden und Tripletts

In Fortführung dieser Idee schlagen HOLLAND und LEINHARDT (z.B. 1975) vor,
Strukturmerkmale des Gesamtsystems dadurch zu analysieren, daß man sämtliche
Triaden nach Typen klassifiziert und in ihren Häufigkeiten auszählt. Zwischen
diesen und den Strukturmerkmalen des Gesamt-Systems bestehen nämlich enge Zusammenhänge. Wenn die Grund-Beziehung eine gerichtete binäre Relation ist,
dann gibt es insgesamt 64 mögliche Triadentypen. Diese sind allerdings unter
strukturellen Gesichtspunkten (wenn man nämlich die Zuordnung von Personen
zu den Positionen in den "Dreiecken" vernachlässigt) nicht alle unterscheid-
bar. Tatsächlich gibt es nur 16 Triadentypen, die ihrer Struktur nach unter-
scheidbar sind.

Im sogenannten Triadenzensus wird nun festgestellt, wie häufig diese 16 verschiedenen Insormorphieklassen von Triaden in einer zu analysierenden empirischen Beziehungsstruktur besetzt sind. Aus dem Triadenzensus lassen sich
wiederum Parameter gewinnen, welche Strukturmerkmale des Systems als Ganzes
beschreiben.

Zur Charakterisierung der 16 strukturell unterscheidbaren Triaden entwickeln
DAVIS und LEINHARDT ein Nomenklatursystem der Form M-A-N-x, bestehend aus
3 Ziffern und evtl. einem Buchstaben. Dabei gibt die erste (zweite, dritte)
Ziffer die Anzahl der in der Triade bestehenden Verbindungen aufgrund der
in folgender Weise definierten M-(A-,N-)Relation an: Zwei Personen sind
dann M-verbunden, wenn die zugrundegelegte gerichtete Beziehung in beiden
Richtungen gilt; sie sind dann A-verbunden, wenn die gerichtete Beziehung
in genau einer Richtung gilt; sie sind "N-verbunden", wenn die gerichtete
Beziehung weder in der einen noch in der anderen Richtung gilt. Die so definierten M- und N-Beziehungen sind symmetrisch; die A-Beziehung asymmetrisch.
Falls die zugrundegelegte Beziehung transitiv ist, sind auch M und A transitiv.

Triadentypen, die in den Häufigkeiten der M-, A-, N-Verbindungen identisch sind, sich aber durch die Richtung ihrer A-Verbindungen unterscheiden, werden durch zusätzliche Buchstaben (U, D, T, C) unterschieden. ("U" bzw. "D" bedeutet, daß A-Verbindungen "nach oben", d.h. von den symmetrischen M- oder N-Verbindungen "weg", bzw. "nach unten", d.h. in Richtung auf die symmetrischen Verbindungen, verlaufen, "T", daß die A-Verbindungen mit der Transitivitätsbedingung vereinbar sind, "C", daß sie der Transitivitätsbedingung widersprechen, insbesondere zyklisch angeordnet sind.)

Mit Hilfe der ersten drei Ziffern lassen sich 10 Typen von Triaden kennzeichnen; durch Berücksichtigung der Richtungen der A-Verbindungen ist eine Verfeinerung möglich, die zu den 16 nicht-isomorphen Klassen führt.

Im folgenden (Abb. 1) werden die 16 Triadentypen aufgeführt. Diese wurden danach angeordnet, ob sie mit der Bedingung der Transitivität der M- und A-Verbindungen vereinbar sind oder dieser widersprechen.

Eine Triade ist dann transitiv, wenn für alle möglichen Anordnungen ihrer drei Einheiten x, y, z die Transitivitätsbedingung für die zugrunde gelegte Beziehung (und damit auch für M und A) erfüllt ist. Eine Triade heißt dann intransitiv, wenn es mindestens eine Anordnung ihrer drei Einheiten gibt, die die Transitivitätsbedingung verletzt. "Tripel" von Einheiten, welche die Wenn-Komponente der Transitivitätsbedingung nicht erfüllen, nennt man auch transitiv "im leeren Sinne" (vacuously transitive). Triaden, in denen sämtliche Tripel nur transitiv im leeren Sinne sind, heißen "leere" oder auch "neutrale" Triaden. Unter inhaltlichen Gesichtspunkten von Interesse sind also vor allem die nicht-neutralen Triaden, zu denen die intransitiven und transitiven im strengen (nicht-leeren) Sinne zählen.
Genau genommen ist jedoch der Triadenzensus nur begrenzt geeignet, um zu überprüfen, inwieweit auf der Ebene individueller Akteure Tendenzen zur Herstellung von Ausgeglichenheit und/oder Transitivität der Sozialbeziehungen wirksam sind, denn die Betrachtung von Triaden läßt unberücksichtigt, daß in jeder Triade die drei Akteure nicht als eine ihre Handlungen gemeinsam koordinierende Einheit agieren, sondern daß jeder Akteur zunächst jeweils individuell nur seine Beziehungen zu seinen beiden Partnern kontrolliert, nicht aber deren Beziehungen zu ihm und untereinander. D.h. jeder der drei

Abbildung 1: Triadentypen in der M-A-N-Notation von HOLLAND und LEINHARDT
(z.B. 1975)

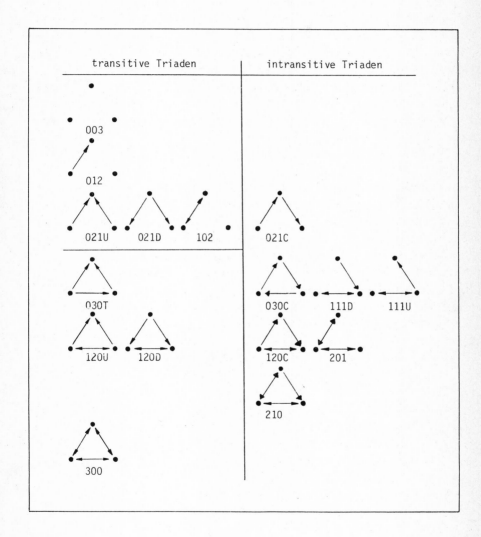

Akteure einer Triade kann nicht unmittelbar alle 6 Sozialbeziehungen (im
Sinne ihres Vorhandenseins oder ihrer Abwesenheit) zwischen den drei Personen beeinflussen, sondern nur die zwei, die von ihm an seine beiden Partner
gerichtet sind. Analytische Einheit wäre damit für die Überprüfung der Theorie nicht die gesamte Triade, sondern nur die zwei Typen von Konfigurationen
mit jeweils einer Person als möglichem "Sender" und den beiden anderen als
möglichen "Empfängern" der gerichteten Beziehung, wobei zwischen den beiden
Partnern eine gerichtete Beziehung in der einen oder in der anderen Richtung
vorliegen kann. Mit HALLINAN (1974) bezeichnet man diese Konfigurationen als
"Tripletts", wobei jede Triade aus 6 verschiedenen Tripletts besteht. Jedes
dieser Tripletts kann wiederum im Hinblick auf seinen Transitivitäts-Status
(intransitiv, transitiv im strengen Sinne, neutral) charakterisiert werden.

Den Zusammenhang zwischen Triaden und Tripletts macht Tabelle 1 deutlich,
in der auch der Transitivitäts-Status der Triaden, und zwar einmal nach
HOLLAND und LEINHARDT und einmal nach HALLINAN (1974) aufgeführt ist. Wie
man sieht, bestehen alle transitiven bzw. neutralen Triaden aus transitiven
und neutralen bzw. nur aus neutralen Tripletts. Intransitive Triaden enthalten mindestens ein intransitives Triplett, können daneben aber auch
transitive und/oder neutrale Tripletts enthalten. Letzteres veranlaßte
HALLINAN, Triaden vom Typ 2-1-0 den transitiven zuzurechnen, da sie nur ein
intransitives, aber drei transitive Tripletts enthalten.

Analog zum Triadenzensus erhält man einen Triplettzensus als Enumeration
aller transitiven (i.str.S.), intransitiven und neutralen Tripletts.

Präferenzen für eine Strukturierung der Sozialbeziehungen auf interpersoneller Ebene, so z.B. zu ihrer Ausgeglichenheit und/oder Transitivität, schlagen sich dann im Triaden- bzw. Triplettzensus in den Häufigkeiten nieder,
mit denen die einzelnen Triadentypen bzw. Konfigurationen von Tripletts
auftreten.

Tabelle 1: Triaden und Tripletts

Triaden in M-A-N Notation	Zahl der			Transitivitäts-Status nach	
	transi- tiven	intransi- tiven	neutra- len	HOLLAND & LEINHARDT	HALLINAN
	T r i p l e t t s				
0-0-3	0	0	6	neutral	neutral
0-1-2	0	0	6	neutral	neutral
1-0-2	0	0	6	neutral	neutral
0-2-1 C	0	1	5	intrans	intrans
0-2-1 D	0	0	6	neutral	neutral
0-2-1 U	0	0	6	neutral	neutral
0-3-0 T	1	0	5	transitiv	transitiv
0-3-0 C	0	3	3	intrans	intrans
1-1-1 U	0	1	5	intrans	intrans
1-1-1 D	0	1	5	intrans	intrans
1-2-0 D	2	0	4	transitiv	transitiv
1-2-0 U	2	0	4	transitiv	transitiv
1-2-0 C	1	2	3	intrans	intrans
2-0-1	0	2	4	intrans	intrans
2-1-0	3	1	2	intrans	transitiv
3-0-0	6	0	0	transitiv	transitiv

2. Das Projekt "Strukturentwicklung unter Studienanfängern"

Wie eingangs erwähnt, wurden die D-H-L-Modelle zur Konzeptualisierung des
Prozesses der Strukturentwicklung unter Studienanfängern verwandt. Während
die vorhandenen empirischen Untersuchungen sich weitgehend auf "kleine Gruppen" mit direkter Kenntnis aller Mitglieder untereinander beschränken, wird
hier eine verhältnismäßig "große" und in sich nicht deutlich vorstrukturier-
te Population von ca. 240 Personen über einen Zeitraum von neun Wochen verfolgt. In diesem Kapitel soll nun auf die besonderen Probleme bei der Realisierung der Untersuchung eingegangen werden. Wir diskutieren zunächst einige
erhebungstechnische Probleme, die durch Anforderungen aufgrund der vorliegenden Untersuchung entstanden sind, und beschreiben sodann die entwickelten
Instrumente sowie Erfahrungen mit ihrem Einsatz[1]. Die auf den theoretischen
Ansatz bezogenen konzeptionellen Überlegungen sowie die an ihnen orientierte
Analyse der erhobenen Daten werden im dritten Abschnitt fortgesetzt.

2.1 Anforderungen an die Erhebung der Daten

2.1.1 Identifikation von Personen im Netz

Informationen über Gespräche, affektive Beziehungen, Abhängigkeiten usf.
zwischen Personen werden in soziometrischen Untersuchungen allgemein über die
Befragung der Betroffenen und nur selten über Beobachtungen durch Außenstehen-
de ermittelt. Auch wenn sich die Untersuchung auf Struktureigenschaften des
Beziehungsnetzes insgesamt statt auf Eigenschaften der einzelnen Personen
oder ihrer je individuellen Bindung an das Netz bezieht, werden die Daten
also meist "an Personen" erhoben; sie sind, wie die "Netzwerker" sagen, "egozentriert".

Um Aussagen über das Netz als Ganzes oder über Eigenschaften seiner Struktur
machen zu können, müssen die ursprünglich egozentrierten Daten wie ein Puzzle
zusammengefügt werden. Dazu ist es notwendig, daß sie an den "Rändern" zu-
sammenpassen: wenn also Person A über eine Beziehung zu C berichtet und B
über eine Beziehung zu C',so muß eindeutig entscheidbar sein, ob es sich bei
C und C' um die gleiche Person handelt. Dies nennen wir hier das Problem der
interpersonellen Identifikation der Beziehungs- bzw. Kontaktpartner von A
und B.

In der traditionellen soziometrischen Forschung bereitet diese Identifikation meist keine Schwierigkeiten, weil in aller Regel Kleingruppen untersucht werden, in denen sich alle Mitglieder untereinander kennen. In der vorliegenden Untersuchung konnten solche Bedingungen jedoch nicht erwartet werden: einmal war die ausgewählte Population der Studienanfänger mit ca. 240 Studenten zu groß, um gegenseitige Kenntnis aller Studenten zu ermöglichen. Zum anderen sollte die Population vom Beginn des Studiums an, d.h. von der Aufnahme der ersten studienbedingten Kontakte an, untersucht werden, was die gegenseitige Kenntnis zumindest in der Anfangsphase ausschließt.

Zur Entwicklung entsprechender Erhebungsinstrumente wurden umfangreiche Voruntersuchungen durchgeführt. Die zahlreichen Varianten des Erhebungsinstruments sowie die Erfahrungen mit ihrem Einsatz sind in einem gesonderten Erhebungsbericht beschrieben (vgl. Projektgruppe Studienanfänger 1982). An dieser Stelle beschränken wir uns auf die Wiedergabe einiger Gesichtspunkte bzw. Erfahrungen, welche die Entwicklung leiteten:

(1) Gegenüber der Befragung gibt es vorerst keine Alternative zur Erhebung von Daten über das Beziehungsnetz in einer großen Population. Zwangsläufig entstehen damit zunächst egozentrierte Daten. Das Zusammenfügen dieser Daten zu Netzinformationen erfordert die interpersonelle Identifikation der jeweiligen Kontaktpartner.

(2) Die Befragten können die Identifikation ihrer Kontaktpartner nicht aus eigener Kenntnis leisten. Am Anfang des Studiums gilt dies außer bei zufälligen Bekanntschaften aus der Vorstudienzeit generell, nach einigen Wochen gilt es immer noch eingeschränkt in dem Sinn, daß jeder einzelne Student einen großen Teil seiner Mitstudenten nicht persönlich kennt.

(3) Identifikationshilfen wie z.B. Namenslisten aller Studienanfänger sind zwar prinzipiell denkbar. Während der Voruntersuchungen haben wir auch mit solchen Hilfen experimentiert. Ihr Einsatz führt jedoch zu reaktiven Effekten. Mit ihnen wird ein allgemeines Gesellschaftsspiel ("who is who?") angestoßen, das keine Aussagen mehr darüber erlaubt, wie Prozesse "natürlicher" Beziehungsaufnahmen (d.h. ohne dieses Spiel) abgelaufen wären.

(4) Im vorliegenden Fall schien deshalb allein die nachträgliche Identifikation der Kontaktpartner möglich: zunächst sollten von jedem Befragten Informationen über personelle Beziehungen ohne namentliche Identifikation
ermittelt und erst nach Abschluß der eigentlichen Untersuchung die zur
interpersonellen Identifikation der Kontaktpartner nötigen Daten nacher-
hoben werden.

2.1.2 Strukturentwicklung im Zeitablauf

Panelanalysen sind im Rahmen methodischer Darstellungen zur allgemeinen empirischen Sozialforschung hinreichend diskutiert worden. Die dort genannten
Probleme sind auch bei der Untersuchung von Beziehungsstrukturen zu berücksichtigen. Hier sollen sie nur insoweit behandelt werden, als sie in diesem
Spezialfall ein besonderes Gewicht erhalten.

(1) Panelmortalität

Die Folgen des dauerhaften oder zeitweisen Ausscheidens einzelner Personen aus dem Panel werden in der Umfrageforschung unterschiedlich beurteilt je nachdem, ob ein systematischer Zusammenhang zwischen dem Unter-
suchungsgegenstand und dem Ausscheiden befürchtet werden muß oder nicht.
Bei systematischem Ausscheiden sind die Folgen unübersehbar. Bei zufäl-
ligem Ausscheiden kann man jedoch aufgrund der Unabhängigkeit der Erhebungseinheiten untereinander auf statistischen Fehlerausgleich hoffen.

In Netzuntersuchungen ist diese Hoffnung geringer: die Erhebungseinheiten
sind nicht voneinander isoliert, ihre Daten vermutlich nicht unabhängig.
Ein "Fehlerausgleich" findet nicht statt. Selbst rein zufälliges Ausscheiden einzelner Personen zu einzelnen Zeitpunkten der Panelanalyse kann
deshalb u.U. je nach ihrer Stellung im Netz die Ergebnisse erheblich oder
zumindest auf eine unabsehbare Weise beeinflussen. Ausfälle im Panel haben deshalb bei Netzanalysen eine noch größere Bedeutung, als ihnen in
der Umfrageforschung mit voneinander isolierten Erhebungseinheiten zugeschrieben wird.

(2) Anonymität

Die Sicherung der Anonymität der Befragten in Paneluntersuchungen galt bereits als Problem, längst bevor die Gefahren des Datenmißbrauchs und Forderungen nach einem möglichst umfassenden Datenschutz wie heute im Bewußtsein aller Beteiligten waren. Bei Zeitpunkterhebungen ist die namentliche Identifikation der Befragten vor allem im Rahmen des Auswahlverfahrens erforderlich. Die erhobenen Daten können an sich von allen zur Identifikation dienenden Informationen getrennt bleiben, soweit nicht die Möglichkeit zu späterer Kontrolle der Erhebung offengehalten werden soll.

Unabhängig von solchen Kontrollwünschen müssen dagegen im Panel die zur Identifikation der Befragten dienenden Informationen bis zum Abschluß der letzten Welle aufbewahrt werden und mit den Erhebungsdaten verbunden sein. Andernfalls könnten die Daten aus verschiedenen Wellen nicht zusammengeführt werden.

Damit entstehen fast zwangsläufig "personenbezogene" (nicht anonymisierte) Daten im Sinne des Datenschutzgesetzes der Bundesrepublik mit allen gesetzlich vorgesehenen Folgen, vom Erfordernis der schriftlichen Einverständniserklärung des Befragten zur Speicherung bis zu Beschränkungen bei der Weitergabe der Daten.

Über diese Erfordernisse des "objektiven" Datenschutzes infolge der zumindest bis zum Abschluß der Erhebung nötigen Identifizierbarkeit der Befragten hinaus ergeben sich bei der Panelerhebung von Beziehungsnetzen zusätzliche Erfordernisse eines "subjektiven" Datenschutzes: Wenn sich aufgrund der zumindest zeitweise gegebenen Identifizierbarkeit der Befragten während der Erhebung berechtigte oder unberechtigte Bedenken ergeben, so ist hier, anders als bei Umfragen unter voneinander "isolierten" Personen, mit einer epidemischen Verbreitung im Netz zu rechnen. Der Datenschutz erfordert deshalb bei der Panelerhebung von Beziehungsnetzen ganz besondere Aufmerksamkeit.

2.1.3   Interpersonelle Beziehungen: Art und Inhalt

Wenn Aussagen über die Beziehungsstruktur zwischen Personen auf ihre voneinander unabhängigen Beschreibungen der egozentrierten Netze gestützt werden
sollen, müssen diese die gleichen Sachverhalte betreffen. Andernfalls würden
Beschreibungen von Paarbeziehungen unterschiedlichen Inhalts zu einer Struk-
turaussage mit sehr ungewisser Bedeutung für das Gesamtnetz zusammengefügt.

Das Problem ist in der empirischen Sozialforschung unter dem Begriff der Zuverlässigkeit von Daten gründlich diskutiert worden: Kann nicht unterstellt
werden, daß die gewünschte Information mit einer einzigen Frage oder Beobachtung fehlerfrei und ungestört durch andere Sachverhalte zu ermitteln ist,
dann muß sie aus "im Überschuß erhobenen Daten" gefiltert werden: mehrere
Fragen nach teilweise gleichem Inhalt, nämlich der gewünschten Information,
werden gestellt. Ein Meßmodell beschreibt, welche Sachverhalte in welcher
Art des Zusammenwirkens vermutlich die Antworten erzeugen und dient als
Grundlage, um die gewünschte von den ungewünschten Informationen, also insbesondere von Zufallsfehlern zu trennen. Gelingt dies nicht, sind also die
Daten mit dem Meßmodell nicht verträglich, dann ist entweder das Meßmodell
nicht richtig spezifiziert oder ungewünschte Informationen (z.B. "Zufalls-
fehler") dominieren die Messung.

Nun zurück zur Messung der interpersonellen Beziehungen durch Befragung der
Betroffenen. Die Annahme fehlerfreier und nicht von anderen Faktoren überla-
gerter Erhebung der jeweils gewünschten Sachverhalte ist hier zunächst ebenso unbegründet wie in anderen Bereichen empirischer Sozialforschung. Entsprechende Bedenken werden aber in der Literatur nur sehr selten sichtbar
(vgl. jedoch BERNARD et al. 1981). Nur z.T. kann dies durch die weitgehende Beschränkung der Forschung auf kleine Gruppen erklärt werden, in denen
die Annahme vollständiger Sichtbarkeit und einheitlicher Deutung der Beziehungen durch alle Befragten etwas weniger zweifelhaft ist.

Eine angemessene Behandlung des Meßproblems durch redundante Datenerhebung
und Konsistenzprüfungen anhand eines Meßmodells ist bisher selbst in soziometrischen Untersuchungen sehr kleiner Gruppen die Ausnahme geblieben (vgl.
jedoch BIEN 1983, FEGER 1977). In größeren Populationen steht dieser Ausweg mit den derzeit verfügbaren Erhebungstechniken nur sehr begrenzt offen,

da hier der Aufwand bei auch nur einfacher (nicht redundanter) Erhebung der gewünschten Informationen an Grenzen dessen stößt, was Befragten noch zugemutet werden kann. Konsistenzprüfungen sind hier nur insoweit möglich, als sich Regeln über die Verträglichkeit von Beziehungen aus ihrem beabsichtigten Verwendungszusammenhang ergeben.

Bei egozentrierter Erhebung von Gesprächspartnern wird z.B. Symmetrie der Paarbeziehungen unterstellt: wenn A ein Gespräch mit B führte, sollte auch B ein Gespräch mit A geführt haben. Nicht zu übersehen ist jedoch, daß diese Symmetrie im Zusammenhang mit der Verwendungsabsicht zunächst nur vermutet wird: symmetrisch ist also jener Aspekt der Beziehung, der erhoben werden soll ("welche Personen nahmen am Gespräch teil?"). Eine andere Sache ist demgegenüber, ob dieser Aspekt wirklich dominant und einheitlich die Antworten der Befragten leitet oder ob sich die Berichterstattung nicht an ganz anderen Gesichtspunkten wie z.B. am individuellen Interesse orientiert, das an den jeweiligen Gesprächen und Gesprächspartnern besteht. Folgen die Befragten anderen als den vom Erhebungsziel gesetzten Gesichtspunkten, so wird dieser Mangel erst nachträglich durch Verstöße gegen theoretische Erwartungen sichtbar. Mangels Datenredundanz kann die gewünschte Information später jedoch oft nicht aus einer größeren, fehlerbehafteten Datenmenge "gefiltert" werden.

Auch aus diesen Gründen ergeben sich wieder gegenüber der empirischen Sozialforschung in anderen Bereichen keine grundsätzlich neuen, wohl aber verstärkte Forderungen: bereits bei der Erhebung ist besondere Aufmerksamkeit auf die Ermittlung möglichst gezielter Informationen über Beziehungen zu legen, da eine nachträgliche Filterung der Daten Schwierigkeiten bereitet. So muß bei der Erhebung egozentrierter Beziehungsdaten in einem großen Netz dafür Sorge getragen werden, daß die möglichen Interpretationsspielräume der Befragten begrenzt werden.

In Voruntersuchungen haben wir dazu mit verschiedenen Erhebungs-Varianten versucht, die Aussagen der Befragten durch Bindung an "objektive" Rahmenbedingungen wie Zeit, Ort und Anlaß von Kontakten in ihrem Gegenstandsbereich zu vereinheitlichen. Über die subjektiven Eindrücke der Teilnehmer an den Voruntersuchungen, über Häufigkeitsvergleiche von Nennungen und über die Prüfung des Ausmaßes an Symmetrie hinaus konnten jedoch wenig "harte" Informationen über Zuverlässigkeit und Gültigkeit der so gewonnenen Netzdaten gewonnen werden. Trotzdem kann (ähnlich wie bei Trichterfragen) durch solche Vorgaben von Rahmenbedingungen doch eine zumindest relativ verbesserte Übereinstimmung der Befragten über die Art der berichteten Beziehungen erwartet werden.

2.2 Erhobene Daten

In diesem Abschnitt beschreiben wir zunächst sehr knapp und im Überblick die Art der erhobenen Daten und den zeitlichen Einsatz der Erhebungsinstrumente. Ausführlicher gehen wir in weiteren Abschnitten auf die Daten über Beziehungen zwischen Personen ein: wir beschreiben die in Tagebüchern und über Antworten auf verschiedene "soziometrische Fragen" erhobenen Beziehungsdaten und erläutern abschließend das gewählte Verfahren zur interpersonellen Identifikation der jeweiligen Beziehungspartner.

2.2.1 Überblick

Die folgende Tabelle 2 informiert über die zeitliche Verteilung der eingesetzten Erhebungsinstrumente. Die Erhebungstage sind fortlaufend numeriert. Sie beginnen mit dem ersten Tag der ersten Semesterwoche (Tag 1: Montag, 9.10.1978), sind auf die Werktage (Montag - Freitag) jeder Woche beschränkt und enden mit dem letzten Tag der 10. Semesterwoche (Tag 50: Freitag, 15.12.1978).

Die im ersten Teil der Tabelle aufgezählten Instrumente erheben Angaben der Befragten über andere Personen (Kontakte zu, Einschätzungen von, Vorlieben für ... andere(n) Personen). Diese Daten werden im folgenden Abschnitt ausführlicher beschrieben.

Die übrigen ("sonstigen") Daten sind hier nur zur Kennzeichnung des Datenrahmens aufgeführt. Am Rande sei bemerkt, daß sich einige dieser Daten auch als Beziehungsdaten deuten lassen, und zwar als Daten über Beziehungen zwischen den Befragten und Institutionen (Informationsquellen, besuchte Veranstaltun-

Tabelle 2: Zeitliche Verteilung der eingesetzten Erhebungsinstrumente

1. Beziehungsdaten

1.1 Personenliste (enthält alle vom Befragten als Beziehungspartner genannten Personen)
Erhoben an Tagen: 1-50

1.2 Tagebuch
Erhoben an Tagen: 1-25

1.3 Verschiedene "soziometrische Fragen"
und Übertragsliste (anonymisierte Form der Personenliste, s.u.)

	\multicolumn{10}{c}{Erhoben an Tagen:}									
	5	10	15	20	25	30	35	40	45	50
Frage 1	x	x	x	x						
Frage 2	x	x	x	x			x		x	
Frage 3	x	x	x	x			x		x	
Frage 4	x	x	x	x			x		x	
Frage 5	x	x	x	x			x		x	
Frage 6	x	x	x	x			x		x	
Frage 7	x	x	x	x			x		x	
Frage 8	x	x	x	x			x		x	
Frage 9	x	x	x							
Frage 10	x	x	x							
Frage 11				x	x		x		x	
Frage 12				x	x		x		x	
Frage 13								x		
Frage 14								x		
Frage 15								x		
Frage 16			x	x	x	x	x	x	x	
Frage 17				x	x	x	x	x	x	
Übertragungsliste									x	

2. Sonstige Daten

(Nur Auszug)	\multicolumn{10}{c}{Erhoben an Tagen:}									
	5	10	15	20	25	30	35	40	45	50
Informations-Quellen	x	x	x	x						
Einstellungen zu										
- sozialen Beziehungen		x			x				x	
- Studienzielen		x		x				x		
div. Tätigkeiten		x	x	x	x	x	x	x	x	
besuchte Einrichtungen		x	x	x	x	x	x	x	x	
besuchte Lehrveranstalt.						x				
demographische Daten						x				

gen etc.), die z.T. ähnliche Funktionen (etwa der Informationsversorgung)
erfüllen wie die hier ausführlicher beschriebenen personellen Beziehungen
zwischen den Studienanfängern.

2.2.2 Beziehungsdaten

Informationen über die Beziehungen zwischen Personen wurden im vorliegenden
Projekt zur Kennzeichnung der Struktur des Gesamtnetzes erhoben. Das Zusammenfügen der zunächst egozentriert erhobenen Daten setzt ihre interpersonelle Vergleichbarkeit voraus. Zu diesem Zweck wurde mit unterschiedlichen
Mitteln versucht, die Art der jeweiligen Beziehungen möglichst eng einzugrenzen. Die eingesetzten Instrumente unterscheiden sich nach Form und Inhalt dieser Eingrenzung.

In den Tagebüchern werden die erhobenen Beziehungen ohne Einschränkung der
Inhalte formal an den Tagesablauf gebunden. Die Vereinheitlichung des Berichts über personelle Kontakte wird hier vor allem durch die Vorgabe geeigneter Eintragungs- bzw. Erinnerungs-Raster (vor allem Zeiten und Orte) an-
gestrebt.

Die soziometrischen Fragen zielen ebenfalls auf Daten über personelle Beziehungen, wollen die Vereinheitlichung des Berichts jedoch über die mehr
oder weniger enge Eingrenzung auf bestimmte Inhalte erreichen. Im Extrem-
fall geht dies so weit, daß z.B. nach Personen gefragt wird, mit denen man
in der laufenden Woche im Zusammenhang mit dem Kauf eines bestimmten Buches gesprochen hat.

(1) Tagebuch

Das Tagebuch für jede der 5 Wochen bestand aus einem Titelblatt, fünf
Tagebuchblättern für jeweils einen Befragungstag sowie einem Ersatz-
blatt. In den ersten beiden Wochen wurde zusätzlich ein Beispielblatt
mit der Abbildung eines ausgefüllten Tagebuches beigefügt. Das Titelblatt enthielt neben Adresse und Telefonnummer der Projektgruppe Informationen über den Eintragungszeitraum sowie die Aufforderung, Eintra-
gungen am Abend des jeweiligen Tages vorzunehmen.

Abbildung 2: Tagebuch

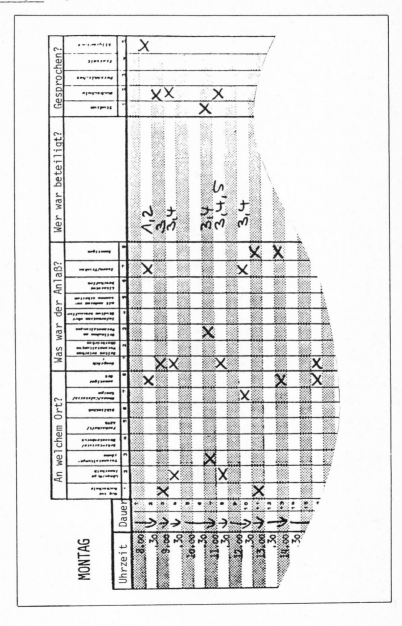

Aufgrund der Erfahrungen aus mehreren Voruntersuchungen waren die Tagebuchblätter vorstrukturiert (vgl. Abb. 2). In den Zeilen war ein Zeitraster mit halbstündigen Abständen vorgegeben. Die Spalten enthielten kategoriale Vorgaben für Orte, Anlässe und Gesprächsthemen. Einzutragen war für jedes "Ereignis"

- die Dauer (vertikaler Strich über die entsprechenden Zeit-Zeilen),
- Ort, Anlaß und gegebenenfalls Gesprächsthemen (Ankreuzen der Stellen im Zeit-Kategorien-Gitter) und
- Nennung der beteiligten Personen (Eintrag der entsprechenden Nummern aus der jeweiligen Personenliste des Befragten).

Die zeitliche Begrenzung eines "Ereignisses" war durch die Änderung von Ort, Anlaß, Personen oder Gesprächsthema bestimmt.

(2) Soziometrische Fragen

Von der zweiten bis zur neunten Erhebungswoche wurden Fragen nach personellen Beziehungen unterschiedlicher Art gestellt. Die Fragen wechselten z.T. mit der vermuteten Bedeutsamkeit für die jeweilige Phase des Studiums. Die gleichen Fragen wurden i.d.R. mehrfach (maximal siebenmal) verwandt.

Die Fragen bezogen sich teilweise auf gleiche Inhalte, wie sie auch im Tagebuch hätten berichtet werden können; so wurde u.a. gefragt,

- mit welchen Personen man über ein Buch oder vor dem Kauf eines Buches, das vorher vom Befragten im Fragebogen genannt wurde, gesprochen hatte (Fragen 16 bzw. 17);
- von welchen Personen man in der jeweils vergangenen Woche Informationen erhielt (z.B. über Fächerwahl (Frage 1) und Studienplan (Frage 9), über Veranstaltungen der Studentenvertretung (3), über Klausuren und Hausarbeiten (11), (12), über das Projekt "Studienanfänger" (10));
- an welche Personen man bestimmte Erwartungen richten würde (z.B. auf Information über Verdienstmöglichkeiten (7) oder an die man sich mit Bitte um fachlichen Rat wenden würde (8);
- mit welchen Personen man privat gern zusammen sein würde (z.B. "abends zusammen etwas unternehmen" (2), "gemeinsam in Urlaub fahren" (5) oder persönliche Probleme besprechen (6)).

Wie im Tagebuch wurden auch hier alle genannten Personen durch ihre "laufenden Nummern" aus der Personenliste des jeweiligen Befragten benannt. (Die genaue Formulierung der soziometrischen Fragen findet man im Anhang.)

2.2.3 Nachträgliche Identifikation der Partner

Die Personenliste wurde in der ersten Befragungswoche zusammen mit dem Tagebuch verschickt. Sie umfaßte ein Titelblatt, ein Beispielblatt sowie zehn Listenblätter mit jeweils sechzehn Eintragungsmöglichkeiten. Außerdem war ein Beispielblatt beigefügt, das eine exemplarisch ausgefüllte Personenliste enthielt, die sich auf das Beispiel des Tagebuches bezog (vgl. Abb. 3).

In der Liste sollten von jedem Befragten alle Personen aufgeführt werden, die in seinen Tagebüchern und auf soziometrischen Fragebogen genannt wurden. Die Befragten waren angeleitet, sich bei Unkenntnis der Namen zunächst mit "Spitznamen" oder anderen eingängigen Personenbeschreibungen zu helfen. Aus den Voruntersuchungen war bekannt, daß solche Identifikationshilfen vor allem für die ersten Erhebungstage am Anfang des Studiums nötig waren. "Richtige" Namen (u.U. getrennt nach Vor- und Nachnamen) sollten ergänzt werden, sobald sich dies zwanglos ergab.

Während des eigentlichen Erhebungszeitraums von 9 Wochen wurden alle Angaben der Befragten über ihre personellen Beziehungen anhand der laufenden Nummern ihrer Personenliste abgegeben. Jeder Befragte hatte damit sein "eigenes Codesystem". Die Personenliste blieb im Besitz des Befragten. Sie sollte (um Nachfragen zu ermöglichen) frühestens 3 Monate nach Ende der Befragung vernichtet werden.

In der zehnten Semesterwoche und nach Abschluß der eigentlichen Untersuchung wurden Informationen aus der Personenliste mit Hilfe der sogenannten Obertragungsliste erhoben. Sie bestand aus einem Deckblatt und zehn Formblättern. Außer einem Beispielblatt (s. Abb. 4) wurden beigefügt:

- Eine fortlaufend numerierte Liste mit den Namen aller Studienanfänger des Fachbereichs bzw. aller Personen, die zu irgendeinem Zeitpunkt des Studienplatz-Verteilungsverfahrens als Studienanfänger des Fachbereichs vor-

Abbildung 3: Personenliste

NR.	Kurzname	Zugehörigkeit	Vorname	Datum	Name	Datum
	(zur Erinnerung)	z.B. - 1. Sem. WIWI - Stud. 3. Sem. - Schulfreund - Eltern o.ä.		wenn Vorname einge- tragen		wenn Name einge- tragen
1	Vater	Eltern		} ausfüllen weiterer		
2	Mutter	Eltern		} Spalten für Eltern und Verwandte		
3	Hans	1. Sem. Wiwi	Hans	16.10		
4	Brille aus Sauerland	1. Sem. Wiwi				
5	Kleine Dicker Bart	ASTA	Paul	19.10		
6	Bernd	1. Sem Maschinenbau	Bern		...ller	20.10
	Inge					19.10
	...nt	Cl..				X.

Abbildung 4: Übertragungsliste

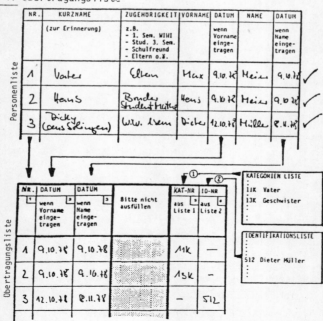

gesehen waren (Identifikationsliste). Zur Erleichterung der Suche lag die
Liste dreifach vor, und zwar alphabetisch geordnet nach Vornamen, Namen
und Herkunftsort;
- eine Kategorienliste zur Einordnung aller nicht in der Identifikationsliste auffindbaren Personen (d.h. aller Personen, die nicht Studienanfänger
des Fachbereichs waren).

Mit Ausnahme der Nummern der Identifikationsliste, welche auf andere Studienanfänger verwiesen, wurden damit nur noch anonymisierte Informationen auf der
Übertragungsliste vermerkt. Durch die Übertragungsliste wurde die interpersonelle Identifizierbarkeit aller Studienanfänger erreicht, die in Tagebüchern und soziometrischen Fragebögen vorkommen. Die übrigen von einem Befragten als Beziehungspartner genannten Personen sind nur innerhalb seiner eigenen Angaben eindeutig gekennzeichnet und können zwischen Befragten nur hinsichtlich ihrer kategorialen Zugehörigkeit zu Quasi-Gruppen (Vater, Mutter,
Geschwister usf.) verglichen werden.

2.3   Identifikation von Personen und Datenschutz

2.3.1   Erfordernisse zur Identifikation von Personen

Die besondere Form der zu erhebenden Daten als Verbindung von Netzwerk- und
Panel-Daten erforderte bis zur vollständigen Erfassung und Zusammenführung
der Daten die Identifizierbarkeit der Befragten:

1. Die Antworten ein und desselben Befragten aus verschiedenen Befragungswellen mußten als zusammengehörig erkannt werden.

2. Soweit Befragte in ihren Erhebungsunterlagen andere Studienanfänger als
Beziehungspartner genannt hatten, mußte erkennbar sein, um welche Befragten es sich dabei handelte.

2.3.2   Trennung der Erhebungsdaten von allen personenbezogenen Daten

Eine namentliche Kennzeichnung aller Befragten sowie aller von ihnen in Tagebüchern etc. genannten Personen auf den Befragungsunterlagen mußte aus den

bereits genannten Gründen ausscheiden. Um darüber hinaus auch die Anonymität der Befragten zu sichern, wurden die Befragungsdaten strikt von Daten getrennt, die der Identifikation von Personen dienen können. Organisatorisch wurde dies erreicht, indem wir als "Projektgruppe" die ausgefüllten, statt mit Namen nur mit Nummern versehenen Fragebogen der befragten Studienanfänger erhielten und alle Informationen über die Zuordnung von Namen und Nummern von einer getrennten "Kontrollgruppe" verwaltet wurden. Die Aufgaben der Kontrollgruppe nahmen Mitglieder der Studentenvertretung am Fachbereich wahr. Die Beziehungen zwischen Kontroll- und Projektgruppe waren durch Vertrag festgelegt; wir beschränken uns hier auf die Wiedergabe der Grundregeln:

- Die Projektgruppe erstellte Fragebogen, Mahnschreiben etc., versah sie mit Kennummern und gab sie zusammen mit Adressenklebern für alle potentiellen Studienanfänger an die Kontrollgruppe weiter.

- Die Kontrollgruppe versah die numerierten Fragebogen, Mahnschreiben etc. mit Adressen und besorgte den Versand. Sie vermerkte die Zuordnung von Namen und Kennummern in einer Verweisliste (s. Abb. 5).

Abbildung 5: Verweisliste (fiktives Beispiel)

	Woche 1	Woche 2	...	Woche 10
Meier, Fritz Adresse	05103	10017	...	50312
Müller, Dieter Adresse	05012	10220	...	50217

- Die Projektgruppe erhielt von den Befragten die ausgefüllten Fragebogen ohne Namens- und Adressenangabe zurück.

- Die Kontrollgruppe erhielt von den Befragten nur die Übertragungsliste (s.o.) zurück. Sie ersetzte die Namen (bzw. die darauf verweisenden Nummern der "Identifikationsliste"; vgl. Abb. 4) der Übertragungsliste durch die entsprechenden Kennummern aus der Verweisliste und gab die solcherart anonymisierte Übertragungsliste an die Projektgruppe weiter.

- Nach Abschluß der Erhebung und letzter Mahnungen zur Rückgabe noch ausstehender Befragungsunterlagen wurde von der Verweisliste die Vorspalte mit Namen und Adressen abgetrennt und vernichtet. Die Projektgruppe erhielt den "anonymisierten" Rest der Liste.

Das folgende schematısierte Beispiel zeigt, wie aufgrund der Verweisliste
sowie der Übertragungslisten der einzelnen Befragten auch ohne Kenntnis der
Namen die "interpersonelle Identifikation" gelingt.

Beispiel: Student A hat in der ersten Woche einen Fragebogen mit der Kenn-
nummer 05103 erhalten und über Kontakte zu "Student Nr. 3" berichtet:

```
-------------------------------
Fragebogen von A
1.Woche; Kennummer 05103
---"Ich traf heute Nr. 3"
-------------------------------
```

(1) Aus der Verweisliste wird ersichtlich, daß die in der 10. Woche erhobene
Übertragungsliste von A mit seinem "Code" für die von ihm genannten Beziehungspartner die Kennummer 50312 trägt.

(2) In der Übertragungsliste Nr. 50312 zeigt die Nr. 3 auf die Kennummer
50217.

Verweisliste:

Woche 1	Woche 2...	Woche 10
05103	10017 ...	50312
05012	10220 ...	50217

Übertragungsliste Nr. 50312

Nr.	Datum Vorname	Datum Name	Kennummer
1	....		
2	....		
3	19.10.	6.11.	50217
-	....		

Diese Kennummer bezeichnet eine Übertragungsliste, die in der 10. Woche
von einem anderen Studienanfänger erhoben wurde; andernfalls stünde in
der Übertragungsliste Nr. 50312 des A eine von Kennummern unterscheid-
bare "Kategorien-Nummer" mit Verweis auf die Art der von A genannten
Person (Eltern, Geschwister, Freunde aus Schulzeit usf.).

(3) Die Verweisliste zeigt von Nr. 50217 (10. Woche) zurück auf die Kenn-
nummern der Fragebogen des von A genannten Studienanfängers (z.B. in der
1. Woche: 05012).

2.3.3 Datenschutz

Die Untersuchung einer vollständigen Population von Studienanfängern über
einen längeren Zeitraum barg die Gefahr eines vorzeitigen Abbruchs aufgrund

sich epidemisch verbreitender Gerüchte. Allein die gesetzlich vorgeschrie-
benen Maßnahmen zum Datenschutz erschienen als nicht ausreichend, um solche
Gefahren zu begrenzen. Wir fassen trotzdem zunächst zusammen, welche Konsequenzen die von uns gewählte Vorgehensweise unter rechtlichen Gesichtspunkten
hat.

Im vorangehenden Abschnitt wurde beschrieben, wie durch die strikte Trennung
der Namen und Adressen von allen Erhebungsdaten verhindert wurde, daß im Prozeß des Zusammenführens der Daten bei der Projektgruppe zu irgendeinem Zeitpunkt personenbezogene Daten, d.h. Informationen über namentlich identifizierbare Personen entstanden.

Darüber hinaus ist auch die nachträgliche, namentliche Identifizierbarkeit
von Befragten erschwert: Die Erhebung demographischer Merkmale wurde auf
Angaben über Geschlecht, Alter, Schulbildung und berufliche Praxis beschränkt und zeitlich aufgeschoben, bis die Hochschulstatistik über die Verteilung dieser Merkmale in der Anfängerpopulation vorlag. So konnte durch geeignete Kategorienbildung verhindert werden, daß sehr geringe Besetzungen
einzelner Kategorien entstanden.

Diese Maßnahmen waren unter rechtlichen Gesichtspunkten nicht zwingend gefordert. Bei entsprechend eingeholten Einverständniserklärungen der Befragten hätten notfalls sogar personenbezogene Daten erhoben und diese erst
durch nachträgliche Entfernung der Namen und Adressen anonymisiert werden
können. Dagegen sprachen jedoch die schon erwähnten Befürchtungen, daß ohne
einen besonderen und vor allem auch subjektiv überzeugenden Datenschutz die
Untersuchung einer abgeschlossenen Population von Studienanfängern über
Zeit hätte gefährdet werden können.

Ganz wesentliche Funktionen für den "subjektiv empfundenen" Datenschutz hatte die späte Abgabe der Übertragungsliste erst nach Abschluß der eigentlichen Erhebung. Die Befragten blieben bis zum Abschluß der gesamten Erhebung
alleinige Besitzer des Codes für ihre Angaben über personelle Beziehungen.
Auf diese Weise wurde jeder Zeitdruck über Entscheidungen vermieden, ob einzelne Fragebogen über Kontakte bei ihrer Beantwortung für den Befragten
"problematisch" seien: Die Entscheidung konnte nachträglich unter Kenntnis

der Gesamterhebung getroffen werden. Die alleinige Verfügung der Befragten über große Teile der von ihnen abgegebenen Informationen hat die Erhebungssituation außerordentlich entspannt und auch in einer Situation, als dennoch Bedenken gegen die Untersuchung in Form eines Flugblattes verbreitet wurden, keine Hektik aufkommen lassen.

Andererseits muß festgestellt werden, daß die über rechtliche Anforderungen weit hinausgehenden Maßnahmen zum Datenschutz für die Analyse der Daten in mancher Hinsicht Probleme geschaffen haben:

(1) Die sehr eingeschränkte Demographie und insbesondere die grobe Merkmalsklassierung erschwert Vergleiche mit anderen Untersuchungen und schließt detailliertere Aufgliederungen der Population aus.

(2) Die Erhebung von Beziehungen zwischen Studienanfängern in mehreren Schritten und unter Beteiligung verschiedener Personen gibt den fast unvermeidlich auftretenden Fehlern ein erhöhtes Gewicht:

- Soweit sich Befragte bei der Identifikation von Personen auf ihrer Personenliste (zufällig) geirrt haben, trifft dieser Fehler nicht nur eine einzige, sondern gleich sämtliche Nennungen dieser Person in Tagebüchern und Soziomatrizen aller neun Wochen.

- Soweit Mitglieder der Kontrollgruppe beim Versand des Fragebogens eine Kennummer irrtümlich dem falschen Namen zugeordnet haben, sind damit alle Befragungsunterlagen dieser Woche des betreffenden Befragten falsch zugeordnet.

- Soweit die Kontrollgruppe die Angaben des Befragten über Kontaktpersonen auf seiner Übertragungsliste nicht richtig durch Kennummern aus der Verweisliste ersetzt hat, werden sämtliche Nennungen einer Person durch diesen Befragten in allen Befragungsunterlagen der neun Wochen falsch zugeordnet.

- Soweit die Kontrollgruppe beim Versand der Übertragungsliste (10. Woche) eine Kennummer irrtümlich dem falschen Namen zugeordnet hat, sind sämtliche Angaben über personelle Beziehungen dieses Befragten in allen neun Wochen falsch zugeordnet.

Die besondere Fehleranfälligkeit des Verfahrens war vorher bekannt, so daß Befragte wie Kontrollgruppe darauf hingewiesen und um besonders sorgfältiges Vorgehen sowie um zusätzliche Kontrollen gebeten wurden. Gleichwohl ist es unrealistisch, bei der Fülle der erhobenen Daten von völliger Fehlerfreiheit auszugehen.

2.4 Datenerhebung

2.4.1 Vorbereitung und allgemeine Information

Untersucht werden sollte die Strukturentwicklung unter Studienanfängern im Fachbereich Wirtschaftswissenschaft der Gesamthochschule Wuppertal während des Wintersemesters 1978/79. Die Studienanfänger wurden ca. 3 Wochen vor Studienbeginn in einem ersten Schreiben über das Projekt informiert und gebeten, uns ihre Semesteranschrift und alle weiteren Adressenänderungen auf vorbereiteten Antwortkarten mitzuteilen. Soweit nötig wurde in Wochenabständen zunächst schriftlich, kurz vor Semesterbeginn auch telefonisch, zur Rücksendung der Antwortkarten gemahnt.

In allen Phasen wurde auch außerhalb der eigentlichen Erhebung sorgfältig auf eine möglichst umfassende Information sowohl der Studienanfänger als auch ihres universitären Umfeldes geachtet:

- Studentenvertretung, allgemeine Studienberatung und alle in Einführungsveranstaltungen vertretenen Dozenten wurden stets (vorher!) über Ziele und Erhebungsmaßnahmen informiert.

- Im "Erstsemesterinfo" der Studentenvertretung erschien eine Notiz über das Projekt mit Hinweisen auf weitere Informationsquellen.

- Am Ende der Einführungsveranstaltung durch den Dekan des Fachbereichs wurden die Mitglieder der Projektgruppe kurz vorgestellt.

- Probleme des Mißbrauchs von Daten und des Datenschutzes wurden von uns aus frühzeitig thematisiert und ihre Diskussion in der Studentenschaft angeregt.

- Als in später, aber kritischer Phase (ca. 7. Woche) der Erhebung ein Flugblatt mit Bedenken gegen die Wirksamkeit der getroffenen Maßnahmen zum

Datenschutz erschien, wurde sowohl dieses Flugblatt als auch unsere Stellung-
nahme in der Studentenzeitung des Fachbereichs verbreitet. Da solche Gedan-
ken zu diesem Zeitpunkt niemandem mehr neu waren, folgte eine ruhige und
sachliche Diskussion in der Studentenschaft.

2.4.2 Ablauf der Datenerhebung

Während des Semesters erhielten die Studenten nach genau festgelegtem Zeit-
plan für jede der ersten 10 Wochen ihres Studiums Erhebungsunterlagen zuge-
sandt. Erhebungstage waren während der ersten fünf Wochen die Werktage Montag bis Freitag, von der sechsten Woche an nur noch jeweils der Freitag. Die
Erhebungsunterlagen wurden 4 Werktage vor dem ersten Erhebungstag der jeweiligen Woche versandt. Als Rücksendetage waren Freitag/Samstag vorgesehen.
Mit der jeweils nächsten Sendung von Erhebungsunterlagen wurde bei Bedarf
zur Abgabe der alten Unterlagen gemahnt und gegebenenfalls die Bitte um Er-
gänzung/Korrektur früherer Fragebogen ausgesprochen.

Insgesamt immatrikulierten sich am Fachbereich 241 Studienanfänger. Dieser
Personenkreis stand aber nicht von Anfang an fest. So wurden aufgrund der
Listen des Verteilungsverfahrens von Studienplätzen Befragungsunterlagen an
insgesamt 297 Personen versandt. Tabelle 3 gibt erste Hinweise auf die Teil-
nehmerkreise, über die uns verschiedene Daten vorliegen bzw. fehlen.

Bei dieser Gruppierung nach Befragten mit unterschiedlicher Teilnahme bzw.
Nicht-Teilnahme ist zu berücksichtigen, daß aufgrund von nicht völlig aus-
zuschließenden Zuordnungsfehlern zwischen Namen und Kennummern (s.o., Verweisliste) einzelne Befragte mit ihren Antworten aus verschiedenen Erhebungs-
wellen irrtümlich als unterschiedliche Teilnehmer gewertet werden.

Von 43 "Nicht-Teilnehmern" an der Befragung liegen uns einige Vergleichs-
angaben aus Telefoninterviews vor. Für die übrigen 204 zumindest partiellen
Befragungsteilnehmer gibt Tabelle 4 zusätzlichen Aufschluß über ihre Teilnahme an den einzelnen Befragungswellen. Die Teilnahme ist nur formal gekennzeichnet durch die Rücksendung eines ausgefüllten Fragebogens in der
betreffenden Woche. Als ausgefüllt galt dabei ein Fragebogen, wenn irgend-
etwas im Fragebogen eingetragen war. Offen bleibt dabei, inwieweit dieser

Tabelle 3: Teilnehmerkreis

		Zahl
Personen, an die zu irgendeinem Zeitpunkt Befragungsunterlagen versandt wurden:		297
Befragungsteilnehmer in engerem Sinne: Rückgabe zumindest eines ausgefüllten Fragebogens in zumindest einer Woche;		204
(A)	Befragungsteilnehmer mit uneingeschränkt verwertbaren Angaben über Kontaktpersonen in Tagebüchern etc.	182
(B)	Befragungsteilnehmer mit fehlender Übertragungsliste	22
Personen, die nicht an der Befragung teilnahmen und/oder das Studium nicht aufnahmen:		93
(C)	Personen, über die Informationen aus einem Telefoninterview vorliegen	43
(D)	Personen, über die keine Informationen vorliegen	50

Tabelle 4: Teilnahmemuster der befragten Studienanfänger

Legende: 1234...= Woche
        U   = Übertragungsliste

I. Uneingeschränkt auswertbare Fälle		II. Fehlende Übertragungsliste (keine interpersonelle Identifizierbarkeit von Bezugspersonen)		
TEILN.-MUSTER	ZAHL	TEILN.-MUSTER	ZAHL	
-123456789U--------		-123456789U---------		
1110000001	2	1100000000	1	keine
1111000001	2	1110000000	1	demographischen
1111101001	1	1111000000	1	Daten
0111001011	1	0110100000	1	vorhanden
1111001111	1			.
1111101111	3			.
1111111111	1			
--------------------		--		
0001010001	1	1000010000	1	demographische
1111111001	2	0010010000	1	Daten
1111111101	6	1110010000	1	vorhanden
1111110011	1	0001010000	1	.
1111111011	4	1001010000	1	.
1111110111	2	1111010000	1	
1111011111	1	0000110000	1	
1110111111	1	0001010000	1	
0001111111	2	0000010100	1	
0101111111	1	1111111010	1	
1101111111	1	0001111110	1	
0111111111	3	0011111110	1	
1111111111	146	1111111110	6	
--------------------		--------------------		
Gesamt:	182	Gesamt	22	

Fragebogen vollständig ausgefüllt wurde. Eine detaillierte Beschreibung der für die einzelnen Studienanfänger vorliegenden bzw. nicht vorliegenden Daten würde jedoch an dieser Stelle zu weit führen.

3. Empirische Analyse

3.1 Entwicklung der Transitivität in der Zeit

Von den in der Untersuchung der Studienanfängerpopulation wiederholt gestellten "soziometrischen Fragen" werden für die folgende Analyse drei Beziehungsaussagen mit mutmaßlich emotionalem Gehalt berücksichtigt. (Die restlichen Fragen sind im Anhang aufgeführt; über die genaue zeitliche Verteilung gibt Tabelle 2 Auskunft.) Jede befragte Person wurde dabei gebeten, die von ihr genannten Beziehungspartner (Kommilitonen) mit Hilfe der entsprechenden Nummern ihrer Personenliste zu kennzeichnen.

2. Mit welchen Kommilitonen oder Kommilitoninnen würden Sie besonders gerne einmal <u>abends</u> zusammen etwas unternehmen?

5. Gibt es Mitstudenten(innen), mit denen Sie gemeinsam in <u>Urlaub</u> fahren würden?

6. Wenn Sie mit Ihrem <u>Studium</u> oder aufgrund Ihrer wirtschaftlichen Situation besondere <u>Probleme</u> hätten, mit welchen Studenten würden Sie diese besprechen wollen?

BITTE NENNEN SIE DIE KOMMILITONEN.
(BENUTZEN SIE ZUR KENNZEICHNUNG IHRE PERSONENLISTE)

1) .... 2) .... 3) .... 4) ....
5) .... 6) .... 7) .... 8) ....
9) .... 10) .... 11) .... 12) ....

Nennungen von Personen auf alle drei Fragen werden für die Auswertungen in folgender Weise zusammengefaßt: Als Nennung ("Wahl") eines Studienanfängers B durch einen Studienanfänger A ("Wähler") gilt, wenn A den B auf mindestens zwei der drei Fragen Nr. 2, 5 bzw. 6 genannt hat. Als "Wähler" und "Gewählte" werden nur die 182 Studienanfänger berücksichtigt, für welche interpersonell identifizierbare Aussagen über ihre Beziehungen vorliegen.

Wir erwähnten als erstes Mittel zur Beschreibung der zeitlichen Entwicklung des Beziehungsnetzes unter Studienanfängern im Hinblick auf Aspekte der Ver-cliquung und/oder Hierarchisierung den Triadenzensus. Die folgende Tabelle 5 stellt bezogen auf die verwandte Definition von soziometrischer "Nennung" oder "Wahl" die Entwicklung in der Zeit dar. Die Tabelle ist so angeordnet, daß zunächst sieben Triadentypen aufgeführt sind, für welche gilt, daß in ihnen mindestens eine Folge von 2 gerichteten Beziehungen zwischen 3 Per-sonen (ein "2-Pfad") enthalten ist, der nicht im Sinne der Transitivität ab-geschlossen ist (intransitive Triaden mit mindestens einem intransitiven Triplett).

Für die letzten vier Triadentypen gilt, daß alle in ihnen enthaltenen 2-Pfade zwischen drei verschiedenen Personen die Bedingungen der Transitivität er-füllen (transitive Triaden bzw. Tripletts). Für die fünf "mittleren" Triaden-typen gilt, daß in ihnen keine 2-Pfade zwischen drei verschiedenen Personen enthalten sind. Für sie stellt sich die Frage danach, ob sie im Sinne der Transitivität abgeschlossen sind oder nicht, im strengen Sinne nicht. Wie erwähnt ist es üblich, diese Triaden (sowie die in ihnen enthaltenen Tri-pletts) als transitiv im leeren Sinne oder "neutral" zu bezeichnen.

Diejenigen Triaden und Tripletts, die die Transitivitätsbedingungen im stren-gen (d.h. nicht-leeren) Sinne erfüllen bzw. die Transitivitätsbedingungen verletzen, werden im folgenden zusammengefaßt als "nicht-neutrale" Triaden bzw. Tripletts.

Gruppiert man die nicht-neutralen Triaden bzw. Tripletts, indem die transi-tiven i.str.S. den intransitiven gegenübergestellt werden, so erhält man die in den Tabellen 6 und 7 dargestellten zeitlichen Entwicklungen. Wie man insbesondere Tabelle 6 im Vergleich zu Tabelle 5 entnehmen kann, ist

Tabelle 5: Entwicklung des Triadenzensus über Zeit

Triaden	Woche					
	2	3	4	5	7	9
0-3-0 C	1	0	0	0	0	0
2-0-1	2	1	6	3	4	5
1-2-0 C	0	2	1	2	2	2
1-1-1 D	25	25	31	12	15	37
1-1-1 U	32	35	46	39	58	50
0-2-1 C	37	49	47	56	48	65
2-1-0	5	8	5	3	8	5
0-1-2	19950	21190	21018	23985	23385	23737
0-0-3	915585	945243	944179	943306	959824	959641
1-0-2	4163	5275	6499	4392	4734	4552
0-2-1 U	38	41	45	43	42	49
0-2-1 D	69	71	61	87	103	93
0-3-0 T	12	15	16	26	18	9
1-2-0 D	0	7	5	6	4	4
1-2-0 U	8	8	7	9	11	9
3-0-0	2	0	4	1	4	2

die Zahl beispielsweise der im Hinblick auf die Transitivitätsannahme überhaupt relevanten (also nicht-neutralen) Triaden sehr niedrig gemessen an
der Zahl der neutralen. Allerdings sollte man die Tatsache, daß die meisten
Triaden transitiv im leeren Sinne sind, nicht überbewerten, da ihre Anzahl
in einem ganz erheblichen Ausmaß eine Funktion der Dichte des Beziehungsnetzes ist. So sind die neutralen Triaden mit drei unverbundenen Personen
(Typ 0-0-3) am häufigsten, gefolgt von Triaden, in denen lediglich ein Paar
von Personen nur in einer Richtung (Typ 0-1-2) oder in beiden Richtungen
(Typ 1-0-2) verbunden sind. Analoges gilt für das Verhältnis von neutralen
zu nicht-neutralen Tripletts.

Als den Triadenzensus bzw. den Triplettzensus zusammenfassende Maßzahl sind
in den Tabellen 6 und 7 Transitivitäts-Indizes aufgeführt, welche für jeden
Beobachtungszeitpunkt die Zahl der transitiven (i.str.S.) Triaden bzw. Tripletts ins Verhältnis setzen zur Zahl der transitiven (i.str.S.) plus intransitiven.

(Statt den Transitivitäts-Index für Tripletts aus dem Triplettzensus zu berechnen, erhält man ihn auch aus dem Transitivitäts-Index für Triaden, indem man alle nicht-neutralen Triaden mit der Zahl der in ihnen enthaltenen
transitiven (i.str.S.) bzw. intransitiven Tripletts gewichtet.)

Für Tripletts hat der Transitivitäts-Index folgende einfache Interpretation:
er gibt die Wahrscheinlichkeit an, mit der Pfade der Länge 2 im Sinne der
Transitivität abgeschlossen sind. Da Pfade der Länge 2 zwei Personen über
eine dritte vermittelnde Person indirekt verbinden, sind Tripletts dann
transitiv, wenn jeweils 2 Personen auf direkte und indirekte Weise (über
eine dritte Person) so miteinander verbunden sind, daß beide Verbindungen
konsistent sind. Ein Triplett ist intransitiv, wenn zwar eine indirekte Verbindung existiert, die entsprechende direkte aber fehlt.

3.2 Gelegenheitsstrukturen als einschränkende Bedingung

Um die beobachteten Werte der Transitivitäts-Indizes im Hinblick auf das
Vorliegen (bzw. die Abwesenheit) von Präferenzen zur Ausgeglichenheit und/
oder Transitivität von Sozialbeziehungen beurteilen zu können, wird es

Tabelle 6: Nicht-neutrale Triaden

Triaden	Woche					
	2	3	4	5	7	9
transitiv (i. str. S.)	22	30	32	42	37	24
intransitiv	102	120	136	115	135	164
Gesamtzahl	124	150	168	157	172	188
Transitivitäts-index	.1774	.2000	.1905	.2675	.2151	.1277

Tabelle 7: Nicht-neutrale Tripletts

Tripletts	Woche					
	2	3	4	5	7	9
transitiv (i. str. S.)	55	71	80	73	98	64
intransitiv	106	123	143	120	141	171
Gesamtzahl	161	194	223	193	239	235
Transitivitäts-index	.3416	.3660	.3587	.3782	.4100	.2723

erforderlich, sich darüber Klarheit zu verschaffen, inwieweit die untersuch-
te Population von Studienanfängern insgesamt überhaupt das relevante Universum darstellt, in dem die genannten Tendenzen zu erwarten sind.

Bislang geschah die empirische Analyse der Struktur bzw. der Strukturentwicklung im Rahmen von D-H-L-Modellen nur in sehr kleinen Gruppen, in denen
sich offensichtlich alle Mitglieder untereinander kannten. Gleichwohl beanspruchen die Modelle, zur Erklärung der Strukturentwicklung auch in größeren
Populationen geeignet zu sein.

Wenn Präferenzen einer beteiligten Person zur Ausgeglichenheit bzw. Transitivität ihrer Sozialbeziehungen Strukturfolgen haben sollen, muß diese Person grundsätzlich in der Lage sein, die sozial-emotionalen Beziehungen ihrer
Beziehungspartner zu dritten Personen "richtig" wahrzunehmen. Diese Annahme
korrekter Perzeption von Drittbeziehungen ist auch für kleine Gruppen nicht
problematisch, in großen Populationen wie der hier untersuchten wird sie jedoch extrem zweifelhaft.

Üblicherweise werden fehlende Beziehungen einer Person A (Ego) zu dritten
Personen C, mit denen einzelne Partner B von A Beziehungen unterhalten, also
das Vorliegen von im Sinne der Transitivität nicht abgeschlossenen Tripletts,
als Verstöße gegen Tendenzen zur "Ausgeglichenheit" aus der Sicht von A gedeutet.

Wenn jedoch unklar ist, ob A die entsprechende Drittperson C überhaupt kennt
und/oder weiß, welche Beziehungen sein Partner B mit dieser Person unterhält,
erlaubt die Abwesenheit einer Beziehung keine Aussage über den "Ausgeglichen-
heitszustand" der Beziehungen von A. Das Vorliegen eines intransitiven Tripletts ist also dann kein Beleg dafür, daß Präferenzen zur Ausgeglichenheit
nicht existieren.

Die Existenz einer Beziehung von A zu einer dritten Person C, die von einem
Partner B des A "gewählt" wird, kann im Sinne der D-H-L-Modelle nur dann
erwartet werden, wenn die betreffende Drittperson zu dem Kreis derjenigen
Personen gehört, die als Beziehungspartner für A "aufgrund der Gelegenheits-

struktur für Sozialkontakte überhaupt in Frage kommen".

Es geht also darum, für eine gegebene Person A, die im Hinblick auf mögliche Präferenzen zur Ausgeglichenheit ihrer Sozialbeziehungen untersucht wird, "Kreise" oder "Pools" solcher Personen zu spezifizieren, die im Hinblick auf die Anknüpfung von sozial-emotionalen Beziehungen "eligibel" sind. Ein Kriterium der Eligibilität einer anderen Person für Ego könnte in dem vorliegenden Falle z.B. darin bestehen, daß sie nicht nur von mindestens einem Beziehungspartner von Ego "gewählt" wurde, sondern daß zusätzlich die Bedingungen erfüllt sind, daß die betreffende Person für Ego sichtbar ist und daß die Beziehungen von Egos Partner zu ihr für Ego sichtbar sind.

Verallgemeinernd könnte man also sagen, daß zunächst die Faktoren zu identifizieren sind, welche für die betrachteten Personen jeweils ihre "Pools von Eligiblen" definieren, Mengen von Personen, die als Partner für bestimmte Sozialkontakte überhaupt in Frage kommen. Damit wäre gleichzeitig auch die maximale Zahl der Beziehungspartner festgelegt. Die Art und Weise, wie ein solcher "Pool" von Ego "ausgeschöpft" wird oder wie weit dies der Fall ist, hängt dann insbesondere von Egos Präferenzen und Wertorientierungen ab. Mengen solcher "Pools" für Ego (oder für die Gesamtheit aller Mitglieder einer Gruppe) können als Egos Gelegenheitsstrukturen (Gelegenheitsstrukturen der Gruppe) für Sozialkontakte bezeichnet werden.

In den D-H-L-Modellen beziehen sich die Tendenzen zur Ausgeglichenheit bzw. Transitivität auf Präferenzen der einzelnen Personen hinsichtlich der Struktur ihrer primären Umwelten. Solange als Anwendungsbereiche kleine Gruppen genommen werden, in denen jeder jeden direkt erreichen kann und jeder für jeden sichtbar ist, kann man unterstellen, daß für jedes Mitglied einer solchen Gruppe die jeweils restlichen Gruppenmitglieder zu seiner Gelegenheitsstruktur gehören.

In einem großen Netz wie dem der Studienanfänger, in dem sich zu Beginn des Prozesses die Beteiligten i.a. untereinander nicht kennen, und wo auch Kontaktchancen nicht als von der Organisation der Hochschule unbeeinflußt gedacht werden können, kann diese Annahme nicht mehr gemacht werden. Die von den D-H-L-Modellen postulierten Prozesse und Effekte der Strukturierung

sind damit einzugrenzen auf die Gelegenheitsstrukturen der einzelnen Studienanfänger als den jeweils individuell relevanten "Ausschnitten" der Gesamtpopulation.

Wenn man einmal unterstellt, daß die im Laufe der Untersuchung insgesamt
(d.h. über alle befragten Studienanfänger) interpersonell identifizierten
sowie die nur kategorial beschriebenen Beziehungspartner das gesamte Universum aller möglichen Kontaktpartner aller Befragten abbilden, dann kann man
sicher nicht annehmen, daß für jeden Studienanfänger dieses Universum auch
den für ihn jeweils effektiv wirksamen Pool von Eligiblen definiert. Andererseits gehören zur Gelegenheitsstruktur von Ego i.a. wohl auch mehr Personen als die, die er im Laufe der Untersuchungsperiode kontaktiert hat bzw.
die er zu vergleichbaren "Kosten" hätte kontaktieren können.

Gesucht ist also eine Funktion, die jedem Studienanfänger eine Teilmenge
aus dem genannten Universum "möglicher" Beziehungspartner zuordnet, und zwar
unter dem Gesichtspunkt ihrer Zugänglichkeit oder Erreichbarkeit.

Wurde beantwortet, wie sich für jedes Ego seine Gelegenheitsstruktur konsti-
tuiert, kann weiterhin untersucht werden, wie sich Variationen in den
"opportunities" auf die Struktur der Kontakte und sozial-emotionalen Beziehungen auswirken bzw. nach welchen Prinzipien sich diese Strukturen wiederum bei gegebener Gelegenheitsstruktur aufbauen.

3.3 Empirische Umsetzung und Resultate

In der vorliegenden Studie wurde nun versucht, Gelegenheitsstrukturen auf
folgende Weise empirisch zu erfassen.

Zunächst ist daran zu erinnern, daß durch die Tagebücher die von den Studienanfängern berichteten Kontakte räumlich und zeitlich situiert sind. Dadurch wird es möglich, Raum-Zeit-Segmente für die beobachteten Kontakte zu
definieren und jeden Befragten nach seiner An- bzw. Abwesenheit in diesen
Segmenten zu charakterisieren. Personen, die gleiche oder weitgehend "ähnliche" Muster aufweisen, "bewegen" sich somit in gleichen bzw. "ähnlichen"
Gelegenheitsstrukturen.

Zweitens können die (mit Hilfe des Tagebuchs erhobenen) Kontaktstrukturen als Gelegenheitsstrukturen für sozialemotionale Beziehungsstrukturen (gemessen mit den "soziometrischen" Fragen Nr. 2, 5 und 6) verwandt werden. Hierauf soll im folgenden noch weiter eingegangen werden.

Schließlich können einzelne Personen als "Stifter" von Sozialbeziehungen eingeführt werden. Die Wahrscheinlichkeit, daß sich Beziehungen zwischen zwei Personen A und C entwickeln, wird in Abhängigkeit davon betrachtet, ob es eine Person B gibt, die beide "zusammenbringt". In einem anderen Zusammenhang (HUMMELL & SODEUR 1984b: Kap. III.2, 3, IV.3e) haben wir den "sibling bias" als einen unter mehreren Parametern diskutiert, der bestimmte Struktureigenschaften von empirischen Netzen im Hinblick auf ihre Abweichung von Zufallsnetzen zum Ausdruck bringt. Der "sibling bias" gibt die Wahrscheinlichkeit einer Beziehung z.B. von A nach C an, wenn eine Person B existiert, die sowohl A als auch C "wählt". Insofern wäre also der "sibling bias" eine Maßzahl, die eine Obergrenze dafür angibt, inwieweit Sozialbeziehungen dadurch zustande kommen, daß potentielle Partner durch eine dritte Person "zusammengebracht" werden. Bezogen auf die D-H-L-Modelle ist der "sibling bias" auch insofern von Interesse, als er ein teilweise konkurrierendes Konzept zur Transitivität als Faktor der Strukturentstehung darstellt.

Kehren wir zurück zu den Kontaktstrukturen als Gelegenheiten für Beziehungsstrukturen sozial-emotionaler Art. Im Zusammenhang mit der Gültigkeit der D-H-L-Modelle für große Populationen hatten wir darauf hingewiesen, daß in diesen vor allen Dingen die Annahme der Sichtbarkeit von Drittbeziehungen problematisch ist. Individuelle Präferenzen für die Ausgeglichenheit von Sozialbeziehungen können nämlich nur dann Folgen für die Beziehungsstruktur insgesamt entfalten, wenn einer Person A die Beziehungen ihrer Partner bekannt sind und in ihrer Art von ihr richtig wahrgenommen werden.

Um nun für jede Person den (hinsichtlich der sozial-emotionalen Beziehung) relevanten Pool der für sie eligiblen anderen Studienanfänger zu definieren, wurden zeitlich kumulierte Informationen über Kontakte in folgender Weise verwandt. Wenn eine Person A eine andere Person C bis zu der betreffenden Woche niemals in ihren Tagebüchern genannt hat, gilt C als ihr unbekannt und etwaige Beziehungen eines Partners B von A mit C als für A nicht sichtbar.

Gliedert man Paare von Personen nach dem Vorhandensein von Kontaktbeziehungen und sozial-emotionalen Beziehungen tabellarisch auf, so zeigt sich erwartungsgemäß, daß das Vorliegen eines Kontaktes eine notwendige Voraussetzung dafür ist, daß eine sozial-emotionale Verbindung existiert, aber keine hinreichende. (Nur in ganz wenigen Fällen wird durch die Daten eine sozial-emotionale Beziehung "behauptet" obwohl kein Kontakt berichtet wird.) Nimmt man also eine Einschränkung der sozial-emotionalen Beziehungen in der Weise vor, daß man diese nur dann betrachtet, wenn auch Kontaktbeziehungen vorliegen, so werden davon fast ausschließlich nur intransitive Tripletts betroffen.

Tabelle 8 gibt einen Eindruck von der Häufigkeit nicht sichtbarer Drittbeziehungen. Für alle aus der Perspektive eines Studienanfängers A (aber möglicherweise ohne seine Kenntnis) intransitiven Tripletts zeigt die Tabelle, in wievielen Fällen A den Studienanfänger C, zu dem er "eigentlich" aufgrund der D-H-L-Modelle eine sozial-emotionale Beziehung haben sollte, nicht kennt, also ihn niemals in seinen Tagebüchern genannt hat. Der Anteil dieser nicht zu den jeweiligen Gelegenheitsstrukturen gehörenden Studienanfänger ist relativ stabil und bewegt sich um 56 % und steigt lediglich in der letzten Woche auf 65,5 % an.

Tabelle 9 gibt nun eine Aufgliederung der für den Test der D-H-L-Modelle relevanten (d.h. nicht neutralen) Tripletts, eingeschränkt auf die mit Hilfe der Kontaktbeziehungen definierte Gelegenheitsstruktur. Wie zu erwarten, hat sich durch die Einschränkung die Zahl der transitiven Tripletts im strengen Sinne nur minimal geändert (und zwar in der 2. und 4. Woche).

Berechnet man den Transitivitäts-Index T' für Tripletts nach Einschränkung auf die Gelegenheitsstruktur, so erhält man für die Entwicklung in der Zeit die Werte in der 4. Zeile der Tabelle.

Um diese Entwicklung im Hinblick auf die D-H-L-Modelle beurteilen zu können, wurde nach der Formel

$$T_{korr} := \frac{T' - T}{1 - T}$$

Tabelle 8: Intransitive Tripletts klassiert nach Sichtbarkeit der Drittkontakte

Tripletts	Woche					
	2	3	4	5	7	9
Zahl der intransitiven insgesamt	106	123	141*	120	139*	171
davon: C von A nicht genannt	60	68	81	68	77	112
C von A genannt	46	55	60	52	62	59

Tabelle 9: Nicht-neutrale Tripletts eingeschränkt auf Gelegenheitsstruktur

	Woche					
	2	3	4	5	7	9
transitive Tripletts (i. str. S.)	54§	71	74§	73	98	64
intransitive Tripletts	46	55	60	52	62	59
Gesamtzahl	100	126	134	125	160	123
T' Transitivitätsindex (nach Einschränkung)	.5400	.5635	.5522	.5840	.6125	.5203
T Transitivität ohne Einschränkung	.3375§	.3660	.3442*§	.3782	.4135*	.2723
T korr.	.3057	.3115	.3172	.3310	.3393	.3408

(* Abweichungen gegenüber Tabelle 7 wegen fehlender Informationen über Drittkontakte;
§ Abweichungen gegenüber Tabelle 7, da in dieser Tripletts enthalten, die zwar abgeschlossen sind im Sinne der Transitivität, obwohl kein Kontakt von A nach C berichtet wird.)

die Transitivität T' nach Einschränkung auf die Gelegenheitsstruktur in Beziehung gesetzt zur Transitivität T vor der Einschränkung. Durch diese "Korrektur" wird der ohne Einschränkung ermittelte T-Wert als Beurteilungsbasis dafür genommen, wieweit sich der im Sinne des zu beurteilenden Modells korrekt spezifizierte Wert T' der Obergrenze 1 annähert.

Wie die zeitliche Entwicklung von T_{korr} deutlich macht, sind bei gleichzeitiger Berücksichtigung der Gelegenheitsstruktur individuelle Präferenzen zur Ausgeglichenheit bzw. Transitivität stetig wirkende Determinanten, die dem empirischen Netz sozial-emotionaler Beziehungen unter Studienanfängern zunehmend eine Struktur aufprägen, wie sie von den D-H-L-Modellen behauptet wird.

4. Anhang

In der Untersuchung der Studienanfängerpopulation wurden die folgenden "soziometrischen Fragen" wiederholt gestellt, wobei über die genaue zeitliche Verteilung Tabelle 2 Auskunft gibt. Jede befragte Person wurde dabei gebeten, die von ihr genannten Beziehungspartner (Kommilitonen) mit Hilfe der entsprechenden Nummern ihrer Personenliste zu kennzeichnen.

1. Innerhalb unseres Fachbereichs gibt es verschiedene Möglichkeiten der Fächerwahl und innerhalb dieser Fächer wieder verschiedene Möglichkeiten, das Studium individuell auszurichten. Uns interessiert nicht, was Sie hierüber wissen, sondern ob Sie darüber etwas von Mitstudenten in der vergangenen Woche gehört haben.

BITTE NENNEN SIE DIE KOMMILITONEN.
(BENUTZEN SIE ZUR KENNZEICHNUNG IHRE PERSONENLISTE)

1) .... 2) .... 3) .... 4) ....

5) .... 6) .... 7) .... 8) ....

9) .... 10) .... 11) .... 12) ....

2. Mit welchen Kommilitonen oder Kommilitoninnen würden Sie besonders gerne einmal _abends_ zusammen etwas unternehmen?

3. Die Vertretung der _Studentenschaft_ an der Hochschule erfolgt durch die studentischen Selbstverwaltungsinstitutionen (ASTA, Fachschaften). Von welchen Kommilitonen(innen) haben Sie während der vergangenen Woche über Veranstaltungen oder andere Aktivitäten des ASTA oder der Fachschaften gehört?

4. Wenn Sie eine Hausarbeit als _Gruppenarbeit_ anfertigen, mit welchen Kommilitonen(innen) (einmal ganz abgesehen von den speziellen Fachkenntnissen) würden Sie gerne zusammenarbeiten?

5. Gibt es Mitstudenten(innen), mit denen Sie gemeinsam in _Urlaub_ fahren würden?

6. Wenn Sie mit Ihrem _Studium_ oder aufgrund Ihrer wirtschaftlichen Situation besondere _Probleme_ hätten, mit welchen Studenten würden Sie diese besprechen wollen?

7. Wenn im Kreise Ihrer Kommilitonen(innen) Informationen über eine günstige Möglichkeit vorhanden sind, neben dem Studium etwas _Geld_ zu verdienen, von wem werden Sie es vermutlich erfahren, ohne daß Sie ihn/sie direkt danach fragen?

8. Wenn Sie im Rahmen Ihres Studiums Schwierigkeiten mit der Bearbeitung eines bestimmten Stoffes hätten, und wenn Sie sich nicht an einen Dozenten, sondern an einen Studenten des eigenen Semesters wenden wollten, welche Studenten wären nach Ihrer Meinung in der Lage, Sie bei der Bearbeitung _fachkundig_ zu beraten?

9. Das Studium bringt neben vielem anderen auch eine wesentlich größere Freiheit in Ihrer Zeitverwendung mit sich. Am Anfang wird man dabei sicherlich auf Ratschläge angewiesen sein, wie man einen individuellen _Studienplan_ erstellt. Von welchen Kommilitonen(innen) haben Sie solche Ratschläge in der letzten Woche erhalten?

10. Von welchen Kommilitonen(innen) haben Sie in der letzten Woche Informationen über das Projekt 'Studienanfänger' erhalten?

11. In der Prüfungsordnung Ihres Faches ist u.a. die Anfertigung von Hausarbeiten vorgesehen. Wenn man eine solche Arbeit zum erstenmal schreiben soll, kann es vorkommen, daß man nicht weiß, wie dies geschehen soll und deshalb Informationen benötigt. Von wem haben Sie in der vergangenen Woche Informationen für die Erarbeitung von Hausarbeiten erhalten?

12. Von wem haben Sie in der vergangenen Woche Informationen über die Art und Weise der Beurteilung von Klausuren und Hausarbeiten durch Dozenten bekommen?

Anmerkung

(1) Das folgende ist entnommen aus HUMMELL und SODEUR (1984a, stark gekürzt in 1984b).

Literatur

BERNARD, H.R., P.D. KILLWORTH & L. SAILER
1981   A review of informant accuracy in social network data, in:
                H.J. Hummell & W. Sodeur (eds.), Modelle für Ausbreitungs-
                prozesse in sozialen Strukturen, Duisburg: Verlag der sozial-
                wissenschaftlichen Kooperative, 153-186

BIEN, W.
1983   Die Erfassung von kognitiven sozialen Strukturen: Ein Vergleich
                von Erhebungsverfahren, Zeitschrift für Sozialpsychologie 14:
                34-43

CARTWRIGHT, D. & F. HARARY
1956   Structural balance: A generalization of Heider's theory,
                Psychological Review 63: 277-293

DAVIS, J.A.
1967   Clustering and structural balance in graphs, Human Relations 20:
                181-187

DAVIS, J.A. & S. LEINHARDT
1972   The structure of positive interpersonal relations in small groups,
                in: J. Berger, M. Zelditch & B. Anderson (eds.), Sociological
                Theories in Progress, Vol. 2, Boston: Houghton Mifflin, 218-251

ELSTER, J.
1979   Anomalies of rationality: Some unresolved problems in the theory
              of rational behaviour, in: L. Lêvy-Garboua (ed.), Sociological
              Economics, London: Sage, 65-85

FEGER, H.
1977   Quantitative sociometry. Problems, methods and first results,
              in: H.J. Hummell & R. Ziegler (eds.), Anwendung mathematischer
              Verfahren zur Analyse sozialer Netzwerke, Duisburg: Verlag der
              sozialwissenschaftlichen Kooperative, 107-161

HALLINAN, M.T.
1974   The Structure of Positive Sentiment, Amsterdam: Elsevier

HEIDER, F.
1946   Attitudes and cognitive organization, Journal of Psychology 21:
              107-112

1958   The Psychology of Interpersonal Relations, New York: Wiley

HOLLAND, P.W. & S. LEINHARDT
1971   Transitivity in structural models of small groups, Comparative
              Group Studies 2: 107-124

1975   Local structure in social networks, in: D. Heise (ed.),
              Sociological Methodology 1976, San Francisco: Jossey-Bass,
              1-45

1977   Social structure as a network process, Zeitschrift für Sozio-
              logie 6: 386-402

HUMMELL, H.J. & W. SODEUR
1984a   Strukturentwicklung unter Studienanfängern - Ein Werkstattbe-
              richt, Arbeitsbericht "Analyse sozialer Netzwerke", Ms, Duis-
              burg/Wuppertal

1984b   Interpersonelle Beziehungen und Netzstruktur. Bericht über ein
              Projekt zur Analyse der Strukturentwicklung unter Studienan-
              fängern, Kölner Zeitschrift für Soziologie und Sozialpsycholo-
              gie 36: 511-556

PROJEKTGRUPPE STUDIENANFÄNGER (K. ECHTERHAGEN, H.J. HUMMELL, L. KREMPEL &
W. SODEUR)
1982   Strukturentwicklung und Informationsprozesse in einer Popula-
              tion von Studienanfängern: I. Datenerhebungsbericht, Arbeits-
              bericht "Analyse sozialer Netzwerke", Ms, Duisburg/Wuppertal

TEIL III

METHODISCHE UND METHODOLOGISCHE PROBLEME

BEFRAGTENVERHALTEN ALS RATIONALES HANDELN

Hartmut Esser

Die Kritik am "Königsweg der Sozialforschung" ist so alt wie das Instrument selbst. Anlässe zur Kritik sind nun ja auch wahrlich nicht rar: offenkundige Fehlprognosen, dem Alltagsverstand widersprechende Resultate, die Falsifikation liebgewonnener theoretischer Vorstellungen, die im steten Streit der verschiedenen Paradigmen in den Sozialwissenschaften nicht selten dann den Unzulänglichkeiten der Erhebungsinstrumente angelastet werden, offenkundig werdende Artefakte des Instrumentes selbst und nicht zuletzt die immer weiter um sich greifende allgemeine Kritik an Quantifizierung und analytischer Methode in den Sozialwissenschaften. Regelmäßig wird diese Kritik an der Befragung dann ausgeschmückt mit - mehr oder weniger allgemein bleibenden - Hinweisen, daß die Befragung selbst ein sozialer Prozeß sei, daß der Befragte kein passiver Datenträger, sondern eine aktiv die Situation ausdeutende und steuernde Person sei usw. (vgl. in diesem Zusammenhang neuerdings STEINERT 1984).

Es gibt - wie immer - mehrere Möglichkeiten, auf eine derartige Situation zu reagieren. Man könnte im alten Sinne unangefochten von jeder Kritik in der Datenerhebungsroutine fortfahren und weiter darauf vertrauen, daß über technische Verbesserungen das Instrumentarium von hin und wieder auftretenden Fehlerhaftigkeiten schon bereinigt werde. Man könnte andererseits - wie das beispielsweise PHILLIPS (1971, 1973) getan hat - die Befragung als Methode der Sozialforschung gänzlich verwerfen. Man könnte aber - nicht zuletzt angeregt durch die methodologischen Diskussionen über den verfeinerten Falsifikationismus - auch versuchen, selbst eine Methodentheorie der Datenerhebung zu entwickeln und diese dann simultan mit den substantiellen Theorien mit den neuerdings zur Verfügung stehenden komplexen statistischen Analyseverfahren mit Beobachtungsdaten konfrontieren. Der letztere Weg scheint für denjenigen, der zwar die Problematik der Datenerhebung im Prinzip anerkennt, aber nicht gewillt ist, die analytische Perspektive über Bord zu werfen, der adäquatere. Mit einer solchen Entscheidung stellt sich dann aber sofort das nächste Problem: Man benötigt eine "Theorie der Befragung", die mindestens ähnlich gehaltvoll und empirisch abgesichert ist wie die jeweils zur Überprüfung anstehende substantielle Theorie.

In diesem Zusammenhang ist der vorliegende Beitrag zu sehen. Es wird versucht, für das Verhalten des Befragten im Interview eine wenigstens von der theoretischen Formulierung her allgemeinere Grundlage zu liefern, als dies aus den bisher üblichen Resultaten der Methodenforschung der Datenerhebung möglich gewesen ist. Diese Methodenforschung beschränkt sich nämlich nahezu ausschließlich darauf, bestimmte Artefakte und Regelmäßigkeiten von Fehlern zu sammeln und ggf. zu systematisieren; erklären im üblichen methodologischen Sinne kann sie sie nicht. Der vorliegende Beitrag ist demnach ein Versuch, über die Systematisierung von Befragungs-"Effekten" hinaus eine Perspektive zu einer allgemeinen Erklärung der Prozesse im Interview zu liefern.

Dazu sollen zunächst einige allgemeine Ansätze zur Erklärung des Befragtenverhaltens kurz dargestellt werden. Daran anschließend seien die Elemente einer allgemeinen Erklärung sozialen Handelns skizziert, die die Grundlage zur Erklärung auch des Befragtenverhaltens liefern sollen. Im Anschluß an die Darstellung des üblichen "statistischen" Modells des Befragtenverhaltens soll dann schließlich viertens ein Grundmodell des Antwortverhaltens formuliert werden, von dem her - fünftens - eine Erklärungsskizze für verschiedene Effekte in der Befragung vorzustellen ist.

1. Einige allgemeine Ansätze zur Erklärung des Befragtenverhaltens

Ansätze und Ideen zu einer etwas allgemeineren Erklärung der Forschungsreaktionen finden sich im Grunde in nahezu allen Beiträgen zur Fehlerproblematik bei der Datenerhebung. Allerdings: Meist sind es lediglich Orientierungshypothesen von der Art, daß die Datenerhebung ein wechselseitiger sozialer Prozeß sei, in dem von den Beteiligten die Situation definiert werde und man jeweils versuche, sich möglichst im günstigsten Licht darzustellen. In diesem Zusammenhang sind insbesondere zwei solcher Orientierungstheorien zu nennen, die aus jeweils ganz unterschiedlichen Anlässen formuliert worden waren. Im Rahmen der eher traditionellen Fehlermethodologie haben z.B. KAHN und CANNELL (1968) ein Modell zur Erklärung des Interviewergebnisses entwickelt, in dem das Interviewergebnis aus Eigenschaften, Wahrnehmungen und dem wechselseitig orientierten Verhalten von Interviewer und Befragtem erklärt wird (vgl. Abb.1). Die Autoren bemerken selbst, daß "solch ein allgemeines Modell zusätzliche

Abbildung 1: Modell des Interview-Prozesses nach KAHN und CANNELL (1968:135)

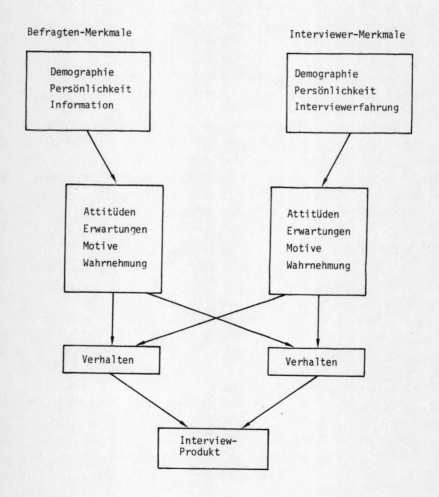

Spezifikationen erfordert" (1968: 154). Vor allem bleibt unklar, über welche Mechanismen das Verhalten des Befragten bestimmt wird. Daß es von den eigenen Attitüden, Erwartungen usw. und denen des Interviewers abhängt, ist viel zu unbestimmt.

Hier führt die zweite Orientierungshypothese bereits weiter. Sie stammt von PHILLIPS (1971) und dessen fundamentaler Kritik am herkömmlichen Verständnis der Datenerhebung in den Sozialwissenschaften. PHILLIPS gründet seine Kritik darauf, daß in den herkömmlichen Annahmen der Grundmechanismus aller sozialen Prozesse völlig außer acht gelassen werde, der das Handeln im Alltag wie dann auch beim Forschungskontakt bestimme: das Eigeninteresse jedes Akteurs, seinen persönlichen Nutzen zu mehren und dabei vor allem nach sozialer Anerkennung zu streben.

PHILLIPS weiß sich in diesem Grundtheorem einig mit anderen Vertretern des Symbolischen Interaktionismus (wie z.B. GOFFMAN), aber auch den bekannten soziologischen Varianten der Handlungs- bzw. Verhaltenstheorie. Das allgemeine Ziel des Befragten ist es danach, in der Situation der Datenerhebung zu einer - alles in allem - optimalen Eindruckskontrolle zu gelangen, so daß er ein Höchstmaß an Anerkennung und persönlicher Befriedigung aus dem Forschungskontakt beziehen könne. Um dieses Ziel zu erreichen, nutze der Befragte alle ihm zur Verfügung stehenden Signale, deute und interpretiere die vermuteten Absichten des Interviewers (bzw. des Versuchsleiters) und richte sein Verhalten danach und nach den eigenen Zielsetzungen aus. Eine "wahre" Antwort sei nur auf Grund derartiger Nutzen-Kosten-Überlegungen zu erwarten: wenn die Konsequenzen aus einer falschen Antwort entweder als unbedeutend oder als wahrscheinlich nicht eintretend eingeschätzt würden (vgl. PHILLIPS 1971: 89f). PHILLIPS hat mit dieser Idee, daß eine gültige Reaktion dann eintritt, wenn im Vergleich zu anderen möglichen Reaktionen ihr subjektiver Nutzen höher ist, den Schlüssel zu einer allgemeinen Erklärung geliefert: Es sind nicht allein die "Motive", die "Normen", die erwarteten Sanktionen usw., sondern der Vergleich verschiedener, alternativ möglicher Reaktionen, aus denen sich dann schließlich die Entscheidung zu einer bestimmten - dann möglicherweise auch von der "wahren" Einstellung abweichenden - Reaktion ergibt.

Unterhalb dieser allgemeinen Deutung gibt es eine Reihe von spezielleren Ansätzen, die im Prinzip eine ähnliche Idee verfolgen. Dazu zählt einerseits die von HOLM (1974) formulierte "Theorie der Frage". Danach ergebe sich die empirische Antwort in der Befragungssituation aus drei Komponenten: aus der Zieldimension der Frage, aus evtl. angesprochenen Fremddimensionen und aus einem Faktor, den HOLM "soziale Wünschbarkeit" nennt. ATTESLANDER und KNEU-BÜHLER (1975) interpretieren die verbale Reaktion bei der Befragung in ähnlicher Weise als das Resultat eines Reizes (durch den Interviewer) und der darauf vom Befragten vorgenommenen Deutung, Bewertung und Reaktionsermittlung. Bei Reizdeutung, Reizbewertung und Reaktionsermittlung spielen jeweils "Normen" eine entscheidende Rolle. Diese Normen werden von ATTESLANDER und KNEUBÜHLER in dreierlei Weise differenziert: gesamtgesellschaftlich prävalente Normen, gruppenspezifische Normen und interviewspezifische Normen. Die Reaktionsermittlung und die verbale Reaktion erfolgt dann vor dem Hintergrund von Nutzenerwägungen im Hinblick auf befürchtete Sanktionen, die sich aus einer eventuellen Verletzung dieser Normen ergäben. Schließlich wurde auch von ESSER (1975) das Verhalten des Befragten als Interaktions-Strategie interpretiert, die der Befragte angesichts unterschiedlicher Bedingungen im Interview wählt. Es sind insbesondere zwei Situationsbedingungen, die zu jeweils unterschiedlichen Interaktionsstrategien zwingen: die Ambiguität der Situation einerseits und die Bedeutung bzw. die Höhe der möglichen Risiken aus der Situation andererseits. Das schließliche Verhalten im Interview ist danach das Resultat des Versuches, mit Ambiguität und evtl. Konsequenzen aus der Situation möglichst adäquat und identitätserhaltend umzugehen.

Es ist deutlich geworden, daß alle drei speziellen Modelle im Grunde das Verhalten des Befragten ebenfalls als Ergebnis einer nach Nutzen-Kosten-Erwägungen erfolgten Entscheidung zwischen Handlungsalternativen erklären. Diese Entscheidung erfolgt einerseits auf der Grundlage einer Orientierung an den Präferenzen, Zielsetzungen und normativen Einbindungen der Personen und zweitens vor dem Hintergrund der Perzeption bzw. Kognition der Situation und den damit jeweils vorliegenden Ambiguitäten, Risiken und Möglichkeiten. Die Bestimmungsgründe des Antwortverhaltens sind in diesen Erklärungsskizzen ebenfalls in ähnlicher Weise formuliert: Das Antwortverhalten ist das kombinierte Resultat des "wahren" Wertes auf der Zieldimension der jeweiligen Frage, mit den durch

den Fragestimulus evtl. angesprochenen anderen Dimensionen sowie mit den
durch die vorgegebene Situation aktualisierten sonstigen Zielsetzungen des
Befragten.

2. Ein allgemeines Modell des situationsorientierten Handelns als Grundlage
   einer Erklärung des Befragtenverhaltens

Die angesprochenen Ansätze konvergieren mindestens in einer Hinsicht: Befragte wählen in der Befragungssituation die Handlung, die vergleichsweise den
höchsten "Nettonutzen" verspricht. Dabei kann sich der Nutzen aus der wahr-
heitsgemäßen Beantwortung von Fragen ebenso ergeben wie aus dem Erhalt der
(vermuteten) Übereinstimmung mit dem Interviewer, einem vermuteten Adressa-
ten der Antwort, dem eigenen Selbstbild u.ä. Es fällt nicht schwer, in diesen Skizzen das Modell des rationalen Akteurs wiederzufinden, das auch in
anderen Bereichen der Erklärung sozialer Prozesse mehr und mehr zur Grundlage geworden ist. Da für den Bereich der Befragung dieses Modell kaum einmal explizit gemacht worden ist, sei an dieser Stelle eine der geläufigeren
Versionen dieses Ansatzes etwas ausführlicher dargestellt, nicht zuletzt
auch deshalb, weil mit Teilen dieses Modells dann bestimmte Grundmuster des
Interviewerprozesses präziser gefaßt werden können.

Zu den Grundelementen des Modells gehören zunächst die verschiedenen Ziele
U_i, die eine Person hat (oder haben könnte); daraus ergibt sich ein Vektor
der Ziele, die alle eine bestimmte Intensität haben: U_1, U_2, ..., U_m. Gleichzeitig nehme der Akteur eine Menge möglicher Handlungsalternativen H_j wahr,
aus denen sich der Handlungsvektor ergibt: H_1, H_2...., H_n. Das dritte Element
sind die subjektiven Erwartungen E_{ij}; die der Akteur an die verschiedenen
Handlungen knüpft in der Hinsicht, daß mit der betreffenden Handlung eine
Situation erreicht werde, in der die verschiedenen Ziele (mit bestimmter
Intensität) mit einer gewissen Wahrscheinlichkeit (zwischen 0 und 1) erreicht
werden.Diese subjektiven Wahrscheinlichkeiten E_{ij} kombinieren damit alle
Handlungsalternativen mit allen Zielen zu einer Matrix der subjektiven Wahrscheinlichkeiten. Anders ausgedrückt: jeder Akteur schätzt die Wahrschein-
lichkeit, daß er mit einer bestimmten Handlung ein bestimmtes Ziel erreicht.
Man handelt aber sicher nicht in der Weise, daß man lediglich die wahrschein-
lichen Ziele anstrebt; die Ziele sind ja unterschiedlich"nützlich". In dem

Modell wird vielmehr angenommen, daß der Akteur eine weitere Kalkulation vornimmt: Die subjektiven Wahrscheinlichkeiten werden mit der Nützlichkeit bzw. der Intensität der verschiedenen Ziele multipliziert, so daß sich nunmehr für jede Handlungsalternative H_j ein Vektor von <u>subjektiven Zielrelevanzen</u> (bezogen auf alle m Ziele) UE_{ij} ergibt, die sich jeweils aus dem Produkt $U_i E_{ij}$ berechnen. Da es nicht nur eine Handlungsalternative, sondern deren n gibt, existieren auch n solcher Vektoren subjektiver Zielrelevanzen für alle Handlungen. Für jede Handlungsalternative kalkuliert nun der Akteur die sog. <u>Handlungstendenz</u> (bzw. subjektive Nutzenerwartung): Die für die betreffende Handlung bestehenden m verschiedenen UE_{ij} Werte werden aufaddiert. Die Summe ist dann die Handlungstendenz: $HT_j = \sum_i UE_{ij} = \sum_i U_i E_{ij}$. Mit anderen Worten: Für jede Handlungsalternative H_j gibt es schließlich einen Wert für die Handlungstendenz HT_j, der sich aus der Summe der auf die verschiedenen Ziele und Handlungen bezogenen subjektiven Zielrelevanzen UE_{ij} ergibt.

Die Grundannahme ist nun, daß ein Akteur diejenige Handlung aus dem Satz der Handlungsalternativen auswählt, für die die Summe der subjektiven Zielrelevanzen am höchsten ist, d.h. für die es die (relativ) größte Handlungstendenz gibt.

Bis hierher war - wie üblich - davon ausgegangen worden, daß für einen Akteur der Satz der Ziele und Erwartungen, damit letztlich auch die Zielrelevanzen und Handlungstendenzen konstant sind. Hier hatte die Kritik des Symbolischen Interaktionismus - wohl nicht zu Unrecht - angesetzt: Die "Angemessenheit" des Handelns wird oft erst in der Situation selbst erkennbar, für <u>verschiedene Situationen</u> mag es unterschiedliche Zielrelevanzen geben usw. Wenn man nun der Einfachheit halber davon ausgeht, daß Personen einen relativ fixen Satz an Zielen und Nutzenintensitäten für die Verwirklichung dieser Ziele hätten (z.B. Karriere, ewiges Heil, privates Glück, hohes Bankkonto, soziale Anerkennung), dann könnte man diese Einlassung des Symbolischen Interaktionismus dadurch berücksichtigen, daß man nicht einen Vektor von Handlungstendenzen, sondern für k unterschiedliche Situationen k solcher Vektoren annimmt. Die Werte der Handlungstendenzen für die verschiedenen Handlungen in den unterschiedlichen Situationen variieren unter dieser Annahme ausschließlich als Folge der Variation der <u>unterschiedlichen subjektiven Erwartungen</u> für die verschiedenen Situationen. Das ist auch nicht unplausibel: In einem

Bewerbungsgespräch kontrolliert man seine Affekte nicht deshalb, weil man
plötzlich Emotionalität gering schätzt, sondern weil man die Erfolgsaussich-
ten für relevante Ziele durch spontanes Verhalten gefährdet sähe, während
dieses in der Situation eines Treffens der Männergruppe Köln-Nippes für die
gleiche Person sicher anders aussähe.

Üblicherweise sind Alltagssituationen so typisiert, daß ein Akteur den jeweils geforderten speziellen HT-Vektor leicht identifizieren kann. Dies ist
anders in relativ neuen, ungewohnten Situationen wie sie bei der Befragung
vorliegen. Dort entsteht ein der eigentlichen Handlungsentscheidung vorgela-
gertes Problem: Die Entscheidung über die Einschätzung der Gestalt des nunmehr angemessenen HT-Vektors, die unter starker Unsicherheit vorgenommen werden muß. Es wird nun davon ausgegangen, daß die Auffüllung der zunächst unbekannten E_{ij}-Werte für die neue Situation, aus der sich dann die Handlungsentscheidung ableitet, vor allem von zwei Situationsmerkmalen abhängt: Relevanz und Transparenz der Situation. Relevanz bedeutet dabei die Vermutung
des Akteurs, daß mit (einiger) Sicherheit einige Handlungsalternativen mit
relevanten Zielen verknüpft sind. Es ist lediglich noch nicht bekannt, welche
speziellen Handlungen nun genau in der Situation zur Zielerreichung notwendig
wären. Es wird also angenommen, daß Akteure zunächst eine grobe Schätzung
darüber vornehmen, ob überhaupt (durch welche Handlungsalternativen auch immer) relevante Ziele tangiert sind. Transparenz bedeutet die Feststellbar-
keit von Signalen ("cues"), die eine konsistente und stabile Strukturierung
der E_{ij}-Werte (also: die Auffüllung des zuvor leeren HT-Vektors) erlauben.
Bei fehlender Transparenz bleibt die Handlungsunsicherheit erhalten. Die Tendenz zur Verringerung von Ambiguität und Undurchsichtigkeit in der Situation
steigt für den Akteur mit der Relevanz der Situation. Relevante und trans-
parente neue Situationen strukturieren sich daher relativ rasch, während ir-
relevante und/oder intransparente Situationen auch dauerhaft unstrukturiert
und instabil in dem Sinne bleiben, daß der E_{ij}-Vektor nur mit groben Schätzungen ausgestattet bleibt. Ein konsistentes und abgestimmtes Verhalten ist unter diesen Bedingungen dann natürlich kaum zu erwarten.

Relevanz und Transparenz der Entscheidungssituation bestimmen sich ihrerseits
aus Eigenschaften und Fähigkeiten der Personen (Zielintensitäten und kognitive

Fähigkeiten) und aus Merkmalen der Situationen (Inhalt und Eindeutigkeit
der Situationselemente).

Zu erklären sind damit zweierlei Prozesse: Von welchen Bedingungen hängt in
der Befragungssituation die Kognition der Situation (und damit: die "Auswahl"
des Vektors der Handlungstendenzen) ab? Wodurch erklärt sich die Entscheidung
für das schließliche Verhalten? Die letztere Frage ist nach Klärung der
ersten leicht zu beantworten: es wird die Handlung mit der höchsten Handlungstendenz gewählt. Erklärungsbedürftig bleibt damit die - an dieser Stelle
v. a. theoretisch zu leistende - Explikation der Bedingungen, von denen die
subjektiven Erwartungen in der Befragungssituation bestimmt werden.

Ganz so einfach ist allerdings die Frage nach der schließlichen Handlungsentscheidung nicht. Es ist eine Vielzahl von Bedingungen denkbar, unter denen
eine eindeutige Entscheidung nicht möglich ist. Diese Bedingungen könnte man
auf drei Typen von Entscheidungssituationen beziehen: Situationen können sich
in der Struktur der Handlungstendenzen dahingehend unterscheiden, daß es z.B.
eine im Vergleich deutlich höhere Handlungstendenz gibt gegenüber der Situation,
daß mehrere Handlungstendenzen ähnliche Werte aufweisen und sich der Akteur
- wie der Esel von Buridan - nicht zu entscheiden weiß. Zweitens können sich
Situationen in der Intensität unterscheiden in der Weise, daß die Höhe der
höchsten Handlungstendenz im einen Fall sehr ausgeprägt ist, im anderen Fall
nur schwach ausgeprägt ist. Dies hat Konsequenzen für die Nachhaltigkeit,
Systematik und Sorgfalt, mit der die Handlung dann ausgeführt wird. Und schließlich können sich Entscheidungssituationen dahingehend unterscheiden, daß bei
der höchsten Handlungstendenz im einen Fall der Anteil der negativen Nutzenerwartungen - der Kosten der Handlung also - nur gering ist, während im anderen Fall der (numerisch gleiche!) "Nettonutzen" dadurch zustande kommt, daß
von einer entsprechend höheren Nutzenerwartung für ein Ziel noch die Kosten
(für andere Ziele) abgezogen werden. Dieser Aspekt sei mit Konsonanz bezeichnet. Es ist anzunehmen, daß Handlungen mit zunächst gleichem Nettonutzen,
aber geringerer Konsonanz weniger nachhaltig ausgeführt werden bzw. daß der
Akteur die Tendenz hat, evtl. bestehende Inkonsistenzen zu verringern.

Wenn die Befragung ein Spezialfall "normaler" Handlungssituationen ist, dann
müßte sich dieses Modell zur Erklärung sozialen Handelns selbstverständlich

auch dort anwenden lassen. Das Problem ist dann freilich, daß dazu eine
Typisierung und Vereinfachung der Vielfalt möglicher Befragungssituationen
und die Übertragung dieser Situationsmerkmale auf die Elemente des o.a. allgemeinen Modells erfolgen muß.

3. Ein Modell des Befragtenverhaltens als rationales Handeln

Ausgangspunkt der nun folgenden Überlegungen ist die in der Methodenkritik
der Befragung immer wieder gemachte Feststellung, daß der Befragte sich nicht
nur am Frageinhalt, sondern auch an "Normen" und an der "Situation" bei
seinen Reaktionen orientiere. Am einfachsten läßt sich diese Vorstellung
über ein Kausalmodell zur Erklärung einer empirischen Reaktion y darstellen,
bei dem diese Reaktion nicht nur von dem "wahren" Wert der in der betreffenden Frage angezielten latenten Dimension B (z.B. eine Einstellung), sondern
zusätzlich von anderen Merkmalen des Befragten A (z.B. schichtspezifische
kulturelle Normen über die öffentlichen Äußerungen einer Einstellung) sowie
von durch die Situation strukturierten Normen (z.B. die Anwesenheit eines
Interviewers, dessen kategoriale Zugehörigkeit mit der erfragten Einstellung
zusammenhängt; vgl. Abb. 2). Die Beziehung von A auf B mit dem Koeffizienten
a bedeutet im Modell das zur Untersuchung anstehende kerntheoretische Modell,
für das nun empirische Indikatoren zu erheben sind. Die empirische Reaktion
y wäre damit ein gemessener Wert für B (aus Gründen der Übersichtlichkeit
wird nur ein empirischer Indikator betrachtet). Der Koeffizient b bedeutet
damit nichts anderes als die Reliabilität der Messung von y in Bezug auf das
Konstrukt B. Der Koeffizient c bezeichnet den Einfluß der Fremddimension A,
die hier als kulturelle Erwünschtheit interpretiert werden soll. Die Wirksamkeit situationaler Erwünschtheit auf das Antwortverhalten ist schließlich mit
dem Koeffizienten d gekennzeichnet. Die Situationsvariable S wird (an dieser
Stelle) als von den kerntheoretischen Variablen unabhängig aufgefaßt, obwohl
man sich durchaus Bedingungen vorstellen könnte (z.B. die Selbstselektion von
Befragten durch bestimmte Interviewer bei Quotenauswahl), in denen eine solche
Unabhängigkeit nicht besteht. E bezeichnet - wie üblich - den Einfluß aller
anderen Bestimmungsgrößen auf den Indikator y.

Abbildung 2: Kausalanalytische Interpretation des Antwortverhaltens
(Erläuterungen im Text)

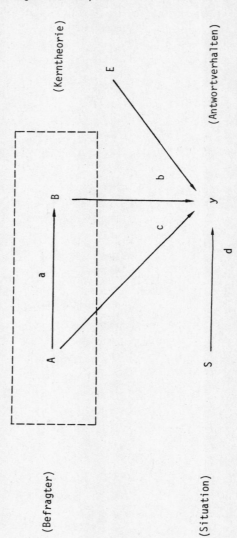

Mit diesem Modell werden - in aller Vereinfachung - drei Nutzen- bzw. Ziel-
aspekte ausgegrenzt, die in Befragungssituationen in unterschiedlicher Weise relevant sein mögen: der Nutzen einer wahren Antwort (U_t), der Nutzen
aus der Entsprechung einer kulturellen Norm (U_c) und der Nutzen aus der Entsprechung situational vorgegebener Erwartungen (U_s). Der Nutzen einer wahren
Antwort könnte begründet werden aus einem damit realisierten Ziel der Entsprechung von Selbstbild und Verhalten, d.h. aus einem übergeordneten Ziel
des Erhalts der personalen Identität, die sich in der Einstellungsstruktur
einer Person manifestieren mag. Dieses Ziel wäre um so wichtiger, das heißt
U_t wäre um so höher für eine Person, je stärker eine bestimmte Meinung, Einstellung, Attitüde bei einer Person ausgeprägt und an zentraler Stelle verankert ist: Bei hoher "opinionation" steigt der Nutzen für eine wahre Antwort. Man könnte einen zweiten Grund hinzufügen: Je mehr der Befragte die Befragtenrolle internalisiert hat, nach der er lediglich als "Datenträger" zu
fungieren habe, um so höher wird auch hier der Wert U_t. U_t wäre damit am höchsten bei Personen mit ausgeprägter Intensität und Zentralität einer Einstellung und bei stark internalisierter Befragtenrolle. Wenn nun nur noch die Situation transparent genug ist, um auch sachgerecht reagieren zu können, dürfte für andere Effekte kaum noch Spielraum verbleiben.

Der kulturell induzierte Nutzen (U_c) beruht auf dem Ziel der Entsprechung von
Erwartungen des alltäglichen Beziehungsmilieus einer Person und der Konsonanz
mit wichtigen Bezugspersonen (neben dem Beitrag, den die Internalisierung
einer Norm zu diesem Nutzenaspekt liefert).

In ähnlicher Weise hat der situational induzierte Nutzen (U_s) mit allen denjenigen Zielsetzungen eines Befragten zu tun, die evtl. in einem außeralltäg-
lichen Kontakt tangiert sein könnten. Hierzu lassen sich selbstverständlich
a priori keinerlei genauere Angaben machen. Dies macht nämlich die Problematik solcher undefinierten Situationen aus: Man vermutet zwar vielleicht eine
gewisse Relevanz der Situation für die eigene Zielstruktur, ist aber über das
konkret erforderliche "rationale" Handeln zur Realisierung der Ziele im un-
klaren. Entscheidend werden nach dem o.a. allgemeinen Modell die subjektiven
Zielrelevanzen, mithin also die Kognition der genauen subjektiven Wahrscheinlichkeiten (E_{ij}) in der Befragungssituation für die verschiedenen Ziele.

Wichtigstes allgemeines Merkmal der Situation ist für die "Definition" dieser subjektiven Wahrscheinlichkeiten die Transparenz der Situation: Eindeutigkeit des Fragestimulus und Eindeutigkeit in der Zuordnung von Fragethema, Interviewermerkmalen, vermuteten Sponsoren u.a. Erst hieraus können sich einigermaßen sichere Zielrelevanzen für bestimmte Antwortalternativen ergeben. Bezogen auf den Nutzenbereich "wahre Antwort" (U_t) wäre mit gegebener Transparenz der E_{ij}-Wert gleich 1, damit also UE_{tj} gleich der Nutzenintensität U_t. Mit sinkender Transparenz ist eine solche eindeutige Zuordnung zum Antwortverhalten nicht mehr möglich: Die Reliabilität des Antwortverhaltens sinkt - bei gegebenen wahren Werten - mit der Stimuluseindeutigkeit. Die Transparenz der Situation ist selbstverständlich auch personenabhängig: Befragte unterscheiden sich durchaus nach ihrer Fähigkeit, Fragen zu verstehen oder ihnen einen eindeutigen Sinn zu unterlegen.

Die subjektiven Erwartungen für die kulturelle Konformität hängen dagegen sowohl von der - situational vorgegebenen - Stimuluseindeutigkeit wie von der Stärke und Eindeutigkeit der kulturellen Verhaltensvorschriften ab. Beides ist seinerseits auch von Merkmalen der Befragten abhängig: Wie eindeutig kann er die Situation als strukturiert wahrnehmen? In welchen Rollen- und Bezugsbereichen mit welchen Verhaltensvorschriften hält er sich auf?

Weitgehend extern über die jeweilige - vom Interviewer initiierte - Situation der Befragung sind die situationalen Erwartungen bestimmt: Ob ein bestimmtes Antwortverhalten den (vermuteten) Konsensus im Interview stört oder nicht, hängt weitgehend von den Merkmalen der aktuellen Interviewer-Befragten-Relation ab, während die kulturellen Erwartungen eher situationsunabhängig sind. Wie stark die Erwartungen und damit die UE-Werte in diesem Fall sind, ist allerdings dann auch wieder von personenbezogenen Merkmalen sowie von der Transparenz der Gesamtsituation abhängig. Insgesamt kann in diesem Zusammenhang vermutet werden, daß mit steigender Relevanz der Situation für einen Befragten (d.h.: dem Wissen, daß sein Verhalten in der Situation überhaupt relevante Konsequenzen haben kann, ohne daß die genauen Verhaltenserwartungen bekannt wären) die Suche nach Hinweisen auf die Konkretisierung der Verhaltenserwartungen deutlich verstärkt wird: Bei hoher Relevanz tendieren Befragte danach, die Situation entweder transparent zu machen oder ihr wenigstens eine gewisse Transparenz zuzuschreiben.

Zusammengefaßt: Das Antwortverhalten kann grob auf drei Zielrelevanzbereiche
bezogen werden: Die wahre Antwort (mit dem Nutzen des Identitätserhalts), die
kulturell konforme Antwort (mit dem Nutzen der Konformität zu relevanten Be-
zugsgruppen im Alltag), die situational angemessene Antwort (mit sehr verschiedenen möglichen Nutzenbereichen, von denen der Befragte vermutet, daß
sie in der Situation tangiert sind). Zur Erklärung des konkreten Verhaltens
werden neben den Nutzenintensitäten die jeweiligen subjektiven Erwartungen
bedeutsam, die sich ihrerseits aus Vorkenntnissen und Deutungen des Befragten wie aus Merkmalen der Situation selbst ergeben. Zur Strukturierung des
Satzes der Erwartungen und damit des Satzes der Zielrelevanzen (UE-Werte)
sind die kognitiven Fähigkeiten des Befragten einerseits und die Ambiguität
der Situation andererseits bedeutsam. Diese bestimmen die Transparenz der
Situation und diese wieder die UE-Werte. Die Nutzenintensitäten und eine
(zunächst auch: grobe) Wahrnehmung, daß die Situation relevante Konsequenzen
haben kann, bestimmen die wahrgenommene Relevanz der Situation. Für diese Relevanz ist ein besonderer Aspekt der Situationswahrnehmung von hoher Bedeutung: Wenn die Situation als von anderen Lebensbereichen "isoliert" wahrgenommen wird (Situationssegregation), dann haben nur die internalisierten
Nutzenaspekte Verhaltensrelevanz. Anonymitätszusicherungen haben genau dies
zum Ziel: die Erhebungssituation und das Antwortverhalten von anderen Bereichen der Konsequenzen des Antwortverhaltens abzuschotten, so daß nur noch
der auf die abgefragte Einstellung bezogene Nutzen einer wahren Antwort verhaltensrelevant werde. Aus der Wahrnehmung der Situation, aus Transparenz und
Relevanz ergeben sich die Zielrelevanzen für die drei Bereiche. Für den
Aspekt der "wahren Antwort" tritt die Intensität der jeweiligen Einstellung
(opinionation) hinzu (vgl. Abb. 3).

Befragte haben immer mehrere Alternativen. Im einfachsten Fall: ja (y) oder
nein (x) zu sagen. Welche Antwort gegeben wird, hängt nach dem allgemeinen
Modell von der relativen Stärke der Handlungstendenzen ab. Diese ergeben sich
aus der Summe der jeweiligen Zielrelevanzen bzw. den Produkten aus Nutzen
und subjektiven Erwartungen. Für die Antwortalternativen y und x ergibt sich
also:

$$HT_y = (U_t \cdot E_{ty}) + (U_c E_{cy}) + (U_s E_{sy})$$
$$HT_x = (U_t \cdot E_{tx}) + (U_c E_{cx}) + (U_s E_{sx})$$

Abbildung 3: Nutzenerwartungen und Handlungstendenzen in der Interviewsituation (für eine Reaktion y)

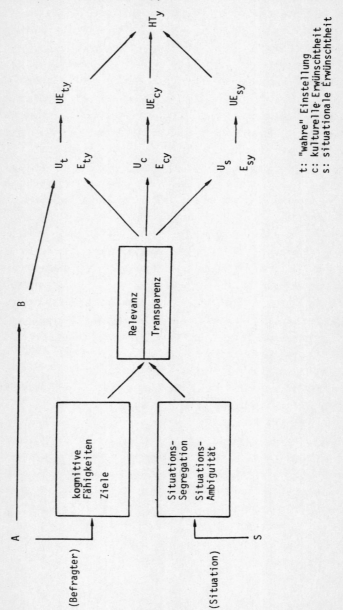

Zur Vorhersage des Antwortverhaltens wären damit die Nutzenintensitäten für die drei Bereiche sowie die subjektiven Erwartungen, die sich an die Handlungsalternativen knüpfen, zu bestimmen. Daraus ergeben sich die Handlungstendenzen für jede Alternative. Aus der Höhe der höchsten Handlungstendenz (Intensität), der Differenz der Handlungstendenzen untereinander (Struktur) und dem jeweiligen Anteil von "Kosten" bei der höchsten Handlungstendenz bestimmt sich dann die schließliche Wahl und die Intensität bei der Durchführung der Handlung, in diesem Fall: ja oder nein zu sagen. In einem vereinfachenden Modell seien diese Zusammenhänge als handlungstheorétische Explikation des o.a. statistisch konzipierten Basismodells der verschiedenen möglichen Kausaleinflüsse auf den gemessenen Wert eines Indikators y verdeutlicht (vgl. Abb. 4).

Aus dem Modell wird ersichtlich, daß isolierte Faktoren der Interviewsituation (z.B. Interesse am Fragethema, Ambiguität, Interviewermerkmale) niemals alleine und ohne gleichzeitige Berücksichtigung der Determinanten anderer Reaktionsalternativen das Befragtenverhalten erklären können. Auch wird deutlich, daß im Modell sehr einfach erscheinende Pfadkoeffizienten und "Fremdladungen" auf höchst komplexe Weise zustande kommen können: sie sind das in den Daten schließlich vorfindbare Resultat von systematisch verteilten Handlungsentscheidungen der Befragten je nach sozialer Zugehörigkeit und Situationsinterpretation. Darüber hinaus wird die Richtigkeit einer alten methodischen Regel nachdrücklich bestätigt: daß nichts das zuverlässige und gültige Messen ersetzen kann; denn: Bei einem bereits hohen UE-Wert für eine bestimmte Antwortalternative (z.B. bei opinionation und Transparenz der Situation) ist für Fremdeffekte kaum noch Spielraum, weil deren UE-Werte entsprechend höher sein müßten. Weiter kann man nun verstehen, warum bei geringer Relevanz und Transparenz der Situation die Zuverlässigkeit der Reaktionen insgesamt abnimmt: Keine der Antwortalternativen hat eine deutlich strukturierte und intensive Handlungstendenz, so daß das Antwortverhalten Zufallsschwankungen unterliegt. Andererseits kann nun auch geklärt werden, warum relativ geringe Situationsänderungen bereits drastische Auswirkungen auf das Antwortverhalten haben können: Wenn für ein hoch relevantes Ziel (z.B. soziale Anerkennung) sich situationsbezogen ein Erwartungswert (E_{ij}) ändert, verändert sich zugleich auch der UE-Wert mit entsprechenden Folgen für die

Abbildung 4: Handlungstheoretisch interpretiertes Kausalmodell des Antwortverhaltens (bezogen auf eine Reaktion y)

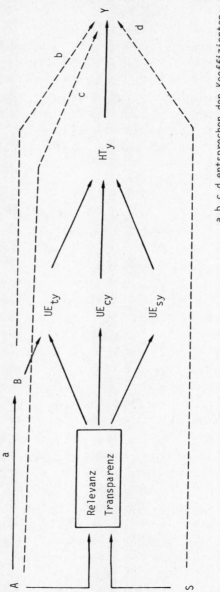

Handlungstendenz insgesamt. Die Folgen zum Beispiel mißlingender Anonymitätszusicherungen (die ja für bestimmte Zielkonsequenzen Erwartungen von einem Wert deutlich über o auf o reduzieren sollen) werden so unmittelbar einsichtig. Auch kann nun auf leichte Weise verständlich gemacht werden, auf welche Art Interviewereffekte (im Sinne von Effekten der Merkmale der Interviewer) zustande kommen. Merkmale des Interviewers füllen die zuvor leere Erwartungsmatrix für situationsadäquates Verhalten (z.B. vor dem Ziel der Konsensuserhaltung im Interaktionsprozeß der Befragung) auf. Diese Matrix sieht selbstverständlich für jeden Befragten für unterschiedliche Typen von Interviewern anders aus. Auch wandelt sich die Intensität der jeweiligen Erwartungen mit der Deutlichkeit der Interviewermerkmale und dem Bezug auf das Fragethema. Vor diesem Hintergrund wird auch ein stets wieder festgestelltes Resultat der empirischen Untersuchung von Interviewereffekten unmittelbar einsichtig: Interviewereffekte treten vor allem dann auf, wenn die sonstige Stimulussituation (z.B. die Verständlichkeit von Frage und Kategorienvorgabe) nur undeutlich ist. In diesen Fällen kann schon der UE-Wert für eine wahre Antwort nur recht gering sein, so daß die UE-Werte für Erwünschtheitsreaktionen entsprechend höheres Gewicht bekommen.

4. Zur Erklärung spezieller Effekte

Anlaß und Hintergrund des vorgelegten Versuchs, das Befragtenverhalten als rationales Handeln zu konzipieren, war einerseits die Präzisierung der eingangs angesprochenen allgemeinen Orientierungshypothesen zum Interview als sozialer Prozeß. Zur Entwicklung bzw. zur Formulierung einer Instrumententheorie der Befragung, über die die verschiedenen Fehler zu erklären wären, ist andererseits solch ein allgemeines Modell noch nicht spezifisch genug. In einem ersten Schritt wären daher einige der bekannten Verzerrungseffekte innerhalb des o.a. Rahmens zu interpretieren und als Folge bestimmter Konfigurationen von Zielrelevanzen für bestimmte personale Dispositionen, Situationen und Reaktionsalternativen verständlich zu machen. Fragen der Messung und empirischen Überprüfung können an dieser Stelle nicht weiter verfolgt werden, sind aber der nächste Schritt auf dem Weg zu einer Theorie der Befragung.

Der Einfachheit halber werde die Vorgabe nur eines Fragestimulus angenommen, der in infinitesimal kleinen Differenzen unterschiedlich intensiv abgelehnt (-) oder bejaht (+) werden kann. Zweitens wird - ebenfalls aus Einfachheitsgründen - nur von Zielrelevanzen (also dem Produkt von U und E) ausgegangen, wobei offen bleiben soll, ob Änderungen in der Nutzenintensität jeweils auf die Zielintensitäten oder die Erwartungsstärken zurückzuführen sind. Drittens wird nur zwischen "opinionation"-Effekten einerseits und Erwünschtheitseffekten andererseits (die oben noch in kulturelle und situationale Erwünschtheit differenziert worden waren) unterschieden.

Vor diesem Hintergrund können zwei Basisfunktionen unterschieden werden: Die Nutzenerwartungsfunktion für das Antwortverhalten bezogen auf die Einstellungsintensität (vgl. Abb. 5a) und bezogen auf verschiedene Richtungen und Ausprägungen von sozialer Erwünschtheit (Abb. 5b). Hinsichtlich der Einstellungsintensität können zwei Extremfälle unterschieden werden: hohe und niedrige Einstellungsintensität bzw. opinionation (vgl. die Kurven a und b). Die Zielrelevanz der verschiedenen Handlungsalternativen ist bei geringer Einstellungsintensität überall nahezu gleich; bei hoher opinionation hätte eine ablehnende Antwort (Negativ-Bereich) - bei angenommener "positiver" Einstellung - negative Zielrelevanzwerte (also: Kosten). Entsprechendes würde selbstverständlich für eine anders gerichtete Einstellung gelten. Die Entscheidung für eine (extrem) positive Antwort wäre ohne sonstige Einflüsse eindeutig. Selbstverständlich könnte die UE-Funktion auch andere Verläufe haben. Beispielsweise würde das Maximum der Funktion bei "moderater Zustimmung" auf der latenten Einstellungsdimension nicht bei den extrem positiven Antwort-Alternativen liegen (vgl. Kurve c in Abb. 5a). Generell wird also davon ausgegangen, daß das Maximum der UE-Werte hinsichtlich der latenten Einstellungsdimension genau auf der Antwortalternative verankert ist, die die wahre Einstellung repräsentiert.

Auch für die Erwünschtheitseffekte lassen sich höchst unterschiedliche Funktionsverläufe annehmen (Abb. 5b). Bei fehlenden kulturellen/situationalen Konsequenzenerwartungen sind die UE-Werte hierfür über alle Alternativen hinweg gleich (niedrig; Kurve a). Kulturelle Unterschiedlichkeiten der sozialen Erwünschtheit ließen sich für die gegebenen Einstellungs-Antwort-Konstellationen als Funktionen mit jeweils unterschiedlichen Verläufen im Nutzen-

Abbildung 5a: Zielrelevanzfunktionen bei unterschiedlichen "wahren" Einstellungen und Einstellungsintensitäten

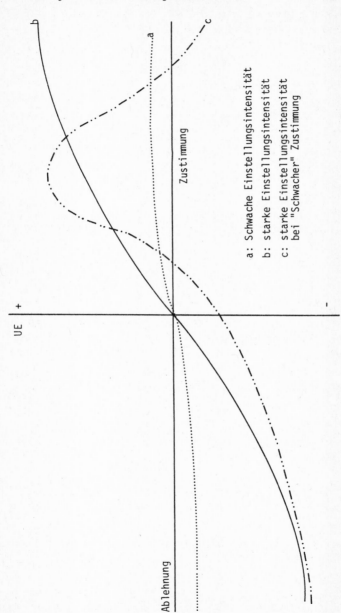

a: Schwache Einstellungsintensität
b: starke Einstellungsintensität
c: starke Einstellungsintensität bei "schwacher" Zustimmung

300

Abbildung 5b: Zielrelevanzfunktionen für unterschiedliche Intensitäten und Richtungen sozialer Erwünschtheit

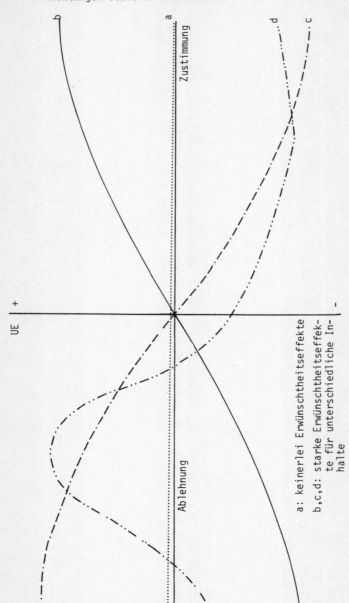

a: keinerlei Erwünschtheitseffekte

b,c,d: starke Erwünschtheitseffekte für unterschiedliche Inhalte

Kosten-Bereich der verschiedenen Reaktionsalternativen darstellen: Mittel-
schichtangehörige mögen z.B. intolerante Antworten (unabhängig von ihrer
privaten Einstellung) eher mit Kosten, tolerante Antworten mit Konformitäts-
Nutzen versehen einschätzen, während in Unterschichten-Milieus dies umgekehrt sein mag (vgl. die Kurven b und c). Viertens kann es schließlich bestimmte andere Antwortbereiche geben, in denen die Zielrelevanz maximal ist:
Man nimmt an, daß z.B. eine moderate Ablehnung eines items "normal" sei,
wodurch davon abweichende Reaktionen diesbezüglich in den Kostensektor rut-
schen (vgl. Kurve d). Auf diese Weise ließe sich leicht die Anfälligkeit von
Randverteilungen insbesondere bei heiklen Fragen gegenüber Änderungen in der
Fragevorgabe erklären: Die Vorgaben legen bestimmte Anker einer "normalen"
Reaktion nahe, definieren also jeweils den spezifischen Verlauf der zuvor
für den Befragten unstrukturierten Zielrelevanzfunktion, wodurch dann -
freilich immer: ceteris paribus - eine Veränderung des Antwortverhaltens
eintritt.

Auch andere Effekte beim Befragtenverhalten lassen sich auf diese Weise wenigstens von der Annahme her nutzentheoretisch interpretieren. Antwort-Stile
(wie z.B. Ja-Sage-Tendenz oder die Tendenz Extrem- bzw. Mittelkategorien zu
bevorzugen) könnte man nun als die von Personen unterschiedlich internalisierte Einschätzung der Nützlichkeit bestimmter Antwortmuster verstehen.
Beispielsweise ist die Ja-Sage-Tendenz als eine internalisierte Verhaltens-
strategie von Unterprivilegierten in hierarchisierten Kontakten des öfteren
nachgewiesen worden. Ob es sich dabei um eine generalisierte Beschwichtigungs-
strategie oder um eine habitualisierte Verhaltensweise handelt, ist in diesem Fall gleich: In jedem Fall wird für eine bestimmte Antwortalternative
eine vergleichsweise höhere nutzenstiftende Zielrelevanz angenommen, die
dann handlungsrelevant wird, wenn andere Zielrelevanzen entsprechend geringer sind oder sich gegebenenfalls neutralisieren.

Wenn man nun davon ausgeht, daß die Vorhersage des Befragtenverhaltens erst
aus der Kenntnis der Handlungstendenzen für die verschiedenen Alternativen
möglich ist, wird auch klar, daß man immer mindestens Annahmen über zwei
Zielrelevanzfunktionen haben muß: die über die wahre Antwort und die über
die soziale Erwünschtheit. Sofort wird dann auch klar, daß Erwünschtheitseffekte nur unter zwei Bedingungen verzerrende Auswirkungen haben können:
wenn die Zielrelevanzfunktion für die wahre Antwort nicht deutlich mit den
Antwortalternativen kovariiert und wenn die Richtung der Funktion für die
soziale Erwünschtheit von der für die wahre Antwort abweicht (vgl. Abb. 6).

302

Abbildung 6: Beispiel für "invalides" Antwortverhalten als Resultat geringer Einstellungsintensität und starker gegenläufiger Erwünschtheit

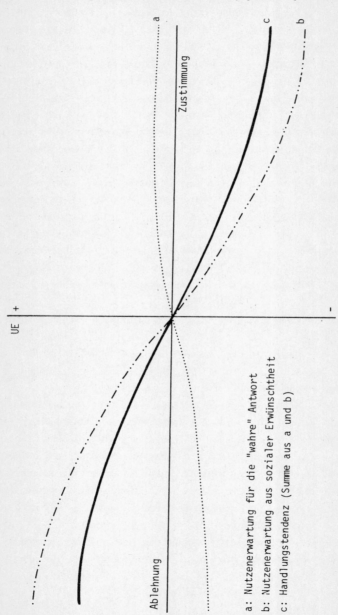

a: Nutzenerwartung für die "wahre" Antwort
b: Nutzenerwartung aus sozialer Erwünschtheit
c: Handlungstendenz (Summe aus a und b)

Wenn jedoch hohe UE-Werte für eine wahre Antwort vorliegen, können relativ
schwächere Erwünschtheitstendenzen nur wenig ausrichten. Dann wird auch die
Anwesenheit eines Interviewers oder die vermutete Sanktion eines kulturellen Milieus nur wenig am Antwortverhalten in der Interviewsituation verändern. Wenn es gelingt, die Datenerhebungssituation von den vermuteten
Sanktionen zu isolieren, dann werden allerdings auch bereits schwache UE-
Werte für eine "wahre Antwort" zu einem validen Antwortverhalten führen, da
in diesem Fall die Erwünschtheitseffekte einen UE-Wert nahe o haben würden.
An dieser Stelle wird die Situation der Datenerhebung zentral: Wenn bei ge-
gebener vermuteter Relevanz der Situation die Transparenz nur gering ist,
sind wahrscheinlich sowohl die UE-Werte für "wahre Antworten" wie für die
Erwünschtheit nur gering. Die Folge ist allerdings eine stark verringerte
Reliabilität der Daten. Mit Zunahme der Transparenz strukturiert sich die
Zielrelevanz für die "wahre Antwort", da "Transparenz" die klare Zuordnung
von subjektiven Wahrscheinlichkeiten zu den Handlungsalternativen ausdrückt.
Gleichzeitig strukturiert sich aber auch die UE-Funktion für die Erwünscht-
heitsbereiche. Wenn dies für bestimmte Befragtenkategorien systematisch geschieht, ist die Gefahr für "Methoden-Artefakte" äußerst hoch. Man könnte
sich eine Vielzahl unterschiedlicher Konstellationen denken, in denen z.B.
trotz hoher Erwünschtheit valide geantwortet wird oder trotz ausgeprägter
opinionation die "wahre Antwort" nicht geäußert wird. Man könnte die verschiedenen Kunstregeln des Interviews in ihren vermuteten Auswirkungen auf
die UE- und HT-Funktionen modellieren (z.B. Anonymitätszusicherungen, Erhöhung der Frageeindeutigkeit, Vorgabe von Ankern usw.). Man könnte weiter
die Resultate zum Beispiel der Interviewereffektforschung oder die Untersuchung zu Versuchsleitereffekten als Spezialfälle der situational verän-
derten UE-Funktionen darstellen usw. Dies sei an dieser Stelle jedoch nicht
weiter verfolgt.

Insgesamt sollte verdeutlicht werden, daß die Analyse von Verzerrungen und
Fehlern in der Datenerhebungssituation sich letztlich auf die Rationalität
des Befragten in einer für ihn problematischen Situation und auf die vom Befragten gewählten Lösungsstrategie zu beziehen hat und daß "objektive Faktoren" (wie Alter, Geschlecht und soziale Schicht von Befragten und Interviewern) nur sehr indirekt, nämlich als Indikator für bestimmte Zielrelevanz-

Funktionen wirksam sein können. Die Erklärung des Befragtenverhaltens ist immer eine "Interpretation" der Rationalität des Verhaltens im Datenerhebungsprozeß.

Literatur

ATTESLANDER, P. & H.U. KNEUBÜHLER
1975   Verzerrungen im Interview. Zu einer Fehlertheorie der Befragung, Opladen: Westdeutscher

ESSER, H.
1975   Soziale Regelmäßigkeiten des Befragtenverhaltens, Meisenheim: Hain

HOLM, K.
1974   Theorie der Frage, Kölner Zeitschrift für Soziologie und Sozialpsychologie 26: 91-114

KAHN, R. & Ch.F.CANNELL
1968   Interviewing, International Encyclopedia of the Social Sciences, Vol. 8, 149-161

PHILLIPS, D.L.
1971   Knowledge From What? Chicago: Rand McNally

1973   Abandoning Method, San Francisco: Jossey-Bass

STEINERT, H.
1984   Das Interview als soziale Interaktion, in: H.Meulemann & K.-H. Reuband (eds.) Soziale Realität im Interview. Empirische Analysen methodischer Probleme, Frankfurt: Campus 17-59

"INDIVIDUALISTISCHE" UND "SPEZIFISCH SOZIOLOGISCHE" ANALYSEN KOLLEKTIVER TATBESTÄNDE UND PROZESSE

Werner Raub

"Individualistische" Erklärungen von in der Soziologie als erklärungsbedürftig geltenden kollektiven Tatbeständen und Prozessen[1] sind dadurch charakterisiert, daß gesetzesartige Annahmen über individuelle Akteure auf spezifische Konstellationen sozialer Bedingungen angewendet werden. Die Beschreibungen der zu erklärenden kollektiven Effekte werden zufolge dieser Konzeption aus Prämissenmengen abgeleitet, die einerseits allgemeine Annahmen über Individuen, ihre Eigenschaften, Dispositionen und Beziehungen und andererseits spezielle Annahmen über soziale Bedingungen wesentlich enthalten[2]. Der Versuch der Ausarbeitung derartiger "individualistischer" Erklärungen verstößt nach verbreiteter Meinung gegen ein traditionelles Selbstverständnis der Soziologie, welches besagt, daß es sich bei dieser um eine theoretisch autonome Disziplin handelt, die ihre Explananda unter Rückgriff auf "eigenständige", "spezifisch soziologische" Gesetze und Theorien zu analysieren hat.

Ein Konflikt zwischen der traditionellen Programmatik und dem Versuch der Anwendung allgemeiner Prinzipien individuellen Verhaltens und Handelns und seiner kognitiven, motivationalen u.a. Grundlagen scheint deshalb zu bestehen, weil für die Realisierung gleicher Ziele, nämlich die Erklärung bestimmter gemeinsam interessierender Explananda, offensichtlich unterschiedliche Mittel eingesetzt werden oder eingesetzt werden sollen. Mit VANBERG (1972: 160) läßt sich die Situation so beschreiben:

"Das Problem liegt nicht darin, daß man Unterschiedliches erklären will, sondern daß man dasselbe unterschiedlich erklären will: eben einmal 'individualistisch', mit Hilfe von Hypothesen über menschliches Verhalten, zum anderen 'kollektivistisch', mit Hilfe von spezifisch soziologischen Hypothesen."

Das von VANBERG hervorgehobene Problem kann durch einen Blick auf eine Kontroverse zwischen HOMANS (1970a,b) und BLAU (1970) weiter verdeutlicht werden. In seinem Beitrag über "The relevance of psychology to the explanation of social phenomena" expliziert HOMANS (1970a: 313f) zunächst das von ihm verwendete Modell der deduktiv-nomologischen Erklärung, stellt die Ausarbeitung solcher Erklärungen als zentrale Aufgabe der Soziologie heraus (1970a:

314f) und unterscheidet unterschiedliche Typen von in der Soziologie vor-
findbaren Erklärungen, nämlich, wie er sie nennt, "strukturelle", "funktio-
nale", "historische" und "psychologische" (1970a: 315f). Diese unterschiedlichen Typen von Erklärungen vergleicht er sodann auf der Basis von Adäquatheitskriterien für deduktiv-nomologische Erklärungen[3] und kommt zu dem Resultat, daß "psychologische" Erklärungen zu bevorzugen seien (1970a: 316-319).
"Psychologische" Erklärungen im Sinn von HOMANS sind dabei gerade solche,
in denen soziologisch interessante Explananda - bei HOMANS werden soziale
Institutionen als Beispiel gewählt - erklärt werden, indem generelle Annahmen über individuelle Akteure, die HOMANS "psychological propositions"[4]
nennt, auf gegebene Randbedingungen angewendet werden, um aus "psychological propositions" und Randbedingungen das Explanandum zu deduzieren:

"(...) the social scientist explains the institution by showing how its pre-
sence in a particular society follows from propositions about the behaviour
of men, as men, under specified given conditions (...) I call this type of
explanation psychological because it employs propositions that are presumed
to hold good of, to be general with respect to, the behaviour of all men as
individual human beings, as distinguished from what I shall call sociological propositions, propositions that are presumed to hold good of societies,
groups, or other social aggregates rather than of the individuals who make
them up."(1970a: 316)

In seinem "Comment" zu HOMANS' Thesen akzeptiert BLAU sowohl den von HOMANS
vorgeschlagenen Erklärungsbegriff als auch die Aufgabe der Soziologie, Erklärungen im Sinn des deduktiv-nomologischen Modells auszuarbeiten (1970:
329-331). Er verfolgt also in der Tat das gleiche Ziel wie HOMANS. Den Konflikt sieht BLAU sodann genau in der Frage nach der Art der in solchen Erklärungen zu verwendenden Gesetzmäßigkeiten. Hier übernimmt er im Gegensatz
zu HOMANS das traditionelle Selbstverständnis der Soziologie und verlangt
die Verwendung eigenständiger soziologischer Hypothesen, die sich BLAU zufolge (1970: 339) auf "connections between various aspects of the organization of collectivities and their consequences" beziehen. Im Sinn der traditionellen Programmatik betont BLAU (1970: 338) daher auch:

"A basic assumption I make is that the behaviour of organized aggregates
follows its own principles (...) empirical relationships between characte-
ristics of organized collectivities must be explained by sociological
general propositions rather than by psychological ones (...)."

Offenbar wollen also die beiden Kontrahenten gemeinsam geteilte Ziele tatsächlich mit unterschiedlichen Mitteln erreichen, wobei die Frage nach den

zu verwendenden Mitteln für bedeutsam gehalten wird, weil diese für miteinander unvereinbar gehalten werden und weil sich jeder der Kontrahenten von jeweils einem anderen Mittel eher verspricht, daß sein Einsatz die Annäherung an das gemeinsame Ziel fördert oder jedenfalls weniger behindert[5].

Aus "individualistischer" Sicht kann auf den augenscheinlichen Konflikt mit der traditionellen soziologischen Programmatik auf verschiedene Weisen reagiert werden. Eine häufig angewendete Strategie ist die, auf die auch HOMANS (1970b) in seiner Replik auf BLAUs Kommentar zurückgreift: Er versucht zu zeigen, daß in BLAUs eigenem Beispiel für eine "spezifisch soziologische" Erklärung einer Reihe organisationssoziologischer Explananda entgegen BLAUs Zielen zumindest implizit auf allgemeine Annahmen über individuelle Akteure zurückgegriffen werden muß. In der Charakterisierung VANBERGs (1975: 261) läuft diese Strategie auf den Versuch hinaus, die "Substanzlosigkeit" der traditionellen Programmatik nachzuweisen. Das Ziel besteht dabei allgemein darin, im Rahmen von Fallstudien Explikationen vorzugsweise von "klassischen" oder als einflußreich geltenden soziologischen Analysen auszuarbeiten und nachzuweisen, daß in diesen Analysen im Gegensatz zur traditionellen Programmatik gesetzesartige Annahmen über Individuen ausdrücklich oder stillschweigend verwendet werden. Von Fallstudien, in denen dieser Nachweis gelingt, kann z.B. dann erhofft werden, daß sie als plausible Indikatoren für die "Substanzlosigkeit" des traditionellen Selbstverständnisses akzeptiert werden, wenn sie Analysen solcher Autoren zum Gegenstand haben, die sich dieses Selbstverständnis gerade zu eigen machen.

Untersuchungen zur Substanzlosigkeit der traditionellen Programmatik im angedeuteten Sinn liegen inzwischen in größerer Zahl vor und sind, wie es scheint, nicht erfolglos geblieben[6]. Im folgenden soll ein anderer Weg eingeschlagen werden, um zu einer Lösung des Konfliktes zwischen "individualistischer" Orientierung und traditioneller Programmatik zu gelangen. Letztere soll nämlich nicht durch ein weiteres Gegenbeispiel zusätzlich erschüttert werden, vielmehr soll in zwei Hinsichten anders argumentiert werden, nämlich erstens nicht exemplarisch, sondern systematisch, und zweitens soll, intuitiv gesprochen, gezeigt werden, daß eine individualistisch betriebene Soziologie unter bestimmten Voraussetzungen überhaupt nicht in einen Gegensatz zur traditionellen Programmatik gerät. Es wird nämlich zu zeigen versucht, daß unter bestimmten Voraussetzungen die "individualistischen" Analysen prinzipiell stets in "spezifisch soziologische" Analysen überführt werden können, indem mit Hilfe algorithmischer Verfahren aus den in den "individualistischen" Analysen verwendeten Theorien solche Theorien erzeugt werden, deren Axiome sowohl aus den in "individualistischen" Analysen verwendeten Theorien deduktiv gewonnen werden als auch in "spezifisch soziologischen" Analysen an ihrer Stelle Verwendung finden können.

Wenn solche Verfahren angebbar sind, welche die Gewinnung "spezifisch soziologischer" aus "individualistischen" Theorien und die Überführung "individualistischer" in "spezifisch soziologische" Analysen kollektiver Tatbestände und Prozesse erlauben, dann ist unabhängig von der Frage der "Substanzlosigkeit" der traditionellen Programmatik einerseits ihre Vereinbarkeit mit, andererseits aber auch ihre Irrelevanz für eine individualistisch orientierte Soziologie gezeigt. Vereinbar ist die traditionelle Programmatik mit einer individualistischen Konzeption dann nämlich in dem Sinn, daß "individualistische" Analysen stets in Analysen entsprechend den Forderungen der traditionellen Programmatik umgeformt werden können und wenn diese Möglichkeit stets gegeben ist, wird die traditionelle Programmatik aus individualistischer Sicht auch insoweit irrelevant, als sie Forderungen stellt, denen trivialerweise, nämlich durch Abarbeitung von Algorithmen, nachgekommen werden kann.

1. Die Deduktion kollektiver aus individuellen Regelmäßigkeiten am Beispiel des Problems der Aggregation individueller Ordnungen

Die systematische Überführung von Analysen kollektiver Effekte, in die gesetzartige Annahmen über individuelle Akteure wesentlich eingehen, in "spezifisch soziologische" Analysen ohne solche Annahmen soll so erfolgen, daß aus Annahmen der "individualistischen" Analysen, v.a. aus den allgemeinen Propositionen über Individuen, systematisch solche Konsequenzen deduziert werden, die als "spezifisch soziologische" Theorien für die Analyse kollektiver Effekte im Sinn der traditionellen Programmatik verwendet werden können. Für illustrative Zwecke sind in diesem Zusammenhang Beispiele von Interesse, die für Einzelfälle zeigen, wie "spezifisch soziologische" Aus-

sagen genereller Art, also in BLAUs Terminologie Regelmäßigkeiten über Merkmale organisierter Kollektive, abgeleitet werden aus Mengen von Annahmen,
die solche über individuelle Regelmäßigkeiten wesentlich enthalten. Weiter
wäre zu zeigen, wie derartige "spezifisch soziologische" Aussagen für Analysen kollektiver Effekte Verwendung finden können.

Ein solches Beispiel kann im Zusammenhang mit ARROWs (1951) Untersuchung
zum Problem der Aggregation individueller Ordnungen sozialer Alternativen
skizziert werden[7]. ARROW konnte bekanntlich zeigen, daß unter der Voraussetzung reflexiver, konnexer und transitiver individueller Ordnungen kein
Verfahren existiert, welches die vollständigen und konsistenten individuellen Ordnungen zuverlässig in eine vollständige und konsistente kollektive
Ordnung der Alternativen überführt und zugleich bestimmten Adäquatheitsbedingungen genügt, nämlich der (schwachen) Pareto-Bedingung, der Bedingung
der Zulässigkeit beliebiger vollständiger und konsistenter individueller
Ordnungen, der Bedingung der Unabhängigkeit von irrelevanten Alternativen
und der Bedingung der Nicht-Diktatur[8].

Abgesehen von Fragestellungen einer normativen Ethik oder einer normativen
politischen Theorie kann ARROWs Ergebnis z.B. dann theoretisch bedeutsam
werden, wenn die Annahmen über individuelle Ordnungen als (gegebenenfalls
auf bestimmte Bedingungskonstellationen zu relativierende) Regelmäßigkeiten
über individuelle Akteure interpretiert, bestimmte Verfahren zur Aggregation
individueller Präferenzen, etwa die Regel der einfachen Mehrheitswahl, betrachtet und schließlich Programme von politischen Parteien oder von Regie-
rungen als mögliche kollektive Ordnungen sozialer Alternativen aufgefaßt werden. Dann können nämlich, im Anschluß etwa an LEHNER (1981: 46-52), die
Adäquatheitsbedingungen ARROWs deskriptiv als Bedingungen gedeutet werden,
die jedenfalls unter der Voraussetzung politischen Wettbewerbs zwischen Parteien um Wählerstimmen auch empirisch erfüllt sind.

In einer solchen Anwendung von ARROWs Analyse wird es möglich, aus der allgemeinen Annahme vollständiger und konsistenter individueller Ordnungen, also einer allgemeinen Annahme über eine Regularität auf der Seite der individuellen Akteure, aus der Definition des Begriffs der kollektiven Wahlregel
als einer Funktion, die einer Menge individueller Ordnungen eine soziale

Ordnung zuordnet und aus den weiteren angedeuteten und teilweise partiellen Definitionen z.B. die folgende kollektive Regelmäßigkeit zu deduzieren:

(1) Wenn politischer Wettbewerb zwischen Parteien um Wählerstimmen herrscht, dann liegt prinzipielle Instabilität von Mehrheiten in dem Sinn vor, daß die Existenz eines konsistenten und vollständigen politischen Programms nicht gesichert ist, welches der durch die Regel der einfachen Mehrheitswahl erzeugten kollektiven Ordnung entspricht.

Ebenso wäre, um neben dem allgemeinen Resultat der Analyse ARROWs auch noch an BLACKs (1948) Untersuchung zu erinnern, ableitbar:

(2) Wenn politischer Wettbewerb zwischen Parteien um Wählerstimmen herrscht und die Menge der individuellen Ordnungen die Bedingung der Eingipfligkeit erfüllt, dann liegt prinzipielle Stabilität von Mehrheiten in dem Sinn vor, daß die Existenz eines konsistenten politischen Programms gesichert ist, welches der durch die Regel der einfachen Mehrheitswahl erzeugten kollektiven Ordnung entspricht.

Sind nun die Anfangsbedingungen der abgeleiteten allgemeinen Aussagen über kollektive Effekte erfüllt, dann können diese kollektiven Regelmäßigkeiten als "Minimalgesetze"[9] an die Stelle der allgemeinen Annahmen über die Vollständigkeit und Konsistenz individueller Ordnungen treten, wenn eine Aussage über prinzipielle Stabilität oder Instabilität von Mehrheiten deduziert werden soll. Das Beispiel deutet damit an, wie in einem speziellen Fall aus allgemeinen Annahmen über individuelle Akteure allgemeine Annahmen über kollektive Tatbestände und Prozesse gewonnen werden können, die dann in bestimmten deduktiven Zusammenhängen die Funktion der individuellen Regelmäßigkeiten übernehmen können.

2. Präzisierung der Fragestellung

Bislang wurde allgemein von "Analysen" kollektiver Tatbestände und Prozesse gesprochen, bisweilen von ihrer "Erklärung" und z.T. schließlich auch von "deduktiv-nomologischen Erklärungen". Zum Zweck der Präzisierung des Ziels der Angabe von Verfahren für die Ersetzung nomologischer Annahmen über individuelle Akteure und für die Erläuterung der Mittel, mit denen dieses Ziel erreicht werden soll, werden diese intuitiven Redeweisen im folgenden aufgegeben. Hinfort wird nur noch von "deduktiven Systematisierungen" die Rede sein, also einem Spezialfall von "Analysen", und Behauptungen über die Ersetzbarkeit allgemeiner Annahmen über individuelle Akteure sind zunächst als Behauptung über ihre Ersetzbarkeit in deduktiven Systematisierungen zu verstehen. Es wird definiert:

(3) <u>Eine Theorie T leistet eine deduktive Systematisierung</u> :=
Es gibt Sätze F und G, so daß
(a) T ∪ {F} ⊢ G
(b) nicht {F} ⊢ G

Die Einschränkung der Fragestellung auf deduktive Systematisierungen hat zur Folge, daß alle Fragen im Zusammenhang mit induktiven Analysen ausgeblendet werden, insbesondere Fragen im Zusammenhang mit induktiv-statistischen Erklärungen. Deduktiv-nomologische Erklärungen sind demgegenüber Spezialfälle deduktiver Systematisierungen im hier definierten Sinn. Unter der Voraussetzung, daß die Theorie mindestens einen für die Deduktion wesentlichen gesetzesartigen Satz enthält und die Prämissenmenge einer deduktiven Systematisierung empirischen Gehalt hat, wird bei der Charakterisierung deduktiver Systematisierungen von HEMPELs Adäquatheitsbedingungen für deduktiv-nomologische Erklärungen lediglich die der Wahrheit aller Explanans-Sätze nicht berücksichtigt[10]. Deduktive Systematisierungen erfüllen damit genau die Bedingungen für potentielle deduktiv-nomologische Erklärungen[11]. Für die weitere methodologische Analyse hat dies den Effekt einer größeren Annäherung an die in den Sozialwissenschaften de facto anzutreffende Situation. Es dürfte eher die Regel als die Ausnahme sein, daß bei Erklärungsversuchen in den Sozialwissenschaften auf vereinfachende, ungeprüfte, unprüfbare oder sogar vermutlich falsche Annahmen zurückgegriffen wird und die Verwendung von in diesem Sinn "idealisierenden" Annahmen wird zumindest häufig auch unvermeidbar sein[12].

Die Struktur einer "individualistischen" deduktiven Systematisierung, bei der eine Aussage über kollektive Tatbestände und Prozesse unter wesentlicher Verwendung gesetzesartiger Annahmen über individuelle Akteure und unter Berücksichtigung von Annahmen über soziale Bedingungen individuellen Verhaltens und Handelns und seiner Folgen abgeleitet wird, kann mit Blick auf LINDENBERGs (1976, 1977, vgl. RAUB & VOSS 1981: Kap. 3,4) Schema näher charakterisiert werden. Die Ableitung des kollektiven Effekts erfolgt danach in zwei Schritten. In einem ersten Schritt werden Aussagen über individuelles

Verhalten oder Handeln abgeleitet, indem zurückgegriffen wird auf die allgemeinen Annahmen über individuelle Akteure, auf Koordinationsregeln, welche
die Anfangsbedingungen dieser allgemeinen Annahmen mit Beschreibungen sozialer Situationen verknüpfen, sowie auf diese Situationsbeschreibungen selbst
als Randbedingungen. Im zweiten Schritt wird der kollektive Effekt abgeleitet. Dabei wird eine Transformationsregel verwendet, die die im ersten
Schritt erklärten individuellen Effekte und weitere soziale Bedingungen mit
dem zu erklärenden kollektiven Effekt verknüpft und darüber hinaus werden
die Anfangsbedingungen für diese Transformationsregeln eingeführt, also die
individuellen Effekte und die zusätzlichen sozialen Randbedingungen. Die
allgemeinen Annahmen über individuelle Akteure, die Koordinations- und die
Transformationsregeln, sowie gegebenenfalls benötigte individuelle Rand- und
Anfangsbedingungen mögen dann konjunktiv als "individualistische" Theorie T_I
zusammengefaßt werden. Weiter werden die sozialen Situationsbeschreibungen
des ersten Erklärungsschritts und die im zweiten Erklärungsschritt verwendeten Beschreibungen sozialer Randbedingungen konjunktiv zu einem Satz F_K verknüpft. Mit G_K für die Beschreibung des zu erklärenden kollektiven Effekts ergibt sich dann als

(4) "individualistische" deduktive Systematisierung kollektiver Tatbestände
und Prozesse:

$$T_I \cup \{F_K\} \vdash G_K$$

Für die Präzisierung und Beantwortung der Frage nach der Überführbarkeit
"individualistischer" in "spezifisch soziologische" deduktive Systematisierungen durch Ersetzung der "individualistischen" Theorie und insbesondere
der in diese wesentlich eingehenden allgemeinen Annahmen über individuelle
Akteure muß eine Voraussetzung explizit gemacht werden, von der nicht nur
sowohl HOMANS als auch BLAU in ihrer Kontroverse ausgehen, sondern die auch
in anderen Diskussionen über den Konflikt zwischen einer "individualistischen" Orientierung und der traditionellen Programmatik in der Soziologie
von den Vertretern aller Standpunkte geteilt zu werden scheint. Diese Voraussetzung besagt, daß in irgendeiner Weise unterschieden werden kann zwischen
einerseits den Termen, die in den allgemeinen Annahmen über individuelle Akteure vorkommen, also im theoretischen Kern der "individualistischen" Theorie,
und andererseits den Termen, die in Beschreibungen sozialer Situationen, sozialer Randbedingungen, kollektiver Effekte und in "spezifisch soziologischen"

Theorien T_S verwendet werden. In den üblichen Charakterisierungen der Unterscheidung dieser beiden Arten von Termen werden zu den Termen der ersten Art, also zu den "individuellen Termen", solche gezählt, die als n-stellige Prädikate Eigenschaften von oder Relationen zwischen Individuen bezeichnen oder die nach geeigneter logischer Analyse in solche Prädikate überführt werden können. Terme der zweiten Art, also "kollektive Terme", sind demgegenüber n-stellige Prädikate, die Eigenschaften von oder Relationen zwischen Kollektiven, welcher Art auch immer, bezeichnen bzw. Terme, deren nähere logische Analyse jedenfalls zu Prädikaten dieser Art führt[13]. Offenbar liegt auch der Diskussion zwischen HOMANS und BLAU diese Art der Unterscheidung zugrunde. Für die Untersuchung der Frage nach der Überführbarkeit "individualistischer" in "spezifisch soziologische" deduktive Systematisierungen mittels einer Ersetzung der "individualistischen" durch "spezifisch soziologische" Theorien ist die Frage, wie die Unterscheidung zwischen den beiden Mengen von Termen getroffen wird und ob sie in der skizzierten üblichen Weise erfolgt, belanglos. Es muß lediglich vorausgesetzt werden, daß eine solche Unterscheidung, in welcher Weise sie auch immer erfolgen mag, angegeben werden kann[14]. Die individuellen Terme mögen dann insgesamt das "individuelle Vokabular" V_I bilden, die kollektiven Terme werden zum "kollektiven Vokabular" V_K zusammengefaßt. Die eingeführte <u>Notation</u> kann dann wie folgt zusammengefaßt werden:

(5) V_I: Menge der "individuellen Terme"

V_K: Menge der "kollektiven Terme"

T_I: "Individualistische" Theorie (mit deskriptiven Termen aus V_I und V_K)

T_S: "Spezifisch soziologische" Theorie (mit deskriptiven Termen nur aus V_K)

F_K, G_K, U_K, U_K': Sätze mit deskriptiven Termen nur aus V_K

F,G,U: Sätze mit beliebigen deskriptiven Termen

Für die Präzisierung der Fragestellung muß weiter auf den Begriff der "funktionellen Äquivalenz" zweier Theorien T,T' für deduktive Systematisierungen zurückgegriffen werden:

(6) <u>T und T' sind funktionell äquivalent für deduktive Systematisierungen</u>:=

Für alle Sätze F,G gilt: $T \cup \{F\} \vdash G$ gdw. $T' \cup \{F\} \vdash G$

Dabei ist v.a. die funktionelle Äquivalenz einer "individualistischen" mit einer "spezifisch soziologischen" Theorie für deduktive Systematisierungen kollektiver Effekte von Interesse:

(7) T_I und T_S sind funktionell äquivalent für deduktive Systematisierungen kollektiver Tatbestände und Prozesse:=

Für alle Sätze F_K, G_K gilt: $T_I \cup \{F_K\} \vdash G_K$ gdw. $T_S \cup \{F_K\} \vdash G_K$

Die Fragestellung lautet dann: Gibt es algorithmische Verfahren, die es erlauben, ausgehend von "individualistischen" Theorien "spezifisch soziologische" Theorien zu entwickeln, deren Axiome und Theoreme (a) aus den "individualistischen" Theorien deduktiv folgen und die (b) mit den "individualistischen" Theorien funktionell äquivalent sind für deduktive Systematisierungen kollektiver Tatbestände und Prozesse?[15]

3. Ersetzungsverfahren für "individualistische" Theorien

Für die positive Beantwortung der angegebenen Frage können Theoreme verwendet werden, die auf William CRAIG (1953, 1956) einerseits und Frank P. RAMSEY (1931) andererseits zurückgehen. Sowohl das Theorem von CRAIG als auch das von RAMSEY entwickelte Verfahren werden in der allgemeinen Wissenschaftstheorie im Rahmen der Zweistufentheorie der Wissenschaftssprache üblicherweise für den Nachweis der prinzipiellen Ersetzbarkeit theoretischer Terme verwendet, also für den Nachweis, daß Theorien, welche theoretische Terme enthalten, prinzipiell durch Theorien ersetzt werden können, die als deskriptive Terme nur solche der Beobachtungssprache enthalten und aus denen dieselben Beobachtungssätze gewonnen werden können[16]. Die Resultate von CRAIG und RAMSEY werden hier in einem anderen Zusammenhang angewendet, nämlich nicht für die Elimination theoretischer Terme, sondern für die Elimination von Termen des individuellen Vokabulars[17].

3.1 Ersetzung nach dem Verfahren von CRAIG

Der Grundgedanke der Methode von CRAIG kann mit Hilfe eines Vorschlags von HEMPEL (1958) verdeutlicht werden. Ausgehend von der Menge M aller aus einer "individualistischen" Theorie T_I folgenden Theoreme möge die Teilmenge M_K derjenigen Theoreme definiert werden, die als deskriptive Terme allein Terme des kollektiven Vokabulars V_K enthalten. Für diese Menge M_K der V_K-Theoreme von T_I wird also festgelegt:

(8) M_K := {U | T_I ⊢ U und U enthält nur Terme aus V_K als deskriptive Terme}

Wie sich leicht zeigen läßt, sind T_I und M_K funktionell äquivalent für deduktive Systematisierungen kollektiver Tatbestände und Prozesse. Es gilt das

(9) <u>Theorem 1</u>: Für alle Sätze F_K, G_K gilt: T_I ∪ {F_K} ⊢ G_K gdw.

$$M_K ∪ \{F_K\} ⊢ G_K$$

Der Beweis läßt sich wie folgt skizzieren:

(10.1) (a) T_I ∪ {F_K} ⊢ G_K Annahme

     (b) T_I ⊢ F_K ⊃ G_K Deduktionstheorem

     (c) {F_K ⊃ G_K} ∪ {F_K} ⊢ G_K modus ponens

     (d) (F_K ⊃ G_K) ∈ M_K (b), Definition

     (e) M_K ∪ {F_K} ⊢ G_K (c),(d)

(10.2) (a) M_K ∪ {F_K} ⊢ G_K Annahme

     (b) M_K ⊢ F_K ⊃ G_K Deduktionstheorem

     (c) T_I ⊢ F_K ⊃ G_K (b), Definition

     (d) T_I ∪ {F_K} ⊢ G_K Umkehrung des Deduktionstheorems

Die mit T_I für deduktive Systematisierung kollektiver Effekte funktionell äquivalente Menge M_K ist eine nicht axiomatisierte, sehr unübersichtliche Menge von i.d.R. unendlich vielen Sätzen, die wegen dieser Eigenschaften nicht als "Theorie" wird bezeichnet werden können. Unter Verwendung von M_K allein ergibt sich daher noch keine Antwort auf die leitende Frage. Mit Hilfe des Theorems von CRAIG kann jedoch gezeigt werden, daß M_K unter bestimmten Voraussetzungen durch eine axiomatisierte Theorie T_S^C ersetzt werden kann, die ebenfalls keine Terme aus V_I enthält und aus der als Sätze ohne Terme aus V_I genau die Elemente von M_K deduzierbar sind.

Bei der Anwendung des Verfahrens von CRAIG werden mehrere Voraussetzungen über Theorien T gemacht, für deren explizite Formulierung der Begriff der "effektiven Entscheidbarkeit einer Menge M_i relativ zu einer Menge M_j" wesentlich ist. M_i sei Teilmenge von M_j. Effektive Entscheidbarkeit von M_i relativ zu M_j liegt vor gdw. mit Hilfe eines mechanischen Verfahrens für jedes Element von M_j nach endlich vielen Schritten festgestellt werden kann, ob es auch Element von M_i ist. Vorausgesetzt wird dann:

(11.1) T ist eine axiomatische Theorie in einer Sprache L über dem Alphabet A.

(11.2) Die Menge der Axiome von T ist effektiv entscheidbar relativ zur Menge aller Zeichenfolgen über A.[18)]

(11.3) Die Menge der Sätze von L ist effektiv entscheidbar relativ zur Menge aller Zeichenfolgen über A.

(11.4) Die Menge der Anwendungen der Ableitungsregeln von T ist effektiv entscheidbar relativ zur Menge der n-Tupel von Zeichenfolgen über A.

(11.5) Jedes Theorem von T ist Satz von L.

Sei $\overset{n}{\curlywedge}$ U Abkürzung für den Satz U$\wedge$...$\wedge$U mit n Konjunktionsgliedern U. Als Spezialisierung des Theorems von CRAIG ergibt sich

(12) <u>Theorem 2</u>: L sei eine Sprache. Dann gilt für jedes T_I: Wenn

    (12.1) T_I die Bedingungen (11.1) bis (11.5) erfüllt und

    (12.2) jedes deskriptive Zeichen des Alphabets A von L entweder Element von V_I oder aber von V_K ist und V_I und V_K jeweils effektiv entscheidbar sind relativ zur Menge der deskriptiven Zeichen von A und

    (12.3) für jedes n die Regeln U$\Rightarrow \overset{n}{\curlywedge}$ U und $\overset{n}{\curlywedge}$ U$\Rightarrow$ U zulässige Ableitungsregeln in T_I sind,

dann können eine Sprache L_S und eine Theorie T_S^C effektiv konstruiert werden, für die gilt:

    (12.4) T_S^C erfüllt die Bedingungen (11.1) bis (11.5) und

    (12.5) kein Theorem von T_S^C enthält einen Term aus V_I und

    (12.6) aus T_I und T_S^C sind genau die gleichen Theoreme deduzierbar, die nur Terme aus V_K als deskriptive Terme enthalten und

    (12.7) jede Ableitungsregel von T_S^C ist zulässig in T_I [19)] und

    (12.8) jede Ableitungsregel von T_I, deren Anwendung auf Sätze ohne Terme aus V_I beschränkt ist, ist zulässig in T_S^C.

Für den _Beweis_ wird eine Gödelisierung der Sprache L vorausgesetzt, es wird also angenommen, daß eine umkehrbar eindeutige, in beiden Richtungen berechenbare und in ihrem Wertbereich relativ zur Menge der natürlichen Zahlen effektiv entscheidbare Funktion jedem Zeichen von A, jeder Zeichenfolge und jeder Folge von Zeichenfolgen über A eine natürliche Zahl als Gödelzahl zuordnet. Dann sind

(13) <u>Konstruktionsvorschriften für L_S und T_S^C</u>:

    (13.1) Das Alphabet von L_S ist mit dem von L identisch.

    (13.2) Axiome von T_S^C sind die Konjunktionen $\overset{n}{\wedge} U$, für die gilt:

        (a) U ist Satz von L.

        (b) Die Zahl n der Vorkommnisse von U in $\overset{n}{\wedge} U$ ist Gödelzahl eines Beweises von U in T_I.

        (c) U enthält keinen Term aus V_I.

    (13.3) Ableitungsregeln von T_S^C sind die Regeln $\overset{n}{\wedge} U \Rightarrow U$ für beliebiges n und die Regeln von T_I, deren Anwendung auf Sätze ohne Terme aus V_I beschränkt ist.

    (13.4) Sätze von L_S sind diejenigen Sätze von L, die keine Terme aus V_I enthalten.

Es bleibt zu zeigen, daß L_S und T_S^C die Bedingungen (12.4) bis (12.8) erfüllen, sofern auf L und T_I die Voraussetzungen (12.1) bis (12.3) zutreffen. Da im Zusammenhang der hier behandelten Fragestellung v.a. (12.6) von Interesse ist und darüber hinaus der Nachweis, daß (12.6) von T_S^C erfüllt wird, auch die Struktur von T_S^C verdeutlicht, mag ein expliziter Beweis von (12.6) zweckmäßig sein[20]. U_K sei ein Theorem von T_S^C, das keine Terme aus V_I enthält. Dann ist U_K entweder Axiom oder kein Axiom von T_S^C. Wenn U_K Axiom ist, dann ist U_K wegen (13.2) identisch mit einem Satz $\overset{n}{\wedge} U_K'$ und U_K' ist ein beweisbarer Satz in T_I. Wegen Voraussetzung (12.3) ist dann auch U_K in T_I beweisbar. Wenn U_K kein Axiom von T_S^C ist, dann wird U_K durch Anwendungen der Ableitungsregeln von T_S^C aus den Axiomen von T_S^C gewonnen. Wegen (13.3) und (12.3) sind die Ableitungsregeln von T_S^C zulässige Regeln von T_I. Daher ist, weil alle Axiome von T_S^C, wie soeben gezeigt, in T_I beweisbar sind, U_K auch ein Theorem von T_I.

U_K sei nun ein Theorem von T_I, das keine Terme aus V_I enthält. Dann gibt es in T_I nach Voraussetzung einen Beweis für U_K mit einer Gödelzahl n. Wegen

(13.2) ist dann $\overset{n}{\wedge}U_K$ Axiom von T_S^C. Wegen (13.3) ist U_K dann auch deduzierbar in T_S^C. Damit ist (12.6) bewiesen.

Der Beweis von (12.6) macht deutlich, daß jeder in T_S^C beweisbare Satz Konjunktionsglied eines Axioms von T_S^C ist. Weiter führt dann für endlich axiomatisierte Theorien T_I die Konstruktion von T_S^C i.d.R. zu einer Theorie mit unendlich vielen Axiomen. Schließlich gibt es zu jedem Theorem von T_S^C so viele Axiome von T_S^C, die das Theorem als Konjunktionsglied enthalten, wie es unterschiedliche Beweise des Theorems in T_I gibt. GOODMAN (1957: 318) spricht daher auch von einer mangelnden "deduktiven Kohärenz" der durch CRAIGs Verfahren erzeugten Theorien. Unabhängig davon liefert jedoch das Theorem von CRAIG ein erstes algorithmisches Verfahren für die Konstruktion einer "spezifisch soziologischen" Theorie T_S^C, deren Axiome und Theoreme aus T_I ableitbar sind, wie (12.6) zeigt. Wegen (12.6) läßt sich unter Anwendung des Deduktionstheorems und seiner Umkehrung außerdem leicht zeigen:

(14) <u>Theorem 3</u>: Für alle Sätze F_K, G_K gilt: $\quad T_I \cup \{F_K\} \vdash G_K \quad$ gdw.

$$T_S^C \cup \{F_K\} \vdash G_K$$

T_I und T_S^C sind also funktionell äquivalent für deduktive Systematisierungen kollektiver Tatbestände und Prozesse. Damit ist ein erstes Verfahren der gewünschten Art gefunden.

3.2 Ersetzung nach dem Verfahren von RAMSEY

Die nach den Konstruktionsvorschriften (13) erzeugte Theorie T_S^C hat sich als unübersichtlich und unhandlich erwiesen. Sie weicht außerdem in ihrem Aufbau völlig von T_I ab. Schon aus diesen Gründen ist das Verfahren von RAMSEY interessant, das zwar ebenfalls relativ starke logisch-technische Mittel verwendet, nämlich eine Prädikatenlogik höherer Stufe, jedoch zu einer "spezifisch soziologischen" Theorie wesentlich durchsichtigerer Art führt, deren Struktur überdies weitgehend mit der der jeweils zugrunde liegenden Theorie T_I übereinstimmt.

Gegeben sei eine endlich axiomatisierte "individualistische" Theorie T_I. Die Axiome dieser Theorie werden konjunktiv zu einem Satz verknüpft. T_I enthalte $i_1,\ldots,i_n$ als Terme aus V_I und $k_1,\ldots,k_m$ als Terme aus V_K. Für die Konjunktion der Axiome von T_I wird notiert

(15) $T_I(i_1,\ldots,i_n,k_1,\ldots,k_m)$

Ein <u>Analogon zur Ramsey-Formel</u> wird gebildet, indem die Terme $i_1,\ldots,i_n$ durch Variablen $v_1,\ldots,v_n$ ersetzt werden, die nicht in T_I vorkommen. In

(16) $T_I(v_1,\ldots,v_n,k_1,\ldots,k_m)$

sind damit bereits alle Terme aus V_I beseitigt. Schließlich wird (16) dadurch in ein <u>Analogon zum Ramsey-Satz</u>[21] überführt, daß die n freien Variablen $v_1,\ldots,v_n$ durch Existenzquantoren gebunden werden. Es ergibt sich dann

(17) $\exists v_1 \ldots \exists v_n T_I(v_1,\ldots,v_n,k_1,\ldots,k_m)$

als "spezifisch soziologische" Theorie T_S^R, in der nur noch deskriptive Terme aus V_K auftreten[22]. Die Struktur von T_S^R stimmt dabei insofern mit der von T_I überein, als sich das Analogon zur Ramsey-Formel von der Konjunktion der Axiome T_I nur durch Vorkommnisse von Variablen an den Stellen unterscheidet, an denen in der Konjunktion der Axiome von T_I Terme aus V_I stehen.

Wiederum ist zu zeigen, daß die auf die geschilderte Weise mechanisch konstruierbare Theorie T_S^R die gewünschten Eigenschaften aufweist. Trivialerweise gilt das

(18) <u>Theorem 4</u>: $T_I \vdash T_S^R$

denn die "spezifisch soziologische" Theorie T_S^R wird entsprechend den Konstruktionsvorschriften bereits durch geeignete Existenzquantifikationen aus der "individualistischen" Theorie T_I gewonnen. Weil dies so ist, ist auch bereits die eine Richtung von

(19) <u>Theorem 5</u>: Für alle Sätze F_K, G_K gilt: $T_I \cup \{F_K\} \vdash G_K$ gdw.

$$T_S^R \cup \{F_K\} \vdash G_K$$

sofort beweisbar, denn da T_S^R durch geeignete Existenzquantifikationen aus T_I ableitbar ist, kann natürlich jede durch T_S^R geleistete deduktive Systematisierung kollektiver Tatbestände und Prozesse auch durch T_I geleistet werden. Für den Nachweis der funktionellen Äquivalenz von T_I und T_S^R für deduktive Systematisierungen kollektiver Effekte bleibt die andere Richtung von (19) zu beweisen:

(20) (a) $\{T_I(i_1,\ldots,i_n,k_1,\ldots,k_m))\} \cup \{F_K\} \vdash G_K$
Annahme

(b) $\vdash T_I(i_1,\ldots,i_n,k_1,\ldots,k_m) \supset (F_K \supset G_K)$
Zweimalige Anwendung des Deduktionstheorems

(c) $\vdash \forall v_1\ldots\forall v_n(T_I(v_1,\ldots,v_n,k_1,\ldots,k_m) \supset (F_K \supset G_K))$
Allgeneralisierung

(d) $\{\forall v_1\ldots\forall v_n(T_I(v_1,\ldots,v_n,k_1,\ldots,k_m)) \supset (F_K \supset G_K)))\} \vdash$
$\vdash \exists v_1\ldots\exists v_n T_I(v_1,\ldots,v_n,k_1,\ldots,k_m) \supset \exists v_1\ldots\exists v_n(F_K \supset G_K)$
Theorem der PL 2. Stufe

(e) $\vdash T_S^R \supset (F_K \supset G_K)$
Modus ponens und Austausch logisch äquivalenter Sätze

(f) $T_S^R \cup \{F_K\} \vdash G_K$
Zweimalige Anwendung der Umkehrung des Deduktionstheorems

Damit steht ein zweites algorithmisches Verfahren zur Verfügung, um aus einer "individualistischen" Theorie eine "spezifisch soziologische" zu entwickeln, welche die erforderlichen Eigenschaften der funktionellen Äquivalenz für deduktive Systematisierungen kollektiver Tatbestände und Prozesse mit der und der Ableitbarkeit ihrer Axiome und Theoreme aus der "individualistischen" Theorie aufweist.

3.3 Exkurs: Einige weitere Anwendungen des Verfahrens von RAMSEY

In der allgemeinen Wissenschaftstheorie wird das Verfahren von RAMSEY nicht nur für den Nachweis der prinzipiellen Ersetzbarkeit theoretischer Terme verwendet, sondern auch für die Klärung einer Reihe weiterer Probleme im Zusammenhang mit der Zweistufentheorie der Wissenschaftssprache (vgl. als Überblick STEGMÜLLER 1970: Kap. VII). Es sei kurz skizziert, daß einige der dabei erzielten Resultate folgenreich für verschiedene methodologische Fragen im Kontext einer "individualistisch" orientierten Sozialwissenschaft sind.

(a) RAMSEYs Verfahren kann bekanntlich (vgl. z.B. STEGMÜLLER 1970: 422-424) zur Angabe einer hinreichenden Bedingung für die empirische Trivialität einer

Theorie verwendet werden. Diese Bedingung lautet, daß eine Theorie immer dann empirisch trivial ist, wenn ihr Ramsey-Satz (also ein analog zu (16) und (17) konstruierter Ausdruck, in dem die theoretischen Terme durch gebundene Variablen ersetzt werden) logisch wahr ist[23]. Im Hinblick auf "individualistische" Theorien in den Sozialwissenschaften läßt sich entsprechend die Frage nach Bedingungen aufwerfen, unter denen sie trivial für Erklärungen kollektiver Effekte in dem Sinn sind, daß mit ihrer Hilfe keine kollektiven Effekte erklärt werden können, deren Beschreibungen nicht bereits logisch wahr sind. Es gilt dann, daß eine "individualistische" Theorie jedenfalls immer dann im angedeuteten Sinn trivial für Erklärungen kollektiver Effekte ist, wenn ihr Analogon (17) zum Ramsey-Satz logisch wahr ist, wenn also T_S^R logisch wahr ist.

(b) Für die in "individualistischen" Theorien auftretenden Transformationsregeln ist umstritten, ob es sich bei ihnen um analytische oder aber um synthetische Aussagen handelt[24]. Ebenso kann nach dem (analytischen bzw. synthetischen) Status von Koordinationsregeln gefragt werden. Bedeutsam ist die Frage nach dem Status von Transformations- und Koordinationsregeln z.B. deshalb, weil es von ihrer Beantwortung abhängt, ob die Resultate empirischer Tests "individualistischer" Theorien prinzipiell zur Revision dieser Regeln führen können. Als These läßt sich formulieren, daß im allgemeinen nicht alle Koordinations- und Transformationsregeln einer "individualistischen" Theorie analytisch sein können.

Unter der Voraussetzung, daß die Unterscheidung analytischer und synthetischer Aussagen für formale Wissenschaftssprachen sinnvoll ist[25], muß zur Begründung der These auf eine geeignete Explikation des Analytizitätsbegriffs zurückgegriffen werden. Eine solche Explikation wurde von CARNAP (vgl. 1958, 1963: 963-966, 1966: Kap. 26-28 und als Überblick STEGMÜLLER 1970: 414-421) vorgelegt. Das zentrale Problem der Abgrenzung analytischer und synthetischer Aussagen für theoretische Sprachen löst CARNAP in der Weise, daß er den Tatsachengehalt einer interpretierten Theorie (also der Konjunktion der theoretischen Postulate und der Postulate in der Form von Korrespondenzregeln, die theoretische Terme mit Termen der Beobachtungssprache verknüpfen) durch ihren Ramsey-Satz repräsentiert und als Analytizitätspostulat für die theoretischen Terme eine Implikation mit dem Ramsey-Satz als Antezedens und der interpretierten Theorie als Konsequens wählt. Analytisch wahr sind dann genau die Sätze, die aus dieser Implikation, dem sog. Carnap-Satz, und den Bedeutungspostulaten für die Terme der Beobachtungssprache folgen. Der Vorzug dieser Explikation besteht darin, daß es genau der Carnap-Satz ist, der eine Anzahl intuitiv naheliegender Adäquatheitsbedingungen für ein Analytizitätspostulat für die theoretische Sprache erfüllt (vgl. CARNAP 1963: 965, WINNIE 1971: 146, 151).

Im Hinblick auf den Status von Koordinations- und Transformationsregeln sind nun bestimmte Konsequenzen bedeutsam, die sich aus der angedeuteten Explikation des Analytizitätsbegriffs ergeben. Es läßt sich nämlich zeigen (vgl. WINNIE 1971: 149, 152, 154-158), daß in konsistenten Theorien, aus denen Beobachtungssätze folgen, die nicht bereits logisch wahr sind, kein theoretischer Satz (also ein Satz ohne Beobachtungsterme) analytisch ist, der nicht bereits logisch determiniert ist. Weiter gilt, daß auch keine der Korrespondenzregeln unter den Postulaten einer nicht redundant formulierten Theorie analytisch ist. Daraus folgt, daß jedenfalls solche Koordinations- und Transformationsregeln einer "individualistischen" Theorie nicht analytisch sind, die nur theoretische Terme enthalten und/oder zu den Postulaten der Theorie gehören.

4. Diskussion

Die Anwendung der Verfahren von CRAIG und RAMSEY führt zu dem Resultat, daß es unter den angegebenen Voraussetzungen prinzipiell stets möglich ist, auf der Grundlage "individualistischer" Theorien "spezifisch soziologische" Theorien effektiv zu konstruieren, deren Axiome und Theoreme (a) aus denen der "individualistischen" Theorien deduktiv folgen und die (b) mit den "individualistischen" Theorien funktionell äquivalent sind für deduktive Systematisierungen kollektiver Effekte. An dieses Ergebnis können einige weiterreichende Überlegungen geknüpft werden.

(a) Für den Konflikt zwischen einer "individualistisch" betriebenen Soziologie und der eingangs skizzierten traditionellen soziologischen Programmatik ergibt sich, daß es sich jedenfalls im Zusammenhang mit deduktiven Systematisierungen in einem präzise angebbaren Sinn tatsächlich um einen nur vermeintlichen Konflikt handelt: die Forderungen, die sich aus der traditionel-

len Programmatik ergeben, können bei der Verwendung "individualistischer"
Theorien unter den angegebenen Voraussetzungen prinzipiell stets und in einem
strengen Sinn trivialerweise erfüllt werden. Im Zusammenhang mit deduktiven
Systematisierungen ist daher in dieser Hinsicht von der Folgenlosigkeit der
traditionellen Programmatik für eine "individualistische" Orientierung auszugehen und nicht von einem Konflikt zwischen den beiden "Ansätzen". Es
bleibt ein Desiderat, für andere Arten von Analysen kollektiver Tatbestände
und Prozesse zu untersuchen, ob sich ähnliche oder aber abweichende Resultate ergeben. Insbesondere wären deduktiv-nomologische Erklärungen und induk-
tiv-statistische Systematisierungen zu untersuchen, also Analysen, die im
ersten Fall die Adäquatheitsbedingungen deduktiver Systematisierungen und zusätzlich weitere Bedingungen erfüllen müssen und für die sich im zweiten Fall
nicht nur weitere, sondern von den hier unterstellten abweichende Adäquatheitsbedingungen ergeben werden[26].

(b) Gerade weil in der angedeuteten Hinsicht ein Konflikt nicht besteht, ist
es erforderlich, auf eine Annahme zu verzichten, mit der bisweilen eine "individualistische" Vorgehensweise in den theoretischen Sozialwissenschaften
und speziell in der Soziologie zu begründen versucht wird. Diese Annahme besagt, es seien zwar "individualistische", nicht aber "spezifisch soziologische" Analysen kollektiver Effekte möglich. Als Vertreter einer solchen These
kann z.B. HOMANS (1964: 817) interpretiert werden, wenn er sagt:

"What I do claim is that, no matter what we say our theories are, when we
seriously try to explain social phenomena by constructing even the veriest
sketches of deductive systems, we find ourselves in fact, and whether we ad-
mit it or not, using what I have called psychological explanations."

Thesen dieser und ähnlicher Art mögen naheliegende induktive Verallgemeinerungen aus den Ergebnissen der Studien sein, in denen jeweils an Beispielen
nachzuweisen versucht wird, was mit VANBERG die "Substanzlosigkeit" der traditionellen Programmatik genannt wird. Auf dem Hintergrund der hier vorgestellten Ergebnisse müssen diese Verallgemeinerungen jedoch zumindest mit
Blick auf deduktive Systematisierungen als unzulässig erscheinen, denn es hat
sich herausgestellt, daß gerade in dem Fall, in dem deduktive Systematisierungen "individualistischer" Art gelingen, prinzipiell stets auch entsprechende
"spezifisch soziologische" Systematisierungen der jeweiligen kollektiven Effekte angebbar sind[27].

(c) Die mit den Verfahren von CRAIG und RAMSEY erzeugten "spezifisch soziologischen" Theorien können bei deduktiven Systematisierungen kollektiver Tatbestände und Prozesse prinzipiell die Funktion "individualistischer" Theorien übernehmen. Daraus folgt jedoch nicht, daß die mit diesen Verfahren erzeugten Theorien auch praktisch für deduktive Systematisierungen angewendet
werden sollten. Im Fall einer mit CRAIGs Verfahren konstruierten Theorie
scheitert die praktische Verwendung bereits an ihrer Unübersichtlichkeit und
ihrer fehlenden "deduktiven Kohärenz". Eine durch Anwendung von RAMSEYs Verfahren entstandene "spezifisch soziologische" Theorie ist demgegenüber in
einem präzisierbaren Sinn von gleicher logischer Struktur wie die zugrundeliegende "individualistische Theorie". Bei einem Vergleich beider kann daher
nicht von einer größeren Unübersichtlichkeit oder einer geringeren "deduktiven Kohärenz" der "spezifisch soziologischen" gegenüber der "individualistischen" Theorie ausgegangen werden. Dennoch sind auch den praktischen Anwen-
dungsmöglichkeiten der aus RAMSEYs Verfahren resultierenden Theorien enge
Grenzen gezogen, weil jeder aus T_I folgende Satz, der einen Term aus V_I enthält, bei der Verwendung von T_S^R nicht einfach durch einen Ausdruck ersetzt
werden kann, bei dem an der Stelle des Terms aus V_I eine Variable steht.
Vielmehr muß ein solcher Ausdruck als Konjunktionsglied innerhalb des Analogons zur Ramsey-Formel formuliert werden und im Bereich des Quantorenpräfixes
des Analogons zum Ramsey-Satz stehen. Dies ist erforderlich, weil nur so ge-
währleistet ist, daß es sich überhaupt um einen Satz, also einen Ausdruck
ohne ungebundene Variablen handelt und weil weiter nur so die Verknüpfungen
des fraglichen Terms aus V_I mit anderen Termen aus V_I und denen aus V_K berücksichtigt werden können. Übersetzungen von Aussagen von T_I mit Termen aus V_I
in die Sprache von T_S^R erfordern daher stets den Rückgriff auf das gesamte Analogon zum Ramsey-Satz. Auch RAMSEYs Verfahren führt somit zu Theorien, deren
praktische Anwendung erhebliche Komplikationen aufwirft (vgl. STEGMÜLLER 1970:
413f). Abgesehen von diesen praktischen Problemen der Anwendung von T_S^C und
T_S^R ist außerdem natürlich zu bedenken, daß die ihnen zugrundeliegende individualistische Theorie T_I i.d.R. in dem Sinn allgemeiner ist, daß zwar stets
T_S^C und T_S^R deduktive Konsequenzen von T_I sind, daß aber normalerweise T_I seinerseits weder aus T_S^C noch aus T_S^R deduktiv gewonnen werden kann.

(d) Auf MALEWSKI (1967) geht die Idee zurück, gesetzesartige Aussagen über
individuelle Akteure zu verwenden, um Bedingungen anzugeben, unter denen die

hier als "spezifisch soziologisch" bezeichneten Theorien gelten. Für die Präzisierung dieser intuitiven Idee wurde als Explikandum der Begriff der "modifizierenden Erklärung" von Theorien vorgeschlagen, der auch im Zusammenhang
mit der These der Reduzierbarkeit von Soziologie auf Psychologie unter der
Bezeichnung "partielle Reduktion" eine wichtige Rolle spielt (vgl. HUMMELL
& OPP 1971: Kap.III.3). Unglücklicherweise haben aber die Explikationsversu-
che für den Begriff der "modifizierenden Erklärung" zu inädaquaten Ergebnissen geführt, weil sie zur Folge haben, daß die "modifizierten" Theorien stets
geringeren Informationsgehalt haben als die Theorien, deren Modifikation an-
gestrebt wird[28]. Im Hinblick auf die mit den hier verwendeten Verfahren konstruierten "spezifisch soziologischen" Theorien kann demgegenüber sehr leicht
gesagt werden, in welchem Sinn sich Bedingungen ihrer Gültigkeit aus den zu-
grundeliegenden "individualistischen" Theorien ergeben: wenn "individualistische" Theorien der hier betrachteten Art wahr sind, dann sind auch die
mit den Verfahren von CRAIG und RAMSEY aus ihnen erzeugten "spezifisch soziologischen" Theorien wahr. Darüber hinaus übertragen sich von den "individualistischen" auf die hier gewonnenen "spezifisch soziologischen" Theorien natürlich auch alle anderen logischen und methodologischen Eigenschaften, die
Theorien mit ihren deduktiven Konsequenzen teilen.

(e) Im Zusammenhang mit dem sog. "Theorienvergleich" in den Sozialwissenschaften werden gelegentlich als zwei Arten konkurrierender "Erkenntnis-" oder
"Forschungsprogramme" ein mit "individualistischen" Theorien arbeitendes Programm und ein mit "spezifisch soziologischen" Theorien arbeitendes "kollek-
tivistisches" Programm voneinander unterschieden. Die Studien zur Substanzlosigkeit der traditionellen Programmatik lassen an der Zweckmäßigkeit dieser
Unterscheidung zweifeln, weil sie die Frage aufwerfen, ob de facto vorfindbare "klassische" und andere soziologische Theorien und Theoriefragmente
überhaupt als Realisierungsversuche eines im angedeuteten Sinn kollektivisti-
schen Programms interpretiert werden können. Die Ergebnisse bezüglich der
prinzipiellen Ersetzbarkeit "individualistischer" durch "spezifisch soziologische" Theorien lassen umgekehrt auch daran zweifeln, ob bei den auf die
angedeutete Weise charakterisierten Programmen überhaupt in präzisierungs-
fähigen und sachlich folgenreichen Hinsichten von Unvereinbarkeiten ausgegangen werden kann.

Anmerkungen

(1) Beispiele solcher "kollektiven Tatbestände und Prozesse" sind kollektive Handlungen (wie Streiks oder Wahlen), Verteilungen (wie Selbstmord- und Scheidungsraten), Strukturen (wie Schichtungssysteme), kollektive Produkte (wie Normen und Gesetze), Organisationen u.ä. Wahlweise wird auch von "kollektiven Effekten" gesprochen.

(2) Die Bezeichnung "strukturell-individualistische" Erklärungen würde sowohl deutlicher machen, daß die sozialen Bedingungen individuellen Verhaltens oder Handelns explizit thematisiert werden sollen als auch, daß gerade die Erklärung kollektiver Effekte das zentrale theoretische Ziel bildet (vgl. OPP 1978: 33f, WIPPLER 1978).

(3) HEMPEL und OPPENHEIM (1948) nannten als Adäquatheitskriterien die Deduzierbarkeit des Explanandums aus dem Explanans, das wesentliche Vorkommnis mindestens eines allgemeinen Gesetzes im Explanans, den empirischen Gehalt des Explanans und die Wahrheit der Sätze des Explanans. Wie die Diskussion der Vorschläge von HEMPEL und OPPENHEIM zeigte, können diese Bedingungen nur als notwendige, nicht aber auch als hinreichende Bedingungen für korrekte deduktiv-nomologische Erklärungen betrachtet werden. HOMANS berücksichtigt in seiner Analyse die ersten drei der genannten vier Kriterien.

(4) Bei der Frage, welche "psychological propositions" zu verwenden seien, entscheidet sich HOMANS bekanntlich für solche aus behavioristischen Verhaltens- und Lerntheorien. HOMANS' Wahl wird nicht von allen geteilt, die seiner methodologischen Position ansonsten zustimmen. Wenn z.B. bestimmte Varianten der Theorie rationalen Handelns (Theorie der Entscheidung unter Sicherheit, Risiko, Unsicherheit, Spieltheorie) vorgezogen werden, dürfte auch die Bezeichnung der fraglichen Hypothesen als "psychologisch" nicht mehr sehr zweckmäßig sein.

(5) Die hier angesprochene Frage der theoretischen Autonomie betrifft neben der Soziologie natürlich auch andere sozialwissenschaftliche Disziplinen. Im Hinblick z.B. auf die Politikwissenschaft ist sie u.a. von RIKER und ORDESHOOK (1973) und von LEHNER (1977) aufgegriffen worden.

(6) Hervorzuheben sind in diesem Zusammenhang die Arbeiten BOUDONs (1977, 1979) und eine Reihe weiterer Untersuchungen (z.B. VANBERG 1975, LINDENBERG 1975, STINCHCOMBE 1975, WIPPLER 1976). Für die Schlußfolgerungen, die aus Untersuchungen dieser Art gezogen werden, ist eine mit Blick auf PARSONS erfolgende Bemerkung VANBERGs (1975: 179, Anm. 40) typisch: "Wenn verschiedentlich von einem Bruch in der Entwicklung der Parsonsschen Soziologie die Rede ist (...), so ist dazu festzustellen, daß dieser Bruch - stellt man auf die Frage der soziologistischen Programmatik ab - nicht zwischen der (früheren) Konzeption der 'voluntaristischen Handlungstheorie' und der (späteren) 'systemtheoretischen' Konzeption verläuft (...) Wenn in bezug auf diese Frage ein Bruch in der Soziologie Parsons' vorliegt, dann (...) zwischen den theoretischen Annahmen, wie sie sich in und im Zusammenhang mit dem sogenannten 'Interaktionsparadigma' bei Parsons finden, und der soziologistischen Programmatik, die ansonsten seine Soziologie durchgehend kennzeichnet." (Alle Hervor-

hebungen im Original kursiv; W.R.)

(7) Auf den "social-choice-Ansatz" wird u.a. deshalb zurückgegriffen, weil die formale Aufbereitung hier so weit fortgeschritten ist, daß die im folgenden bloß behaupteten deduktiven Zusammenhänge bei Bedarf in der Tat explizit nachgewiesen werden können und weil die dabei zu verwendenden formalen Instrumente den im Teil 3 zur Anwendung gelangenden ähnlich sind. Beispiele, bei denen andere als die hier herangezogenen prädikatenlogischen Kalküle angewendet werden, finden sich z.B. bei HUMMELL (1973).

(8) Vgl. als Übersicht z.B. SEN (1970).

(9) Wenn aus einem Explanans mit den Gesetzen $L_1, \ldots, L_r$ und den Anfangsbedingungen $C_1, \ldots, C_K$ das Explanandum E deduzierbar ist, dann ist aus $L_1, \ldots, L_r$ das "Minimalgesetz" L^+ gewinnbar, welches zusammen mit $C_1, \ldots, C_K$ für die Deduktion des Explanandums ausreicht und welches inhaltlich besagt, daß ein Ereignis von der in E beschriebenen Art immer dann auftritt, wenn Bedingungen von der Art $C_1, \ldots, C_K$ realisiert sind (vgl. HEMPEL 1965a: 346f).

(10) Vgl. Anm. 3.

(11) "Potentielle Erklärungen" unterscheiden sich von "effektiven" dadurch, daß für die ersteren die Wahrheit aller Sätze des Explanans nicht verlangt wird (vgl. HEMPEL 1965a: 338). Offensichtlich haben auch HOMANS und BLAU in ihrer Kontroverse gerade solche potentiellen Erklärungen im Auge.

(12) Vgl. in diesem Zusammenhang z.B. die Ausführungen über "Modellbau" bei LINDENBERG (1981) und SCHÜTTE (1981). Die Verwendung von Annahmen der fraglichen Art in dem Beispiel aus dem "social-choice-Ansatz" dürfte deutlich sein.

(13) So z.B. auch OPP (1979).

(14) Vgl. für Hinweise auf Probleme der skizzierten üblichen Art der Unterscheidung z.B. KEUTH (1973), SPINNER (1973), LEHNER und SCHÜTTE (1976).

(15) Im Rückblick auf das Beispiel des Abschnitts 2 ist darauf hinzuweisen, daß Minimalgesetze i.S. HEMPELs in der Regel die Bedingungen der funktionellen Äquivalenz nicht erfüllen.

(16) CRAIG selbst hat sein Theorem allgemeiner formuliert. Die Anwendung des Theorems auf das Problem der Ersetzbarkeit theoretischer Terme geht auf HEMPEL (1958: 210ff, 1963: 696ff) zurück.

(17) Man beachte die verwendete Terminologie: Es wird einerseits zwischen "individuellen" und "kollektiven" Termen unterschieden und andererseits zwischen "theoretischen" Termen und "Beobachtungstermen". "Koordinations-" und "Transformationsregeln" verknüpfen jeweils individuelle mit kollek-

tiven Termen. Die aus der Zweistufentheorie der Wissenschaftssprache bekannten Verknüpfungen von theoretischen Termen und Beobachtungstermen
werden im folgenden als "Korrespondenzregeln" bezeichnet. Es wird weder
für die individuellen noch für die kollektiven Terme vorausgesetzt, daß
sie Teilmengen des theoretischen oder aber des Beobachtungsvokabulars
bilden. Individuelle wie kollektive Terme können also im Prinzip sowohl
theoretische als auch Beobachtungsterme sein. Koordinations- und Transformationsregeln können, müssen aber nicht zugleich Korrespondenzregeln
im Sinn der Zweistufentheorie sein.

(18) CRAIG unterscheidet zusätzlich zwischen "logischen" und "außerlogischen"
Axiomen, setzt die effektive Entscheidbarkeit beider Mengen von Axiomen
relativ zur Menge aller Zeichenfolgen voraus und fordert weiter, daß die
Vereinigung beider Mengen mit der Menge aller Axiome identisch und ihre
Schnittmenge leer ist. Auf diese weiteren Unterscheidungen und Voraussetzungen kann im Zusammenhang mit der hier behandelten Fragestellung
verzichtet werden.

(19) Damit soll ausgeschlossen werden, daß die Leistungsfähigkeit von T_S^C
durch zusätzliche Ableitungsregeln künstlich vergrößert wird (vgl. CRAIG
1956: 45).

(20) Vgl. für die weiteren Teile des Beweises die Skizze bei CRAIG (1956: 54f)
und die ausführliche Darstellung STEGMÜLLERs (1970: 384-392). Eine Übersicht über die wissenschaftstheoretische Diskussion des Theorems von
CRAIG geben STEGMÜLLER (1970: Kap. VI) und TUOMELA (1973: Kap. II).

(21) Die Diskussion über das Verfahren von RAMSEY wird dargestellt bei STEG-
MÜLLER (1970: Kap. VII) und TOUMELA (1973: Kap. III). Von "Analoga" zur
Ramsey-Formel bzw. zum Ramsey-Satz wird gesprochen, weil hier nicht theoretische Terme, sondern Terme aus V_I beseitigt werden. Die Existenzquantoren des Analogons zum Ramsey-Satz werden nicht nur Prädikat-, sondern
auch Funktions- und Gegenstandsvariablen binden, sofern in V_I neben Prädi-
katkonstanten auch Gegenstandskonstanten und Funktionsterme enthalten
sind. STEGMÜLLER (1970: 403) schlägt vor, zunächst eine "Standardform"
von T_I dadurch zu erzeugen, daß Gegenstandskonstanten durch Überführung
in Kennzeichnungen und deren Kontextelimination beseitigt und n-stellige
Funktionsterme durch (n+1)-stellige Relationsterme ersetzt werden.

(22) Theorien werden hier allgemein als Mengen von Sätzen (mit bestimmten
Eigenschaften) verstanden. Zur Vereinfachung wird jedoch "T_S^R" sowohl
für die Menge mit dem Analogon zum Ramsey-Satz (17) als Element notiert
als auch für das Element dieser Menge, also für das Analogon zum Ramsey-
Satz selbst.

(23) Man beachte erneut die Terminologie: Wie üblich wird als "Ramsey-Satz"
einer Theorie ein in der angegebenen Weise erzeugter Satz ohne theoretische Terme bezeichnet. Das "Analogon zum Ramsey-Satz" ist hingegen ein

aus einer "individualistischen" Theorie erzeugter Satz ohne Terme aus dem individuellen Vokabular V_I. Aus der logischen Wahrheit des Ramsey-Satzes einer Theorie folgt natürlich nicht, daß auch die Theorie selbst logisch wahr ist.

(24) Die These der Analytizität von Transformationsregeln findet sich z.B bei LINDENBERG (1977: Abschn. 3.2 und 3.3), WIPPLER (1978: 142f) und RAUB und VOSS (1981: Kap. 3). Kritisiert wird diese These von ESSER (1982: 583f). OPP (1979: 33f) läßt ausdrücklich "empirische" Transformationsregeln zu.

(25) Falls diese Voraussetzung nicht akzeptiert wird, ist die im folgenden zu widerlegende These der generellen Analytizität von Koordinations- und Transformationsregeln von vornherein hinfällig.

(26) Für beide Fälle ergibt sich das (bislang wohl kaum unumstritten gelöste) Problem der Angabe notwendiger und hinreichender Bedingungen für das Vorliegen einer Systematisierung der einen oder der anderen Art. Wenn von deduktiven Systematisierungen zusätzlich nur die Wahrheit aller Prämissen verlangt wird, also die Erfüllung einer weiteren notwendigen Bedingung für effektive deduktiv-nomologische Erklärungen (vgl. Anm. 3, 11), ändert sich an den Ergebnissen der Analyse natürlich nichts. Einige Indizien scheinen dafür zu sprechen, daß sowohl bei deduktiv-nomologischen Erklärungen als auch bei induktiv-statistischen Systematisierungen die Leistungsfähigkeit der mit RAMSEYs Verfahren erzeugten Theorien größer ist als die der Theorien, die aus der Anwendung des Theorems von CRAIG resultieren (vgl. in diesem Zusammenhang z.B. HEMPEL 1958: 214f, STEGMÜLLER 1970: 396ff, 425ff, TUOMELA 1973: Kap. VII, VIII).

(27) Auch in seiner zuletzt zitierten Arbeit (1964) verwendet HOMANS den Begriff der Erklärung im Sinn von "potentieller Erklärung". "Psychological explanations" sind solche, in denen "psychological propositions" i.S. HOMANS' wesentlich vorkommen.

(28) Vgl. als Beispiel für den üblichen Explikationsvorschlag im Rahmen von Untersuchungen zur Wissenschaftstheorie der Sozialwissenschaften OPP (1976: 330ff). Hier wird nicht die These vertreten, daß es keine paradigmatischen Fälle modifizierender Erklärungen gibt (vgl. für Beispiele naturwissenschaftlicher Art z.B. POPPER 1957), sondern lediglich, daß es nicht gelungen ist, notwendige und hinreichende Bedingungen für "modifizierende Erklärungen" in adäquater Weise anzugeben.

Literatur

ARROW, K.J.
1951   Social Choice and Individual Values, 2.Aufl., New Haven: Yale UP 1963

BLACK, D.
1948   On the rationale of group decision-making, Journal of Political Economy 56: 23-34

BLAU, P.M.
1970   Comment (on Homans), in: BORGER & CIOFFI 1970: 329-339

BORGER, R. & F. CIOFFI (eds.)
1970   Explanation in the Behavioural Sciences, London: Cam-
                    bridge UP

BOUDON, R.
1977   Effets pervers et ordre social, Paris: PUF

1979   La logique du social, Paris: Hachette

CARNAP, R.
1958   Observation language and theoretical language, in:
                    J. Hintikka (ed.), Rudolf Carnap, Logical Empiricist,
                    Dordrecht: Reidel 1975, 75-85

1963   Replies and systematic expositions, in: P.A. Schilpp (ed.),
                    The Philosophy of Rudolf Carnap, La Salle (Ill.): Open
                    Court, 859-1013

1966   Philosophical Foundations of Physics, New York: Basic
                    Books

CRAIG, W.
1953   On axiomatizability within a system, Journal of Symbolic
                    Logic 18: 30-32

1956   Replacement of auxiliary expressions, Philosophical
                    Review 65: 38-55

ESSER, H.
1982   Rezension von RAUB & VOSS 1981, Kölner Zeitschrift für
                    Soziologie und Sozialpsychologie 34: 582-584

GOODMAN, N.
1957   Review of Craig, Replacement of auxiliary expressions,
                    Journal of Symbolic Logic 22: 317-318

HEMPEL, C.G.
1958   The theoretician's dilemma, in: HEMPEL 1965: 173-226

1963   Implications of Carnap's work for the philosophy of
                    science, in: P.A.Schilpp (ed.), The Philosophy of Rudolf
                    Carnap, La Salle (Ill.): Open Court, 685-709

1965   Aspects of Scientific Explanation and other Essays in the
                    Philosophy of Science, New York: Free Press

1965a   Aspects of scientific explanation, in: HEMPEL 1965: 331-
                    496

HEMPEL, C.G. & P. OPPENHEIM
1948   Studies in the logic of explanation, in: HEMPEL 1965:
                    245-290

HOMANS, G.C.
1964   Bringing men back in, American Sociological Review 29:
                    809-818

1970a   The relevance of psychology to the explanation of social
                    phenomena, in: BORGER & CIOFFI 1970: 313-328

HOMANS, G.C.
1970b   Reply (to Blau), in: BORGER & CIOFFI 1970: 340-343

HUMMELL, H.J.
1973   Methodologischer Individualismus, Struktureffekte und
                Systemkonsequenzen, in: K.-D.Opp & H.J. Hummell, Soziales
                Verhalten und soziale Systeme, Probleme der Erklärung so-
                zialer Prozesse, Bd. 2, Frankfurt a.M.: Athenäum, 61-134

HUMMELL, H.J. & K.-D. OPP
1971   Die Reduzierbarkeit von Soziologie auf Psychologie, Braun-
                schweig: Vieweg

KEUTH, H.
1973   Zwischen Sein und Schein, oder die "Mehrebenenanalyse"
                (Rez. von Hummell, Probleme der Mehrebenenanalyse), Zeit-
                schrift für Sozialpsychologie 4: 378-380

LEHNER, F.
1977   Politische Wissenschaft zwischen Autonomie und Reduktion,
                in: G. Eberlein & H.-J. von Kondratowitz (eds.), Psycho-
                logie statt Soziologie? Zur Reduzierbarkeit sozialer Struk-
                turen auf Verhalten, Frankfurt a.M.: Campus, 92-105

1981   Einführung in die Neue Politische Ökonomie, Königstein/Ts.:
                Athenäum

LEHNER, F. & H.G. SCHÜTTE
1976   The economic theory of politics: Suggestions for reconside-
                ration, in: B.M. Barry (ed.), Power and Political Theory,
                London: Wiley, 139-160

LINDENBERG, S.
1975   Three psychological theories of a classical sociologist,
                Mens en maatschappij 50: 133-153

1976   De struktuur van theorieen van kollektieve verschijnselen,
                in: W. Arts, S. Lindenberg & R. Wippler (eds.), Gedrag en
                struktuur, Rotterdam: Universitaire Pers, 1-20

1977   Individuelle Effekte, kollektive Phänomene und das Problem
                der Transformation, in: K. Eichner & W. Habermehl (eds.),
                Probleme der Erklärung sozialen Verhaltens, Meisenheim
                a.G.: Hain, 46-84

1981   Erklärung als Modellbau: Zur soziologischen Nutzung der
                Nutzentheorie, in: W. Schulte (ed.), Soziologie in der Ge-
                sellschaft, Bremen: Zentraldruckerei der Universität, 20-35

MALEWSKI, A.
1967   Verhalten und Interaktion, Tübingen: Mohr

OPP, K.-D.
1976   Methodologie der Sozialwissenschaften, Neuausgabe, Reinbek:
                Rowohlt

1978   Theorie sozialer Krisen, Hamburg: Hoffmann und Campe

OPP, K.-D.
1979   Individualistische Sozialwissenschaft, Stuttgart: Enke

POPPER, K.R.
1957   Die Zielsetzung der Erfahrungswissenschaft, in: H. Albert
              (ed.), Theorie und Realität, 2., veränd. Aufl., Tübingen:
              Mohr 1972, 29-41

RAMSEY, F.P.
1931   Theories, in: The Foundations of Mathematics and other
              Logical Essays, Paterson (N.J.): Littlefield, 212-236

RAUB, W. & T. VOSS
1981   Individuelles Handeln und gesellschaftliche Folgen, Darm-
              stadt: Luchterhand

RIKER, W.H. & P. ORDESHOOK
1973   An Introduction to Positive Political Theory, Englewood
              Cliffs (N.J.): Prentice-Hall

SCHÜTTE, H.G.
1981   Plädoyer für eine Soziologie der praktischen Vernunft,
              Ms, Groningen

SEN, A.K.
1970   Collective Choice and Social Welfare, San Francisco:
              Holden-Day

SPINNER, H.
1973   Science without reduction, Inquiry 16: 16-94

STEGMÜLLER, W.
1970   Probleme und Resultate der Wissenschaftstheorie und Ana-
              lytischen Philosophie, Band II, Theorie und Erfahrung,
              1. Halbband, Begriffsformen, Wissenschaftssprache, empi-
              rische Signifikanz und theoretische Begriffe, Berlin:
              Springer

STINCHCOMBE, A.L.
1975   Merton's theory of social structure, in: L.A. Coser (ed.),
              The Idea of Social Structure, Papers in Honor of Robert
              K. Merton, New York: Harcourt, 11-33

TUOMELA, R.
1973   Theoretical Concepts, Wien: Springer

VANBERG, V.
1972   Nachwort: Der verhaltenstheoretische Ansatz in der Sozio-
              logie, in: G.C. Homans, Grundfragen soziologischer Theorie,
              Opladen: Westdeutscher, 141-175

1975   Die zwei Soziologien, Tübingen: Mohr

WINNIE, J.A.
1971   Theoretical analyticity, in: J. Hintikka (ed.), Rudolf
              Carnap, Logical Empiricist, Dordrecht: Reidel 1975, 143 -
              159

WIPPLER, R.

1976   Individueel handelen en sociale verandering, in: W. Arts,
S. Lindenberg & R. Wippler (eds.), Gedrag en struktuur,
Rotterdam: Universitaire Pers, 126-160

1978   The structural-individualistic approach in Dutch sociology, Netherlands Journal of Sociology 14: 135-155

ÜBER DIE AUTOREN

Büschges, Günter, Dr., Professor für Soziologie am Sozialwissenschaftlichen Institut der Universität Erlangen-Nürnberg; Direktor des Instituts für Freie Berufe an der Universität Erlangen-Nürnberg

Esser, Hartmut, Dr., Professor für Empirische Sozialforschung an der Universität (GHS) Essen; Geschäftsführender Direktor des Zentrum für Umfragen, Methoden und Analysen (ZUMA), Mannheim

Hummell, Hans. J., Dr., Professor für Soziologie an der Universität (GHS) Duisburg

Lindenberg, Siegwart, Ph.D., Professor für Soziologie an der Universität Groningen

Raub, Werner, Dr., Wissenschaftlicher Assistent am Sozialwissenschaftlichen Institut der Universität Erlangen-Nürnberg

Schütte, Hans Gerd, Dr., Professor für Soziologie an der Universität Groningen

Sodeur, Wolfgang, Dr., Professor für Empirische Wirtschafts- und Sozialforschung an der Universität (GHS) Wuppertal

Sprengers, Maarten, Forschungsassistent am Soziologischen Institut der Universität Utrecht

Tazelaar, Frits, Dr., Wissenschaftlicher Mitarbeiter am Soziologischen Institut der Universität Utrecht

Wippler, Reinhard, Dr., Professor für Soziologie an der Universität Utrecht

BEITRÄGE ZUR GESELLSCHAFTSFORSCHUNG

Herausgeber: Prof. Dr. Günter Büschges
Prof. Dr. Hansjürgen Daheim

Band 1 Werner Raub: Rationale Akteure, institutionelle Regelungen und Interdependenzen. Untersuchungen zu einer erklärenden Soziologie auf strukturell-individualistischer Grundlage. 1984.

Band 2 Eberhard Schultze-Scharnhorst: Partizipationspotential am Arbeitsplatz. Eine empirisch-soziologische Untersuchung in Gießereien zur Fortentwicklung der industriellen Mitbestimmung. 1985.

Band 3 Günter Büschges/Werner Raub (Hrsg.): Soziale Bedingungen — Individuelles Handeln — Soziale Konsequenzen. 1985.

Alt, Ernst

ZUM ENTFREMDUNGSBEGRIFF: DER THEORETISCHE ANSATZ BEI ROUSSEAU

Frankfurt/M., Bern, 1982. 197 S.
Europäische Hochschulschriften: Reihe 22, Soziologie. Bd. 68
ISBN 3-8204-5844-1   br. sFr. 46.–

Das in soziologischer Theorie und empirischer Sozialforschung verwendete Konzept der Entfremdung wird in dieser Arbeit auf seine begriffs- und ideengeschichtlichen Ursprünge hin untersucht. Im Mittelpunkt der Analyse steht dabei Rousseau. Es wird die These vertreten, dass Rousseau's wesentlich am Naturbegriff orientiertes und die bedeutendsten Traditionen des Entfremdungsbegriffs enthaltendes Entfremdungsverständnis alle Aspekte des Entfremdungsbegriffs enthält, der – durch Hegel und Marx vermittelt – bis heute bestimmend geblieben ist.

Aus dem Inhalt: U.a. Natur und Entfremdung bei Rousseau – Der Widerspruch von Natur und Gesellschaft als Situation der Selbstentfremdung des Menschen – Die Aufhebung der Entfremdung in der Versöhnung von Natur und Gesellschaft.

Dörenbach, Wilfried

BOUNDED RATIONALITY

Problemlösung bei kognitiven Beschränkungen des Individuums und Komplexität der Umwelt

Frankfurt/M., Bern, 1982. 126 S.
Europäische Hochschulschriften: Reihe 22, Soziologie. Bd. 62
ISBN 3-8204-5977-4   br. sFr. 29.–

Das Defizit der deskriptiven Entscheidungstheorie begründet den Bedarf an einem Ansatz, der sich mit dem *Problem der eingeschränkten Rationalität* in Entscheidungsfindungsprozessen befasst: BOUNDED RATIONALITY stellt darüber hinaus ein *Prinzip* und ein *Konzept* dar und geht auf Nobelpreisträger H.A. Simon zurück. Während dieser die kognitiven Eigenschaften des Individuums betont, wird als Modifizierung versucht, den Problemlöser als Person zu betrachten und den Einfluss von Handlungs- und kulturellen Systemen auf die Anspruchsniveaubildung aufzuzeigen. Die zentrale Fragestellung ist, wie bei steigender Umweltkomplexität *rationales* Entscheiden machbar bleibt.

Aus dem Inhalt: Psychologische Voraussetzungen und soziologische Determinanten der BOUNDED RATIONALITY – Payoff-Relevanz der Information – Dynamik des Anspruchsniveaus – Komplexität und Grenzen der Problemlösung – Informationsverarbeitungsstrategien.

Verlag Peter Lang Bern · Frankfurt a.M. · New York

Auslieferung: Verlag Peter Lang AG, Jupiterstr. 15, CH-3000 Bern 15
Telefon (0041/31) 32 11 22, Telex verl ch 32 420